이름이 지워진 한 성폭력 생존자의 진술서 너머 이야기 몇 살인가요? · 몸무게가 얼마인가요? · 그날 뭘 먹었나요? · 그럼 저녁으로는 뭘 먹었죠? · 저녁은 누가 만들었나요? · 저녁을 먹으면서 **술을 마셨나요?** · 아니, 물도 안 마셨나요? · 언제 마셨죠? · 얼마나 마셨나요? · 어떤 용기에 담아서 마셨나요? · 누가 당신에게 그 술을 줬죠? · 보통 술을 얼마나 마시나요? · 이 파티에 태워다준 사람은 누구였나요? · 몇 시였죠? · 하지만 정확히 어디서? · 뭘 입고 있었나요? · 이 파티에는 왜 갔나요? · 거기 가서 뭘 했죠? · 그걸 한 게 확실한가요? · 그렇다면 몇 시에 했나요? · **이 문자는 무슨 의미죠?** · 당신은 누구에게 문자를 보낸 거였나요? · 언제 소변을 보았나요? · 어디서 소변을 보았나요? · 밤에 나가서 누구와 함께 소변을 보았나요? · 동생이 전화했을 때 핸드폰이 무음이었나요? · 그걸 무음으로 전환한 기억이 있나요? · 사실 53쪽을 보면 당신이 벨소리로 설정해놓았다고 말했다는 점을 지적하고 싶거든요. · 대학 때 술을 마셨나요? · 당신이 **파티광**이라고 말한 적 있죠? · 이제까지 필름은 몇 번이 끊겼나요? · 남학생 사교클럽 파티에 참석한 적이 있나요? · 남자친구와 독점적인 관계인가요? · 남자친구와 성적으로 활동적인 상태인가요? · 언제부터 만나기 시작했죠? · **바람을 피운 적이 있나요?** · 예전에라도 바람을 피워본 전력이 있나요? · 그에게 보상을 해주고 싶다고 말했는데 그건 무슨 의미인가요? · 몇 시에 깨어났는지 기억나나요? · 카디건을 입고 있었나요? · 당신 카디건은 무슨 색이었죠? · 그날 밤에 대해서 더 기억나는 게 있나요? · 없나요? · 좋습니다. 그러면 브록이 그 빈자리를 채우도록 해보죠.

디어 마이 네임

디어 마이 네임

이름이 지워진 한 성폭력 생존자의 진술서 너머 기록

초판 1쇄 펴낸날 2020년 6월 30일

지은이 샤넬 밀러
옮긴이 성원
펴낸이 이건복
펴낸곳 도서출판 동녘

전무 정낙윤
주간 곽종구
책임편집 정경윤
편집 구형민 박소연
마케팅 권지원
관리 서숙희 이주원

인쇄·제본 새한문화사 **라미네이팅** 북웨어 **종이** 한서지업사

등록 제311-1980-01호 1980년 3월 25일
주소 (10881) 경기도 파주시 회동길 77-26
전화 영업 031-955-3000 **편집** 031-955-3005 **전송** 031-955-3009
블로그 www.dongnyok.com **전자우편** editor@dongnyok.com

ISBN 978-89-7297-958-6 03330

- 잘못 만들어진 책은 바꿔 드립니다.
- 책값은 뒤표지에 쓰여 있습니다.
- 이 도서의 국립중앙도서관 출판시도서목록(CIP)은 e-CIP홈페이지(http://www.nl.go.kr/ecip)
  와 국가자료공동목록시스템(http://www.nl.go.kr/kolisnet)에서 이용하실 수 있습니다. (CIP제
  어번호: CIP2020019555)

디어 마이 네임

Know my name: A memoir

샤넬 밀러 지음 성원 옮김

이름이 지워진
한 성폭력 생존자의
진술서 너머 이야기

동녘

이 책과 지은이를 향해 쏟아진 찬사

이제 우리는 그의 이름을 안다. 샤넬은 용감하고 귀하며 강하다. 우리가 나아가고 있다고 알려준다. **힐러리 클린턴 | 전 미국 국무장관**

당신은 싸울 때 필요한 용기를 주었다. 그래서 나는 당신이 생명을 구한 것이라고 믿는다. 인간의 존엄성을 주장하는 당신의 용기에 경외심을 느낀다. **조 바이든 | 전 미국 부통령**

성폭력 피해자에게 무슨 일이 벌어지는지를 보여주는 바이블. **테드 포 | 미국 하원의원**

성폭력 피해자가 맞닥뜨리는 어지러운 현실에 대한 이토록 생생한 묘사는 처음이다. **카타 폴릿 | 시인**

이 책은 성적 약탈자에게 책임을 묻기 위해 고군분투했던 용기 있는 젊은 여성이 자신의 이야기를 물집이 잡히도록, 그리고 아름답게 써내려간 책이다. **존 크라카우어 | 작가**

이 책은 간척을 떠올리게 한다. 모든 페이지마다 샤넬은 납작해지기를 거부하며, '피해자' 또는 '에밀리 도'로부터 사랑받는 딸이자 언니인 '샤넬 밀러'로 돌아온다. 이 책은 재능 있는 젊은 작가의 데뷔를 알리는 신호탄이다. 샤넬의 말은 그 자체로 우리의 목적이자 지도다. 그리고 샤넬은 승리한 보물이다. **제니퍼 와이너 | 작가**

처음엔 생존자의 이야기가 궁금해 이 책을 집어 들었다. 하지만 위대한 문인이자 사상가에게 사로잡힌 나를 발견했다. 그는 철학자, 문화 평론가, 세심한 관찰자, 작가들의 작가, 진정한 예술가다. 이 경이로운 책을 내려놓을 수 없었다. **글레넌 도일 | 작가**

피해자에게 가해자의 잠재력을 지켜달라고 요구하는 세상에서, 이 책은 피해자의 눈부시고 지워지지 않는 존재감을 헤아려달라고 당부한다. **《가디언》**

이 강력하고 배짱 넘치는 책에서 스탠퍼드 성폭력 사건의 생존자 샤넬은 자신의 이름과 이야기를 되찾는다. **《뉴욕 타임스》**

현재진행형인 자신의 성폭력 피해 경험을 문학으로 전환한 회고록. 아름답다. 《애틀랜틱》

비범한 솔직함과 섬세한 디테일로 가득한 이 책은 아물지 않는 상처인 동시에 그 위에 스며드는 연고다. 숨죽인 울음인 동시에 가장 큰 비명이다. 그의 고발은 성공했고, 감동적이었지만, 이 책은 고발장이 되는 데 그치지 않고 당신에게도 함께 싸우자며 손을 내민다. 《엘르》

성폭력에 관해 대화하는 방식을 영원히 바꿔버린 책. 《글래머》

그는 자신의 고통을 정교하게 그려냄으로써 우리에게 그 모든 조각을 느끼게 해줄 뿐 아니라, 마음을 지탱해준 다정함들에 관해서도 자세히 이야기한다. 그는 중요한 사람이다. 그리고 모든 피해자는 중요한 사람이다. 《USA 투데이》

성폭력 피해자를 만나는 경찰, 검사, 수사관, 판사가 꼭 읽어야 하는 책. 《LA 타임스》

그의 이야기만으로도 충분하지만, 고통으로부터 직조해낸 금빛 문장들을 사려 깊고 아름답게 들려준다는 사실은 또 다른 선물이다. 《보그》

재능 있는 이야기꾼의 탄생. 이제 그의 이름을 알고, 목소리를 알아야 한다. 《뉴요커》

지금까지 본 성폭력에 관한 서술 중에서 가장 감동적이고 인간적이다. 이 책에는 성범죄와 그 이후에 관한 다른 이야기들에서는 찾아보기 어려운 친밀함과, 한 사람의 성장기가 담겼다. 침묵의 순간과 기쁨의 순간, 의심의 순간과 용기의 순간을 가감 없이 보여주는 이 책은 성폭력 피해의 환산 불가능한 고통에 관한 명료한 증거를 제시하며, 우리가 왜 싸워야 하는지 강력히 상기시킨다. 《더 컷》

그는 복원력과 강인함뿐 아니라 표현력도 독보적이다. 작가로서 남다른 재능이 있다. 《내셔널북리뷰》

일러두기

1. 단행본, 학술지, 잡지, 일간지 등은 《 》안에, 논문, 영화, 방송프로그램 등은 〈 〉안에 넣어 표기했습니다.
2. 본문에서 [ ] 안에 있는 것은 옮긴이 주입니다.
3. 원서의 의도에 따라 한국어판에서는 대화문은 굵은 명조체로, 강조 부분은 굵은 고딕체로 표시했습니다.

소환장의 철자도 제대로 몰라 '소한장'이라고 쓰는 사람이었다는 점에서 어쩌면 나는 이런 이야기를 하기에는 부적격자일지 모른다. 하지만 모든 법원 속기록을 온 세계가 볼 수 있고, 모든 신문기사가 온라인에 있다. 이것은 궁극의 진실은 아니지만 내 능력을 십분 짜내서 털어놓은, 나의 진실이다. 내 눈과 귀를 통해 이것을 들여다보고 싶다면, 내 가슴속 기분이 어떤지를 알고 싶다면, 재판이 진행되는 동안 화장실에 숨어 있는 게 어떤 것인지 알고 싶다면 이것이 바로 내가 해줄 수 있는 이야기다. 나는 내가 줄 수 있는 것을 줄 것이고, 당신은 필요한 것을 가져가면 된다.

2015년 1월, 스물두 살이었던 나는 내 고향 캘리포니아 팰로앨토에서 살면서 직장에 다녔다. 스탠퍼드대학교에서 열린 파티에 참석했고, 길바닥에서 성폭행을 당했다. 두 행인이 그 모습을 보고는 남자를 제지하고 나를 구했다. 과거의 삶은 나를 떠나갔고 새로운 삶이 시작되었다. 내 신원을 보호하기 위해 새로운 이름이 주어졌다. 나는 '에밀리 도Emily Doe'[여성 범죄 피해자의 신원을 보호하기 위해 사용하는 가명 중 하나]가 되었다.

이 이야기에서 나는 피고 측 변호인을 '피고'라고, 판사를 '판사'라고 부를 것이다. 여기서 이들은 자신이 맡은 역할을 할 뿐이다. 이 기록은 개인적인 고발도, 복수도, 블랙리스트도, 지겨운 재탕도 아니다. 나는 우리 모두가 다면적인 존재라고 믿는다. 법정에서 납작하게 짓밟히고, 괴짜 취급을 받고, 오해와 비방의 대상이 되었던 경험이 내게 상처를 안겼으므로 나는 이들에게 그와 똑같은 짓을 하지는 않을 것이다. 나는 브록의 이름을 그대로 사용하겠지만, 사실 그는 브래드나 브로다나 벤슨이 될 수도 있고, 그건 별로 중요하지 않다. 핵심은 그들의 개별적인 의미가 아니라 평범성, 모든 사람이 고장 난 시스템에 기여할 수 있다는 사실이다. 이 기록은 내 내부의 상처를 탈바꿈하고, 과거와 대면하고, 이런 기억을 받아들이고 그 기억과 함께 살아가는 법을 찾기 위한 시도이다. 나는 그 기억들을 뒤로 한 채 앞으로 나아갈 수 있기를 바란다. 그 기억에 이름을 붙이지 않을 때, 나는 비로소 나 자신에게 이름을 붙일 수 있다.

내 이름은 샤넬이다.

나는 피해자다. 나는 이 단어에 아무런 거리낌이 없다. 다만 이것이 내 전부라는 생각을 꺼릴 뿐이다. 하지만 나는 브록 터너의 피해자는 아니다. 나는 결코 그의 무언가가 아니다. 나는 그에게 속하지 않는다. 나의 절반은 중국인이기도 하다. 나의 중국 이름 장 샤오샤는 작은 여름이라는 뜻이다. 내 이름에 여름이라는 글자가 들어간 이유는,

내가 6월에 태어났기 때문이다.

샤는 중국 최초의 왕조이기도 하다.

나는 맏딸이다.

'샤'는 샤넬의 샤와 음이 같다.

FBI는 강간을 모든 종류의 삽입으로 정의한다. 하지만 캘리포니아에서 강간은 성교 행위로 협소하게 정의된다. 오랫동안 나는 사람들에게 지적당할까 봐 그를 강간범이라고 부르지 않았다. 법률상의 정의는 중요하다. 나의 정의 역시 중요하다. 그는 내 몸의 빈 구멍을 손으로 채웠다. 나는 그가 강간범이라는 호칭을 면제받은 이유는 그저 시간이 부족했기 때문이라고 믿는다.

범죄 자체를 넘어, 이런 사건에서 가장 슬픈 일은 피해자가 그녀의 존재에 대해 모멸감을 갖기 시작한다는 점이다. 나는 이런 믿음을 무력화하고 싶다. 나는 '그녀'라고 말했지만 남자든, 트랜스젠더든, 생물학적 성을 따르지 않는 사람이든, 어떤 정체성으로 이 세상에 존재하겠다고 결심한 사람이든, 성폭력에 의해 삶이 침해당한 사람이라면 나는 당신을 보호하고 싶다. 그리고 나를 어둠에서 하루하루 일으켜 세워준 여러분들께, 감사의 말을 전하고 싶다.

네가 너의 이름을 알 때 너는 그것을 꽉 붙들어야 한다.
그것을 적어놓고 기억하지 않으면
네가 죽을 때 같이 죽게 될 것이니.

_토니 모리슨

처음에 나는 아주 어렸고 내 자신에게 너무 낯설어서
거의 존재했다고 보기도 힘들었다. 나는 세계 속으로
나가서 보고, 듣고, 거기에 반응해야 했다. 내가 누구인지,
내가 무엇인지, 내가 무엇이 되고 싶은지 알기도 전에.

_메리 올리버,《업스트림》

… 중요한 것은, 우리의 본분이다.

_알렉산더 치

| 차례 |

1

나는 수줍음이 많다. 초등학교 때 사파리에 대한 연극에서 모든 아이들이 동물 역할을 맡았다. 나는 풀이었다. 대형 강의실에서 질문을 해본 적도 없다. 체육시간이면 구석에 숨어 있었다. 누가 내게 부딪히면 나는 사과부터 한다. 거리에서 나눠주는 팸플릿은 다 받는다. 쇼핑카트는 쓰고 나면 항상 제자리에 되돌려놓는다. 커피숍 계산대에서 우유와 크림이 반씩 섞인 커피가 다 떨어졌다고 하면 그냥 블랙으로 마실 것이다. 친구 집에서 잠을 자면 담요를 건드린 적도 없는 것처럼 정리해놓는다.

생일파티를 열어본 적도 없다. 난방을 틀어달라고 부탁하기 전에 먼저 스웨터를 세 개 정도 껴입을 것이다. 보드게임에서 져도 개의치 않는다. 계산대에서 줄이 길게 늘어지도록 만드는 민폐를 끼칠까 봐 지갑에 동전을 있는 대로 넣고 다닌다. 어렸을 때는 커서 마스코트가 되고 싶었다. 그러면 사람들의 눈을 의식하지 않고 춤을 출 자유가 주어질 테니까.

초등학교 시절에는 2년 연속 갈등관리자로 선출된 유일한 학생이었다. 내 일은 쉬는 시간마다 녹색 조끼를 입고 운동장을 순찰하는 것이었다. 누구든 해결할 수 없는 분쟁이 있으면 나를 찾아왔고, 그러면 나는 '네가 _____할 때 나는 _____한 기분이 들어' 같은 자기진술법에 대해 가르쳐주곤 했다. 한번은 한 유치원생 여자아이가 내게 오더니, 타이어 그네는 누구든 10초씩 타는데 자기가 탈 때는 '고양이 한 마리, 고양이 두 마리, 고양이 세 마리' 하면서 세더니, 남자아이들이 탈 때가 되자 '히포포타무스 한 마리, 히포포타무스 두 마리' 하면서 더 길게 세더라고 말했다. 나는 그날부터는 모두가 '호랑이 한 마리, 호랑이 두 마리' 하고 셀 것이라고 선언했다. 일생 동안 나는 호랑이로 숫자를 셌다.

여기서 내 소개를 하는 이유는 이제 하려는 이야기에서 내가 이름도, 신원도 없는 사람으로 등장하기 때문이다. 내게는 그 어떤 인물상의 특성이나 행동도 부여되지 않았다. 나는 의식 없는 반라의 상태로 홀로 발견되었다. 지갑도 신분증도 없었다. 경찰이 호출되었고, 스탠퍼드의 학생처장이 자다가 불려나와 내 얼굴을 아는지 확인해야 했고, 목격자가 수배되었다. 하지만 아무도 내가 어디 소속인지, 어디서 왔는지, 누구인지 몰랐다.

내 기억에 따르면 상황은 이렇다. 2015년 1월 17일 토요일, 나는 팰로앨토에 있는 부모님 집에 살고 있었다. 캘리포니아 폴리테크 주립대학교 3학년인 동생 티파니는 연휴를 보내기 위해 해안을 따라 3시간 동안 차를 몰고 올라와 있었다. 티파니는 보통 친구들과 집에서 시간을 보냈지만 가끔은 내게도 시간을 좀 내주었다. 늦은 오후 우리는 스탠퍼드에 다니는 티파니의 친구 줄리아를 태우고 아라스트라데로 보호구역으로 차를 몰고 가서 언덕 위로 태양이 노른자를 퍼뜨리는 풍경을 바라보았다. 하늘이 어둑해졌고, 우리는 타코 가게에 차를 세웠다. 우리는 비둘기가 어디서 잠을 자는지를 놓고 뜨거운 논쟁을 벌였고, 화장실 휴지를 사각형으로 접는 사람이 더 많은지(나) 아니면 그냥 구겨서 쓰는 사람이 더 많은지(티파니)를 놓고 옥신각신했다. 티파니와 줄리아가 그날 저녁 그들이 가려고 하는 스탠퍼드 남학생 사교클럽 파티에 대해 이야기했다. 나는 별 관심을 두지 않고 작은 플라스틱 컵에 녹색 살사를 퍼 담았다.

그날 저녁 더 늦게 아빠는 브로콜리와 퀴노아로 요리를 했고, 아빠가 그걸 '크위-노아'라고 발음하자 우리는 흥분했다. **키인-화라구요, 아빠. 어떻게 그걸 몰라요!** 우리는 설거지를 하지 않으려고 종이접시에 음식을 담아 먹었다. 콜린과 트리라고 하는 티파니의 친구가 샴페인 한 병을 들고 찾아왔다. 계획은 이들 셋이 스탠퍼드에서 줄리아를 만나는 것이었다. 그들이 말했다. **언니도 가야 해요.** 내가 말했다. **내가 가야 한다니, 내가 가면 웃길걸.** 나는 거기서 나이가 가장 많을 터였다. 나는 노래를 흥얼거리며 샤워를 했다. 양말더미 속을 헤치며 속옷을 찾았고, 구석에서 삼각형의 물방울무늬 직물을 찾아냈다. 몸에 붙는 진회색 원피스를 입었다. 빨간색 작은 돌이 달린 무거운 은 목걸이. 커다란 갈색 단

추가 달린 연갈색 카디건. 나는 갈색 카펫에 앉아서 커피색 워커의 끈을 조였고, 틀어 올린 머리는 아직 덜 마른 상태였다.

주방 벽지는 파란색과 노란색 줄무늬다. 낡은 시계와 목재 수납장이 벽을 따라 늘어서 있고, 문틀에는 수년에 걸쳐 우리의 키를 표시해놓은 기록이 있다(신발을 신은 채로 키를 쟀을 때는 작은 신발을 그려 넣었다). 수납장 문을 부산스럽게 여닫으며 아무리 뒤져봐도 위스키밖에 없었다. 냉장고에서 위스키에 타 먹을 음료를 찾아보았지만 두유와 라임주스뿐이었다. 위스키를 따라 마실 만한 잔은 라스베이거스와 마우이섬 가족여행에서 사온 것이 전부였다. 티파니와 내가 우리의 봉제인형들을 위해 고른 작은 컵이었다. 나는 당당하게 거침없이 위스키를 스트레이트로 마셨다. **네 사촌동생의 유대교 성인식에는 고주망태가 돼서 참석해주마** 같은 말이 어울리는 호기를 담아서.

우리 넷은 엄마에게 풋힐 고속도로를 타고 7분이면 가는 스탠퍼드로 데려다 달라고 부탁했다. 스탠퍼드는 나의 뒷마당이자 나의 이웃집이자, 부모님이 수년간 고용한 저렴한 과외교사들의 산실이었다. 나는 그 캠퍼스에서 자랐고, 캠퍼스 잔디 위 텐트에서 진행되는 여름 캠프에 다녔고, 구내식당에서 치킨너겟을 훔쳐 주머니가 불거질 정도로 채웠고, 착한 친구들의 부모인 교수들과 저녁 식사를 했다. 엄마는 비가 오는 날이면 우리를 위해 따뜻한 코코아와 마들렌을 사오곤 했던 스탠퍼드 서점 근처에 우리를 내려주었다.

우리는 비탈진 인도를 5분 정도 걸어 내려가서 소나무 아래 웅크리고 있는 큰 집으로 향했다. 윗입술에 머리카락 같은 작은 빗금이 있는 어떤 남자가 우리를 들여보내주었다. 나는 사교클럽의 주방에서 탄산음료와 주스 기계를 발견했고, 버튼을 눌러서 무알코올 혼합 음료를 만든 뒤 딩글베리주스라고 광고했다. **자, 숙녀를 위한 딩글부부 음료가 나갑니다.** 사람들이 쏟아져 들어왔다. 조명이 어두워졌다.

우리는 환영단처럼 앞문 옆 테이블 뒤에 서서 두 팔을 벌리고 **환영해요, 환영해요, 환영해요!!!** 하고 노래를 불렀다. 나는 멋쩍은 미소를 띤 소녀들이 목을 살짝 움츠린 채 아는 얼굴을 찾아 방을 두리번거리면서 들어서는 모습을 지켜보았다. 익히 아는 표정이었다. 나 역시 그런 기분을 느껴본 적 있으니까. 대학에 다닐 때 남학생 사교클럽은 소음과 에너지가 난무하는 배타적인 왕국이었다. 어린 남자들이 소리쳐 인사하고 덩치 큰 수컷들이 지배하는 곳. 대학을 졸업하고 나서 보니 남학생 사교클럽은 시큼털털하고 불안정한 분위기에 조잡한 컵이 널려 있는 곳, 구두 바닥이 끈적한 바닥에 붙었다가 떨어질 때 요란한 소리를 내고, 펀치에서는 페인트 희석제 같은 맛이 나고, 구불거리는 검은 체모가 변기 가장자리에 붙은 곳이었다. 우리는 테이블 위에서 플라스틱 병에 든 보드카를 발견했다. 나는 마치 사막에서 오아시스를 발견한 사람처럼 그걸 애지중지 품어 안았다. 축복을 내리소서. 나는 그걸 컵에 부어서 스트레이트로 꺾어 마셨다. 모든 사람이 꼬마 펭귄처럼 뒤뚱거리며 테이블 위에서 서로 시시덕거렸다. 술취한 미역줄기처럼 팔을 허공에 들고 의자에 혼자 앉아 있는데 동생이 나를 데리러 왔다. 우리는 밖에 나가서 풀숲에서 오줌을 눴다. 줄리아와 나는 프리스타일 랩을 시작했다. 나는 건조한 피부에 대한 랩을 하다가 **세타필**과 운율이 맞는 걸 생각해낼 수 없어서 막혀버렸다.

지하실이 만원이어서 사람들은 둥근 조명이 있는 콘크리트로 된 옥외 테라스까지 쏟아져 나와 있었다. 우리 옆에는 햇볕에 목이 타지 않도록, 실내에서, 그것도 밤에 야구모자를 뒤로 돌려쓴 작달막한 백인 남자애들이 있었다. 나는 미적지근한 맥주를 홀짝거리면서 맥주에서 오줌 맛이 난다고 말했고, 동생에게 맥주를 건넸다. 나는 집에서 10분 거리도 안 되는 곳에서 지루했고, 마음이 풀어졌고, 술에 취했고, 너무나도 피곤했다. 내 주위 모든 것이 내 나이에 걸맞지 않은 기분이었다. 그리고 거기서 내 기억은 암전되고 필름이 끊긴다.

이날까지 나는 그날 저녁 내가 한 일 가운데 중요한 일은 아무것도 없다고, 언제 잊어도 좋을 한 줌의 기억이라고 믿고 있다. 하지만 이 사건들은 그날 이후 끈질기게 들춰지고, 들춰지고, 또 들춰졌다. 내 행동, 내가 한 말, 모든 것이 평가를 위해 대중들 앞에 제시되고 계산되고 측정되고 저며졌다. 이 모든 건 이 파티 어딘가에 그가 있었기 때문이다.

●

너무 눈이 부셨다. 나는 눈을 깜박이다가 내 손등에 앉은 갈색 피딱지를 보았다. 오른 손등의 밴드는 이미 접착력이 떨어져서 헐겁게 펄럭거렸다. 나는 내가 그곳에 얼마나 오래 있었는지 궁금했다. 나는 양쪽에 플라스틱 가드레일이 달린 좁은 침상에 누워 있었다. 성인용 아기침대 같았다. 벽은 흰색이었고 바닥에선 광이 났다. 무언가가 내 팔꿈치 깊이 박힌 채 흰 테이프가 너무 세게 감싸고 있어서 내 팔뚝 살이 불거져 있었다. 나는 그 밑으로 손가락을 넣어보려고 했지만 손가락이 너무 굵었다. 왼편을 돌아보니 두 남자가 나를 쳐다보고 있었다. 나이가 더 든 쪽은 빨간 스탠퍼드 바람막이를 입은 아프리카계 남자였고, 또 한 명은 검은색 경찰 제복을 입은 백인 남자였다. 내 흐릿해진 눈에는 이들이 마치 그곳에 한동안 있었다는 듯 뒷짐을 진 채 벽에 기대서 있는 빨간 사각형과 검은 사각형으로 보였다. 나는 이들에게 다시 초점을 맞췄다. 이들은 내가 노인이 계단을 내려오는 모습을 지켜볼 때 짓는 표정을 지었다. 언제 굴러떨어질지 몰라 불안해하며 긴장한 얼굴.

경찰은 기분이 괜찮은지 물었다. 내 쪽으로 몸을 기울일 때 그의 눈은 흔들리지도, 미소를 짓느라 주름이 잡히지도 않았고, 두 개의 작은 연못처럼 완벽하게 둥글고 고요한 상태를 유지할 뿐이었다. 나는 생각했다. **당연하지, 괜찮지 않을 이유가 있어?** 나는 동생을 찾느라 고개를 돌렸다. 빨간 바람막이를 입은 남자는 내게 자신이 스탠퍼드의 학생처장이라고 소개했다. **이름이 뭐죠?** 그들의 관심에 더럭 겁이 났다. 나는 이들이 어째서 동생에게 질문하지 않는지 이상했다. 티파니가 어딘가에 있을 텐데. **나는 학생이 아니에요, 그냥 온 거예요.** 내가 말했다. **샤넬이에요.**

내가 얼마나 잔 거지? 너무 취해서 잠깐 눈을 붙이려고 가까운 캠퍼스 건물에 찾아든 게 틀림없다. 내가 바닥에서 기어다니기라도 했나? 어쩌다가 손이 긁혔지? 누가 이 싸구려 밴드를 붙여놓은 거지? 어쩌면 이들은 술 취한 애들 치다꺼리 때문에 약간 짜증이 났는지도 모른다. 말이야 바른말이지만 난 이런 짓을 하기엔 나이가 너무 많았다. 어쨌든 나는 이들을 안심시키고 아기침대를 제공해준 데 대해 감사를 표할 것이다. 나는 출구가 어느 문인지 궁금해하며 복도를 훑어보았다.

이들은 자신들이 전화를 해서 내가 여기 있다고 전할 만한 사람이 있는지 물었다. 여기가 어딘데? 난 동생의 전화번호를 알려주었고, 바람막이를 입은 남자가 소리가 들리지 않는 곳으로 걸어가는 모습을 바라보았다. 그 남자는 동생의 목소리를 다른 방으로 가져가버렸다. 내 전화기는 어딨지? 나는 단단한 직사각형이 만져지기를 기대하며 주위를 더듬기 시작했다. 아무것도 없었다. 전화기를 잃어버리다니 나 자신을 용서할 수 없었다. 기억을 되짚어봐야겠다.

경찰이 나를 바라보았다. **당신은 지금 병원에 있어요. 그리고 성폭행을 당했다고 생각할 만한 이유가 있어요.** 그가 말했다. 나는 천천히 고개를 끄덕였다. 이런 진지한 남자가 다 있나! 뭔가 혼동하고 있는 게 틀림없었다. 나는 그 파티에서 누구와도 말을 섞지 않았다. 허락이라도 기다려야 하는 건가? 직접 서명하고 집에 돌아갈 정도의 나이는 되는데? 누군가 들어와서 **경관님, 그분은 가도 괜찮아요**라고 말하고 나는 작별인사를 하고 내 길을 갈 거라고 생각했다. 치즈를 곁들인 빵이 먹고 싶었다.

배에서 날카로운 압박이 느껴졌고 오줌을 눠야 했다. 화장실을 써도 되는지 묻자 그는 소변 샘플을 가져가야 할 수도 있으니 기다리라고 했다. **어째서?** 나는 생각했다. 방광을 움켜쥐고 조용히 누워 있었다. 마침내 허락이 떨어졌다. 자리에서 일어나 보니 회색 원피스가 허리께로 말려 올라가 있었고 나는 민트 빛이 도는 녹색 바지를 입고 있었다. 어디서 그 바지를 입었는지, 누가 바지 끈을 나비 모양으로 묶었는지 궁금했다. 나는 소심하게 화장실로 걸어가 그들의 시선에서 벗어난 것에 안도했다. 문을 닫았다.

새 바지를 풀어서 내린 뒤 눈을 반쯤 감은 채 속옷으로 손을 뻗었다. 두 엄지가 허벅지 양쪽을 더듬었지만 살만 만져질 뿐 아무것도 걸리는 게 없었다. 이상하네. 나는 같은 동작을 반복했다. 손을 엉덩이에 대고 손바닥으로 허벅지를 문질렀다. 계속 문지르다 보면 갑자기 속옷이 나타나기라도 할 것처럼 열이 날 때까지 문질렀고, 그러다 손을 멈췄다. 나는 아래를 내려다보지 못했고, 반쯤 쪼그린 자세로 얼어붙은 채 그렇게 서 있었다. 발목께에 바지를 걸치고 배 위에서 손을 교차한 채 완전한 정적 속에 그렇게 구부정하게 앉지도 서지도 못하고 있었다.

나는 어째서 생존자들은 다른 생존자를 그렇게 잘 이해하는지 항상 궁금했다. 우리가 당한 공격의 세부사항이 다 다른데도 어떻게 생존자들은 설명 없이도 눈을 맞추기만 하면 이해할 수 있는 건지. 어쩌면 우리에게 공통적인 것은 폭행 자체의 세세한 사항이 아니라 그 이후의 순간인지 모른다. 처음으로 당신이 혼자 남겨진 순간. 당신에게서 빠져나온 무언가. 내가 어디에 갔던 거지. 뭐가 사라졌지. 그것은 침묵 안에서 억눌러진 공포다. 위는 위이고 아래는 아래이던 세상과의 작별. 이 순간은 통증도, 히스테리도, 울부짖음도 아니다. 당신의 내부가 차가운 돌로 변해가는 시간이다. 알아차림과 짝을 이룬 완벽한 혼란이다. 천천히 성장하던 사치는 이제 끝이다. 잔인한 각성의 순간은 그렇게 시작된다.

나는 몸을 낮춰 변기에 걸터앉았다. 무언가가 목을 찌르고 있었다. 머리 뒤편을 만져보니 엉킨 머리칼 안으로 거친 질감이 느껴졌다. 잠깐 밖에 나갔을 때 나무에서 뭐가 떨어졌나? 모든 게 잘못된 느낌이었지만, 내 내부에서는 먹먹한 침묵만 느껴졌다. 고요하고 어두운 바다. 잔잔하고 광막한. 두려움은 분명 존재했고 나는 그것이, 축축하고 어두컴컴하고 묵직한 그것이 움직이면서 내 내부를 뒤죽박죽으로 만들고 있는 것을 느낄 수 있었지만 수면에서 보이는 것은 잔물결뿐이었다. 극심한 공포는 물고기처럼 올 것이었다. 순식간에 수면을 뚫고 나와 공중으로 튀어 오른 뒤 다시 물속으로 가라앉아 모든 것을 고요하게 되돌려놓는 방식으로. 난 내가 어쩌다가 속옷도 없이 살균된 화장실에 놓인 변기에 혼자 남게 된 건지 이해할 수 없었다. 경찰에게 혹시 내 속옷이 어디 있는지 아느냐고 물어볼 수도 없었다. 내 일부는 내가 그 대답을 들을 준비가 안 되어 있음을 알았으므로.

가위라는 단어가 갑자기 떠올랐다. 그 경찰관이 가위로 내 속옷을 잘라냈다. 속옷에는 질 분비물이 묻어 있는데 만일을 대비해 경찰은 질 세포조직을 검사해봐야 한다. 텔레비전에서 구급대원이 옷을 잘라내는 모습을 본 적 있었다. 변기에서 일어나니 바닥 먼지가 눈에 들어왔다. 나는 바지의 매무새를 가다듬으며 허리끈을 토끼 귀처럼 묶었다. 피를 씻어내도 괜찮은지 자신이 없어서 세면대에서 망설였다. 그래서 물을 찔끔 틀어놓고 손가락 끝을 적신 뒤 손바닥만 닦고 손 등의 검은 얼룩은 남겨두었다.

나는 전처럼 다시 차분한 상태로 돌아가 예의바른 미소를 띠며 내 아기구유에 자리를 잡았다. 학생처장은 동생에게 내 행방을 알렸다고 얘기하며 내게 명함을 건넸다. **뭐든 필요한 게 있으면 연락줘요.** 그는 떠났다. 나는 작은 명함을 꼭 붙들었다. 경찰관이 내게 SART 건물은 아침에나 문을 연다고 알려주었다. 나는 그 건물이 뭔지는 몰랐지만 그저 다시 잠들어도 된다는 의미로 이해했다. 등을 대고 누웠지만 차갑고 낯선 느낌이었고, 우리 둘은 적나라한 조명 아래 있었다. 혼자 남겨지지 않아서 고마운 마음이었지만, 그가 책이라도 읽거나 자판기에 뭐라도 사러 갔으면 싶었다. 나는 누가 보고 있으면 잠을 자지 못했다.

간호사가 와서 나를 힐끗 보더니 바로 경찰관을 쳐다보며 이야기했다. **어째서 그녀가 담요를 안 덮은 거죠?** 경찰관은 자기가 내게 바지를 주었다고 말했다. **이런, 그녀에게 담요를 갖다줘요! 어째서 아무도 그녀에게 담요를 주지 않은 거죠? 담요도 없이 저렇게 누워 있다니!** 나는 내 보온에 대해 단호한 입장을 가지고 당당하게 요구하는 간호사의 격렬한 몸동작을 바라보았다. 나는 머릿속으로 그 말을 되뇌었다. **누가 그녀에게 담요를 갖다줘요.**

다시 눈을 감았다. 이번에는 온기 안에 자리를 잡고서. 이 엉망진창인 꿈에서 벗어나, 내 꽃무늬 이불과 화선지 각등이 있고 옆 방에는 동생이 잠들어 있는 내 침대에서 깨어나고 싶었다.

누군가 부드럽게 흔드는 느낌에 눈을 떠보니 조명은 여전히 눈 부셨고 담요도 그대로였다. 금발의 숙녀가 흰 가운을 입은 채 서 있었고, 뒤에는 다른 여자가 두 명 더 있었다. 이들은 마치 내가 신생아라도 되는 듯 나를 바라보며 환하게 웃고 있었다. 이 간호 사 중 한 명의 이름이 조이였고 나는 이걸 우주에서 내려온 좋은 징조로 받아들였다. 이들을 따라 방을 나서서는 작은 주차장에 들어섰다. 담요를 벨벳처럼 질질 끌고 수행원을 대동한 지저분한 여왕이 된 느낌이었다. 눈을 가늘게 뜨고 하늘을 바라보며 시간 을 가늠해보았다. 벌써 해가 떴나? 우리는 텅 빈 일층짜리 건물로 들어갔다. 그들은 나를 사무실로 안내했다. 나는 담요를 두른 채 소파에 앉았고, 'SART'라는 이름표가 붙은 선반에 서류철이 꽂 혀 있는 모습을 보았다. 그 아래에는 검은 사인펜으로 **성폭력대응 팀**Sexual Assault Response Team이라고 적혀 있었다.

그러니까 이 사람들이 이 팀이구나. 나는 관찰자일 뿐이었다, 갈색 머리칼이 까치집처럼 너저분하고 두 눈은 시체와 다를 바 없는 베이지색 몸에 박혀 있는. 그날 아침 나는 은색 바늘이 내 피부에 구멍을 내고 피 묻은 면봉이 내 다리 사이에서 나오는 모 습을 보았지만 그 어느 것에도 움찔하며 놀라지도, 숨을 훅 하고 들이마시지도 않았다. 내 감각은 차단되었고 몸은 신경이 없는 마네킹이었다. 내가 이해한 거라곤 흰 가운을 입은 이 숙녀들이 믿을 만한 사람이라는 사실뿐이었고, 그래서 나는 모든 지시에 따르며 그들이 내게 미소를 지으면 같이 미소를 지었다.

서류더미가 내 앞에 놓였다. 서명을 하려고 담요에서 팔을 뱀처럼 끄집어냈다. 그들은 내가 무엇에 동의를 하는 것인지 설명했지만 내게는 아무런 소용이 없었다. 색색의 서류와 서류, 밝은 자주색, 노란색, 귤색. 내 속옷이 어째서 사라졌는지, 내 손에서 왜 피가 났는지, 머리카락은 왜 더러우며 내가 왜 우스꽝스러운 바지를 입고 있는지 설명해주는 사람은 아무도 없었지만 상황은 절차대로 흘러가는 것 같았고, 계속 서명을 하고 고개를 끄덕이면 다시 말끔하고 깨끗해져서 여기서 벗어날 수 있을 것 같았다. 나는 서류 아래쪽에 내 이름을 적어 넣었다. C는 큰 고리처럼 M은 두 개의 혹처럼 보였다. 어떤 종이 맨 위에 **강간 피해자**라는 단어가 굵은 글씨로 적힌 것을 보고 나는 멈칫했다. 물고기가 수면 위로 뛰어올랐다. 나는 잠시 동작을 멈췄다. 아니, 난 강간 피해자가 되는 데 동의하지 않는데. 내가 여기에 서명을 하면 강간 피해자가 되는 걸까? 서명을 하지 않으면 원래의 나로 남을 수 있을까?

간호사들은 검사실을 준비하러 들어갔다. 한 젊은 여자가 에이프릴이라고, SART 대변인이라고 자신을 소개했다. 운동복 상의에 레깅스 차림을 한 그녀는 정신없는 곱슬머리를 포니테일로 묶고 있었는데, 그림으로 그려보면 재밌을 것 같았다. 조이라는 간호사의 이름이 좋았듯 그녀의 이름이 마음에 들었다. 4월은 가벼운 비가 오는 달, 칼라가 꽃을 피우는 시기였다. 그녀는 플라스틱 컵에 담긴 흑설탕 오트밀을 내밀었고 나는 조잡한 흰 숟갈로 그걸 떠 먹었다. 그녀는 나보다 어려 보였지만 나를 엄마처럼 돌봐주었고 계속 물을 마시라며 다독였다. 나는 그녀가 일요일에 어떻게 이렇게 일찍 일어나는지 궁금했다. 이것이 그녀에게는 정상적인 하루인지가 궁금했다.

그녀는 내게 오렌지색 서류철을 건넸다. **당신 거예요.** 안에는 스테이플러가 삐뚜름하게 박힌 외상후스트레스장애에 대한 흑백 복사용지들과, 복잡해 보이는 전화번호 목록이 있었다. 무척 불안하고 매우 짜증난 것처럼 보이는, 눈썹에 피어싱을 한 여자아이 사진이 박힌 브로슈어도. 거기에는 **당신은 혼자가 아닙니다. 그건 당신 잘못이 아니에요!**라는 문구가 굵은 자주색 글씨로 적혀 있었다. 뭐가 내 잘못이 아니야? 내가 뭘 안 했다는 거지? 나는 "이후의 반응"이라는 종이 팸플릿을 펼쳐보았다. 첫 번째 카테고리에는 이렇게 적혀 있었다. **0~24시간: 무감각, 경미한 어지럼증, 알 수 없는 두려움, 충격.** 나는 놀라울 정도로 비슷해서 고개를 끄덕였다. 다음 카테고리는 이렇게 적혀 있었다. **2주~6개월: 건망증, 탈진, 죄책감, 악몽.** 마지막 카테고리는 이렇게 적혀 있었다. **6개월~3년 이상: 고립감, 기억이 갑자기 한 번씩 되살아남, 자살 충동, 일을 하지 못함, 약물 남용, 관계의 어려움, 외로움.** 이건 누가 쓴 거지? 누가 이 쓰레기 같은 종이에다 불길한 미래를 예언한 거야? 내가 이 얼굴도 모르는 우울한 사람의 시간표에 따라 살게 된다는 건가?

제 전화로 동생에게 전화하시겠어요? 동생한테 두어 시간 뒤면 집에 갈 수 있으니까 데리러 오라고 말씀하셔도 돼요. 에이프릴이 자기 핸드폰을 건넸다. 나는 티파니가 아직 자고 있기를 바랐지만 티파니는 바로 받았다. 나는 그 애의 울음소리를 안다. 차가 찌그러졌을 때, 입을 만한 옷이 없을 때, 텔레비전에 나온 개가 죽었을 때 어떻게 우는지 안다. 이번 울음소리는 달랐다. 새들이 유리 상자 안에서 날개를 부딪히는 소리, 혼돈의 소리였다. 온몸이 뻣뻣해지는 소리였다. 내 목소리는 침착하고 가벼워졌다. 나는 내가 미소 짓고 있다는 걸 느낄 수 있었다.

티피![‘티파니’의 애칭] 내가 말했다. 동생이 무슨 말을 하는지 알아들을 수가 없었다. 어쨌든 그 때문에 내 목소리는 동생을 달래느라 더 차분해졌다. 이 녀석, 난 자유의 몸으로 아침을 먹게 될 거야! 그래, 괜찮아! 울지 마! 사람들이 무슨 일이 있었던 거 같대. 아니, 아직 정확히는 모르고, 그냥 다 혹시 몰라서 그러는 거야. 그치만 여기에 조금만 더 있는 편이 나아, 알았지? 두어 시간 있다가 나 태우러 올래? 스탠퍼드 병원에 있어. 인턴이 부드럽게 내 어깨를 두드리며 속삭였다. 산호세예요. 당신은 산타클라라밸리 메디컬센터에 있어요. 나는 그녀의 말을 이해할 수 없어서 멀뚱히 쳐다보았다. 아, 미안, 산호세에 있는 병원이래! 나는 이렇게 말하면서 생각했다. 내가 집에서 차로 40분이 걸리는 다른 도시에 있다고? 걱정 마! 내가 말했다. 준비되면 다시 전화할게!

나는 에이프릴에게 내가 여기에 어떻게 왔는지 아느냐고 물었다. 앰뷸런스요. 갑자기 걱정이 되었다. 앰뷸런스 비용을 댈 수가 없는데. 검사비는 얼마나 들까? 솔잎이 작은 발톱처럼 목을 찔러댔다. 뾰족한 적갈색 양치식물을 한 올 빼냈다. 지나가던 간호사가 머리를 그냥 놔두라고 상냥하게 지시했다. 내 머리 사진을 찍는 일이 남아 있었던 것이다. 나는 마치 머리핀을 꽂듯 다시 끼워 넣었다. 검사실 준비가 끝났다.

　자리에서 일어서니 내가 앉아 있던 쿠션 이곳저곳에 작은 솔방울과 솔잎이 널려 있었다. 대체 이게 다 어디서 온 거지? 그것들을 치우기 위해 몸을 구부리자 머리칼이 어깨로 흘러내리면서 더 많은 솔방울과 솔잎이 깨끗한 타일 위로 흩어졌다. 나는 담요를 두른 채 무릎을 꿇고 죽은 솔방울과 잎을 단정하게 모았다. **이거 필요하세요?** 나는 그걸 손에 쥐고 물었다. **그냥 버려도 괜찮나요?** 그들은 신경 쓰지 말라고, 그냥 놔두라고 말했다. 나는 내가 만들어놓은 난장판에, 먼지 한 점 없는 바닥과 가구에 흩어놓은 부주의한 흔적에 난처해하면서 그것들을 다시 의자에 올려두었다. 간호사가 별 감정이 실리지 않은 목소리로 나를 위로했다. **그냥 식물이잖아요, 식물.**

　두 간호사는 큰 거울이 있고 아침볕이 드는 차가운 회색 방으로 나를 안내하더니 옷을 벗으라고 했다. 그건 좀 지나치다는 생각이 들었다. 어째서 내가 살을 드러내야 하는지 이해하지 못했지만, 마음이 그 요구를 승인하기도 전에 손이 옷을 벗겨내기 시작했다. **저 사람들 말을 들어.** 그들은 종이로 된 흰 도시락 가방 같은 것을 열어서 잡아주었고 나는 끈이 낡은 베이지색 브라를 그 안에 넣었다. 회색 원피스는 다른 가방에 넣었는데, 그 뒤로 다시는 보지 못했다. 정액을 확인하기 위한 절차인 듯했다. 모든 옷이 사라지자 나는 알몸이 되었고, 젖꼭지가 나를 물끄러미 응시했고, 팔을 어디에 둬야 할지 몰랐지만 가슴을 감싸 안고 싶었다. 그들은 머리를 여러 각도에서 찍어야 하니 가만히 있으라고 말했다. 나는 증명사진을 찍을 때 머리칼을 반으로 나눠서 차분하게 늘어뜨리는 게 익숙했지만 한쪽에 뭉쳐진 덩어리를 만지고 싶지 않았다. 이가 드러나게 미소를 지어야 하는 건지, 어디를 쳐다봐야 하는지 알 수 없었다. 나는 눈을 감아버리고 싶었다. 마치 그렇게 하면 숨을 수 있다는 듯이.

한 간호사가 주머니에서 파란 플라스틱 자를 꺼냈다. 다른 간호사는 무겁게 생긴 검은색 카메라를 들었다. **찰과상의 길이를 재고 기록해두려는 거예요.** 그녀가 말했다. 라텍스 장갑을 낀 손가락 끝이 내 피부에서 기어 다니는 것이, 자의 딱딱한 끝이 내 목과 배와 엉덩이와 허벅지 옆을 누르는 것이 느껴졌다. 찰칵하는 소리가, 카메라의 검은 렌즈가 내 머리칼과 소름이 돋은 피부와 혈관과 모공을 샅샅이 훑는 소리가 들렸다. 어릴 때부터 습진 때문에 고생했던 터라 피부는 언제나 내 자의식의 가장 깊은 근원이었다. 피부가 나은 뒤에도 늘 피부에 얼룩이 생기고 변색되는 상상에 시달렸다. 렌즈 아래에서 확대된 채로 얼어붙었다. 하지만 그들은 몸을 숙여 내 주위를 맴돌면서 부드러운 목소리로 나를 상념에 빠지지 않게 해주었다. 그들은 부리에 줄자와 리본을 물고 드레스를 만들기 위해 여기저기 날아다니며 치수를 재는 《신데렐라》의 새들처럼 나를 부드럽게 다독였다.

그들이 뭘 찍는지 보려고 몸을 틀다가 내 뒤편의 빨간 빗금이 눈에 들어왔다. 두려운 마음에 눈이 감겼고 머리가 다시 앞으로 돌아왔다. 보통 내 몸을 가장 신랄하게 비판하는 사람은 나다. **네**

가슴은 너무 떨어져 있어. 슬픔에 젖은 티백 두 개 같아. 네 젖꼭지는 이구아나의 눈처럼 다른 방향을 향하고 있어. 네 무릎은 변색돼서 거의 자주색에 가까워. 네 배는 밀가루 반죽 같아. 네 허리는 너무 넓어서 직사각형이야. 가늘지 않고 길기만 한 다리는 대체 무슨 소용이야? 하지만 조명 아래 완전히 벌거벗고 서 있자니 그 목소리는 증발되어버렸다.

그들이 위에서, 아래에서, 옆에서 사진을 찍는 동안 나는 눈을 내 몸에 고정했다. 정수리를 곧추세우고, 목을 길게 늘이고, 어깨를 뒤로 당기고, 팔을 늘어뜨렸다. 아침 햇살이 내 목선으로, 귀의 굴곡으로, 쇄골과, 엉덩이와, 종아리를 따라 녹아들었다. **저 몸 좀 봐. 네 가슴의 멋진 비탈을, 배꼽의 모양을, 길고 아름다운 다리를 봐.** 나는 따뜻한 연갈색 색채들이 담긴 용기, 표백된 가운과 청록색 장갑이 움직이는 이 방에서 빛을 뿜어내는 사람이었다.

마침내 우리는 내 머리를 정리할 수 있게 되었다. 우리 셋은 솔잎을 하나하나 걷어내어 흰 가방에 담았다. 뾰족한 이파리가 빠져나가는 것을, 잎이 두피를 찌르며 날카로운 통증을 남기는 것을 느낄 수 있었다. 걷어내고 걷어내다 보니 어느덧 가방이 길쭉한 나뭇잎과 머리칼로 가득 찼다. **이거면 충분할 거예요.** 그녀가 말했다. 우리는 말없이 나머지를 걷어서 바닥에 버렸다. 나는 어깨 쪽으로 부드럽게 바람을 불어서 먼지를 털었다. 간호사들이 내 엉긴 머리를 살피는 동안 나는 생선뼈처럼 생긴 죽은 솔잎을 풀어냈다. 끝이 없을 것 같았다. 이들이 내게 머리를 밀어버릴 테니 고개를 숙이라고 했다면 나는 두말없이 고개를 숙였으리라.

나는 헐렁한 병원 가운을 받은 뒤 치과 의자처럼 생긴 의자가 있는 다른 방으로 안내되었다. 발을 발걸이에 올리고 두 다리를 벌린 채 뒤로 몸을 기댔다. 내 위 천정에는 범선 그림이 압정으로 고정되어 있었다. 달력에서 떼어낸 그림 같았다. 그러는 동안 간호사들이 트레이를 들고 왔다. 나는 그렇게 많은 금속 도구는 처음 보았다. 솟아오른 내 무릎 사이로 이들 셋이, 한 명은 스툴에 앉고 다른 두 명은 그 뒤에 서서 작은 산을 이루며 나를 응시하는 모습을 바라보았다.

참 차분하시네요. 그들이 말했다. 내가 누구에 비해서 차분하다는 말인지 알 수 없었다. 내 위에 있는 작은 범선을 바라보며 범선이 이 작은 방 밖의 어딘가로, 아주 밝고 여기서 아주 머나먼 어딘가로 떠나가는 상상을 했다. 나는 생각했다. **이 범선이 큰일 하네, 내가 정신을 딴 데 팔게 해주다니.** 두 개의 기다란 나무 면봉이 내 항문 안쪽을 찔렀다. 범선은 최선을 다하고 있었다.

몇 시간이 흘렀다. 나는 싸늘한 금속이, 면봉의 딱딱한 머리가, 알약이, 주사기가, 벌려진 내 다리가 싫었다. 하지만 그들의 목소리가 나를 진정시켰다. 우리가 마치 활기를 만회하기 위해 여기 있는 것처럼. 그들은 내게 칵테일 같은 형광 분홍색 알약이 든 컵을 건넸다. 나와 계속 눈을 맞추었고 모든 절차를 설명한 뒤 검사를 위한 삽입에 들어갔다. **어떤가요? 불편하진 않아요? 이건 작은 파란색 붓인데 이걸로 음순에 약을 바를 거예요. 조금 차가워요. 이 근처에서 자랐어요? 밸런타인데이에 계획 있어요?** 나는 이들의 질문이 내 관심을 다른 데로 돌리기 위한 것이라는 사실을 알았다. 이 소소한 대화가 일종의 놀이 같은 것임을, 그들이 내게 지시 사항을 알려주는 연기 같은 것임을 알았다. 대화가 진행되는 동안 이들의 손은 긴박하게 움직였고, 렌즈의 둥근 테가 내 다리 사이에 있는 동굴 안을 엿봤다. 또 다른 현미경 카메라가 내 안으로 뱀처럼 기어들어왔고 내 질 내벽이 화면에 나타났다.

나는 장갑을 낀 그들의 손이 내가 심연으로 굴러떨어지지 않게 막아주고 있음을 이해했다. 내 안의 통로 속으로 무엇이 기어들어왔건 그녀들이 다 끄집어낼 터였다. 그들은 내게 방어벽을 쳐주고, 심지어 나를 웃게 만드는 든든한 존재였다. 그들은 이미 일어난 일을 되돌릴 수는 없었지만 그것을 기록하고, 밀리미터 단위로 사진 찍고, 가방에 담아 밀봉하고, 누군가 그것을 들여다보게 만들 수 있었다. 그들은 한 번도 한숨을 쉬거나, 동정심을 드러내거나, **가엾어라** 하지 않았다. 그들은 나의 순순함을 나약함으로 오해하지 않았고, 그래서 나는 나 자신을 증명할 필요를, 내가 원래 이런 사람은 아니라고 보여줄 필요를 느끼지 못했다. 그들은 알았다. 여기서는 수치심이 숨 쉴 수 없었고 밖으로 쫓겨났다. 그래서 나는 긴장을 풀고 몸을 그들에게 맡겼고, 그동안 내 마음은 가벼운 대화의 흐름 속에서 일렁였다. 그들과 함께했던 이 순간의 기억을 떠올리는 때에 불편함과 두려움이 부차적인 것은 이 때문이리라. 주된 감정은 따스함이었다.

몇 시간 뒤 그들이 일을 마무리했다. 에이프릴은 벽을 등지고 선 커다란 플라스틱 정원 창고로 나를 안내했다. 그곳에는 새 주인을 기다리는 스웨터와 운동복 바지가 서로 겹겹이 쌓인 채 가득 들어차 있었다. **이건 다 누굴 위한 걸까.** 나는 의아했다. 얼마나 많은 우리들이 이곳에 와서 브로슈어로 가득한 서류철과 함께 새 옷을 받아갔을까. 시스템 전체가 나 같은 사람들이 셀 수 없이 많으리라는 사실을 전제로 확립되어 있었다. **클럽에 가입하신 걸 환영해요. 당신의 새 유니폼 여기 있어요. 당신의 서류철을 열어보면 일생이 소요될 회복 및 트라우마의 단계들을 설명한 가이드라인이 있을 거예요.** 인턴이 미소를 띠고 이야기했다. **좋아하는 색깔로 고르세요!** 마치 요거트 아이스크림 토핑을 고르는 것처럼. 나는 연한 노란 빛이 도는 흰색 상의와 파란 바지를 골랐다.

이제 씻는 일만 남았다. 수사관이 오는 중이었다. 나는 다시 차가운 회색 방으로 보내졌는데 이번에 보니 방 한 켠에 금속으로 된 샤워꼭지가 있었다. 나는 그들에게 감사 인사를 하고 문을 닫았다. 병원 가운을 벽에 걸었다. 기증받은 호텔 샴푸, 녹차향 제품, 코스탈브리즈 제품들, 스파용 백단유가 뒤죽박죽 섞인 바구니에서 물건을 하나하나 살펴보았다. 손잡이를 돌렸다. 완전한 알몸으로, 다독이는 목소리도 부드러운 손길도 없이 혼자 서 있기는 처음이었다. 바닥을 때리는 물소리 말고는 고요했다.

그 종이를 제외하면 누구도 **강간**을 입에 올리지 않았다. 나는 눈을 감았다. 기억이 꺼져버리기 전 둥그런 조명 아래 있던 동생의 모습밖에 떠오르지 않았다. 뭐가 사라진 거지? 나는 고개를 숙이고 음순을 벌렸고, 어두운 물감색이 눈에 들어왔고, 그 진한 적포도주 빛이 역겨웠다. 무슨 일이 있었는지 내게 알려줘. 나는 간호사들이 **매독, 임질, 임신, 에이즈**라고 말하는 것을 들었고, 사후

피임약을 받았다. 깨끗한 물이 내 피부에서, 의미 없이 흘러내리는 모습을 바라보았다. 내가 씻어야 하는 곳은 안쪽이었다. 나는 내 몸을, 두툼하고 변색된 뱃살을 내려다보면서 생각했다. **누가 이것도 가져가지, 이 살을 달고 혼자 남겨지다니.**

머리를 벽에 찧어서 기억을 흔들어 끄집어내고 싶었다. 뚜껑을 열어서 윤기 나는 샴푸를 내 가슴에 붓기 시작했다. 머리칼이 얼굴에 흘러내리도록 내버려두고 흩어진 빈 샴푸 병 사이에 서서 뜨거운 물로 내 피부를 달궜다. 물이 내 모공 속으로 스며들어서 모든 세포를 태우고 재생시키기를 바랐다. 모든 수증기를 들이마셔 숨이 막히고 싶었다. 눈이 멀고 싶었다. 증발하고 싶었다. 두피를 문지르는 동안 부연 물이 내 발치에서 소용돌이치다 금속 배수구로 흘러들어갔다. 죄책감이 밀려왔다. 캘리포니아는 바싹 말라서 가뭄이 끊이지 않는 곳이었다. 아빠가 모든 싱크대 아래 빨간 양동이를 두고 남은 비눗물을 받아놨다가 식물에게 주는 우리 집을 생각했다. 물은 사치품이었지만 나는 꼼짝하지 않고 물이 콸콸콸 배수구로 흘러들어가는 모습을 바라보며 서 있었다. **미안해, 오늘은 샤워를 길게 해야겠어.** 40분은 흘렀을 테지만 재촉하는 사람은 아무도 없었다.

나는 수도꼭지를 잠갔다. 수증기와 정적 속에 서 있었다. 손끝이 쭈글쭈글해져서 허연 건자두 같았다. 거울에 서린 김을 손으로 닦아냈다. 볼이 분홍색이었다. 젖은 머리칼을 빗고 면 운동복 상의를 입고 목걸이를 다시 목에 늘어뜨려 중심이 가슴에 오게 했다. 가지고 있어도 괜찮다는 허락을 받은 또 다른 유일한 물품인 부츠의 끈을 맸다. 신발을 신은 채 파란 운동복 바지를 입다가 다시 생각해보곤 부츠를 벗고 다시 바지를 입으니 한결 나았다. 머리를 둥글게 말아 올리려는데 소매에서 달랑대는 꼬리표가 눈에 들어왔다. 꼬리표에는 빨랫줄 그림이 있었다. **그레이트풀가먼츠**Grateful Garments였다.

앤 할머니(혈연 관계는 아니지만 어쨌든 우리 할머니다)는 매년 배를 담는 망, 색색의 만화, 쪽빛 깃털, 종이접기로 만든 꽃 같은 재료를 재활용해서 화려한 종이 모자를 만들었다. 할머니는 이런 종이 모자들을 거리 축제에서 팔아서, 성폭력 생존자들에게 옷을 제공하는 그레이트풀가먼츠를 비롯한 지역 단체에 수익금을 기부했다. 이 단체가 없었더라면 나는 추레한 가운과 부츠만 신고 병원을 나섰으리라. 저녁 식사 테이블에서 종이를 오리고 모자에 테이프를 붙이던 모든 시간이, 태양이 내리쬐는 작은 부스에서 그것들을 팔던 모든 시간이 내게 점잖은 피복 한 벌을 선사했다는 의미였다. 앤 할머니는 나를 그녀 자신으로 감싸주었고, 이제 넌 준비가 끝났다고 내게 말을 건넸다.

나는 사무실로 다시 가서 두 손을 무릎 사이에 끼운 채 기다리며 앉아 있었다. 수사관이 문가에 나타났다. 단정하게 자른 머리에 직사각형 안경, 검은 코트, 넓은 어깨, '김'이라고 적힌 이름표를 보니 한국계 미국인인 것 같았다. 그는 마치 여기가 내 집이고 자신이 진흙 묻은 부츠를 신고 막 들어오려는 참이라는 듯 미안해하며 서 있었다. 나는 일어나 그를 맞았다. 그가 슬퍼 보였기 때문에, 내가 괜찮다고 그를 안심시키기 위해 미소를 지어 보일

정도로 슬퍼 보였기 때문에, 그에게 믿음이 갔다.

그는 리갈패드 노트와 검은 직사각형 녹음기를 내려놓고 내 말이 전부 녹음될 것이라고 내게 고지했다. **네.** 내가 말했다. 그는 녹음기의 작은 바퀴가 돌아가는 가운데 노트를 펴고 펜을 든 채로 앉아 있었다. 나는 위협을 느끼지 않았다. 그의 인상은 내게 그가 여기에 들르러 왔다고 말하고 있었다.

나는 그에게 아빠가 어떤 음식을 만들었는지, 내가 얼마나 먹었는지, 술은 몇 잔이었고, 얼마나 멀리 떨어져 있었는지, 위스키의 브랜드, 내가 그 파티에 간 이유, 도착 시간, 파티에 온 사람의 수, 어떤 술을 마셨는지, 밀봉된 용기였는지, 내가 언제 밖에 나가 어디서 소변을 봤는지, 몇 시에 안으로 다시 들어왔는지를 차근차근 늘어놓았다. 마치 천정을 보면 생각이 더 잘 나기라도 한다는 듯 계속 위를 올려다보았다. 나는 일상적인 일들을 그렇게 시시콜콜 회상하는 데 익숙하지 않았다. 그는 줄곧 조금씩 고개를 끄덕이며 펜을 휘갈겼고, 그의 기록이 담긴 리갈패드는 획획획 넘어갔다. 현관에 앉아 있던 부분에 이르렀을 때 나는 그가 **그녀가 마지막으로 기억하는 것**이라고 적는 모습을 보았다. 그의 펜 끝이 딸깍하고 자취를 감추었다. 그는 나를 바라보았다. 여전히 뭔가를 찾고 있었다. 우리는 어딘가로 가던 중이었는데 그러다가 길이 끊긴 것이다. 내게는 그에게 필요한 게 없었다.

녹취록에 따르면 그날 아침 그가 한 말은 몇 사람이 내가 쓰러져 있는 것을 발견해서 경찰들이 왔지만 내가 반응이 없더라는 게 전부였다. 그는 이렇게 말했다. **당신이 있던 곳의 본성과 당**

신의 상태 때문에 우린 항상, 그러니까 어떤 형태의 성폭행 가능성이 있었으리라는 점을 고려해야 해요. 본성, 당신의 상태라. 그는 수사가 이루어지면 그 남자의 이름과 정보가 공식 기록으로 남을 거라고 말했다. 우린 아직 정확히 무슨 일이 있었는지는 몰라요. 그가 말했다. 아무 일 없었기를 바라요. 그치만 최악의 시나리오, 우린 그걸 염두에 두고 일해야 하거든요. 내 귀에는 아무 일 없었기를 바라요라는 말만 들어왔다.

샤넬 음, 그 사람들이 저를 정확히 어디서 발견했는지 아세요?
수사관 네. 그곳과 집 사이에 작은 지역이 있어요, 음, 전 그게 대형 쓰레기통이라고 생각해요. 쓰레기통 안은 아니고요.
샤넬 아, 설마.
수사관 아니에요, 그 뒤편이에요.

그는 이렇게 말했다. 그 옆을 지나던 사람들이 당신이 거기에 있는 걸 봤고, 이랬겠죠. "잠깐, 저건 뭔가 잘못된 것처럼 보이는데." 그러고는 멈춰 섰고, 음, 누군가를 봤어요… 그러다가 또 다른 사람이 와서 당신을 봤대요. 그리고 전화를 했죠, 우리한테 전화를… 음, 자연스럽게 처음에는, 음, 우린 강간 가능성을 염두에 둬요.

이해가 안 갔다. 내가 어쩌다가 야외에 있게 된 거지? 뭐가 잘못된 것처럼 보였다는 거야? 수사관은 자세를 고쳐 앉았고, 그가 혹시 누군가와 좋은 시간을 보낼 생각이었나요?라고 말할 때 나는 약간 움찔했다. 묘한 질문이었다. 나는 아니라고 말했다. 그러면 장소를 불문하고 당신을 만져도 된다는 허락을 받은 사람은 아무도 없었군요. 그는 이미 대답을 알고 있었다는 듯 슬퍼 보였다. 몸이 뻣뻣하게 굳는 느낌이었다. 내가 말했다. 그 사람들이 그 남자를, 그러니까 어젯밤에 바로 잡은 거예요? 그 사람들은 무사한가요?

그가 말했다. 그래서 이제 우리는 이 사람이 그 사람이라는 걸 확인해야 해요. 이 사람이 당신에게 뭔가를 하던 중이거나 당신에게 뭔가를 하려고 시도 중이던 사람인지. 음, 하지만 어쨌든 누군가가 당신 근처에서 정말 수상쩍은 짓을 하고 있었어요. '수상쩍은'이라. 저는 이 사람이 그 사람이라고 말하는 게 아직 조심스러워요. 형법에 따르면 우린 상당한 근거가 있으면 누군가를 체포할 수 있어요. 강간은 중죄니까요. 우린 중죄가 일어났다고 믿을 만한 상당한 근거가 있으면 누군가를 체포할 수 있죠. 실제로 그런 일이 일어나지 않았더라도요.

무언가 심각한 일이 일어났다는 의미가 숨어 있었지만 모든 문장이 내가 별 사고를 당하지 않은 대안 시나리오로 끝났다. 그런 일이 일어나지 않았더라도요. 하던 중이거나 시도 중이거나. 아무 일 없었기를 바라요. 수상쩍은. 나는 서로 다른 두 세상에 발을 담그고 있었다. 아무 일도 일어나지 않은 세상과 내가 강간을 당했을지도 모르는 세상. 나는 그가 정보를 제대로 전달하지 않는 것은 수사가 아직 진행 중이기 때문이라고 이해했다. 어쩌면 그는 내 머리칼에서 물이 뚝뚝 떨어지고 내가 엉뚱한 옷을 입고 있는 점 역시 고려했을지 모른다. 어쩌면 곧 도착할 동생에 대해 생각하고 있었을지도.

김 수사관은 내일은 내가 더 많은 것을 기억할지도 모른다고 말하면서 내게 명함을 건넸다. 나는 고개를 끄덕였지만 이미 내가 아는 것은 전부 이야기했음을 알았다. 그는 나중에 그날 저녁쯤이면 경찰서에서 내 전화기를 가져가도 된다고 이야기했다. 그 뒤에서 동생이 진이 다 빠진 얼굴에 구부정한 자세로 나타났다. 언니가 되어야 했으므로 내 안의 피해자는 사라졌다. 녹음된 내 인터뷰 끝부분에 동생이 도착하는 장면이 담겼다.

내가 말했다. **어서 와.**

세상에.

어서 와.

세상에.

미안해.

아.

나 때문에 걱정했지.

아냐, 괜찮아.

아, 미안해.

동생이 말했다. **사과하지 마.**

나는 꼿꼿하고 흔들림이 없었다. 나는 성인이었고 이 방에 있는 다른 낯선 사람들은 친절하니까 그들에게 말을 건네도 된다는 점을 동생에게 느끼게 해줄 정도는 되었다. 에이프릴이 동생에게 물을 따라주고 의자를 갖다주었다. 티파니는 울음을 그치지 못했다. 수사관이 질문을 하는 동안 내 눈은 동생에게 고정되었다. 동생은 똑같이 음료, 친구들의 이름, 파티의 분위기를 설명했다. 동생에게 계속 자기 얼굴을 들이대고, 동생의 엉덩이를 만지고, 주위에서 얼쩡거리던 금발 남자가 있었다고도 했다. 동생 친구들은 전부 그 남자를 피하기 시작했다. 동생은 그 남자가 아무 말 없이 그냥 몸을 기대면서 큰 눈으로 쳐다보기만 해서 이상하게 생각했다고 말했다. 불편해서 웃기 시작했고 그래서 그들의 치아가 부딪혔다고 말했다.

동생은 내가 괜찮으리라 생각하고 속이 불편한 친구를 봐주러 나를 잠시 혼자 놔뒀다고 말했다. 돌아와보니 경찰이 파티를 해산시키고 있었다. 동생은 문을 지키고 있던 두 학생에게 **대체 무슨 일이야** 하고 물었고, 그들은 시끄럽다는 항의가 들어와서 파티가 중단되었다고 말했다. 동생은 주차장에 있던 경찰관에게 무슨 일인지 물었고 그는 말할 수 없다고 대답했다. 동생은 내가 팰로앨토 시내로 친구를 만나러 갔을지도 모른다고 생각했다. 그래도 계속 여기저기를 돌아다니며 **나처럼 생긴 사람 못 봤어요?** 하고 묻고 다녔다. 동생과 콜린은 미친 듯이 사교클럽의 모든 문을 열어젖혔고, 그러다가 내가 전화를 전혀 받지 않자 걱정하기 시작했다. 이들은 내가 들것에 실려 구급차 속으로 사라지는 동안 내 이름을 부르며 나무 사이를 돌아다녔다.

학생들이 그 남자를 제지했대. 내가 말했다. **멋지지, 정말.** 그날 아침 나는 지나가던 사람이 어떤 남자가 이상한 짓을 하는 걸 보고 그를 추격한 거라고 이해했다. 어떤 육체적 접촉이 있었는지는 몰랐다. 이 남자가 내 옷 속으로 나를 더듬었다는 사실, 내 신체 중 어딘가가 노출되었다는 사실은 알지 못했다. 나는 위기를 모면했다고, 나쁜 남자는 체포되었고 이제 우린 가도 된다고 나 자신을 타일렀다. 수사관은 우리에게 감사를 표했다. 우리는 저녁에 내 전화기를 가지러 스탠퍼드 경찰서로 갈 예정이었다. 흰 가운을 입은 숙녀들이 나를 둘러싸고 꼭 껴안아준 뒤 놓아주었다.

이제 해가 완전히 떠서 주차장에 드문드문 주차된 차들이 성가신 빛을 되쏘아 보낼 정도였다. 이 얼마나 초현실적인 일요일 아침인가. **이거 너무 미친 거 아냐? 이렇게까지 미친 일은 처음인 것 같아. 그 사람들이 내 거시기에다가 엄청나게 많은 걸 찔러댔어. 내가 입고 있는 옷은 쳐다보지도 못하겠어. 이 옷 너무 구리지 않아?** 철썩 달라붙은 머리칼과 너무 헐렁한 운동복을 보란 듯이, 나는 모델처럼 걷다가 한 바퀴 돌았다. 아직 눈물이 그렁그렁하고 호흡이 고르지 못한 티파니는 딸꾹질을 하면서 웃었다.

우리는 차 안에 앉아서 철책 선을 응시했고 티파니는 어디로 가야 할지 내가 일러주기를 기다렸다. 티파니는 아직도 눈에 보일 정도로 충격받은 상태였다. 내가 생각하는 건 그 남자가 누구인지, 내가 어떤 기분인지, 사진이 어디로 가게 될지가 아니었다. 내 모든 생각은 동생을, 질문에 대한 대답을 가지고 있어야 하는 내 어린 동생을 중심으로 돌아갔다.

나는 동생을 위해 단단해지도록 훈련된 사람이었다. 한번은 동생이 비행기에서 몸이 안 좋아서 몸을 앞으로 숙였는데, 내가 손을 뻗어 동생의 토사물을 받아냈다. 토사물이 동생의 무릎에 닿기도 전에. 할머니가 우리 샐러드에 블루치즈를 으깨 넣으면 티파니는 코를 틀어막았고 그러면 나는 할머니가 뒤로 돌기를 기다렸다가 치즈가 묻은 티파니의 샐러드 채소들을 내 입으로 욱여넣었다. 〈이티〉를 보고 난 뒤 티파니는 탈수증에 걸린 것 같은 외계인과 주름진 손가락이 무서워서 그 후로 7년간 매일 밤 내 침대에서 잤다. 영화에서 키스하는 장면이 나오면 나는 **부적절해, 넌 너무 어려**라면서 동생 얼굴을 베개로 가렸다. 나는 우리에게 노키아 핸드폰을 사달라고 설득하는 에세이를 작성하고 다듬었다. 학급 파티가 있을 때마다 나는 냅킨에 내 몫의 도넛이나 스니커두들 반쪽을 싸두었다가 쉬는 시간에 동생에게 건넸다. 말을 사랑하게 되었을 때 나는 개 목줄이 달린 의자에 동생을 묶어놓고 동생을 트리니티라고 부르면서 욕실 매트를 동생의 등에 안장처럼 올려놓고 머리칼을 빗어주고 내 손으로 치리오스를 먹였다. 나는 아직도 부모님이 동생을 '마구간'에서 발견했을 때를 기억한다. **놀고 싶으면 네가 말이 되어야지.** 부모님은 이렇게 말했다. 넌 동생을 위해 희생해야 해, 동생을 외계인으로부터 지켜주고, 블루치즈를 먹어야 해. 나는 그것이 내 생애 최초의, 그리고 가장 중요한 임무임을 이해했다.

난 아직 부모님이 있는 집에 갈 준비가 되지 않았다. 생각할 시간이 필요했다. 티파니와 나는 마음대로 드나들 자유를 누릴 정도로는 나이를 먹었다. 집에 들어오지 않았다는 건 친구 집에서 잔다는 의미였다. 걱정할 이유는 없었다. 우리 동네는 안전하니까. 부모님에게 수상쩍은 짓을 한 어떤 사람 때문에 식물에 뒤덮인 채로 병원에서 깨어났다고 말하고 부모님이 그 정보를 받아들이게 할 수는 없었다. **그치만 괜찮아요.** 나는 이렇게 말할 것이다. **괜찮지 않아.** 부모님은 이렇게 말할 것이다. 아빠는 **누가, 어디서, 왜, 어떻게**를 물을 것이다. 엄마는 나를 침대에 누이고 따뜻한 생강 음료를 마시게 할 것이다. 부모님에게 말하면 소동이 일어난다. 나는 소동을 바라지 않았다. 모든 게 사라져버리기를 바랐다.

난 경찰이 어떤 남자가 뭔가를 시도했지만 성공하지 못했다고 말하리라고, 그러면 우리는 불편을 끼쳐서 죄송하다고 사과하리라고 확신했다. 사실 난 이 모든 게 실수라는 확신이 너무 강해서, 동생이 부모님께 얘기할 거냐고 물었을 때 **몇 년 지나고 나면 할 수도**라고 말했다. 언젠가 저녁을 먹다가 이 이야기를 별일 아니라는 듯 대화 중에 끼워넣는 상상을 했다. **내가 폭행당할 뻔한 적 있었다는 거 알아요?** 부모님은 이렇게 말할 것이다. **아, 미안하구나, 너한테 그런 일이 있었는 줄 전혀 몰랐어. 어째서 우리한테 말하지 않았니?** 그러면 나는 이렇게 말할 것이다. **음, 오래전 일이에요. 결국 아무 일도 없었던 걸로 판명 났죠.** 그리고 나는 손을 저으며 부모님에게 깍지콩을 건네달라고 할 것이다.

주차장에 앉아서 생각해보니 갈 만한 장소라곤 인앤아웃밖에 떠오르지 않았다. 버거를 먹기엔 좀 이른 아침 열 시였지만 인앤아웃은 달랐다. 어린 시절 우리에겐 흰 타일로 장식된 인앤아웃의 내부는 교회나 마찬가지였다. 우리 중 하나가 속상한 일이나 축하할 일이 있거나 상심했을 때 우린 인앤아웃으로 끌리듯 인도되었다. 그곳의 모든 소금과 소스를 맛보고 나면 늘 기분이 나아졌다. 하지만 그곳에 도착했을 때 나는 내 옷 때문에 부끄러워 드라이브스루로 하겠다고 했다. 우린 버거를 주문했고 갓길에 차를 대고 먹었다. 한입 베었지만 소스 맛이 느껴지지 않았다. 포장지에 버거를 다시 넣고 내 발치에 내려놓았다. 이미 시간은 죽일 만큼 죽였다. 지금쯤이면 집은 비었을 테고 아빠는 볼일을 보러, 엄마는 친구를 만나러 외출을 하는 부모님의 평범한 일요일 일과가 흘러가고 있을 것이었다.

아빠는 은퇴한 심리치료사다. 주 6일, 하루 12시간 동안 사람들의 이야기를 들어주는 일을 했다. 우리를 먹이고 재우는 데 들어간 모든 돈은 우리로서는 전혀 들어볼 일 없는 이야기를 따라 사람들을 이끌어준 데 대한 보상이었다. 엄마는 중국어로 된 책 네 권을 저술한 작가인데, 그건 내가 아직 엄마의 책을 읽을 수 없다는 뜻이다. 부모님이 개방적인 만큼 그들 삶의 많은 부분이 내게 미지의 영역이었다.

아빠는 20년간 개인 영업을 하며 사람이 상상할 수 있는 모든 시나리오를 다 들었다고 말했다. 문화혁명기에 중국 농촌에서 어린 시절을 보낸 엄마는 사람이 볼 수 있는 모든 잔혹 행위를 보았다. 아빠와 엄마 모두 인생은 거대하고 뒤죽박죽임을, 그 무엇도 흑백으로 나뉘지 않고 선형의 궤도 같은 것은 없다는 점을, 그리고 가장 중요한 사실은 아침에 눈을 뜨는 것만으로도 기적이라는 점임을 이해한다. 두 분은 켄터키 내 유일의 중국문화센터에서 결혼했고, 매력적이면서도 왠지 모르게 묘한 한 쌍이었다.

우리 집 가구는 다 제각각이다. 수건은 흰색에 고급스럽지 않고 너덜너덜하고 유치하다. 저녁 파티에 손님을 초대하면 티파니와 나는 먼지 하나 없을 때까지 모든 책과 바람 빠진 농구공과 로션 샘플을 숨긴다. 친구 집의 반짝이는 광택을 흉내내는 것을 목표로 말이다. 하지만 파티가 끝나고 나면 집은 마치 바지 단추를 풀어버린 듯, 내장이 흘러나오고 모든 물건이 다시 쏟아져 나왔다.

우리 집은 모든 게 성장하고 모든 난장판이 허용되는 곳, 누가 어느 시간에 오든 환대받는 곳이다. 우리 가족은 하나의 작은 우주에서 자기 궤도를 따라 움직이는 네 개의 행성이다. 우리에게 가훈 같은 것이 있다면 그것은 **마음껏 네 일을 해**가 될 것이다. 집은 인습에서 자유롭다. 집은 따뜻함이다. 집은 독립성과 친밀함이 공존하는 곳이다. 집은 어둠이 발붙일 수 없는 곳이다. 나는 집에 그것을 들이지 않기로 결심했다.

차가 집 앞 진입로로 들어서는데 동생에게 수사관이 전화를 걸었다. 동생은 전화기를 내게 건넸다. **고소를 하시겠어요?** 그가 말했다. **그게 무슨 뜻이죠?** 내가 물었다. 그는 그 과정에 대해서는 많이 이야기해줄 수 없다고, 그건 지방검찰청의 업무라고 말했다. 그는 검찰청이 이미 법적으로 기소할 의사를 보이고 있지만 내가 참여할지는 나한테 달린 일이라고 했다. 그는 내가 고소를 하면 그들에게 일이 훨씬 수월해지겠지만 꼭 해야 하는 건 아니라고 했다. 난 잠시 생각해보고 다시 전화하겠다고 말했다.

전화를 끊고 나서 동생을 바라보았다. 물어볼 사람이 없었고, 티파니는 어떻게 해야 할지 몰랐다. **어떻게 해야 하지? 맞아, 그렇**

지? 내가 굳이 할 필요는 없을 거야. 그치만 그 사람들은 어쨌든 할 거고 그럼 나도 하는 편이 나을 텐데, 그런데, 그게 뭐지? 어떻게 하는 거지? 나는 앉아서 당황해하며 두리번거렸다. **아무래도 해야 할 것 같아, 그렇지? 그 사람들도 한다면 말이야.** 그때 나는 그게 진정서에 서명을 하는 것과 같은 일이라고, 작은 확인 도장을 찍고 경찰이 이 사건을 추적한다는 결정을 승인하겠다 말하는 것과 같다고 생각했다. 내가 안 한다고 말하면 그게 그 낯선 사람의 편을 드는 의미가 될까 봐 무서웠다. 법원은 머리에 떠오르지도 않았고, 텔레비전에서 일어나던 이해하기 힘들고 극적인 결전 정도로만 생각했다. 게다가 그 남자는 이미 투옥된 상태였다. 그가 아무 일도 저지르지 않은 것으로 판명나면 그 사람은 풀려날 것이고 그렇지 않으면 그 안에서 형기를 채울 것이다. 그들에겐 판결을 내리는 데 필요한 모든 증거가 있었다. 이건 그냥 형식적인 거였다. 나는 수사관에게 다시 전화를 걸었다. **아, 네. 그래요, 저도 할게요. 감사해요.**

나는 돈만 있으면 감방 문이 활짝 열릴 수도 있다는 사실을 몰랐다. 나는 폭력이 발생했을 때 여자가 술에 취한 상태였으면 이 여자를 진지하게 여기지 않는다는 사실을 몰랐다. 나는 폭력이 일어났을 때 남자가 술에 취한 상태였으면 사람들이 그 남자를 동정한다는 사실을 몰랐다. 나는 내 끊긴 기억이 그에게 기회가 되리라는 사실을 몰랐다. 나는 피해자가 된다는 건 신뢰받지 못한다는 것과 동의어라는 사실을 몰랐다.

진입로에 차를 세우고 앉아 있던 그때는 이 작은 승낙이 내 몸을 다시 벌리고, 쓰라리게 상처를 문질러대고, 대중을 위해 내 가랑이를 파고들 줄 몰랐다. 나는 예심이 뭔지, 재판이 실제로 뭘 의미하는지 몰랐고, 피고가 우리에게 공모 혐의를 씌울 수도 있으니 동생과 나는 서로 대화해서는 안 된다는 지시를 받게 되리라는 것을 몰랐다. 그날 아침 그 짧은 몇 마디는 미래를, 내가 스물셋, 스물넷, 스물다섯, 스물여섯을 보내고 난 뒤에야 소송이 종결될 미래를 봉인 해제했다.

●

복도를 지나 내 방으로 가면서 동생에게 곧 다시 나갈 거라고 말했다. 방문을 잠그고 한 번 더 샤워를 하면서 병원의 흔적을 씻어냈다. 동생은 거실 소파베드에 자리를 잡고서 텔레비전을 틀었다. 나는 동생 옆에 누웠다. 내가 자리를 잡자 동생이 문진처럼 팔을 내 위에 올렸다. 마치 내가 날아갈까 걱정된다는 듯. 텔레비전이 웅얼거리고, 오후의 햇살이 거실 창으로 녹아들고, 부모님이 복도를 왔다 갔다 하는 동안 우리는 까무룩 잠이 들었다 깨기를 반복했다. 우린 함께 파티에 갔다가 서로 떨어지게 되었고, 이제는 다시 함께 있지만 전 같지는 않았다.

밤이 되자 우리는 일어나서 부모님에게 아이스크림을 사러 간다고 말했다. 지금은 이렇게 말했던 걸 후회한다. 이제는 내가 아이스크림을 사러 간다고 하면 엄마는 나를 의심의 눈초리로 쳐다보고, 나는 **약속해요, 진짜 아이스크림이에요**라고 말해야 하기 때문이다.

일단 우리는 캠퍼스 도서관에서 공부 중이던 줄리아를 태웠다. 줄리아와 티파니는 작은 치아에 교정기를 끼우고 다니던 시절부터 친구였다. 줄리아는 항상 활기가 넘쳤지만 내가 차를 댔을 때는 충격을 받은 상태 같았다.

내 차에 앉은 그 둘을 보니 내 비밀이 이 아이들의 비밀이 되었다는 중압감이 나를 내리눌렀다. 나는 우리가 상황을 이런 식으로 처리해서는 안 된다는 것을 알았다. 티파니가 병원에 입원했더라면 나는 부모님에게 알리고 싶었으리라. 하지만 나는 입장이 애매했다. **부모님에게 왜 말하지 않았냐**는 질문을 받으면 나는 **어째서 누군가 내게 말해주지 않았냐**고 되묻는다. 더 많이 알게 될 때까지 그 이야기를 내 통제 아래 둘 필요가 있었다.

주차장은 조용하고 컴컴했다. 전에도 이 건물을 숱하게 지나다녔다. 다부진 타닌 수피의 관목이 해자처럼 둘러싸고 있고 나방이 야외 전등과 충돌하고 흰 선이 밝게 두드러지는 작은 건물이었다. 문 앞은 부산했고 우린 코르크 판의 게시물과 전단으로 뒤덮인 우중충한 복도로 들여보내졌다. 김 수사관은 그곳에 없었다. 그 대신 바람막이를 입고 있는 한 경찰을 소개 받았다. 그녀는 올리브 빛 피부였고 가는 흑발이 거의 허리춤까지 늘어뜨려져 있었다. 그녀를 따라 작은 방에 들어가니 테이블 위에 노트와 녹음기가 놓여 있었다. 그동안 티파니와 줄리아는 복도 아래편 방에서 나를 기다렸다. 나는 그녀가 그 남자가 어떻게 되었는지 알려주고 내 전화기를 건넨 뒤 잘 지내라고 말할 거라고 생각했다. 하지만 문이 닫히고 블라인드가 내려졌다. 그 전날 밤부터 시시콜콜 하나씩 되짚는 질문이 다시 시작되었다. 이번에는 훨씬 더 정밀하게. 나중에 확인해보니 그날 저녁 우리 대화를 기록한 녹취록이 79쪽에 달했다. 지루하고 쓸데없는 짓을 하는 기분이었고, 내 이야기가 왜 중요한지 또는 그게 어떤 식으로 활용될지 알 수 없었다.

노크 소리가 들리고 또 다른 경찰관이 등장했다. 도토리색 제복에 키가 크고 콧수염이 빽빽하고 온갖 검은 모양 물체들로 가득한 검은 벨트를 차고 있었다. 그는 완고하면서도 피곤해 보였고 내가 괜찮아서 다행이라고 말했다. 말투를 봐서는 마치 그게 기적이라도 되는 듯했다. 내가 죽었다가 다시 살아나기라도 한 것처럼. 그는 나를 발견한 남자 중 한 명이 이야기를 하다가 울면서 호흡을 고르더라고 말했다. 그는 자기 역시 목이 멜 뻔했다고 말했다. **다 큰 남자들이 울다니.** 나는 생각했다. **대체 뭔 일이람.**

여자 경찰이 큰 봉투에서 내 핸드폰을 꺼냈다. 파란 케이스는 흙 범벅이었다. 마치 땅에 묻었다가 파내기라도 한 것처럼 가장자리를 따라 파삭한 갈색 흙이 굳어 있었다. 티파니와 줄리아로부터 수십 통의 부재중 전화와 문자가 와 있었다. **어디야? 겁나잖아.** 경찰은 자신에게 내가 그날 밤에 찍은 사진을 전부 자신의 이메일로 보내달라고 요청했다. 내가 일부러 사팔눈을 하고 빨간 컵을 들고 있는 사진도 있었다. 난 어째서 이때 한 번만이라도 정상적으로 미소를 지을 수 없었던 걸까? 나는 그 모든 게 증거로 보관되리라는 사실을 모른 채 그녀에게 사진과 모든 스크린샷을 보냈다. 그녀는 내게 질문할 기회를 주었다. 녹취록에 따르면 난 이렇게 말했다. **어, 저한테 무슨 일이 있었다고 하던데. 정확히 그게 무슨 의미인지 이해하지 못했어요. 아직 정말… 그게 무슨 말인지 이해가 안 돼요.**

그녀는 자신도 아직 보고를 전부 받지는 못했다고 말했다. 그녀는 내가 **스탠퍼드 학생 두 명에 의해 발견되었다**고 말했고 그 이상은 함구했다. 그래서 그 남자가 어째서 뛰었는지 물었다. 그녀는 **뭔가 옳지 않아 보였기 때문**이라고 말했다. 나는 경찰차와 노란 테이프가 소동이 일어났음을 알리는 곳을 향해, 범죄 현장을 향해 더 가까이 다가서보려고 했다. 하지만 한 발 다가설 때마다 그녀는 한 발 물러섰다. 내가 오른쪽으로 한 발 움직이면 그녀는 옆으로 피했다. 나는 그들이 뭘 숨기는지 보려고 목을 쭉 뺐지만 소용이 없었다. 접근 금지 구역이었다. 나는 어떤 무언의 선 뒤에 남겨져 있어야 했다.

내가 이해한 것은 이렇다. 내가 방으로 들어가면 공기가 바뀌었다. 사람들의 안색이 어두워졌고 소곤소곤 조심스러운 목소리로 이야기했다. 그들은 주저하면서, 마치 겁을 주고 싶지 않은 어떤 동물을 대하듯 내게 다가왔다. 그들은 내 얼굴을 살피며 무언가를 찾으려 했고, 나는 멍한 표정을 되돌려주었다. 그리고 그들 모두 내가 아주 잘 해내고 있는 모습이 인상적이라고 말했다. 여자 경찰은 이렇게 말했다. **내가 보기에 당신은 무척 차분하네요. 당신은 아주… 보통 그런 편인가요?** 나는 고개를 끄덕였고 동생이 있을 때는 내 감정을 잘 드러내지 않는다고 말했다. 그래도 그들은 여전히 내 침착함에 당황한 기색이었다. 상황을 고려했을 때 나는 완전히 다르게 행동해야 하는 것 같았고, 그게 나를 불안하게 했다.

나는 부모님께 말하지 않았다고 설명했다. **이해할 수 있어요. 그녀가 말했다. 그러니까 당신은 노력 중이잖아요. 부모님을 감정적으로 보호하려고 노력 중인 거라고 생각해요… 당신이… 그러니까 무슨 일이 있었는지 더 잘 파악할 수 있을 때까지 말이에요.** 그녀는 매우 친절했고, 내 감정을 인정했지만 내 모든 질문을 다른 방향으로 틀어버렸다.

인터뷰가 끝나기 전에 나는 두 가지를 분명히 했다.

1. 무슨 일이 있었는지 내가 이해하기 전까지 아무도 부모님께 연락을 취해서는 안 된다.
2. 이 남자가 누구든 절대 다시는 보거나 연락을 취하고 싶지 않다.

나는 티파니가 인터뷰를 하러 간 동안 먼지 쌓인 트로피가 진열된 대기실로 안내되었다. 경찰이 타이핑해 정리한 메모는 다음과 같았다.

다른 남자들 중 하나는 조용하고 말이 없었다. 콜린과 티파니는 그 남자가 공격적이어서 이상하다고 생각했다. 티파니는 그 남자 키가 180센티미터가 조금 넘었다고 설명했다. 남자는 곱슬거리는 금발에 파란 눈이었다. 깨끗하게 면도를 한 모습이었다. 야구모자를 거꾸로 썼다. 반바지가 아니라 긴바지를 입었다. 그녀는 남자가 어떤 셔츠를 입었는지는 기억하지 못했다. 그녀는 남자가 대학 친구랑 비슷하게 생겼다고 생각했다. 그 공격적인 남자는 사람들에게 맥주를 나눠주고 있었다. 그리고 어느 순간 티파니에게 다가왔고 그녀의 뺨에 스킨십을 시도했다. 그다음에는 입술에 키스를 하려 했다. 그녀는 놀라 웃음을 터뜨렸다. 콜린과 줄리아가 그 광경을 보았고 역시 웃었다. 남자가 자리를 떴다. 그러고 나서 얼마 되지 않아 티파니가 콜린과 마주보며 이야기하는 동안 그 공격적인 남자가 돌아왔다. 남자는 그녀와 콜린 사이를 비집고 들어왔고 다시 티파니에게 스킨십을 시도했다. 남자는 티파니 앞에 서서는 그녀의 허리를 움켜잡고 입술에 키스를 했다. 티파니는 남자에게 자긴 가야 한다고 말하고는 그의 손아귀에서 빠져나왔다.

집에 도착해 티파니를 먼저 들여보내고 차에 앉아 있었다. 남자친구 루카스가 어째서 하루 종일 내 연락이 없는지 궁금해하리라는 데 생각이 미쳤다. 루카스는 필라델피아에 살았고, 우리는 사귄 지 몇 달 된 상태였다. 신호가 가자마자 루카스가 전화를 받았다. **어젯밤에 걱정했어.** 루카스가 말했다. **집에는 잘 갔어?**

난 내가 루카스에게 전화를 걸었는지도 몰랐다. 통화기록을 보니 여러 통의 부재중 전화 가운데 루카스의 이름이 보였다. 나는 자정 무렵 그에게 전화를 걸어서 필라델피아 시간으로 새벽 세시에 그를 깨웠다. **티파니는 찾았어?** 루카스가 물었다. **네가 수풀 같은 데서 잠들었을까 봐 걱정했어.** 내 위장이 딱딱해졌다. 루카스가 아는 건가? 어떻게 알 수 있는 거지? **무슨 말이야?** 내가 물었다. 루카스는 통화 뒷부분에서 내가 영어가 아닌 말을 계속 횡설수설 늘어놓았다고 했다. 내 말이 끊어질 때마다 그는 전화기에 대고 티파니를 찾으라고 소리쳤지만 아무런 응답이 없었다고 한다. 그는 내가 인사불성인 상태로 혼자 있다는 걸 알았던 것이다. 몸이 가라앉는 기분이었다. **네가 나한테 음성메시지를 남겼잖아.** 그가 말했다. **술에 취해서 횡설수설이지만.** 내가 말했다. **그거 지우지 마. 지우지 않는다고 약속하지?**

별일 없는 거지? 목소리가 슬픈 것 같아. 그가 말했다. 나는 마치 그가 알아듣기라도 할 것처럼 고개를 끄덕였다. **그냥 졸린 거야.** 내가 말했다. 나는 집에 들어가서 더러운 아이폰 케이스를 벗겨냈지만 씻어내지는 않았다. 운동복을 접어서 서랍 뒤편으로 밀어 넣었다. 오렌지색 서류철에다 잘라낸 병원 팔찌를 끼워 넣은 뒤 책꽂이에 꽂아두었다. 나는 모든 것을, 이 현실 같지 않은 현실의 존재를 입증할 물건들을 간직하려는 이상한 욕망이 있었다.

그다음 날은 킹 목사 탄신일이자 긴 주말의 마지막 날이었다. 티파니가 차를 몰고 학교로 돌아가기 전에 나는 이번 일로 우리가 분리되거나 멀어져서는 안 되고, 엄마 아빠와 계속 친밀하게 지내야 한다는 의지를 보여주고 싶었다. 나는 외식을 하러 가자고 의견을 냈다. 우린 서서 기다리다가 빨간 종이 장식과 멜론 맛 사탕 그릇과 험상궂은 물고기가 가득한 수조 옆에 자리를 잡았다. 북경오리 한 마리를 주문했다. 항상 그러듯 엄마가 시범을 보였다. 둥근 빵을 펼치고, 자두 소스를 조금 바르고, 바삭바삭한 진홍빛 오리 고기와 골파 몇 줄기와 오이를 올리고 그걸 다 감싼다. **엄마가 오리 고기로 대마초를 말고 있어. 엄마, 엄마 보세요. 꽥꽥**

대마초예요. 저녁 식사 후 동생은 차를 몰고 쭉 뻗은 평지를, 길로 이를, 살리나스를, 킹시티를, 그리고 다시 샌루이스어비스포를 가로질러 200마일 떨어진 학교로 돌아갔다. 동생은 나를 혼자 남겨두기가 겁난다고 말했다. **왜?** 내가 말했다. **말도 안 돼, 난 괜찮을 거야.**

그땐 매우 간단했다. 나는 그날 아침의 기억을 큼직한 단지에 넣었다. 이 단지를 들고 아래로 아래로 아래로 계단을 따라 내려가서 캐비닛에 넣은 뒤 잠갔고, 씩씩하게 다시 계단을 올라 내가 쌓아 올린 일상을, 그 남자 또는 그 남자가 내게 저지를 수 있었을 일과는 무관한 일상을 이어갈 것이었다. 단지는 사라졌다.

나는 그 전날 밤 11시에 그 남자가 보석금 15만 달러를 내고 풀려났다는 사실을 몰랐다. 체포된 지 24시간도 되지 않았는데 그는 이미 자유의 몸이었다.

2

팰로앨토에는 크림색 꽃이 만발한 목련나무와, 파란 우체통과, 나무에 찍힌 둥근 점 같은 오렌지들이 줄지어 있다. 기온이 평균적으로 섭씨 20도 대가 되면 태양이 떨어진 유칼립투스 껍질들을 바싹 굽는 냄새를 맡을 수 있다. 깨끗한 공원에는 얼룩덜룩한 그늘이, 혀가 분홍빛인 개들이 있다. 현대적인 아이클러 스타일의 집[부동산 개발업자 조셉 아이클러가 주로 캘리포니아에 공급한 심플하고 현대적인 주택]들과 나무로 된 창고 문과 일본 단풍나무가 있는 막다른 골목들. 인도는 반듯하게 포장되어 있고, 아이들은 자전거를 타고 학교에 가고 어른들은 자전거를 타고 출근을 한다. 모든 사람에게 학위가 있고 모든 사람이 자전거를 타는 도시.

나는 어린이용 교육 앱을 개발하는 스타트업에 다니고 있었다. 원룸형 사무실에는 나 외에 11명이 더 있었고, 책상은 다닥다닥

했으며, 유리벽으로 된 회의실 몇 개가 옆에 딸려 있었다. 그곳에 다닌 지는 6개월 정도 됐고, 학교 졸업 후 첫 직장이었다. 나는 조금 더 일찍 일어나고 외출은 적게 하는 어른들의 삶을 흉내내고 있었다. 내 구글 캘린더에 회의 일정과 사무실 사람들 생일을 적어넣었고, 라벤더색과 오렌지색으로 강조된 꼬리표를 잔뜩 달아 두었다. 프린터 카트리지를 주문했고, 첫 월급으로 날렵한 흰색 로드자전거를 구입해서 '두부'라는 이름을 붙였다. 업무 메일에는 느낌표를 적게 사용하려고 노력 중이었다.

내가 쌓아 올리던 세상에는 **강간, 피해자, 트라우마, 찰과상, 검사** 같은 단어가 들어설 자리가 없었다. 내게는 나만의 낱말 은행이 있었다. **프리우스, 스프레드시트, 파예 요거트, 신용 쌓기, 나파 여행, 자세 교정하기.** 어른의 삶 흉내 내는 이쑤시개와 마시멜로로 쌓아 올린 모조품일 수도 있었지만 뼈대가 얼마나 약하든 내게는 의미가 컸다.

주말 잘 보냈어? 동료가 물었다. **동생 잘 다녀갔어?** 토요일엔 파티에 갔다. 일요일엔 병원과 경찰서에 갔다. 월요일엔 북경오리를 먹었다. **응, 엄청 재밌었어.**

나는 탕비실의 형광등 아래 서 있었다. 내 슈트루델[과일이 들어간 페이스트리]이 전자레인지 안에서 돌고 있었다. 팔짱을 끼고 있다가 손등에 생긴 이상한 음영이 눈에 들어왔다. 검사하다가 든 멍이었다. 멍은 내 피부 아래에서 나팔꽃 색을 활짝 피우고 있었다. 소매를 걷어 올리고 보니 팔꿈치 안쪽에 자주색 얼룩이 더 있었다. 그 자리를 누르니 엄지 아래서 하얗게 색이 바래졌다. 마치 내가 다른 생명체로 변신하는 모습을 구경하듯 넋을 잃고 보았다. 1학년 때 나는 내 손 옆날이 가냘프게 반짝이는 은색으로 변해 있는 걸 발견했다. **나는 인어야.** 나는 친구에게 속삭였다. 친구는 그게 연필심이라고, 내 종이에서 묻어나온 연필 얼룩이라고 설명했다. 간단하고 따분한 설명. 나는 이 멍에도 그런 식의 설명이 가능하리라고 확신한다. 이 멍들이 상상의 산물이 아님을 입증하기 위해 하나하나 사진을 찍었다. 소매를 다시 내렸다. 모든 걸 잘 처리했는데 들여다봐서 뭐한담. 내 슈트루델이 타면서 전자레인지가 연기를 뿜어내고 있었다. 나는 연기가 사무실로 흘러 들어가지 않도록 주방용 타월을 흔들어댔다.

그날 저녁 집에 갔을 때 내 마음속 지하 저장실 깊은 곳에 넣어두었던 단지가 나를 기다리며 방 한가운데 놓여 있었다. 웃기네, 네가 어떻게 여기에 있어? 나는 다시 그걸 집어 들고 문을 열고 계단 아래로, 아래로, 아래로 걸어 내려가 지하실에 넣고 열쇠를 잠갔다.

새벽 네 시, 완전한 적막 속에 잠이 깼다. 밖은 아직 어두웠다. 나는 건조 스티로폼으로 된 딱딱한 껍질 같은 헬멧을 쓰고 두부를 끌고 거리로 나섰다. 자전거를 타고 거침없이 뻗은 참나무들과 작은 목조 다리 아래로 난 긴 자갈길을 내려갔다. 정원을 지나 다시 집으로 들어오는데 머리칼이 텁수룩한 아빠가 맨발에 낡은 파란 가운을 걸친 채 커피를 만드는 모습이 주방 창문으로 보였다. 아빠는 어리둥절해했다. **일어났구나?** 아빠가 말했다. **새 자전거를 타보려고.** 내가 말했다. **진짜 마음에 들어.**

샤워를 마치고 로션을 바르는데 피부가 따끔거렸다. 작은 이빨을 가진 벌들이 내 생살을 씹는 상상을 했다. 나는 통증을 무시했고 아무것도 잘못되지 않았다며 나 자신을 일깨웠다. 내 마음이 심란한 시나리오 쪽으로 흘러가기 시작할 때마다 말했다. **그만. 다 끝났어. 난 집에 있어. 티피의 집에.** 그런데도 여전히 어쩌다가 내 팔에 라벤더 빛 얼룩이 여기저기에 생겼는지 의아했다. 혼자 되뇌었다, **희망**이라고. 혼자 되뇌었다, **수상쩍은**이라고. 그러면 불편함이 내장 깊은 곳에서 몸을 뒤척였다.

자전거, 해돋이, 출근, 해넘이. 여러 날이 지났다. 핸드폰으로는 여전히 메시지가 오지 않았다. 불안한 마음에 밤에도 고속도로를 따라 먼 길을 자전거를 타고 달리기 시작했다. 그러자 걱정이 된 아빠가 헤드라이트를 한 개 더 달아주었다. 점멸등이 달린 핸들과 사방으로 빛을 쏘아 보내는 헤드라이트는 내가 어둠 속으로 녹아버리지 않게 막아주었다.

예전에 우리 집에는 '드림'이라는 이름의 흰 고양이가 있었다. 우린 12년간 녀석을 사랑했다. 크리스마스 2주 전 드림이가 사라졌다. 티파니와 나는 들판 여기저기에 손전등을 비추고 녀석의 이름을 부르며 찾아다녔다. 크리스마스가 지나자 부모님은 우리에게 드림이가 몇 주 전 차에 치여서 도로가에서 발견되었다고 알려주셨다. 부모님은 무지개 아래 **드림 밀러**라고 적힌 화장장 인증서와 함께 상자에 든 녀석의 재를 우리에게 건넸다. 부모님은 크리스마스를 망치고 싶지 않아서 우리에게 말하는 것을 미뤘던 것이다. 나는 고양이가 죽어서 벽장 속 상자에 있는데도 부모님이 우리가 들판을 헤매고 다니게 놔둔 것이 이상하다고 생각했다. 이제 내게는 죽은 고양이가 한 마리 더 생겼다. 나는 그 죽은 고양이를 벽장 속에 숨겨놓고 난 괜찮다는 환상을 유지할 수 있었다. 그게 아니라면 **내가 우리 집 바로 옆에서 강간을 당했을지도 몰라** 하면서 부모님에게 재로 가득한 상자를 보여줄 수도 있으리라. 나는 서두르지 않기로 결심했다. 크리스마스를 망치고 싶지 않았다.

다른 사람에게 의지하는 것은 내 성격에 전혀 맞지 않았다. 어릴 때 엄마가 나를 안으려고 하면 나는 다리를 버둥대며 **워 지지 조우!**(혼자 걸을 거야!)라고 말하곤 했다. 동생은 엄마가 안아줄 때까지 팔을 위로 뻗은 채 땅에 들러붙은 사람처럼 서 있곤 했다. 좀 더 커서 우리 집 개가 낳은 새끼 강아지 한 마리가 숨을 못 쉬고 죽었을 때 엄마가 흐느끼는 모습을 보았고, 폐색전 때문에 아빠가 병원에서 청록색 옷을 입고 있는 모습을 보았다. 그때 나는 깨달았다. 부모님은 천하무적이 아니고, 무슨 일이 생기면 내가 두 분을 돌볼 수 있어야 한다고.

목요일에 동생이 샌루이스어비스포에 있는 경찰서로 소환되었다. 경찰들은 스탠퍼드 경찰서로부터 받은 사진들을 동생이 봐주기를 바랐다. 동생이 할 일은 경찰에게 말했던 공격적인 남자를 확인하는 것이었다. 경찰은 헝클어진 머리에 여드름이 있는 백인 남자 사진을 화면에 한 장 한 장 띄웠고 그 남자가 화면에 나타나자 동생은 이 사람이라고 지목했다. 경찰 보고서에는 **티파니가 주저하지 않고 4번 사진을 지목함**이라고 적혀 있다. 퍼센트로 표현하면 어느 정도 확신하는지 묻자 동생은 **100퍼센트**라고 답했다. 동생이 내게 전화를 했다. **나 그 남자 봤어.**

무슨 소리야? 나는 혼란스러웠다. 경찰은 어떻게 어느 남자가 동생에게 키스를 하려고 했는지 알아냈을까? 파티에 왔던 모든 남자들의 얼굴 사진을 찍었나? 이게 배제 절차인가? 어째서 폭행범에게 주력하는 대신 그 남자를 쫓는 데 시간을 쓰는 거지?

아냐. 동생이 말했다. **그 남자가 그놈인 거야.**

그럴 순 없어. 내가 말했다.

나한테 키스하려고 했던 놈이 언니를 쫓아간 거라구. 너무 좆같아. 동생이 말했다. **뭐 이렇게 좆같은 일이 다 있어.**

그날 밤 그 남자는 동생의 얼굴을 빤히 쳐다보았다. **머리에서 그놈 얼굴을 지울 수가 없어.** 하지만 아직 그 남자 이름도 몰랐다. 아직 아무도 내게 전화하지 않았다.

그날 아침에 대해 생각할 때마다 새로운 단지가 생겨났다. 이제 이 단지는 내 마음속에 빽빽하게 들어찼다. 그걸 둘 곳이 더는 없었다. 그것들은 계단에 어수선하게 널려 있었고 캐비닛에는 들어가지 않았다. 나는 이 밀봉된 단지로 가득 찼다. 앉거나 걷거나 숨 쉴 여유가 하나도 없었다.

열흘이 텅 빈 채 흘러갔다. 문자 오는 소리에 잠에서 깼다. 동생이 보낸《스탠퍼드 데일리》의 경찰 사건 기록부 코너 스크린샷이었다. 포인트를 준 한 꼭지에는 이렇게 적혀 있었다. **피해자의 것으로 알려진 U자형 자물쇠가 달린 자전거는 금요일 오후 3시부터 일요일 오전 10시 사이 로블 홀 앞에서 도난당했다.** 또 다른 꼭지에는 이렇게 적혀 있었다. **한 사람이 새벽 1시에 로미타 코트 근처에서 강간 미수로 체포되어 산호세 주 교도소로 이송되었다.** 그 일이 진짜였다는 최초의 인정이었다. 이 문장에서 나는 존재조차 하지 않았다. 나는 **미수**라는 단어에 꽂혔다. 그 남자가 성공하지 못한 게 틀림없었다. 내가 쓰러져 있는 걸 보고 미심쩍은 눈초리로 탐내다가 다른 남자들 때문에 도망친 게 틀림없었다. 반가운 마음과 슬픈 마음이 교차했다. 이게 다인가? 좀도둑질 사건 보도 사이에 숨어 있어서 놓치기 쉬운 짧은 문장. 실제 폭행이 이런 식으로 보도되는 거라면 나는 얼마나 많은 폭행 사건을 보지 못하고 지나쳤을까? 그날 아침 나는 내 사건에 대한 보도는 이게 다라고, 포춘쿠키 속에 들어갈 종이에 딱 맞을 듯한 단 한 문장이 전부라고 믿었다.

그날 좀 더 시간이 지나 나는 책상에 앉은 채 점심으로 먹을 샌드위치 메뉴를 화면으로 뒤적이며 커피를 홀짝이고 있었다. 뒤로 클릭해서 내 기본 페이지의 뉴스 화면으로 들어갔고, **스탠퍼드 운동선수**라는 단어를, **강간**이라는 단어를, **의식 없는 여성**이라는 단어를 보았다. 나는 다시 클릭했고, 내 화면은 파란 두 눈과 고른 치열과 주근깨와 빨간 넥타이와 검은 정장으로 꽉 채워졌다. 한 번도 본 적 없는 남자였다. **브록 터너.** 그는 다섯 가지 중범죄로 기소되었다고 했다. **취객 강간, 의식 없는 사람 강간, 취한 여성에게 이물질을 성적인 방식으로 삽입, 의식 없는 여성에게 이물질을 성적인 방식으로 삽입, 강간을 저지를 의도로 폭행.** 너무 많은 단어가 서로 뒤섞였다. 천천히 다시 읽어보았다. 구글에 **이물질이란**

무엇인가라고 쳐 넣었다. 공항은 조용하고 더웠다. 이물질은 **살아 있는 몸이나 기계 속처럼 있어서는 안 되는 곳을 침범한 물질**로 정의되었다. 사례로는 **눈에 들어간 먼지, 금속 조각, 나뭇조각, 낚싯바늘, 유리** 같은 것이 있었다. 나를 침범한 것은 무엇인가.

기사는 피해자가 디지털에 의해 삽입 당했다고 언급했다. 디지털카메라가 떠올랐다. 역시 구글로 찾아봤다. **디지털**, 라틴어 digitalis에서 유래, "**손가락, 발가락**"을 뜻하는 digitus에서 파생. 그가 그녀를, 나를 손가락으로 범했음이 틀림없었다. 결국은 구글이 나를 앉혀놓고 소식을 전했다. 나는 회전의자에 늘어져서 탁탁거리는 키보드 소리를, 누군가 물 따르는 소리를 들었다. 이 남자를 바라보자 남자는 미소를 지어 보였다. 사람들은 정신을 잃고 쓰러진 내 옆에서 어떤 남자가 얼쩡대고 있는 모습이 발견되었다고 했다. 누구도 **그 남자가 내 몸속에 들어가 있는 상태로 발견되었다**고 말하지 않았다.

핸드폰이 울렸다. 태블릿을 끄고 어린이 테스트실로 들어갔다. 유리벽 구석에는 노란 빈백이 있고, 벽지에는 혹등고래 그림이 있고 테이블에는 크레용 단지가 있는 방이었다. 어떤 여자가 '안녕하세요'라고 하더니 내 담당 지방검사 **아라레**라고 자신을 소개했다. **아-라-레**라고 발음했다. 나는 그 이름을 한 번, 그리고 다시 한 번 발음해보았다. 꽃잎이 왼쪽 오른쪽 왼쪽으로 나풀거리는 것 같은 세 음절. **아-라-레**. 녹색 크레용과 종잇조각을 집어 들었다.

그녀는, 잘 지내고 있나요 우리가 다른 상황에서 만났더라면 좋았을 텐데 DNA 결과가 나오기 전까지는 강간이었다고 분명히 말할 수가 없어요 그걸 연구실에 보냈는데 강간 키트로 처리하는 데는 몇 달이 걸려요 당신 사건이 언론에 나와서 더 빨리 될지도 몰라요 일단 지금으로선 음경 삽입으로 추정하고 다섯 가지 중범죄로 밀고 갈 거예요 나중에 추가하는 것보다는 지금 그렇게 기소하는 게 더 쉽거든요 하지만 정액이 발견되지 않으면 강간 기소 두 건은 빠지고 공격과 강간미수에 대한 세 가지 중범죄로 밀고 나갈 거예요 그쪽 팀이 도움을 주려는 척하면서 당신이나 당신 가족과 접촉하려고 할 수 있다는 점을 알아두세요 그러니까 가족들에게 아-라-레의 확인을 받지 않은 사람과는 이야기하지 말라고 알리세요 언론 쪽에서 접촉하려고 해도 대응하지 말아요 언론은 당신과 접촉해서는 안 돼요 기자회견이 있을 거예요 피해자에 대해서 물어보면 내가 당신들이 알 바 아니라고 말할 거고요 당신에겐 모든 법적인 문제에 대해 대답할 대변인이 배당될 거예요 괜찮은 것 같죠? 반가웠어요 우린 곧 만나게 될 거예요 잘 지내요, 같은 말을 했다.

나는 펜을 가지러 밖으로 나왔고, 잠시 동작을 멈췄고, 핸드폰이 울리기 시작하자 다시 안으로 들어갔다. 스탠퍼드에서 온 전화였고 여자였다. 그녀는 무언가의 대표였는데, "우린 그저 당신에게 그 남자가 더 이상 캠퍼스에 발을 붙이지 못하도록 조치했다는 걸 알려주고 싶었어요, 괜찮죠?"라고 말했다. 나는 잘된 일이라고 생각했지만 나도 캠퍼스에 갈 일은 없었다. 그 남자는 어디에 있지? 이 짧은 몇 분이 내가 약 2년간 스탠퍼드로부터 받은 처음이자 마지막 연락이었다.

김 수사관이 전화를 걸어서 보고서가 제출되면 대중에게 공개된다고, 그래서 언론이 그걸 찾아낼 수 있었던 거라고 설명했다. 그는 언론이 그걸 너무 빨리 보도했다며 놀라워했다. 브록이 민간 조사원을 고용했으니 이제는 친구에게도 말하지 않는 편이 좋다고 말했다. 수사관의 말 속에서 내 세계 전체가 서서히 사라져 갔다. **조사원이요? 그 사람들이 뭘 찾는 거예요?** 내가 물었다. 그는 말했다. **알 수 없죠. 지금으로선 몸을 낮추는 게 상책이에요. 연락할게요.**

또 다른 낯선 번호는 내 대변인이었다. 그녀의 이름은 브리, YWCA 소속이었다. 그녀의 목소리가 친절해서 그녀에게 고맙다고 말하고 나니 무슨 말을 해야 할지 떠오르지 않았고, 그냥 크레용을 들고 있었다. 핸드폰이 끊임없이 울려댔다.

내가 문을 열었다 닫았다 하면서 유리방에 들어가 얼굴에 핸드폰을 붙이고 있는 동안, 사무실의 모든 사람은 말없이 앉아 있었다. 통화는 짧았고 모두가 **물어볼 게 있으면 연락하세요**라는 말로 끝냈다. 내겐 수천 가지 질문이 있었다. 하지만 **알았어요, 알았어요**라고 말했다. **고마워요, 고마워요**라고 말했다. 이렇게 말하고 싶었다. **당신은 누구예요? 어디서 나한테 전화를 하는 거죠? 대변인이 뭐예요? 내 치료사 같은 건가요? YWCA는 어디에 있어요? 피해자 지원 뭐에 신청하라고요? 거기서 치료비를 대주는 건가요? 무슨 이름이 브록이에요? 오하이오에 사는 사람인가요? 언제 감옥에서 나왔죠? 난 계속 익명이 보장되는 건가요? 그 남자가 기소여부수속 때문에 다시 나타날 거고, 그게 월요일이라는데, 기소여부**

63

수속이라는 게 뭐죠? 내 받은 편지함에 이메일 몇 통이 들어왔다. 나에게 필요할 연락처와 후속 정보들. 나는 전화기에 새로운 번호를 저장했고 이름 옆에 빨간 점 이모티콘을 추가했다.

티파니한테서 전화가 왔다. 몇몇 기사에서 자신과 줄리아의 성명을 그대로 썼다고 했다. 줄리아의 신원이 알려지면서 캠퍼스에서 말이 부풀려지고 있었고, 줄리아의 어머니 앤은 이미 스탠퍼드 학부모들로부터 근심 어린 이메일을 받았다고 했다. 앤은 우리에게 침착하라고 하면서 법적인 조언을 해주었다. **사람들이 너희에게 접근해서 자기가 '법원 쪽 조사원'이라고 말할 거야. 퍽 공식적인 직함처럼 들리지만 피고나 언론 쪽에서 일하는 사람일 수 있단다. 이런 사람들이 기숙사나 집에 나타날 수도 있어. 당황하지 말고 "할 말 없다"고 말하려무나. 힘내, 아가씨들.**

우린 사냥감이었다. 나는 검사에게 다시 전화를 걸었다. 아라레는 동생 이름은 법적으로 보호받을 수 없다고, 당신만, 피해자만 보호받는 거라고, 우리가 할 수 있는 일은 없다고 말했다. 나는 수긍할 수 없었다. 필명으로 이메일 계정을 만들어서 언론 매체에 직접 이메일을 보냈다. 하지만 그들이 어떻게 사건과 무관한 사람이 보낸 게 아니라는 걸 알 수 있겠는가? 어떻게 해야 그들이 내 말에 귀를 기울일까? 나는 활활 타올랐고 티파니에게 고민 중이니 조금만 있어보라고 말했다. 내가 검사와 이야기했고, 그녀는 아주 괜찮은 사람이고, 그녀의 이름은, 하면서 녹색 크레용으로 휘갈겨 쓴 종이를 한 번 쳐다보고 난 뒤, **아리리**라고 티파니에게 말했다. 다시 기사를 살펴보았다.

피해자로 추정되는 인물은 위스키 두 잔, 보드카 두 잔을 마시고, 동생과 함께 그 사교 클럽 건물 밖으로 나온 뒤에 "필름이 끊겼다"고 말했다. 내가 정확히 몇 잔을 마셨는지 어떻게 알았지? 기자와는 한 번도 얘기한 적 없었다. 그러다가 병원에서, 젖은 머리 때문에 면으로 된 내 목걸이가 젖고, 검사 때문에 아직 아래가 쓰린 상태에서, 브래지어를 안 했다는 사실을 감추기 위해 가슴을 구부정하게 수그린 자세로, 플라스틱 의자에 앉아 있던 기억이 떠올랐다. 그때 내가 기억해낸 모든 것, 그 작고 검은 녹음기에 더듬거리며 풀어낸 모든 세세한 내용들이 녹취록으로 정리되었던 것이다. 기자들은 그 녹취록을 샅샅이 훑으면서 내 표현을 이용해 대중들이 열독할 만한 독자적인 서사를 구축한 게 틀림없었다. 내 생활을 보호하던 벽들이 무너져내리고, 온 세상이 슬금슬금 나를 향해 기어오는 기분이었다. 강간 피해자 진료소에서 조심스럽게 했던 말들이 메가폰으로 온 세상에 전파된다면 나는 어디서 안전하게 말할 수 있는 걸까?

기사 끝머리로 내려가니 이런 문장이 있었다. **해당 여성은 병원에서 회복 중이다. 신입생인 터너는 세 번에 걸쳐 미국 대표 고등학교 수영선수로 선발되었고 자유형 두 종목에서 주 기록을 보유하고 있다…** 기록 보유자라는 표현이 병원 같은 단어를 집어삼키고 있었다. 마지막 줄은 이렇게 끝났다. **2012년 런던 올림픽 미국 대표 선발대회에 참가했던 터너가 유죄를 선고받으면 최고 10년형을 받을 수 있다.** 내 이름이 실린다면 그들은 뭐라고 말할까? 9시부터 5시까지 신입사원 수준의 일을 하는 샤넬은 런던에 가본 적도

없다. 이런 건 걱정거리도 아니었다. 저비스는 터너가 **훌륭한 학생**
이자 훌륭한 선수라고 말했다. 이 사건은 무척 비극적이고 그는 놀
랍고도 놀라운… 나는 읽기를 멈췄다. 그가 어째서 **훌륭하고, 훌륭**
하고, 놀랍고도 놀라운 사람이라는 거지? 동료가 내게 질문을 하
고 있었다. 트위터에 대한 뭔가를. 트위터, 어떤 선생님이 트윗을
했다는데, 그 선생님이 뭘 트윗했다는 거지? **내가 알아볼게요.** 그
녀에게 말했다. 뭘 알아보겠다는 건지 알지도 못하면서. 그녀는
내게 고맙다고 했다. 내가 제대로 알지도 못하는 일에 대해.

　나는 경찰 보고서에 연결된 기사들을 클릭해서 피해자, 피해
자, 피해자를 찾아 화면을 스크롤했다. 검사가 조심스럽게 작성
한 기록을 찾아냈다. **나중에 피해자로 확인된 여성**이라는 표현을
찾아냈다. 그녀가 **대형 쓰레기통 뒤편의 땅바닥**에 있었음을 알아
냈다. 그녀가 **몸에 딱 붙는 검은 원피스**를 입고 있었음을 알아냈
다. 그녀의 원피스가 엉덩이춤까지 올라가 허리 근처에서 뭉쳐 있
었음을 알아냈다. 그녀의 엉덩이는 완전히 노출되었고, 속옷은 입
지 않은 상태였다. 나는 그녀의 아랫배와 음부가 드러나 있었음을
알아냈다. 그녀의 질과 둔부를 찾아냈다. 긴 머리가 산발이 되고
매듭이 지어지고, 솔잎으로 완전히 뒤덮였음을 알아냈다. 그녀가
발과 다리를 45~90도로 구부린 자세(태아형 자세)로 누워 있었고
손은 얼굴 근처 바닥에, 팔은 가슴팍에 있었음을 알아냈다. 그녀의
원피스가 두 어깨 아래로 내려가 있었고 브래지어가 벗겨져 있었
음을 알아냈다. 브래지어가 그녀의 오른쪽 가슴만 가리고 있었음
을 알아냈다. 목걸이가 그녀의 목을 칭칭 감고 있어서 펜던트 부분

이 뒤로 돌아가 있었음을 알아냈다. 흑백 땡땡이 무늬 팬티가 피해자의 배 앞쪽 약 15센티미터 지점의 땅 위에 구겨져 있었음을 알아냈다. 그녀의 은색 아이폰이 엉덩이 뒤쪽 땅 위에 있었음을 알아냈다. 파란 핸드폰 케이스는 아이폰에서 분리되어 10센티미터 정도 떨어져 있었다. 나는 그녀가 끈이 나비모양으로 묶인 갈색 부츠를 신고 있었음을 알아냈다.

기사 끝에 달린 첫 댓글은 **대학 졸업생이 남학생 사교클럽에서 뭘 하고 있었던 거야?**였다. 이해할 수 없었다. 우리가 똑같은 기사를 읽은 건가? 나는 보고서를 닫았다. 바로 그 자리에서 이 기사는 사실이 아니라고, 그 어떤 내용도 현실이 아니라고 결론 내렸다. 나, 샤넬은 사무실에 앉아 있고, 공개적으로 난자되고 있는 그 몸은 나에게 속하지 않았기 때문이었다. 에밀리 도가, 나지만 내가 전혀 아니기도 한 그녀가 탄생한 것은 바로 그 순간이었으리라. 나는 갑자기 그녀에게 증오심이 일었고, 이것이, 그녀의 헐벗음이, 그녀의 고통이 마음에 들지 않았다. 그것은 에밀리였다. 이 모든 일은 에밀리의 일이었다.

●

팰로앨토의 무성한 잔디와 산들바람과 막 출시된 테슬라 밑에는 층이 하나 있다. 작열하는 태양과 미소 아래 있는 이 층을 긁어내면 압력이 있었다. 비명을 질러대는 주전자 같은 압력이 아니라 뭉근하게 끓는 듯한 압력이.

건고등학교[팰로앨토에 있는 공립학교]에서 우리가 잘하는 유일한 운동은 배드민턴이었다. 아무도 풋볼 경기 점수를 알려주지는 못해도 전국수학경시대회 우승자 명단은 창문에 붙어 있었다. 우리 학교는 조신하고 겸손한 천재의 산실로 유명했다. 하지만 무질서는 끼어들 틈이 없었다. 화가나 뱃사람이나 문학적인 은둔자가 장래희망인 아이는 한 명도 없었다. 합리적이어야 했고, 지극히 무난하게 위로 뻗어나가는 다수와 보조를 맞춰야 했다. 아등바등 애를 쓰다 보면 속도만 더 느려졌고, 그럼에도 해야 할 것도 되어야 할 것도 너무 많았고, 정신 건강은 우리의 목록 가장 끝에 있었다. 불안정하다는 것은 낙오자가 된다는 의미였다.

2009년 봄, 내가 건고등학교 1학년이었을 때, 점심시간에 선생님들이 모두 체육관으로 불려갔다. 얼마 되지 않아 선생님들은 아주 천천히 걸으면서 체육관을 빠져나왔다. 나는 그들의 어깨가 구부정하고, 얼굴은 핼쑥하고, 모두가 말이 없다는 점을 알아차렸다. 점심시간이 끝났음을 알리는 종이 울렸고, 우리는 교실로 갔고, 선생님들은 우리에게 소식을 알리는 문서를 읽어주었다. 한 급우가 칼트레인[캘리포니아 샌프란시스코 지역에서 운행되는 통근 열차 시스템] 선로에 뛰어들어 자살했다는 내용이었다.

충격은 손에 만져질 듯했고, 학생들은 정신없이 서로 떠들었다. 한 달 뒤 정확히 똑같은 문서가 한 번 더 낭독되었다. **너희에게 상실에 대한 소식을 알리게 되어서 미안하구나. 도움이 필요하면 주저하지 말고.** 이번에는 여자 이름이었다는 점만 빼면 똑같았다. 나와 프랑스어 수업을 같이 듣던 아이였고, 그 애의 빈 책상에는 빨간 장미 한 송이가 놓였다. 우린 한 시간 동안 침묵 속에,

코를 훌쩍이며, 고개를 떨군 채 앉아 있었다. 내 친구가 큰 소리로 울기 시작하자 선생님은 내게 친구를 상담실로 데려가라고 했다. 친구를 데려다주고 나서 나는 뭘 해야 하나 망설이며 보도에 혼자 서 있었다. 달아나고 싶었다.

그 애는 학교 건너편에 있는 묘지에 묻혔다. 나는 사람들이 다 가고 난 뒤 늦게 도착해서, 녹색 풀밭과 반원형의 돌들 사이를 어슬렁거리며 돌아다녔다. 구부러진 불도저 팔이 그녀의 무덤 위에서 흙을 다지고 있었다. 둔중하게 끊임없이 퍽퍽퍽. 금속으로 쿵쿵대는 통에 내 이가 아파왔다. 그들에게 말하고 싶었다. **살살 해주세요. 친구가 그 안에 있어요.**

그로부터 얼마 되지 않아 우리는 이름만 바뀌었을 뿐 완전히 똑같은 소식을 접했다. 다시 한 번 또 다른 이름. 6개월 동안 열차에 뛰어든 네 번의 자살 사건. 밤에 뉴스를 틀면 엉성해 보이는 바퀴 달린 들것이 흰 천으로 덮인 원통형 물체를 싣고 가는 장면이 나왔다. 다른 학교들은 폭설 때문에 휴교를 했고, 우리는 세상을 떠난 학생들을 위해 휴교했다. 시험이 취소되었고, 아이들은 슬픔에 젖어 벽을 따라 미끄러지듯 주저앉았다. 선생님한테 힘들다고 살짝 이야기하기만 해도 집이나 상담실로 보내졌다.

첫 번째 죽음 이후에는 다들 검은 옷을 입고 학교에 나타났지만 네 번째 이후에는 **미화하지 말라**고, **자극하지 말라**고 주의를 받았다. 장미와 편지는 치워졌고, 분필로 쓴 추모 문구는 물을 뿌려 지워졌고, 초는 꺼졌고, 솜 인형은 가방 속으로 들어갔다. 느끼는 것과 보이는 것 사이에 갑작스러운 괴리가 생겼다. 겉으로는 모든 게 정상이었다. 나는 삶을 축하하는 행위가 죽음에 불을 붙일 수 있음을 배웠다.

우울증을 호소한 친구들은 즉시 약물 처방을 받았고, 알약이 배포되어 가방에서는 딸랑딸랑 악기 같은 소리가 났다. 몇몇은 입원 때문에 몇 주 동안 사라져서 자살하지 않도록 감시당했고, 우리 나머지는 그들이 '휴가'에서 돌아왔을 때 질문을 하지 않을 정도로 충분히 예의를 차렸다. 우리는 죽음의 벼랑 끝에 놓인 극단적인 사람으로 취급받든지 앞으로 계속 전진할 수 있으리라는 기대를 받았다. 중간은 없었다. 그래서 우리는 영구적인 마비 상태를 받아들였다.

기차 선로 주변의 수풀이 말끔하게 정리되었고, 커다란 생울타리가 사라졌다. 비니에 북슬북슬한 검은 재킷과 형광오렌지색 조끼를 입고 접이식 의자에 앉아 교차로를 감시하는 남자가 고용되었다. 남자는 거기 앉아서 하루 12시간 이상 매일 빠짐없이 몇 년 동안 선로를 지켰다. 우리는 경제학 시간에 수요를 충족하기 위해 일자리가 어떻게 만들어지는지를 배웠다. 그건 어떤 일자리였을까? 우리가 자살하지 않도록 지키기 위해 누군가를 고용한다는 것은 어떤 의미였을까?

많은 밤이 공황에 굴복당했다. 잘 지내지 못하는 친구가 있으면 아침에 그 친구가 죽은 건 아닌지 불안했다. 수색대가 꾸려져서 서로를 찾기 위해 선로로 내달렸다. 어둡고 뒤틀린 게임이었다. 어느 날 서녁 나는 데이지 꽃을 놓아두려고 선로까지 걸었다. 도착해보니 경찰차가 이상한 각도로 주차되어 있었다. 나는 선

채로 온몸이 마비되었다. 한 학생이 시도를 했지만 좌절된 상태였다. 그는 경찰차 뒷좌석에 고개를 숙이고 눈물을 참으며 손이 뒤로 결박된 채 혼자 앉아 있었다. 콧물이 코끝에 대롱대롱 매달려 있었다. 나는 그를 보았다는 말을 아무에게도 하지 않았고 그가 학교로 돌아왔을 때 아무 일도 없었던 것처럼 행동했다. 내가 이런 식으로 행동하면 되는 것인지, 우리가 살고 있는 세상의 새로운 규칙이 이런 것인지 의문이 들었다.

생활지도실에 상담을 요청하는 분홍색 작은 쪽지를 놔뒀지만 상담이 너무 밀려 있었다. 나는 정신 상담을 다녔다. 우리는 의자에 비스듬하게 기댄 채 배꼽 위에 귤을 올려놓고 둥그런 귤이 오르락내리락하는 모습을 지켜보면서 호흡을 살피라는 지시를 받았다. 내 배꼽 위에 놓인 귤을 응시하면서 나는 공허함을 느꼈다.

내가 대학에 다니는 동안 건고등학교에서는 자살 사건이 세 번 더 있었다. 졸업 후 팰로앨토로 돌아왔을 때 3개월 동안 세 건이 더 일어났고, 이 중 두 건은 철로에서였다. 가장 최근인 2014년 11월 자살 소식을 접했을 때는 상사를 불러놓고 흐느꼈고, 조기 퇴근을 했다.

열 번의 자살, 열 번 바뀐 이름. 약을 삼키거나, 다리에서 뛰어내리거나, 손목을 긋는 자살이 아니었다. 이런 경우는 최소한 실낱같은 생존 가능성이 있으니까. 이들의 자살은 확실한 죽음이었다. 시속 130킬로미터로 달리는 쇠 벽에 부딪히면 아무도 살아남지 못한다. 금속 위의 혈흔과 잔해가 재빨리 치워지고 통근객들이 제시간에 출근할 수 있도록 열차가 다시 정시 운행 스케줄에 따라 운행되는 모습을 보면서 나는 충격을 받았다. 그들이 목숨을 잃은 교차로 위에서 자동차들이 지극히 무심하게 끊임없이 미끄러지고 타이어가 선로를 지나며 덜컹이는 모습을 보고 있으면 속이 어찌나 울렁이던지.

●

그래서 2015년 1월의 그날 아침 뉴스로 스탠퍼드 내 폭행 사건 소식을 접하는 것은 마치 **여러분에게 이런 소식을 전해서 미안합니다**라고 적힌, 인간미 없고 맥 빠진 편지의 낭독을 듣는 기분이었다. 그 대신 뉴스는 선로에서 일어난 사망 사고가 아니라 동네 캠퍼스에서 벌어진 슬프고 이상한 강간, 옷이 벗겨지고 흐트러진 매무새로 발견된 몸에 대한 것이었다. 이번에는 내 이름이 등장했다.

바깥을 내다보니 햇살이 내리쬐고, 오리가 연못에서 첨벙거리고, 모두가 자기 일을 하고 있었다. 나는 내 책상에 가만히 앉아 있었다. 몇 년 전 사고가 일어났을 때 교실에 가만히 앉아 있었던 것처럼. 나는 내일 아침이면 다시 출근하리라는 사실을 알았다. 타이어들이 선로를 지나며 덜컹이듯, 사망 사고에 대해 알게 된 후에도 교과서를 꺼내 계속 수업을 받았던 것처럼. 내 몸 안에서 어떤 경고음이 울려대든 소리는 소거되었고, 공포는 먼 곳으로 밀려났다. 내 눈이 젖기 시작했다. 보는 눈이 없을 때 울고 싶었지만 나는 내가 항상 하던 대로 하리라는 사실을 알았다. 분리하고, 나아가기.

그날 밤 퇴근해서 나의 작은 분홍색 집 바깥에 차를 주차했다. 나는 집 앞의 작은 자갈들을, 반짝이는 전등을, 반짝이는 옥빛 이 파리들을 사랑스럽게 바라보았다. 집 안에 있는 두 사람에 대해, 피해자가 자기 집 지붕 밑에 살고 있다는 사실을 모르는 엄마와 아빠에 대해 생각했다. 그들이 저녁마다 하는 일, 그러니까 아빠 는 주머니에서 동전을 다 꺼내고 엄마는 파를 총총 썰면서 시간 을 보내고 있으리라 짐작했고, 그들의 평화를 지켜주고 싶었다.

내 부모님은 진정한 의미의 보호자다. 어릴 때 뭔가가 잘못되 면 부모님은 능숙하게 우리를 그것으로부터 지켜냈다. 동생과 나 는 부모님이 개를 산책시키면서 진지한 토론을 한다는 것을 일찍 부터 알아차렸다. 부모님은 저녁에 주머니를 쭈글쭈글한 봉지들 로 가득 채우고 밖으로 향했고, 팔짱을 끼고 걸었다. 티파니와 나 는 몰래 부모님을 따라 나서서는 주차된 차 뒤에 몸을 숨기고 엿 듣곤 했다. **아빠가 네 독서 능률이 처진다고 걱정하셔!** 우리 집을 바라보면서 집이 너무 작다는 사실을 깨달았다. 그렇게 큰 비밀 은 숨길 수 없었다. 그걸 끌고 복도를 지나 내 방 안에다 감춰둘 수 없었다. 그 소식을 전한다는 생각 때문에 위가 아파왔다. 비가 내릴 때마다 아빠는 말했다. **식물들이 아주 행복할 거야!** 딸이 강 간을 당했다는 사실을 알게 되면 아빠는 어떤 기분일까? 부모님 께 어떻게 말해야 할까? 누군가 내 눈을 들여다보면서 목소리를 낮추고 나를 부드럽게 붙들어주었으면 했다. 어쩌면 내가 부모님 에게 이렇게 해줄 수도 있으리라.

그런데 부모님이 실망하면 어쩌지? 부모님의 신뢰를 잃게 되면 어쩌지? 이걸 우리한테 계속 숨겼단 말야? 병원에서 몰래 집으로 돌아온 거야? 연기를 이렇게 잘하는데 다른 건 뭐 숨기는 거 없니?

부모님의 시선으로 그런 공격을 당하면 무슨 일이 일어날지 두려웠다. 부모님이 슬퍼하면 나는 겁을 집어먹을 것이다. 내가 그 소식을 차분하게 전달한다면, 그것은 부모님도 놀라서 입을 쩍 벌리거나 울부짖지 않고 차분하게 반응해야 한다는 암시였다. 친구가 엄청 끔찍하게 머리를 자르고 나타나면 괜찮아 보인다고 말해야 한다는 암묵적인 합의가 있다. **어머나, 이게 무슨 일이야**라고 하면 친구는 두 손에 얼굴을 파묻고 울면서 **이제 난 어떡해, 이러고서 어떻게 밖에 나가!** 하고 말할 것이다. 그러면 친구의 머리카락에게 다시 조금 더 자라날 기회를 줬어야 했음을 깨닫게 될 것이다. 그러고 난 뒤에야 **맞아, 네 머리 끔찍했어**라고 말해도 되는 것이다.

내가 전달을 제대로 하면 우리가 고통을 완전히 피할 수 있을 거라고 생각했다. **흐트러진 매무새, 구부러진, 피 묻은, 벌거벗은** 같은 말은 하지 않을 것이다. 나는 침대 모서리에 앉아서 소곤소곤 할 말을 연습했다. 가장 중요한 사실, 내가 구조되었다는 점을 강조할 생각이었다. 나는 뉴스를 통해 스웨덴인 대학원생 두 명이 자전거를 타고 나를 구하러 왔다는 사실을 알게 되었다. 나는 그 부분을 큰 소리로 말했다. **자전거를 탄 사람. 자전거를 탄 두 사람이 끼어들었어요. 다행히도 자전거를 탄 두 사람이 그 사람을 쫓아가서 잡았어요!** 그리고 이 사람들이 그 남자한테 달려들어서 붙들어가지고 땅바닥으로 밀쳤대요. 두 사람이 그 남자를 추격해서 잡았고, 그건 잘된 일이에요. 자전거를 탄 사람들이 끼어들어서 도와줬어요.

준비가 끝나자 나는 복도를 지나서 아빠 방에 고개를 들이밀었다. 아빠는 방에서 워리어스 티셔츠를 입고 리클라이너에 앉은 채 워리어스 농구 경기를 보고 있었다. **아빠 아무 때나 한가할 때 드릴 말씀이 있어요!** 내가 말했다. **급한 건 아니에요!** 엄마는 이로 해바라기 씨를 깨면서 우리 집 반대편 끝 거실 구석의 컴퓨터 앞에 앉아 있었다. 뾰족한 씨앗 껍질들이 바닥에 흩어져 있었다. **엄마 바빠요? 아빠가 나오면 두 분하고 얘기 좀 하고 싶은데!**

내가 식탁 상석에 앉아 있는 동안 엄마와 아빠가 각자 자리를 잡고 앉았다. 조촐한 이사회라도 거행하는 것처럼. 내가 말했다. **뉴스가 있는데, 뉴스 보지 말아요. 뉴스 보셨어요? 그 스탠퍼드 폭행남에 대한 거요.** 부모님은 고개를 저었다. 아빠가 말했다. **막연한데.** 아빠가 자주 쓰는 단어였다. **우리가 갔던 파티 기억하시죠. 티파니하고 제가요, 그 남자가 뭘 하려고 했는데, 붙잡았어요. 전 잘 모르겠어요, 근데 그냥 그 남자 손가락이었나봐요. 그러니까 괜찮아요.** 나는 어깨를 으쓱했다. **전 기억이 안 나요. 그치만 엄마 아빠가 그걸 신문 같은 데서 읽으면 끔찍하잖아요. 그러니까 읽지 마세요. 제발 읽지 말아요, 정말로.** 더는 말이 나오지 않아서 나는 정신 나간 사람처럼 미소를 지으며 서 있었다. 부모님은 나를 빤히 쳐다보았다. 뭐가 됐건 내가 하려는 이야기를 마치기를 기다리면서. 그리고 나는 부모님이 **알았다! 네가 괜찮다니 기쁘구나!** 하고 말하기를 기다렸다. 하지만 두 분은 아무 말이 없었다. 사소한 동작 하나가 무언가를 폭발시키기라도 할 것처럼.

아빠가 **아가,** 같은 말을, **정말 유감이구나. 기억하니. 우리에게 얘기해줄 수 있니…** 같은 말을 했다. 하지만 내 눈에 들어온 건 엄마의 미동 없는 얼굴, 점점 어두워지는 엄마의 표정이었다. 엄마의 눈이 두 개의 검은 구멍이 되었고, 목소리가 낮고 침착하게 나왔다. **그 남자 누구니?** 나는 정말 모른다는 의미로 고개를 저었다. **그게 무슨 요일 밤이었지? 네가 주방에서 술 마시던 날이었니? 내가 차에 태워줬던 날 밤? 그 남자는 어디 있니?** 나는 더 이상 엄마를 쳐다볼 수가 없어서 어깨를 약간 으쓱하고 고개를 저으며 식탁을 내려다봤다. 그 격렬함에 나는 말문이 막혔다. 그 방의 분위기를 참을 수가 없었다.

나는 수영장을 봤다. 동생은 네 살, 나는 여섯 살이었고, 우리는 뒷마당에서 수영을 하고 있었다. 햇볕 차단용 모자를 쓰고 바닥까지 끌리는 오렌지색 원피스를 입은 엄마는 잡지를 읽으며 양산 아래 앉아 있었다. 나는 어깨에 타월을 둘렀고, 그걸 두른 채로 수영을 하면 재밌겠다는 생각을 했다. 하지만 동생이 내가 타월을 두른 채 물속으로 들어가는 걸 보고 자기 타월을 집어 들고 날 따라올 줄은 몰랐다. 동생은 가라앉았고, 타월은 닻처럼 동생을 바닥에서 붙들었다. 나는 엄마의 비명소리를 들었고 엄마가 공중에 오렌지 빛을 휘날리며 뛰어드는 모습을 보았다. 엄마는 물속에서 검은색 긴 머리를 출렁이는 야성적인 불꽃이 되어 동생을 바닥으로부터 건져 올렸다. 엄마는 선글라스가 삐딱해지고 원피스가 몸에 철썩 들러붙은 상태로 동생을 온몸으로 감싸며 나타났다. 햇볕 차단용 모자는 멀지 않은 곳에 연잎처럼 둥둥 떠 있었다. 동생의 눈은 꽉 감겨져 있었고 입은 작은 물고기처럼 벌어진 채 헐떡거리며 흐느꼈다. 그리고 나의 엄마가, 눈을 덮은 동생의 젖은 머리칼을 부드럽게 매만지고 동생을 얕은 물로 데려가는 나의 엄마가 있었다.

나는 식탁 상석에 앉아 침묵을 감당하지 못하고 무너져내렸다. 몸을 앞으로 숙이고, 고통의 울부짖음으로 입을 벌리고, 눈물에 젖어 거칠게 헐떡거렸다. 동생이 물에 빠졌을 때 그랬던 것과 똑같이 엄마가 곧장 식탁을 밀치고 튀어 오르듯 일어나면서 의자가 나무를 긁는 소리를 들었다. 엄마는 한 팔로는 내 옆을 꼭 안고, 다른 팔로는 내 머리를 쓰다듬으며 **엄마는 화가 난 게 아냐, 겁을 먹은 것뿐이야** 하고 속삭였다. 내가 호흡을 찾을 때까지, 내가 밑에 있는 땅에 대해 안도감을 느낄 때까지 엄마는 그렇게 있었을 것이다.

그날 밤 결국 긴장이 풀어진 내 몸이, 숨을 내쉬었다. 나는 내가 잠들면 부모님이 항상 그랬듯 들리지 않는 목소리로 그 일에 대해 이야기할 거라고 생각했다. 나는 동생에게 **엄마랑 아빠가 알아** 하고 알렸고, 이 안도감을 기쁜 마음으로 전했다. 그 이야기를 내가 해냈다. 가장 힘든 부분이 지나갔다. 노스캐롤라이나 퍼링턴에 있는 우리 할아버지 할머니 집에는 연못이 있었는데, 이 연못에는 목이 검고 굴곡진 거위들이 꽥꽥거리며 돌아다녔다. 할아버지는 이동할 때가 되면 새들이 V자 대형으로 날아간다고 했다.

맨 앞, V자의 뾰족한 부분에 있는 새는 바람의 저항을 가장 크게 받는 제일 힘든 일을 맡았다. 선두에 선 새의 파닥이는 날개에서 흘러나온 바람은 뒤에서 나는 새들을 들어올렸다. 선두를 맡는다는 건 진이 빠지는 일이었고, 그래서 새들은 돌아가면서 선두에 섰다. 선두를 맡았던 새가 진이 빠지면 맨 뒤로 가서 자리를 잡았다. 뒤에서는 다른 새들 때문에 약해진 바람의 흐름을 타면 되기 때문에 앞에서만큼 힘들게 날갯짓을 할 필요가 없었다. 이렇게 뒤에서 힘을 아끼면 다시 앞으로 갈 수 있었다. 여행을 하는 방법은, 겨울에서 벗어나 더 따뜻한 곳으로 갈 수 있는 방법은 이것뿐이었다. 나는 나의 무리를 잔혹한 상황에서 보호하기 위해 두 주 동안 차분한 얼굴을 유지하며 날개를 있는 힘껏 파닥였다. 하지만 재충전을 위해 휴식해야 했다. 앞으로 8개월 동안 나는 뒤로 물러나 있을 예정이었다. 기억해둬야 할 가장 중요한 점은 뒤에 있다고 해서, 좀 느리다고 해서 선두가 아니라는 의미는 아니라는 사실이었다.

다음 날 주방 조리대 위에는 메모와 함께 레몬파이가 놓여 있었다. 내가 자고 있던 그 숨죽인 아침 몇 시간 동안 아빠는 뒷마당에서 레몬을 따서, 설탕과 달걀을 끓이고, 껍질 가장자리를 손끝으로 누르고, 그 위에 파우더슈거를 뿌렸다. 나는 직장에 레몬파이를 들고 가 나눠 먹었다. 내 몫의 노란 파이 조각을 들고 책상에 앉아 브라우저를 열었다.

스탠퍼드 수영선수가 강간 혐의를 부인하다. 목이 막힐 뻔했다. 가슴을 세게 얻어맞은 기분이었다. 이 기사에는 사건이 더 생생하게 묘사되어 있다는 사전 고지가 있었다. 난 그걸 무시했고, 눈을 이리저리 굴리며 경찰 조서를 클릭했다. **그날 밤 내내 터너는 소녀 몇 명과 어울렸다.** 그 기록에서 그가 키스했던 모든 사람은 소녀라고 불렸지만 나는 그에게 폭행을 당했다는 이유로 소녀가 아닌 피해자라고 불렀다. **그는 땅바닥에서 피해자에게 키스했다고 진술했다. 그는 피해자의 속옷을 벗겼고 그녀의 질을 손가락으로 더듬었다. 그는 피해자의 가슴도 만졌다.** 이마가 뜨겁고 허벅지에 바짝 힘이 들어가고 포크를 꼭 쥔 채 그 말랑하고 부드러운 파이를 먹을 수가 없었다. 브록을 체포했을 때 경찰은 **사타구니 부위가 불룩해져 있는 것**을 눈여겨보았다.

터너는 피해자의 신원을 몰랐다. 이름도 몰랐고 제대로 설명하지도 못했다. 그는 아마 그녀를 다시 만난다 해도 알아볼 수 없을 거라고 진술했다. 그에게 나는 얼굴이나 이름이 없는 존재였다. 하지만 기사는 우리가 **파티에서 만났다고**, 마치 서로 매력을 느꼈던 것처럼, 화기애애한 수다라도 나눴다는 듯이 말했다.

그는 피해자와 좋은 시간을 보내고 있었고 그녀 역시 그 행위를 즐기는 것 같았다고 진술했다. 즐기다. 나는 이 단어를, 내가 인정할 수 없는 작은 부분을 응시했다. 그에게 달려들어서 목구멍에 한쪽 팔을 쑤셔넣고 식도를 밧줄처럼 부여잡은 뒤 획 잡아채버리고 싶었다.

터너는 기분이 안 좋아졌고 너무 늦은 시각이라고 판단했다. 집에 가려고 자리에서 일어났는데 갑자기 한 무리의 남자들이 자기를 공격했다고 말했다. 왜 도망쳤느냐고 묻자 그는 도망친 게 아니라고 말했다. '늦은 시각'이라는 말은 무릎에 놓인 냅킨을 걷어서 부스러기가 떨어진 접시 위에 올려놓을 때 하는 말이다. 아침에 할 일이 있으니 집에 가야겠다고 할 때 쓸 만한 말이다. '늦은 시각'은 매끈한 손을 여자에게서 떼어내고, 완전히 발기한 상태로 일어서서, 자기 몸을 툭툭 털고, 사람을 남겨둔 채, 총총 자기 갈 길을 가버릴 때 쓰는 말이 아니다. 이 단 한 줄 만으로도 그가 이런 말을 하며 돌아다니게 해서는 안 되었다.

나는 내 담당 검사에게 전화를 걸었다. **안녕하세요! 이거 보셨어요? 그 남자가 제가 그걸 좋아했다는데요! 어떻게 이런 게 가능할 수가 있죠? 믿을 수가 없어요. 검사님은 믿어지세요? 이게 뭐예요?** 나는 믿을 수가 없어서 반쯤 웃고 있었다. 하지만 검사는 나와 톤이 달랐다. **알아요.** 그녀가 말했다. **알아요.** 그녀는 **안타깝지만, 애석하게도** 같은 말로 시작되는 문장을 내뱉기 전에 하듯 한숨을 쉬었다. 그녀는 무죄라고 주장하는 건 예견된 절차라고 설명했다. 이건 예상했던 거였다. **하지만 지금 제가 말하고 싶은 건요.** 내가 말했다. **제가 그걸 즐기지 않았다는 거예요. 전 그 남자가 누군지도 몰라요. 그 남자는 제가 어떻게 생겼는지도 모른다고요.**

무슨 말을 더 해야 할지 떠오르지 않았다. 하지만 검사가 말하는 동안 나는 그녀의 추론에 소름끼치도록 분명하게 정신이 들었다. 그 남자가 빠져나갈 수 있는 유일한 방법은 당신을 이용하는 것이다. 마치 누군가가 내 귀에 대고 네 주머니에 고기가 누벼져 있다고 속삭이고 있는데 늑대들이 줄을 끊고 도망쳐 나오는 모습을 보고 있는 것 같았다. 그 남자가 무죄 선고를 받을 수 있는 유일한 기회는 자기가 알기로는 그 성적인 행동이 합의에 의한 거였다고 증명하는 것이었다. 그는 내 입에서 신음소리가 새어나왔다고, 도발적인 행동을 했다고 강변하며 내게 책임을 떠넘길 터였다.

검사DA를 할당받았을 때 나는 그게 피고 측 변호사defense attorney의 줄임말인 줄 알았다. 그런데 **지방검사**district attorney라고 아라레가 고쳐주었다. **피고 측 변호사는 브록에게 있어요.** 나는 생각했다. **하지만 방어가, 자기 방어가 필요한 사람은 난데. 나를 그 남자로부터 보호해야 하는데.** 그는 베이에어리어에서 가장 잘나가는 변호사를 고용했다. 그녀가 이야기하는 동안 나는 이 폭력에서 살아남는 것은 단지 첫 번째 과제였을 뿐임을 깨달았다. 그 남자를 마주보고 그가 자기 입장에서 하는 이야기를 반박하고 싶으면 법정에 나가야 했다. 지금은 그를 무죄로 추정해야 했다. 법원 시스템에서는 폭행이 일어난 적도 없었다. 그는 나를 하나의 몸으로 여겼지만 이제는 나를 인간으로서 파괴하려 할 것이었다.

그때까지만 해도 나는 아무런 제약이 없는 미래를 상상했다. 하지만 이제 조명은 꺼졌고 두 개의 좁은 복도에 불이 들어왔다. 다 잊어버리고 내 갈 길을 가는 복도를 걸을 수도 있고, 다시 그 남자에게 되돌아가는 복도를 걸을 수도 있다. 올바른 선택이라는 건 없다. 둘 다 길고 힘들고 시간이 얼마나 걸릴지도 알 수 없다. 나는 여전히 세 번째 문을, 이런 일이 전혀 일어나지 않은 복도, 계획했던 삶을 이어갈 수 있는 복도로 이어지는 문을 찾아 벽을 더듬고 있었다.

'부정하다'의 사전적 정의는 **진실 또는 무언가의 존재를 인정하기를 거부하다**이다. 이 거부는 그 자체로 또 하나의 피해다. 나는 당신의 진실을 부정한다, 그것은 사실이 아니다, 그것은 존재하지 않는다. 이런 태도는 당신의 분별력에 손을 댈 것이다. 내가 알았던 진실은 복잡해져서 이해의 영역을 넘어서게 될 것이다. 법률 용어 속으로, 인신공격과 조작 속으로 빠져서 나조차 더 이상 파악할 수 없을 정도로 혼탁해질 것이다.

집으로 돌아와서 그 기사를 다시 열었다. 내 화면 곳곳에 네모난 광고가, 그 남자의 가지런한 치열이 떠올랐다. 나는 높이 치켜든 쇠스랑을, 나처럼 그를 불신하는 모든 사람들을 확인할 준비를 했다. 기사를 읽는데 스크롤 속도가 느려졌다.

그 남자는 겨우 열아홉 살이야! 그 여자가 신입생하고 어울렸다고? 그럼 그 여자가 상위 포식자인 거 아냐? 인도에서 일어난 집단 강간 얘기도 못 들어봤어? 거기 여자들은 진짜로 학대를 당하는데 이런 걸 폭력이라고 부르고 싶어 하다니. 심심한 교외 애들은 그걸 바지 속에 넣고 있질 못해. 구차해. 그 남자가 여자를 끌고 간 것 같진 않은데. 그 여자한테 남자친구가 있다면 왜 남자친구는 거기 없었던 거야? 올해의 어머니상 감이군. 어떤 엄마가 두 딸을 남학생 사교클럽 파티에 던져 넣는담? 피해자를 탓하려는 건 아니지만 자기가 정신을 잃을 정도로 술을 마셨으면 뭔가 옳지 않아… 그 여자는 스탠퍼드도 못 갔잖아. 오줌 누다가 속옷을 벗은 채로 정신을 잃은 거 아냐? 그러게 안선하게 둘씩 짝을 지어 다녔어야지. 나는 여기서 기소할 만한 중범죄 급의 범죄가 있었다는 확신이 안 들어. 그리고 합의에 의한 외설 행위는 범죄라고 할 수도 없어. 그 남자가 여자한테 약을 먹였나? 그렇지 않으면 어째서 여자가 그렇게까지 취할 수가 있어? 나는 내가 뭘 하는지도 모를 만큼 취해본 적은 한 번도 없어.

사람들은 그가 내 취약한 상태를 이용했다는 사실보다, 내가 내 발로 취약해졌다는 사실에 더 분노한 것 같았다. 음주는 본질적으로 비도덕적인 행위가 아니다. 하룻밤 과음은 애드빌[진통제]과 물을 부른다. 하지만 취해서 강간을 당하는 건 비난을 부르는 것 같았다. 사람들은 내가 나 자신을 지키지 못했다는 사실에 당혹스러워했다.

이건 정말 미스터리야. 얘는 정상급 운동선수에, 엄청 똑똑하고 잘생긴 남자였잖아! 그 남자한테는 같이 어울리고 싶어 하는 여자애들이 엄청 많았을 것 같은데! 근데 이런 짓을 해서 자기 인생을 망쳐? 믿기 힘들어.

내가 상상했던 분노는 없었다. 그 남자에 대해 고약한 말을 남긴 사람들도 있었다. 예쁜 남자애는 감옥 가면 가망이 없을 텐데. 친절한 댓글을 남긴 사람도 있었다. 제발, 에밀리, 이런 일이 당신을 규정하게 내버려두지 말아요. 정체성을 되찾고 끝내주는 삶을 살아요!!! 브록 터너가 무죄면 난 멸종한 날아다니는 주주새다. 이건 헛소리야. 이 말들은 잠시 내 기분을 띄워주었지만 그 온기는 빠르게 희미해졌다. 나는 사람들이 자기 아이들은 절대 이와 비슷한 운명을 겪지 않기를 희망하며, 이 모든 상황에 약한 욕지기를 느낄 뿐 별로 흔들리지 않는다는 것을 알게 되었다.

그날 밤 나는 몇 가지가 사실임을 이해했다. 그 남자가 오크우드 팀을 이끌고 2년 연속 준우승을 했음을 알게 되었다. 그 남자가 **힘들게 모셔온 운동선수임**을, 200야드 배영에서 2등을 한 **우수한 수영선수임**을 알게 되었다. **평영**breaststroke에 대한 온갖 농담이 있음을 알게 되었다. 사람들이 나를 두고 **손가락까지 핥을 정도로 맛있다**고 말한다는 사실을 알게 되었다. 이건 진짜 트라우마가 아니기 때문에 나는 도움을 받을 자격이 없음을 알게 되었다. 그는 애지, 범죄자가 아니었다. 기량이 뛰어나지, 위험하지는 않았다. 그는 모든 것을 잃게 된 사람이었다. 나는 이런 일을 겪게 된 하찮은 존재일 뿐이었다.

오전 내내 가슴에서 지글거리며 포효하던 분노가 목구멍에서 죽어가는 몇 개의 장작으로 잦아들었다. 컴퓨터를 끄고 뒤로 몸을 기댔다. 어떻게 내 정체성이 한순간에 필름이 끊기고 강간당한 여자로 쪼그라든 것인지 이해할 수 없었다. 누구의 롤모델도 될 수 없는, 기껏해야 조심하라는 교훈의 주인공이 될 사람. 누구든 잘못을 헤집자고 덤비면 나는 공개적으로 망신을 당하고 영원히 낙인찍히게 될 것임을 알았다. 나의 이런 부분은 잘라내버려야 했다. 이 모든 난장판을, 이 새로운 장애물을, 불확실한 미래를, 더럽혀진 정체성을 에밀리에게 떠넘겼다. 물 밖에 나와 숨을 쉬는데, **주주새, 헛소리** 하고 말하는 친절한 목소리를 떨쳐버리는데 갈비뼈가 떨렸다.

다음 날 나는 커피숍에 서 있었다. 쌓여 있는 신문을, 1면에 실린 밝은 파란색 직사각형을 보았다. 수영장 물이었다. 나는 브록의 창백한 은빛 팔을, 까만 물안경을 쓴 눈을, 수영모를 쓴 머리를 보았다. 주변에 놓인 테이블 위에는 파란 직사각형이 흩어져 있었다. 카페를 가로질러 수영을 하는 브록. 폴로셔츠를 입은 목이 굵은 한 남자가 자리에 앉아서 신문을 펼쳐 들었다. 이 사람들이 그 댓글을 쓴 사람들인지, 내가 이 사람들에게 분통을 터뜨려야 하는지, 무서워해야 하는지, 질문을 해야 하는지 의아해하며 주위를 둘러보았다.

나는 동생에게는 댓글을 읽지 말라고 했다. 사람들 대부분이 기사를 읽는 데 2분도 들이지 않고, 이 사람들이 들먹이는 사실이라는 건 뻔뻔할 정도로 부정확할 때가 많다고 말했다. 이건 그냥 소량의 인구 집단 샘플일 뿐이라고. 실제로 전수 조사를 해보면 훨씬 합리적인, 공감할 줄 아는 반응도 있을 거라고. 그러니까 읽지 마, 알았지? 누가 신경이나 쓴다고?

그건 사실 내가 모든 댓글을 다 살펴봤으니까 넌 그럴 필요 없다는 의미였다. 나는 생각했다. **물론 난 읽었지, 그건 나한테 보내는 메시지니까.** 나는 댓글란을 에밀리의 개인적인 피해자 편지함처럼 여겼다. 나는 매일 밤 새 편지를 받았고, 상처 주는 모든 문구를 음미했다. **그 여자는 왜 겨울에 원피스를 입고 밖에 있었대?** 라는 편지가 오면 나는 **이 멍청아, 캘리포니아라고. 우린 크리스마스에 반바지 입고 하이킹을 해**라고 했다. 나는 전부 다 바로잡고 싶었다. 하나하나 해명하고 싶었다. 설명하고 설명하고 설명하고. 하지만 이런 식으로 방어하다간 일상적인 생활이 힘들어질 터였다. 부모님이 사건과 무관한 간단한 질문, **우편물 보냈니? 네가 옷**

을 개켰니? 재활용 쓰레기 좀 밖에 내놓을래? 같은 질문만 해도 나는 긴장했고, 유치한 적개심을 느꼈다. 안 돼, 이러면 안 돼, 난 바쁜 사람이야. 날 탓하지 마, 날 공격하지 마, 너희는 이게 다 내 잘못이라고 말하고 있잖아. 나는 내가 적절하게 행동하지 못했다는 주장이 사실로 굳어지는 게 그 무엇보다 두려웠다.

나는 댓글을 읽지 않아야 한다는 걸 알았지만 이해하고 싶었다. 누군가는 나를 응원했지만, 누군가는 가능한 모든 설명과 핑계를 동원해서 날 궁지에 몰아넣는 재능이 있었다. 내가 미쳤다고? 내가 호들갑을 떤다고? 이게 슬픈 일이라고?

이 범죄에서 독특한 점은 삽입 행위를 한 사람이 피해자가 쾌락을 경험했다고 주장할 수도 있으며 사람들은 눈 하나 깜짝하지 않으리라는 점이었다. 착한 난도질이나 나쁜 난도질 같은 건, 합의에 의한 살인이나 합의에 의하지 않은 살인 같은 건 없다. 이 범죄에서는 고통이 쾌락으로 위장되고 혼동될 수 있었다. 나는 병원에, 사람들이 몸이 아프거나 상해를 입었을 때 가는 곳에 실려 갔다. 하지만 나는 상처받은 사람에게 주어지는 그런 위로를 받고 싶지 않아서 내 멍을 소매로 덮었다.

나는 강간 사건에서 사람들이 **왜 그 남자에게 맞서 싸우지 않았어요?**라고 묻는 게 이상하다. 집에서 자다가 눈을 떴는데 강도가 물건을 훔치고 있는 경우에 사람들은 **왜 그 남자에게 맞서 싸우지 않았어요? 왜 그 남자에게 그러지 말라고 하지 않았어요?** 하고 묻지 않는다. 이미 무언의 규칙을 위반하고 있는 남자가 왜 갑자기 이성을 신봉해야겠다고 결심하겠는가. 어째서 그 남자에게 하지 말라고 하면 그 남자가 그만둘 거라고 생각할 수 있는가. 그리고 이 경우 난 의식이 없었는데도 어떻게 이런 질문이 쏟아질 수 있는가?

나를 긁어대는 주장은 또 있었다. 남자애들은 자기 자신을 어떻게 하지 못한다는 소리. 마치 그 남자에게는 선택의 여지가 없었다는 듯. **나는 대학에 가는 내 딸들에게 말했어요. 대형 트럭 앞을 지날 때는 차에 받힐 걸 예상해라. 트럭 앞으로 걸어 다니지 마라. 네가 남학생 사교클럽 파티에 가면 술과 마약에 취해서 강간당할 걸 예상해라. 남학생 사교클럽 파티는 가지 마라.** 네가 남학생 사교클럽에 가서 폭행을 당한 거라고? 뭘 기대한 거야? 내가 대학에 다닐 때도 이런 말을 들었다. 남학생 사교클럽에 들어간 여자 신입생은 도살장에 들어간 양에 비유됐다. 공격을 당할 수 있으니 사자 굴에 들어가지 말라는 말은 이해한다. 하지만 사자는 야생 동물이다. 남학생은 인간이다. 그들에겐 정신이 있고, 법이 있는 사회 안에서 살아간다. 다른 사람의 몸을 더듬는 것은 생물학적으로 구조화된 자연스러운 반응이 아니다. 그것은 그들이 통제할 수 있는 인지 행위이다.

남학생 사교클럽의 문을 밀고 들어가는 순간 모든 법과 규제가 중단되는 모양이었다. 남학생들은 똑같은 법을 고수하라는 요청에서 벗어났지만, 여학생들에게는 따라야 하는 지침이 셀 수 없이 많았다. 술잔을 잘 지켜라, 다른 사람들과 붙어 있어라, 짧은 치마를 입지 마라. 그들의 행위는 상수지만 우리는 변화 가능한 변수였다. 이 모든 예방책과 관리가 언제부터 우리 일이 되었나?

그리고 숱한 어린 여자아이들이 집에서마저 피해를 입는다면 여자아이들을 몰아세우는 대신 이런 집에 있는 남자들에게 더 높은 기준을 적용해야 할 것이 아닌가? 어째서 정신을 잃은 것이 쓰러진 사람을 손가락으로 더듬는 것보다 더 비난받을 만한 일로 간주되는가?

이런 사건의 주위 여건이 어째서 내게 우호적인 방향으로 흘러가지 않는 것인지도 나는 이해했다. 심지어 학교에서도 진짜 범죄가 일어나지 않는가? 캠퍼스 안에서는 늘 미친 일들이 벌어진다. 누군가 주택가에 있는 어린이 수영장에 똥을 싸면 사람들은 **고약해라. 있을 수 없는 일이야. 절대 용납할 수 없어** 하고 말한다. 누군가 남학생 사교클럽 앞 잔디밭에 있는 어린이 수영장에 똥을 싸면 사람들은 **이런, 저게 대학이지. 하하!** 하고는 그만이다. 거시기를 양말 하나로 가린 채로 달리면? 대학이니까. 수요일 오후에 기린 옷을 입고 곤드레만드레가 되어 있으면? 대학이니까. 엄격함과 진지함, 실제 처벌이 설 자리를 잃고 상황이 물렁해진다. 사람들은 이런 기사를 읽으면서 **남학생 클럽, 운동선수, 하룻밤 잠자리, 즐기다** 같은 단어를 접한다. 이런 단어군만 있으면 모든 장면이 생기를 띤다. 이해해, 그들은 말한다. 얘네가 그렇고 그렇게 놀다가 일이 걷잡을 수 없이 커졌네, 나도 이랬지. 당신은 어때. 그게 길바닥이었다는 사실마저 눈살을 찌푸리게 하지 않는 것 같았다. 대학에서는 사람들이 동상 아래에서, 계단에서, 종탑에서, 도서관에서 막 뒹굴지 않나? 미디어도 도움이 되지 않았다. 그들은 내가 마신 술잔의 수를 헤아렸고 브록이 200야드를 수영해 가는

데 몇 초가 걸렸는지 세었고, 넥타이 맨 브록의 사진을 기사 맨 위에 실었다. 그의 링크드인 프로필 사진을 두 배로 확대해놓은 것 같았다.

나는 모든 지방 덩어리를, 이 모든 중요하지 않은 사실들을 다 듬어내고 사람들에게 이 이야기의 살코기만 보여주고 싶었다. 나는 알았다. 남자가 파티에 가서, 세 여자에게 키스를 하고, 말도 제대로 하지 못하는 채 혼자 있는 여자를 발견하고, 그 여자를 나무 사이로 데려가고, 그 여자의 옷을 벗기고, 자기 손가락을 그 여자에게 밀어 넣고, 그 여자가 움직이지 않는다는 사실을 알아차린 두 남자에게 공격을 당했다는 것을. 그 뒤 그 남자는 도망쳤다는 사실을 부인했고, 그 여자가 그걸 즐겼다는 사실 외에 피해자에 대해서는 아무 말도 하지 못했다는 사실을. 그러니까 10시 15분의 위스키, 소변을 봤다는 사실, 여동생의 이름, 올림픽 자유형 같은 건 집어치워. 이 망할 이야기의 핵심은 이거니까.

어느 금요일 저녁 나는 고속도로로 차를 몰았다. 음악을 크게 틀었고, 창문이 진동하고, 손잡이가 흔들리고, 내가 소리에 잠기는 느낌이 들자 비명을 지르기 시작했다. **너희가 너무 싫어, 너희가 너무 싫어, 날 좀 내버려둬.** 하고 싶은 모든 말들이 목에 걸려 있는 채 나는 핸들을 내려쳤다. 고속도로에서 빠져나와 이케아를 향했고, 점점 속도를 줄이며 빛이 넘실거리는 사람 많은 주차장의 중심부로 들어가 격자 모양으로 주차된 자동차 사이에 나를 가뒀다. 음악을 껐다. 호흡을 진정시킬 수가 없었다. 손이 격렬하게 떨렸고, 눈물은 걷잡을 수 없었다. 마치 내 내면이 진하게, 고

89

통스럽게 밖으로 흘러나오는 기분이었다. **도와줘 도와줘.** 산소가 뇌로 하나도 공급되지 않는 기분이었다. 숨을 쉬지 못하면 죽을 텐데. 시야가 흐려졌다. 가방 속에 있는 종이들을 뒤져서 그 안에 접어서 넣어두었던 팸플릿 종이를 꺼낸 뒤 긴급전화 번호들, 그 많은 번호들 중에서 스탠퍼드라는 설명이 들어간 번호에 전화를 걸었다. 내가 내는 소리로 그 여자에게 겁을 주고 싶지 않았다. **저는 안전해요. 그냥 누가 필요한 것뿐이에요. 저와 함께 있어주세요. 누군가가 필요해요.** 나는 그 소리들을 단어로 빚어낼 수가 없었다. **그 수영선수, 그 수영선수요, 제가 그 사람이에요.** 고개를 뒤로 기댔다. 어깨가 떨렸고, 손이 이마에서 떨어지지 않았고, 얼굴이 젖고, 턱이 젖고, 목이 젖었다. 목구멍 옆면이 찢어지는 기분이었고, 모든 걸 다 쏟아냈다. 이 사람은 나를 절대 볼 수 없고 나도 그녀를 절대 볼 수 없다는 걸 알았지만, 최소한 누군가가 내 소리를 듣고 있었다.

그녀가 입을 열었다. 걱정스러운 목소리였다. 그리고 나는 그 말을 다시 들었다. **당신 잘못이 아니에요!** 그녀는 주문처럼 그 말을 되뇌었다. 짜증이 솟구쳤다. 그 남자의 잘못, 그 여자의 잘못. 피해자는 얼마나 빨리 투쟁을 시작해야 하는가. 감정을 논리로 전환해 법률 시스템 속을, 낯선 이들의 침입 속을, 끈질긴 판결 속을 헤쳐나가는 투쟁을. 나는 내 삶을 어떻게 보호할까. 수사관들로부터, 기자들로부터. 나는 검사를 대동하고 전투에 임하겠지만 누구도 내가 이 모든 적대를, 이 처참한 슬픔을 어떻게 감당해야 하는지 알려주지는 않을 것이었다. 나는 혼자였고, 얼굴 없는 여자가 내게 전화로 뻔한 말을 하는 동안 내 이야기들은 이제 내 안에 봉인되었다.

3

에밀리와 나는 각자의 삶을 살았다. 나의 하루하루는 경이로울 정도로 평범했고, 움직임과 질감으로 가득했다. 루카스와 긴 전화 통화를 하면서 껍질이 바삭한 신선한 연어로 저녁 식사를 하고, 아빠와 함께 베이랜드에서 파삭한 소금밭과 퉁퉁마디를 가로지르며 자전거를 타고. 하트 모양의 밸런타인데이 카드를 오리고 그 위에 손글씨로 이행시를 적어서 사무실에 있는 모든 사람에게 돌렸다. 받은 편지함을 항목별로 분류했고, 봉투에 침을 발랐고, 우유와 크림이 반씩 든 커피가 아직 괜찮은지 확인하려고 냄새를 맡았다. 전신주와 웃기게 생긴 새 그림을 그렸고 책상다리를 한 친구들과 커피를 마셨다. 겉보기에 생활은 흠잡을 데 없었다. 에밀리는 아주 작은 세상, 사방이 막힌 좁은 세상에 살았다. 친구도 없고 가끔 법원이나 경찰서에 가거나 계단에서 전화만 하는 것 같았다. 나는 에밀리의 나약함이, 그녀의 조용한 말투가, 아무것도 모르는 듯한 태도가 마음에 들지 않았다. 그녀가 영양 공급에, 인정에, 돌봄에 굶주려 있음을 알았지만 아는 체하지 않았다. 법원 시스템에 대해 더 알고 싶지 않았고 치료를 거부했다. **넌 그런 거 필요 없어.** 나는 그녀에게 말했다.

처음에는 두 자아를 분리하는 데 능숙했다. 사람들은 내가 힘들어한다는 걸 전혀 감지하지 못했다. 하지만 가까이서 들여다보면 균열이 나타나고 있었다. 숱한 밤 나는 눈물을 흘리다 잠들었고, 다음 날 아침 퉁퉁 부은 눈으로 출근했다. 냉동고에 숟가락을 넣어두었다가 양치하는 동안 차가운 금속을 눈에 대서 붓기를 내리기 시작했다. 얼음덩어리를 지퍼백 봉지에 넣어서, KQED 라디오를 들으며 차를 몰고 출근하는 동안 한 손으로는 얼음봉지를 얼굴에 갖다 대고 다른 한 손으로 운전을 했다. 저녁에는 컵 거치대에 담긴 미적지근해진 물 봉지를 들고 들어와 잔디에 쏟아냈다.

어느 날 나는 상사에게 병원 예약 때문에 오후에 잠깐 자리를 비우겠다고 말했다. **다 괜찮은 거지?** 나는 손을 저으며 그냥 검사일 뿐이라고 말했다. 시간이 되자 나는 차를 몰고 법원으로 갔다. 차를 타고 가는 동안 나는 에밀리가 되었고 그날의 훈훈함은 모두 빠져나갔다.

주차장에 차를 대는데 땅딸한 건물이 무정하고 차갑게 나를 밀어내는 것 같았다. 법원 건물은 1960년대 이후로 사람의 손길이 닿지 않은 버려진 병원 같았다. 위성과 금속 막대들이 지붕 위로 삐죽 튀어나와 있었다. 자작나무 두 그루가 뼈다귀처럼 먼지를 뒤집어쓴 채 서 있고 검은 가지가 머리칼처럼 가늘게 매달려 있었다. 유리문을 지나 보안 검색대 앞에 서서 누더기 같은 매트에 발을 훔쳤다. 바닥의 헝클어진 끈들, 소독약 스프레이 캔, 오렌지 두 개, 금속 보온병 하나, 격자무늬 화면이 눈에 들어왔다. 베이지색 제복을 입은 경찰 여섯 명이 책상 뒤 얼룩투성이 회전의자에 몸을 기대고 있었다. 나는 플라스틱 통에 내 지갑을 놓고 허름한 보안 검색대를 통과했다. 누군가의 손이 내 가방을 하나하나 뒤지고 있었다. 나는 하얀 복도를, 천정에 달린 독특한 질감의 플라스틱 커버에 갇혀 사납게 굴절된 형광등 불빛을 응시했다. 남자는 내게 다시 통을 내밀었고 나는 검색대 반대편에 우두커니 서 있었다. **어디로 가야 하는지 아시나요?** 그가 물었다. 나는 고개를 저었다. 그는 벽에 있는 안내판을 가리켰다. 4층이었다.

엘리베이터 문이 열리자 더 휑한 광경이 나타났다. 복도 끝에는 나무문 두 개가 있었다. 오른쪽 문은 작은 대기실로 통했는데 나중에 나는 거기를 피해자 벽장이라고 부르게 되었다. 나는 많은 시간을 그 안에서 보냈다. 왼쪽 문은 회색 칸막이와 덩치 큰 프린터들이 있는 아라레의 사무실로 통했다. 두 문의 오른편에는 법정으로 이어지는 길고 좁은 통로가 있었다.

나는 아라레와 내 대변인 브리를 처음으로 만날 예정이었다. 부모님은 오는 중이었다. 나는 부모님에게 감사의 의미로 꽃을 들고 가야 할지 물었다. 부모님은 꽃은 이 일이 모두 끝나면 줄 수 있을 거라고 말했다. 하지만 나는 이번이 우리가 만나는 처음이자 마지막일 거라고 생각했다. 내게 검사가 필요한 것은 합의

조건을 협상하고 사건을 마무리 짓기 위해서였다. 우리는 그 끝이 앞으로 약 4년 뒤에나 오리라는 것을 알지 못했다.

브리는 20대 중반이었다. 긴 적갈색 머리에 주근깨가 있었고, 살갑고 따뜻한 인상이었다. 검은 머리칼과 갈색 피부의 아라레는 미소가 시원시원했다. 꼭 맞는 블레이저 상의에 시금치 같은 초록색 뾰족구두를 신었다. 30대 초반으로 보였고 친절한 활기와 자연스러운 의연함이 있었다. 그녀를 만날 때마다 나는 민들레처럼 노란 귀걸이를, 자줏빛 손톱을, 이 침침한 회색 땅에서 눈에 띄는 작은 색깔들을 보았다. 이란 이민자 가정 출신이라는 것은 나중에 알았다. 그녀의 부모님은 아이리시 펍을 열었고 아라레는 로스쿨에 다니며 거기서 일했다.

내가 가운데 앉고 엄마가 내 왼쪽에, 아빠가 오른쪽에 자리를 잡았다. 아라레는 커다란 책상 앞에 앉았다. 그녀의 창으로 나무 꼭대기가 눈에 들어왔고 책장에는 서류 파일들이 가득했다. 창밖에선 나뭇잎이 바람에 떨었지만 이 안에는 적막만 감돌았다. 아래쪽에 있는 몰리스톤마켓[소규모 슈퍼마켓 체인]을 내려다보며, 안에서 티파니와 내가 박수를 치는 동안 옥수수 껍질 벗기는 기계가 노래를 하고 소들이 눈을 끔뻑이며 울던 장면을 떠올렸다. 4층 창문에서 내가 나고 자란 곳과 단절된 채 그곳을 내려다보고 있으려니 초현실적인 기분이 들었다. 엄마는 자기 손으로 내 손을 부드럽게 감싸 쥐고 지압점을 마사지했다. 엄마 손을 잡고 있는 내가 어린애처럼 보일 것 같지만 엄마의 중요한 의사소통은 늘 어루만짐과 음식이라는 형태로 이루어졌다. 나는 미국 문화에서는 딸들이 엄마와 매일 전화 통화를 하며 수프 조리법과 남자 문제와 세탁 방법을 공유하기도 한다는 사실을 알았다. 나는 항상 이런 종류의 대화에 매혹되었다. 나는 일생 동안 엄마가 영어 표현을 작은 은색 전자사전에 입력하면 그 사전이 엄마가 배우려는 단어를 크게 읽어주는 소리를 들었다. **스파게티. 아이러니. 치명적인. 매사추세츠.** 그것은 우리 집의 다섯 번째 목소리였다. 엄마는 세면도구를 **화장실 도구**라고 불렀다. 나는 오랫동안 엄마가 쓰는 **예수님 마리아 요셉**이라는 감탄사를 예수님 마리온 요셉인 줄 알았고, 그게 제대로 된 예수님 이름이라고 믿었다. 중국인 억양이 느껴지는 엄마의 영어가 불완전하고 단순한 것으로 인식될 수는 있지만 나는 그 안에 천재성이 감춰져 있음을 알았다. 우리는 늘 현관에서 상자를 받았고, 나는 엄마가 포장용 스티로폼 속에서 마치 식료품점에서 사 온 배의 포장을 벗기듯 중국어 글쓰기 상을 꺼내는 모습을 구경하곤 했다. 나는 엄마에게 죽음에 대해, 사랑에 대해, 외국영화에 대해, 문화를 초월하는 보편적인 주제에 대해 이야기할 수 있었다. 하지만 주로 나를 걱정할 때면 엄마는 내게 내 얼굴보다 더 큰 국수 그릇을 들이밀거나 엄마의 손가락으로 내 관자놀이를 눌러주었고, 그러면 엄마의 손가락 끝 밑으로 내 스트레스가 사라졌다.

아라레는 내 배경을 파악하고 싶어 했다. 내가 팰로앨토에 사는지, 직장에 다니는지, 내 음주 경험은 어떤지. 나는 캘리포니아 샌타바버라 대학교를 나왔다고 말했다. 내 목소리가 점점 방어적이 되어가는 것을 느꼈다. 캘리포니아 샌타바버라 대학교가 파티를 심하게 하기로 유명하다는 사실을 알았으니까. 대학교에서, 주로 문학 전공 학생들과, 사다리 꼭대기에서 시를 읽는 사람들과의 모임에서, 데이비드 보위를 주제로 한 거실 파티에서 술을 마셨다고 진술했다. 루카스라는 남자와 데이트 중이었고, 아, 그렇지, 전에도 필름이 끊긴 적이 있었다. 나는 뭘 설명하려는지도 모르고 횡설수설했다. 아라레가 내가 정상임을 알아주기를 바랐다. 나는 당연히 술을 마시지만 의식이 없는 상태로 삽입을 당하는 건 좋아하지 않는다는 점을 알아주기를 바랐다. 그녀는 자기 역시 대학을 다녔고, 이해한다고 말했다.

아빠가 질문을 시작했고, 아빠의 불안감이 흘러나오는 소리를 들을 수 있었다. 아빠는 우리 비행기가 지연되었을 때 보았던, 불편하고 짜증난 표정이었다. **제 말은 뭘 하는 놈이길래, 어떻게 그 남자가 그럴 수가 있었냐 말이에요. 이해가 안 돼요. 좀 웃기지 않나요? 대체 이런 일이 어디서 있을 수가 있어요.** 아라레는 아빠가 믿을 수 없는 게 당연하다고 수긍했다. **물론입니다. 이런 일이 이렇게 돌아가다니 안타깝습니다. 어려운 일이라는 거 압니다. 다행히 우린 가진 게 많습니다. 기다리면서 지켜보는 것이 최선입니다.** 하지만 아라레는 이것이 시작에 불과하며 아직 아무 일도 예측할 수 없다는 암시도 흘렸다. 나중에 나는 아라레가 이미 브록의 변호사와 우연히 마주쳤고, 그가 아라레에게 자신의 의뢰인이 치안을 어지럽힌 데 대한 경범죄 처벌을 받는 데 그치리라고 장담했음을 알게 되었다. 전쟁이 이미 선포되었는데 난 그걸 몰랐다.

내가 이 절차에 대해 얼마나 모르고 있는지, 내가 얼마나 맹목적으로 따라가기만 하는지가 점점 분명해지고 있었다. 이 혹독한 영역에서 부모님이 나를 보호해주고 나는 그 뒤에 숨어서 시간을 보내왔다는 생각이 들었다. 이제 나는 부모님 손에서 아라레의 손으로 넘어가고 있는 기분이었다. 이렇게 가다간 나는 혼자 증언대에 서서 현미경으로 들여다보듯 샅샅이 까발려지고, 엄마는 내 손을 잡아주지 못할 것이다.

내 기질은 이제 내 검사에게 필요한 자산이었다. 조사원들이 나를 지켜볼지도 모른다. 나는 이미지를 지켜야 했고, 무모해지면 안 됐다. **행동거지를 반듯하게 유지해야 해.** 나는 머릿속으로 이 말을 생각하고 또 생각했다. 내가 계속 술을 마시면 피고 측 변호사는 내가 아무 영향도 받지 않았다고 주장할까? 파티에서 웃고 있는 사진을 올리면 피고 측 변호사는 내가 하나도 힘들어하지 않는다고 말할까? 그리고 무엇보다 최악으로, 내가 어떻게든 다시 폭행을 당하면, 그들은 두 번이나 폭행을 당하다니, 그러니까 브록이 아니라 그녀에게 잘못이 있는 게 분명하다고 주장할까?

검사 사무실에서 나와서 내 차에 앉아 있는데 다시 일하러 갈 마음이 들지 않았다. 일이 이런 식으로 흘러가는 게 맞는지 자신이 없었다. **가만히 있으세요.** 검사가 말했다. **이건 길고 느린 과정이에요. 지금은 그냥 일상으로 돌아가세요.** 상사에게는 병원 예약이 있다고 말했지만, 나는 마치 일자리 면접을 한 것 같은 기분이었다. 그들은 내가 착한 피해자가 될 수 있는지를 가늠하고 있었다. 기질이 강직한지, 우직해 보이는지, 배심원단이 호감을 가질 만한지, 앞으로 자신들과 함께 계속 움직일지. 나는 **합격입니다!** 라는 말을 들은 것 같은 기분으로 걸어 나왔다. 하지만 난 이 일자리를 원하지 않았다. 예전의 내 삶을 원했다. 하지만 그 남자가 마음껏 활보하고 다니는데? 그런 일은 용납할 수 없었다. 고소는 내 선택이라고 들었지만 선택의 여지가 없다고 느낄 때도 있다.

아라레가 루카스의 전화에 녹음된 음성메시지를 요청해와서, 나는 기다릴 수 있느냐고 물었다. 루카스가 일주일 뒤면 찾아올 예정이었고 나는 얼굴을 보며 이야기하고 싶었다. 그들은 증거를 수집하려는 것이었지만 나는 내 삶을 그대로 유지하려 애쓰고 있었다.

루카스를 데리러 공항으로 차를 몰고 갔다. 인파 속에서 그의 얼굴을 발견하는 순간 가슴에 불길이 일었다. 우린 차를 타고 저녁에 먹을 간식을 사러 갔다. 차를 주차하고 밖으로 나와서 나는 루카스를 안았고, 고개가 옆으로 돌아가 루카스는 나를 보지 못했다. 그게 그냥 환영의 포옹이라고 생각한 루카스는 우리가 사야 할 간식에 대해 곰곰이 생각하기 시작했고, 그동안 내 눈가에서는 눈물이 흘러나와 입술 양쪽으로 깔끔하게 흘러내렸다. 내가 완벽하게 구축한 눈물 관리 시스템이었다. 나는 내 눈 뒤에 눈물이 위태롭게 찰랑대는 찻잔을 달고 살아가고 있었고, 아무 때나 조금씩 흘러넘치는 데 익숙했다. 나는 얼굴을 문지르고 나서 지렁이 젤리에 한 표를 행사했다.

나는 내가 얼마나 다른 사람의 품을 갈망하고 있었는지 인식하지 못했다. 우리는 사람이 서로 잘 맞는다고 할 때 남자가 자신을 여자에게 끼워 넣는다는 생각이나 하지 그 외 여러 가지 방식이 있을 수 있다는 것은 간과한다. 귀는 색종이처럼 얇아서 내가 그의 가슴팍에 내 얼굴 옆면을 기댈 수 있게 해준다. 손가락은 엉키지 않고 깍지를 낄 수 있다. 한 손은 하나의 턱에 자그마한 의자가 되어줄 수 있다. 우리 몸은 구부러지고 접히도록 되어 있어서 우리 스스로를, 그리고 다른 사람을 편하게 받쳐준다. 우리에겐 아껴주어야 할 작은 부위들이 아주 많다. 나는 그 폭행 이후 이 작은 부위들을 귀하게 돌봐줄 필요를 느꼈지만 **침입, 삽입, 끼워 넣음, 내부**와 관계된 것은 전혀 원하지 않았고, 그저 무언가에 안전하게 폭 둘러싸이는 친밀감만을 원했다.

그날 밤 우리가 나란히 누웠을 때 그의 무릎이 내 무릎 쪽으로 딱 맞게 구부러졌고, 나는 그를 잃을 가능성이 매우 높다고 생각했다. 우린 사귄 지 몇 달 되지 않았고, 나는 아빠가 모든 관계에는 환멸의 순간이 있다고 했던 말을 기억했다. 첫 번째 장애물이 등장하는 순간, 그걸 넘어서든 각자의 길을 가든 결정을 하게 된다. 이제 나는 이 추하고, 공공연한 난장판에 갇혀 있었다. 그가 이 악몽에서 벗어나고자 한다면 나는 문을 활짝 열어줄 것이다.

●

나는 아직도 사랑을 하고 사랑을 받는 법을 탐색 중이었다. 누가 고등학교 때 남자아이들과 어떤 경험을 했느냐고 물어보면 나는 학교에다 화장실 휴지를 풀어서 **네가 간다면 나랑 같이 가!**라고 적힌 색인카드를 들고 서 있는 나에게로 이어지는 길을 만들어 남자아이에게 댄스파티에 같이 가자고 했던 일화를 들려줄 것이다.

　루카스를 만나기 전, 한 번 길고 진지한 관계를 맺은 적 있었다. 고등학교 3학년 때 만난, 눈이 선하고 똑똑하고 어깨가 넓은, 절반은 일본인인 남자였다. 내가 이해한 건 육상대회 때 그 남자가 높이뛰기를 하려고 등을 아치처럼 구부린 모습을 보다가 내가 어지러움을 느꼈다는 게 다였다. 졸업 전 모든 3학년이 수업을 빼먹고 가파른 낭떠러지를 내려와 모래가 깔린 우묵한 공간에 형형색색의 텐트를 치고 야영을 했다. 모닥불을 피우고 모두가 술을 마셨고, 자정 무렵에 잠이 들었다. 열일곱 살이었던 나는 그때까지 술도, 담배도, 키스도 경험해본 적이 없었다. 이 남자와 나는 온 세상이 우리 뒤에서 잠을 자는 동안 말짱한 정신으로 컴컴한 강물 앞에 놓인 나무토막 위에 앉아 있었다. 우리는 동이 틀 때까지 이야기를 나눴다. 아직 잠기가 가시지 않은 친구들이 텐트 덮개를 젖히고 나타나 속삭였다. **무슨 일 있었어? 너희 뭐했어?** 나는 어깨를 으쓱하고 말했다. **아무 일 없었는데.** 친구들은 실망했다. **아무 일 없었다고?** 하지만 마치 모든 일이 일어난 것만 같은 기분이었다. 우린 내 열여덟 번째 생일날 우리 집 진입로에서 나의/그의/우리의 첫 키스를 나눴다. 나는 우주가 어떻게 완벽한 한 인간을 빚어내고 그 사람을 나에게 선사했는지 이해하려 애쓰며, 이걸 가지고 우리가 같은 시기에 같은 학교에 다니게 될 수밖에 없었던 상황을 거슬러 올라가 정교한 인생 지도를 만들었다.

　그와 나는 서로 반대편에 있는 대학으로 떠나게 되었다. 나는 바닷가 쪽, 그는 눈이 오는 곳에 있는 학교였다. 나는 교수한테 '사촌'이 '결혼'할 예정이라는 쪽지를 남기고 비행기를 타고 그를 보러 가곤 했다. 난 그걸 숙제와 함께하는 신혼여행이라고 불렀다. 그에겐 반려용 물고기가 있었는데 이 물고기의 턱이 잘 벌어지지 않으면 엄지손톱으로 물고기 밥을 한 입 크기로 잘게 잘라 주었다. 그는 이런 식으로 관심과 애정을 쏟는 사람이었다. 이후 3년 반 동안 나는 난방이 들어오면 파이프가 땡그랑 소리를 내는 그의 방에서 잠들면서 보호받으며, 안전하게, 자신감을 느끼며 성장했다. 대학을 졸업할 때가 되었을 때 무언가가 무너졌다. 우리의 관계는 젠가 탑 같은 것이 되었다. 우리는 하나하나 블록을 빼내기 시작했고 구조물은 점점 불안정해졌다. 졸업하기 직전 내가 다니던 학교에서는 총격 사건이 일어나 새빨간 피 웅덩이가 생겼고, 같은 주말 그는 반짝이는 파란 호수에서 배를 탔다. 나는 상상 불가능한 폭력과 일상적인 생활의 간극이 종이 한 장 차이임을 알게 되었다. 우린 서로 다른 우주에 던져져 있었다. 내 쪽은 갑자기 캄캄해졌고, 그의 쪽은 밝았다. 우린 싸웠다. 아니, 그의 말수가 점점 줄어드는 동안 내가 전화기에 대고 소리를 질렀다. 졸업 후 우리가 팰로앨토에 있는 집에 돌아왔을 때, 탑이 무너지고 블록이 사방에 쏟아졌다.

'가슴이 찢어진다'는 노랫말은 당연히 이미 들어서 알고 있었지만 젠장, 우라질이었다. 이 감정에는 어떤 이름이 있을 것이었다. 그것 때문에 정말로 숨이 막힐 것만 같았다. 이 사람 없이 어떻게 존재할 수 있을까? 그의 안식처에서 나는 용감했고, 사랑받았다. 스물두 살의 나는 순진하고 굶주린 채로 혼자가 되었다. 남은 공간은 황량했고 나는 그것을 채우기로 결심했다.

사람들이 항상 내게 **바다에는 다른 물고기가 있다**고 말하던 것을 기억한다. 그러면 나는 **그럼요, 거기가 그 젠장 맞을 것들이 사는 곳이잖아요**라고 말했다. 하지만 그는 희귀한 쏠배감펭lionfish 속 물고기였고, 나는 그를 잃었다. 누군가를 잃었을 때 또는 누군가가 당신을 잃겠다는 선택을 했을 때 당신은 무엇을 하는가? 나는 멸치와 따분한 농어와 거만한 열대어를 살피며 그를 대체할 물고기를 찾아다녔다. 그전까지 섹스는 언제나 상냥하고 신성한 일부일처제적 행위였다. 하지만 그 여름 나는 그것이 미끈거리고 흐물흐물한 것일 수 있음을 알게 되었다. 쭈글쭈글한 것. 아무 느낌도 없는 것. 눈 깜박할 새만큼 찰나의 것. 끔찍하게 지루한 것. **나는 너랑 그것만 하면 돼,** 하는 것. 세상에 막 나온 젊은 여성으로서, 나는 내게 권력이 있음을 깨달았다. 아니면 내가 물고기에게 소모되도록, 통째로 삼켜지도록 내버려두면서 그것이 권력이라고 생각했거나.

그 여름 나는 그 총격 사건을, 그를 상실한 일을 결코 입에 올리지 않았다. 중국 식당에서 일자리를 얻었고, 시급 10달러에 테이크아웃용 쌀밥 도시락을 싸는 법을 배웠다. 내가 선택한 술은 밝은 파란색의 AMF. **잘 가라 개새끼야**Adios Mother Fucker의 줄임말이었다. 나는 **잘 가**라고 말했고, 다음 날 아침이면 친구에게서 자기가 겁먹을 정도로 통곡을 했다고, 내가 욕조 끝에 앉아 몸을 앞뒤로 흔들며 **넌 괜찮아, 샤넬. 넌 괜찮아, 괜찮아질 거야**라고 혼잣

말을 했다는 이야기를 듣곤 했다. 하지만 난 하나도 기억이 나지 않았다. 음주는 파티로 위장되었지만 이제 나는 그것이 슬픈 굴복이었음을 안다. 나는 주어진 새로운 현실을 감당하지 못했고, 더 이상 내부의 감정을 견딜 수 없었고, 내가 별 가치 없는 인간이라고 믿었다. 나는 빛을 끄기 위해, 다시 깨어난다는 약속을 받고 죽음의 구역에 발끝을 살짝 담갔다가 빼기 위해 술을 마셨다.

하지만 지겨워졌다. 자기혐오의 잔치는 나 자신을 이 소용돌이치는 바다에 던지는 걸로 충분했다. 마침내 새 직장에 착륙하면서 나는 안정감으로 인도되었다. 새 사무실이, 자연스러운 조명이, 내 창밖으로 미끄러지는 비행기들이 좋았다. 종잇장만큼 얇고 매우 정교한 업무용 컴퓨터를 받았고, 그건 내가 꽤 가치 있는 사람이라는 의미였다. 나는 집순이로 지내기 시작했다. 나 자신과 데이트를 하기도 했다. 버널힐까지 드라이브를 하고, 굴곡진 풀밭에 누워 몇 시간씩 책을 읽고, 동물원에 가서 고릴라를 그리고, 혼자 영화를 보러 갔다. 그 음침한 술독에 빠진 여름이 저물 무렵, 혼자 어른이 되는 것은 어쩌면 괜찮아지는 것인지도 모르겠다는 믿음이 생기기 시작했다.

어느 금요일 늦은 밤 나는 친구 전화에 잠에서 깼다. 친구가 술집에 있는데 어떤 남자가 자신을 괴롭히고 있으니 와서 같이 있어줄 수 있느냐고 물었다. 내가 도착해서 그 남자를 쫓아버렸다. 갑자기 결혼 피로연 손님들이, 회색 정장에 줄무늬 양말을 입은 신랑 들러리들이 몰려들었고, 춤추는 신부가 그 뒤를 따랐다. 한 사람이 내게 다가왔다. 그의 이름은 루카스였다.

루카스는 팰로앨토 근처에서 자랐고, 지금은 필라델피아에 살면서 와튼경영대학원에서 첫해를 시작한 상태였다. 키가 크고 살이 없었고, 잘 웃었으며 나보다 몇 살 정도 나이가 많았다. 그는 내가 모르는 것들, 스페인어, 럭비, 수학, 자신감을 알았다. 그는 일본에서 중학교를 다녔고, 페루에 있는 알파카의 질감을 알았고, 이 작고 파란 지구의 구석구석에 발끝을 담가보았다. 팰로앨토는 그냥 작은 반점이었다! 나는 그가 고등학교 때 배치기 다이빙에서 우승을 했고, 5학년 때 머리 끝을 하얗게 염색했다는 사실을 알게 되었다. 그는 필라델피아로 돌아가기 전날 밤에 같이 저녁 식사를 하자고 했다.

우리가 데이트를 시작한 지 두어 달 되었을 때 나는 느닷없는 **사랑해**라는 말에 낮잠에서 깨어났다. 마치 **밖에 비가 오고 있어**라고 말하기라도 한 것처럼 자연스러운 말투였다. 특별할 것 없는 오후였고, 우린 차이나타운에서 밀크티와 에그커스터드 타르트를 먹었고, 그가 길거리 노점에서 내게 터키석 반지를 사주었는데, 나는 이 평범한 하루 중 언제 그가 그걸 깨달았는지 궁금했다. 나는 미소를 지었지만 미쳤구나라고 말했다. 나는 사랑은 끔찍한 고통일 수 있다고 생각했지만 그는 마치 **사랑**이 재미난 일이라는 듯 말했다. 루카스는 신경 쓰는 것 같지 않았다. 그는 침착하고 인내심이 있었고, 나는 그가 그저 또 다른 물고기가 아니라는 것을 깨달았다.

2014년 12월 그는 내게 필라델피아로 자기를 보러 오라고 했다. 필라델피아에 도착해보니 그가 나를 위해 사놓은 희고 커다란 그림 그리기용 포스터 보드가 있었고, 냉동고에는 아이스크림이 가득했다. 난 아직 우리 관계를 뭐라고 해야 할지 몰랐고, 그저 처음 만났을 때는 그의 핸드폰 배경화면이 마추픽추였다가 이제는 그의 커다란 스키재킷을 입고서 웃고 있는, 눈에 넋이 나간 행복한 감자 같은 내 사진이라는 것밖에 몰랐다.

2015년 1월이면 동생이 집에 올 것이었다. 우리는 파티에 갈 것이고, 거기서 나는 의식이 없는 채로 땅바닥에서 발견될 것이었다. 그로부터 몇 주 뒤, 여기 팰로앨토에서 그가 내 책상에 앉아 일을 했고, 햇볕이 내 블라인드 틈으로 흘러들어오고, 나는 침대에 누워 있었다. 어쩌면 우주는 사랑이 다시 가능할 수도 있음을 보여주기 위해 그라는 존재를 빌려줬다가 이제 다시 그를 데려가고 내가 혼자 이 새로운 사건을 처리하게 하려는 건지 몰랐다. 스물두 살의 나는 어른이 된다는 건 끝없는 상실의 연속인 건지 의문을 품기 시작했다. 어른이 돼서 좋은 게 뭐지? 남은 일생 동안 이 무거운 온갖 것들을 어떻게 감당한담? 바깥으로 아름다운 하루가 흘러가고, 그가 타이핑하는 소리를 듣고 있자니 그에게 말하고 싶지가 않았다. 빛이 쏟아져 들어오는 내 방에 앉아서 내 책상에 앉은 남자와 함께 오후를 즐기고 싶었다. 이 순간을 원했다. 그것을 영원히 가지고, 먹고, 살고 싶었다. 하지만 나는 이제 그것을 막 파괴하려는 참이었다.

아직 그 음성메시지 있어? 그가 타이핑을 멈추고 나를 보았다. **왜?** 그가 물었다. **그냥 듣고 싶어서.** 내가 말했다. 그는 나를 빤히 쳐다보았다. 그의 핸드폰이 내 담요 쪽으로 풀썩 떨어졌다. 나는 처음으로 그 음성메시지를 들으면서 이불로 온몸을 감싸고 내 얼굴을 가렸다. 녹취록에는 아래와 같이 기록되어 있다.

2015년 1월 18일 새벽 3:39:34에 샤넬이 남자친구에게 보낸 음성메시지: 안녕. 음, (청음 불가) 씨팔 (청음 불가). 안녕, (청음 불가) 니 전화. 그치만 전부 다 남자들이야 (청음 불가) 아님 뭐 그거랑 비슷한 거. 그리고 난 니가 제에일 좋아. (청음 불가) 그래서 나는 (청음 불가), 어후. 어. (웃음소리) 너는, 너는 거시기야. 그리고 넌 그걸 알지. 니가 아무리 열심히 일해도 난 여름에 너한테 상을 줄 거야. 니가 하루에 24시간, 30 중에서 하루 24시간 일하면, 하루에 몇 시간을, 그치만 니가 몇 시간을 일하지 않든 일하든, 너 있잖아, 너 그거 알아. 그치만 난 재밌는 걸 만드는 중이야. 나, 나 니가 좋아, 아주 아아주 좋아. 그리고 너한테 그걸 말하고 싶어. 말하고 싶다고. (웃음소리) 알았어, 안녀어엉. 나, 나 니가 아주 좋아, 니가 내 생각하는 것보다 더 많이. 알았어, 어, 안녕, (청음 불가).

단어는 알아들을 수가 없었고, 내 목소리는 뜨거운 팬 위에 놓인 버터처럼 미끄러지며 이 단어에서 저 단어로 끌려갔다. 누가 내게 말을 걸었다면 내가 제정신이 아니라는 걸 바로 알아차렸을 터였다. 게다가 이 메시지에는 나의 가장 진실된 진실이 담겨 있었다. 내 마음이 헝클어졌을 때마저 나는 루카스를 원했고, 실없는 사랑 고백을 하려고 전화를 걸었던 것이다. 나는 필름이 끊긴 샤넬에게 고마운 마음이 들었다. 그러고 나서 나는 사람들의 눈을 느꼈다. 씨팔이라는 말로 음성메시지를 시작한다는 건 내 성격의 어떤 특징처럼 보일 터였다. 피고 측은 이걸 내가 저속하고 불경한 사람임을 입증하는 데 이용할 수 있었다. 내가 착한 피해자가 되고자 한다면 내 언어를 깨끗하게 정화해야 했다. 나는 술하게 많은 새 기준을 의식해야 했다.

고개를 들어보니 루카스가 나를 쳐다보고 있었다. **무슨 일이야?** 그가 물었다. 나는 어깨를 으쓱했다. **아무 일도 아냐.** 내가 말했다. 나를 빤히 들여다보는 그의 모습에 덜컥 겁이 났다. 나는 그가 머릿속으로 생각을 정리하고, 컴퓨터를 끈 다음 침대 속으로 기어들어오는 모습을 지켜보았다. 우린 침묵의 덩어리 안에 앉아 있었다. **강간당한 거야?** 그가 그 말을, 너무나 강력한 그 단어들을 큰 소리로 내뱉는 모습에, 그 직설화법에 나는 충격을 받았다. 나는 고개를 저었다. **기억이 안 나.**

루카스는 정면을, 먼 곳 어딘가를 응시하며 베개에 몸을 기댔다. **어떻게 된 건데.** 그가 물었다. **아무것도 아냐.** 내가 말했다. **아무 일도 아닌 게 아닌데.** 그가 말했다. 음, 두 남자가 중단시켰대. 내가 말했다. 그 사람들은 그게 그냥 손으로 더듬은 거라고 생각해. 난 기억이 안 나고. 하지만 그 남자는 도망쳤어. 그 사람들이 그 남자를 잡았어. 난 아직도 내 이야기를 어떤 식으로 해야 할지 몰랐다. 나는 미소를 지었다. 얼마나 기이한 모습이었을까. 나는 얼마나 간절히 당황한 것처럼 보이지 않고 싶었던가.

알고 있었어. 그가 말했다. **알고 있었어. 기분이 안 좋았어. 내가 너랑 계속 통화를 했어야 했는데. 넌 혼자였고 내가 너랑 계속 통화를 했어야 했어. 뭘 해야 할지 몰랐어.** 나는 그게 아니라고, 그 일이 일어난 이유는 그것 때문이 아니라고 말하며 고개를 저었다.

나는 이 소식이 루카스 내부로 가라앉는 모습을 바라보면서, 사라져버리고 싶었다. 루카스는 한동안 말이 없었다. **너한테 나쁜 일이 일어나게 내버려두지 않을 거야.** 그가 말했다. 그건 불가능한 일이었지만, 그 순간만큼은 그 말을 믿고 싶었다. 나는 머리를 그의 가슴에 기댔고, 루카스는 계속 정면을 응시했다. 우리는 몇 시간이고 이렇게, 조용한 오후에 서로에게 몸을 기댄 채 시간을 보냈다. 태양이 우리 없이 바깥에서 타오르고, 하루가 완전히 저물어갈 때까지 그렇게.

루카스는 이건 지나치다고 판단하고 떠날 수도 있었다. 하지만 고통 바로 옆으로 기어왔고, 자기 자리를 잡았다. **무슨 일이 일어나든 난 여기에 있어.** 나중에 그는 필라델피아로 돌아가는 비행기에서 경찰 보고서를 읽었고, 메스꺼움을 느껴 안전벨트를 풀고 통로를 지나 작디작은 세면대에 속을 게워냈다고 말했다. 나는 밖에 사람들이 기다리며 줄을 서 있는 가운데 접이식 문을 닫고 작은 화장실에 들어가 자기 밖으로 내 육체의 이미지를 게워내는 루카스에 대해 생각했다. 누군가를 사랑한다는 것은 고통스러운 일이다.

나는 최근 우리가 어떻게 만났는지, 그리고 그 이후 어떤 일이 있었는지 그 혼돈의 시간표를 글로 정리한 뒤 루카스에게 이 모든 일에 대해 물었다. 내가 말했다. **어떻게 그런 일이 있는데도 나랑 데이트할 생각이 들었어?** 그가 말했다. **그건, 너니까.** 나는 받아쳤다. **그래, 그치만 그 폭행은? 내 음주는? 다른 모든 상황은?** 그가 말했다. **네가 너인 게 어떻다는 거야?**

●

　2월 말 나는 출근 전에 경찰서로 오라는 연락을 받았다. 김 수사관은 관계를 파헤쳐보는 것이 목적이라고 말했다. 나는 주차장에 차를 댔다. 유칼립투스 나무에 아직 안개가 걸려 있었다. 나는 벽이 버섯 색깔이고 탁상에 검은 녹음기가 놓여 있는 전과 똑같은 작은 방으로 안내되었다. 나는 이 작은 물건에 회의적인 입장을 갖게 되었다. 나는 루카스의 전체 이름을, 우리가 얼마나 오래 같이 지냈으며, 어느 시점부터 단순한 이야기·페이스타임·이메일·문자보다 더 진지하게 발전했는지, 친밀한 관계였는지, 독점적인 관계였는지, 루카스의 고향이 어디인지, 우리는 어떻게 만났는지, 얼마나 자주 연락하는지, 폭행 전 내가 루카스를 마지막으로 본 건 언제인지, 그 이후로 루카스를 만난 적이 있는지 질문받았다. 그다음은 그에 대한 내 감정이 무엇인지였다.

　이 모든 질문에 대한 내 대답은 **내가 의식이 없을 때 브록 터너가 나를 손가락으로 더듬었다**였다. 하지만 나는 우리의 정확한 시간표를 더듬으며 열심히 생각했다. 만난 빈도, **사랑해**라는 말들을 주고받은 기억, 내 부모님과의 만남. 우리는 유니언스퀘어에 스케이트를 타러 간 적이 있었는데, 그게 우리가 연인이라는 걸 입증해줄까? 알 수 없었다. 나는 어쩐지 이 가운데 어떤 대답은 틀렸거나 불충분할 수 있다고 생각했다. 무엇이 중요하고, 무엇이 중요하지 않으며, 그 판단은 누가 내리는가? 그때까지 나는 한 번도 사랑을 증거로 제시하는 방법을 생각해본 적이 없었다. 우리 관계의 정확한 속도와 발전 과정을 기록해본 적도 없었다. 나는 그냥 펼쳐지는 대로 살아왔다. 사람들이 그러듯 그냥 살고 있었다.

나는 이런 정보가 재판에서 어떤 식으로 심리되느냐고, 내가 질문을 받게 되는 거냐고 물었다. 만일 루카스가 증언을 해야 한다면 우리의 대답은 상호참조가 되는 걸까? 나는 재판이 열리기는 하는 건지 물었다. 수사관은 **그건 섣불리 말할 수 없다**고, **아직 너무 일러서 이 일에 대한 건 뭐든 진지하게 말하기가 불가능하다**고 말했다. 하지만 수사관은 우리가 가진 모든 새로운 증거에도 불구하고 브록이 스포트라이트를 피해 자기 생활을 사적으로 재구축하고 싶어 하리라고 예상했다. **내가 브록이라면 그렇게 할 거거든요.** 나는 이 말에 마음이 놓였다.

수사관은 내 차까지 함께 걸어가면서 내가 더 나아진 듯 보여 다행이라고 말했다. 나는 그와 만났던 날의 아침을 떠올렸고 고개를 끄덕였다. 안개가 흩어지고 화창한 날씨가 시작되었고, 나는 지각이었다. 나는 김 수사관이 좋았고, 그가 옆에 있으면 안전한 기분이 들었다. 그는 내 생활의 편린들을 수집하는 데 대해 늘 진심으로 미안한 기색이었다. 나는 루카스에 대해 이야기하는 것도 즐거웠고, 수사관에게 필요하다면 얼마든지 계속할 수 있었다.

하지만 열쇠를 손에 쥐고 차에 앉아 생각해보니 루카스는 이 난장판 밖에 있는 내 삶의 훌륭한 일부였다가, 이제는 그 안에서 중요한 역할을 하도록 선발되는 중이었다. 내 모든 사소한 이야기들, 내 사적이고 내밀한 순간들이 활자로 옮겨지고 브록의 변호사에게 전달되고, 매의 눈을 가진 기자들에게 읽히고, 그러면서 달콤함은 희석되고 다른 틀로 구성될 것이었다. 내가 한 모든 말을 벌써 되돌리고 싶었다. 모든 말들을 집으로 가져가고 싶었다. 내 것과 그들의 것 사이의 경계가 흐려지고 있었다.

나는 루카스가 곁에 있다는 사실에 고마움을 느꼈다. 하지만 마치 나 혼자서는 충분치 않다는 듯 남자친구가 있는 것과 폭행을 당했다는 것이 연결되는 것은 원치 않았다. 병원에 있을 때 나는 내가 누군가를 만나고 있다는 사실을 한 번도 중요하게 떠올리지 않았다. 나는 그저 나와 내 몸에 대해서만 생각했다. **처음 보는 사람이 내 몸을 만지는 걸 원치 않았다**는 말만으로도 충분했어야 했다. **나는 남자친구가 있고, 그래서 브록이 내 몸을 만지는 걸 원치 않았다**라는 말은 이상했다. 폭행을 당했는데 남자친구가 없다면 어떻게 되는 건가? 자율성이 존중받을 수 있는 유일한 방법은 남자친구를 갖는 것뿐인가? 나중에는 내가 남자친구가 있으면서도 바람을 피운 게 부끄러워 강간이라고 떠들고 다녔다는 주장을 접하기도 했다. 어쨌든 피해자는 절대 이기지 못한다.

내가 그보다 전인 여름에, 실연하고 난 뒤에 폭행을 당했다면 어땠을까? 수사관은 어떤 질문을 했을까? **아, 제 연애 생활이요? 네, 음, 화요일에는 어떤 남자랑 에티오피아 식당에서 저녁을 먹었고, 일요일에는 한 번도 데이트해본 적은 없지만 그날 저녁에 멋진 양말을 신고 있던 다른 남자랑 잠을 잤어요. 네, 같이 집에 갔던 남자는 목 잘린 비둘기 문신이 있고 새벽 두 시에 아직 저한테 문자를 보내요. 맞아요, 모스크바 뮬 칵테일을 네 잔 주문했어요. 네, 다 제가 마실 거였어요.** 내가 믿음을 얻을 수 있었을까? 내 사생활이

드러났다면 내가 너무 헤프고, 내 생활이 문란해 보이지 않았을까? 나는 결코 그 모든 게 내 선택이었음을, 슬프고 자존감이 낮았던 시기의 선택이었음을 설명하지 못했을 것이다. 힘든 시기에 대처하고, 치유를 하고, 삶을 이어가는 방법은 모두 다르다. 내가 엉망임을 부정하는 것은 나의 인간성을 부정하는 것이리라. 나는 티 없는 과거나 완벽한 피해자 같은 게 있다고 믿지 않는다. 하지만 지금 나는 순수함이라는 불가능한 기준에 맞춰 평가받는 기분이었고, 그걸 충족하지 못하면 브록이 날 강간한 일이 정당화될까 봐 걱정되었다. 그의 변호사는 내 이력을 단순화하고, 일반화하고, 거기에 잘못된 꼬리표를 달 터였다.

전에 필름이 끊겼을 때 나는 내 바보짓에 대한 책임을 졌다. 하지만 빈 맥도날드 봉지와 빵부스러기들이 내 가슴에 놓인 채로 눈을 뜨는 것과, 핏자국이 말라붙어 있고 옷이 사라진 채로 눈을 뜨는 것은 다른 일이었다. 필름이 끊어진 어둠 속에 중요한 차이가 있었다. 강간은 누군가에게 해를 입힐 수밖에 없었다. 내가 그의 이야기 속으로 폭력적으로 끌려 들어간 순간, 내 이야기는 중단되었다. 내가 마침내 그의 손에서 벗어났을 때, 아니 그의 손이 내게서 미끄러져 나갔을 때 나는 풀려나 다시 내 생활로 돌아갔다. 하지만 정신을 잃은 그 잠깐, 그가 주도권을 잡았던 그 시간 동안 나는 모든 것을 잃었다.

●

나는 점점 출근이 늦어지기 시작했고, 어느 땐 이유도 대지 않고 정오에 나타나기도 했다. 다른 피해자들은 어떻게 두 세상 사이를 이렇게 왔다 갔다 하면서 자아를 교대했을까? 아침에는 동료의 마우이섬 사진을 보며 비위를 맞추다가 점심 무렵 슬쩍 빠져나가 나를 강간한 사람과 맞서 싸울 수는 없는 노릇이다. 그러려면 완전히 다른 두 개의 존재 양식이 필요했다. 걱정도, 규칙도, 상사도, 감정도 달라야 했다. 이것이 계속 이어진다면 나는 갔다가 다시 되돌아오지 못할 터였다. 나는 아직 일을 그만둘 준비가, 내 삶을 포기할 준비가 되어 있지 않았다. 나는 그가 먼저 포기하기만을 기도했다.

모르는 번호로 걸려오는 전화를 받을 때마다 내 머리는 열기로 가득 찼다. 나를 뒤쫓는 수사관들인지 조심스러워하며 귀를 기울였다. 여러 달이 지났다. 나는 단 한 명의 친구에게도 발설하지 않았다. 사건에 대한 이메일이 올 때마다 스트레스가 폭증했다. 정신이 산만해지는 정도가 아니라 마음이 휩쓸렸다. 하던 일이 뭐였는지 잊어버렸고, 남은 하루 내내 기분이 가라앉았다.

병원 청구서가 도착했다. 1000달러가 조금 안 되는 돈이었다. 아빠가 나를 거실로 부르더니 변제받는 법에 대해서 뭐라도 아는 게 있는지 물었다. 나는 아빠에게 배상에 대해, 어떻게 브록이 그걸 지불하라는 법원 명령을 받게 될지에 대해 이야기했지만, 그건 마지막 순간에나 일어날 일이었다. 되돌려 받을 거예요, 나는 장담했다. 하지만 비용이 얼마나 누적될지 걱정스러웠다. 나는 폭행을 당하면 돈이 많이 든다는 사실을 배웠다.

샌타바버라 카운티 법원 직인이 찍힌 또 한 통의 편지가 집에 도착했다. 브룩이 에이즈 바이러스 검사를 받기를 원하는지 묻는 편지였고, 원한다면 내가 작성해야 할 서류가 들어 있었다. 알 수 없었다. 해야 하는 건가? 그 남자가 나한테 화를 낼까? 그걸 요구한 게 나라는 걸 알 수 있나? 나한테 물어보지 않고 이런 걸 할 수는 없나? 나는 응답하지 않았다. 친구가 집에 왔을 때 나는 재빨리 그 편지를 책상에서 치워버렸다. 내가 그런 일을 처리하는 방식은 처리하지 않는 것, 오는 편지를 던져버리고 이 과정이 어떤 모습일지 알아보기를 거부하는 것이었다.

범죄연구소에서는 아직 내 강간 키트 검사가 완료되지 않은 상태였다. 그들은 언론의 압력 때문에 빨리 처리될 수도 있다고 했지만, 몇 달이 지났는데도 난 아직 기다리는 중이었다. 난 결과가 천천히 나오는 것은 뭔가 시사하는 바가 있는 것이라고, DNA 전문가라면 뭔가 알 거라고 생각했다. 하지만 그건 키트가 밀려 있기 때문이라고 했다. 내 앞에 수백 개의 키트가 줄을 서 있고, 어떤 키트는 너무 오래 기다려서 곰팡이가 되어버렸고, 어떤 키트는 폐기되고, 운 좋은 키트는 냉장보관 중이라는 것이었다. 그 얘기를 듣는 순간 기분이 상했다. 어떻게 그럴 수 있지. 이건 썩어가는 과일이 아니었다. 우리 한 명 한 명 안에 있던 작은 조각, 반드시 필요한 이야기였다. 또한 그것은 내 근처에 일상생활을 하는 것처럼 가장하면서 출근하고 커피를 리필하고, 하지만 밤이 되면 뜬눈으로 기다리는 피해자들이 엄청나게 많다는 의미였다.

나는 대부분의 밤에 퇴근하고 집에 바로 가기를 꺼렸다. **오늘 어땠니** 같은 간단한 질문마저 피하고 싶어서. 그 대신 나는 차를 시내에 주차하고 유니버시티 애비뉴의 조명이 들어온 가로수길을 따라 걸었고, 혼자 있으면서 다른 사람들로부터 위안을 받았다. 어느 날 밤 신문 판매대를 지나치는데 오른쪽 상단 모퉁이에 있는 브록의 이름이 눈에 들어왔다. 신문을 빼내들고 내 차로 총총 걸어갔다. 실내등을 켜고, 신문을 펼치고, 한 스탠퍼드 학생이 쓴 글을 찾아냈다. 그녀는 어째서 터너의 사건에서 피해자의 음주를 그렇게까지 주목하고 비난하는지 물었다. 눈물이 뺨을 타고 흘러내렸고 신문에 부드럽게 눈물방울이 튀는 소리가 들렸다. 그녀는 반발조의 질문들을 던지고 있었고, 내가 지고 있던 무거운 것을 가볍게 해주려 손 내밀고 있었다. 나는 그 부분을 잘 보관하려고 신문을 사등분으로 접어서 가방에 넣었다.

내가 늦은 시각에도 집에 들어오지 않으면 항상 엄마가 문자를 보냈다. **엄마는 네가 집에 와야 잠을 잘 수 있단다.** 이건 전에 없던 일이었다. 어릴 때도 통금시간 같은 건 전혀 없었다. 이제 부모님은 내가 어디 있는지, 어떤 상태인지, 누구와 함께 있는지, 집에 언제 오는지를 물었고, 성인으로서의 내 삶은 점점 위축되었다.

어느 날 직장에 있는데 전화가 걸려왔다. 정액은 검출되지 않았다. 가슴에 맺혀 있던 작은 매듭이 풀리는 기분이었다. 나는 페니스와는 관계없었다. **감사합니다!** 동료들이 가까이에 있는데, 나는 이렇게 말했다. **그쪽도 좋은 하루 되세요.** 성기 삽입이 없었으니 다섯 가지 중범죄는 세 가지로 줄어들 것이다. 강간 기소는 철회되고 성폭행 기소만 남을 것이다. 이게 신문에 어떤 식으로 실리게 될지 깨닫는 순간 자축의 기분이 사그라들었다. 사람들은 말하겠지. 봐! 그 사람들이 틀렸잖아. 이제 곧 있으면 나머지 기소도 철회될 거야. 피해자는 고발을 잘못한 범죄를 어떤 식으로 보상할 거래? 검사가 그를 쫓고 있잖아. 그의 명성이 이미 망가져버린 게 안타까워. 결백한 사람을 희생양으로 이용하는 꼴이라니 역겨워. 그 여자는 언제 사과할까?

심리는 2015년 6월 8일로 잡혔다. 예비심리는 완전한 재판을 진행할 근거가 충분한지를 판단하기 위해 배심원 없이 일종의 소형 재판처럼 치러질 것이었다. 티파니는 기말고사 기간을 비워야 해서 시험을 일찍 치러야 했다. 교수들에겐 '가족 문제'라고 말할 계획이었지만, 교수 여섯 명에게 이 문제를 이야기하는 동안 교수 세 사람이 티파니를 안거나 빤히 쳐다보거나 토닥이자 무너져 내렸다. 당황스러웠어. 티파니가 내게 말했다. 힘들어. 나는 상사에게 자리를 비울 수 있게 해달라고 이야기해야 했다. 나는 그녀를 마음 깊이 존경했지만 그래도 긴장되는 것은 어쩔 수 없었다. 이제 나에 대한 인식이 달라질 것이다. 내가 헤프고, 무책임하고, 무모하다는 온갖 댓글을 의식하게 될 것이다.

나는 벽이 유리로 된 방에서 그녀의 맞은편에 앉아 어떻게 말을 꺼낼지 고민했다. 스탠퍼드 수영선수 성폭행 사건에 대한 기사 본 적 있으세요… 그게 저였어요. 그녀의 입이 살짝 벌어졌다. 여덟 개에서 열두 개 정도의 단어를 입에 올리고 나자 목구멍이 아파오기 시작했다. 나는 테이블을 내려다보았고, 두 눈이 타는 듯 뜨거워졌다. 그녀는 부드러운 목소리로 몇 가지 질문을 했지만 나는 계속 숨을 죽이고 고개를 저었고, 그러자 그녀의 목소리가 서서히 잦아들었다. 나는 어떤 일이 일어나기를, 어쩌면 일정 조정에 대한 이야기를 기다렸던 것 같다. 하지만 고개를 들어보니 그녀의 뺨을 타고 눈물이 흘러내리고 있었다. 나는 작은 충격을, 내 안의 무언가가 깨어나고 부드러워지는 것을 느꼈다. 나는 곤경에 빠진 게 아니었다. 나는 멍청하지 않았다. 그건 슬픈 일이었고, 그녀는 슬퍼했다. 나는 가슴이 먹먹해졌다.

5월 5일, 아라레는 피고 측 변호사가 시간이 안 돼서 심리 일정을 다시 잡아야 한다고 알려왔다. 재판일을 재조정하면 9월까지 미뤄질 수도 있었다. 이런 일이 가능할 줄은 몰랐다. 내가 다니는 회사는 작은 곳인데, 내 이상한 결근을 어떻게 설명할 수 있을까. 모두들 내가 6월에 자리를 비울 거라고 알고 있는데, 이제는 그게 7월일 수도, 8월일 수도, 9월일 수도 있다고 말해야 했다. 티파니 역시 가을학기에 새 교수들에게 이 사실을 통보해야 할 터였다. **다시 연락해서 다음 재판일에 대해 알려드릴게요.** 아라레가 말했다. **무슨 일 있으면 편하게 연락해요.** 나중에 우리는 심리가 훨씬 뒤로 미뤄지게 되었다는 것을 알게 되었다. 시스템이 얼마나 어이없는지를 보여주는 단면이었다. 조직에 대한 환상은 날아갔고, 계획을 세우기란 결코 불가능했다.

나는 얼마나 오래 모든 게 순탄한 척하며 이중적인 삶을 살아야 하는 걸까? 직장에서는 일이 밀려 내 책상에는 파일이 쌓여만 갔다. 따라잡을 수 없었고 그 파일 더미를 계속 들여다보지도 못했다. 며칠 동안 우두커니 앉아서 아무 일도 안 하고 모니터만 바라보기도 했다. 아침마다 팔다리를 움직이기 위해 전보다 더 열심히 노력해야 했다. 오장육부를 앙상한 껍데기 속에 던져 넣고 피부로 봉한 해골 같은 인간을 상상해보라. **안녕! 잘하고 있어, 고마워. 넌 어떠니? 오늘 저녁에는 너한테 그거 넘길게. 그래! 그거 너무 웃기다, 하하, 안녕** 같은 말을 하며 세상을 향해 당당하게 걸어가는 해골. 자기 자신을 단단하게 여미고 있다가 집에 가서 다시 허물어져 구석에 처박히는 해골.

집은 이제 집이 아니었다. 집은 지옥이었고, 법원과 마구잡이로 뻗어나간 스탠퍼드 캠퍼스는 피해 다녔다. 내가 상대적으로 안전하다고 생각하던 장소들을 두려워한다는 게 터무니없는 일처럼 느껴졌다. 온라인 댓글 읽는 것을 그만둘 수 없었다. 그러다 보니 점점 온정 어린 댓글은 잘 들어오지 않고, 잔인한 글이 더 크게 들려왔다. 나는 늘 더는 읽지 않겠다고 스스로 다짐하곤 했다. 그러고 나서 한두 개 정도만 더 보자 했다. 하지만 그것들은 개미처럼 줄줄이 이어졌고, 한 마리가 나타나면 갑자기 한 줄이 만들어지는가 싶더니 내 밥그릇과 상자와 버려진 숟가락 안에 가득 찼다. 그것들은 얼굴 없는 점이었고, 떼지어 다녔고, 교묘했고, 쉴 새 없었고, 나는 절대 그들을 없앨 수 없음을 항상 상기시켰다. 나와 이 모든 개미들.

루카스는 경영학 석사 과정의 여름 인턴십 때문에 로스앤젤레스로 막 떠나려던 중이었다. 그는 자기한테 와 있지 않겠느냐고 제안했다. 나는 베니스비치의 모래밭을 따라 달리는 것을, 늦은 밤 먹는 라면을 떠올렸다. 하지만 나는 내 앞길을 스스로 찾을 수 있다는 것을 증명할 필요가 있었다.

우리 집 거실에는 엄마가 액자에 넣어놓은 시인 파블로 네루다의 초상화가 있는데, 나는 늘 네루다를 우리 증조할아버지라고 생각했다. 그게 아니라면 어째서 우리 집 벽에 노인이 걸려 있겠는가? 일생 동안 예술과 글쓰기는 내 꾸준한 토양이었다. 앤 할머니는 언제나 내가 손에 연필을 쥐고 태어났다고 말씀하셨다. 나는 기분이 안 좋을 때, 지루할 때, 슬플 때 그림을 그린다. 부모님은 내가 벽에 직접 그림을 그리게, 연기 속에서 기어 나오는 스모 선수들과 팔이 긴 가지를 잉크로 칠하게 놔두셨다. 물리학 시험에서 답을 채울 수 없으면 **모르겠습니다** 하고 말하는 남자가 어깨를 으쓱하는 그림을 그리고 그 눈 밑에 다크서클을 그려 넣었다. 대학 때는 책장을 잘랄 우딘 루미, 버지니아 울프, 존 디디온, 웬델 베리, 메리 올리버, 바나나 요시모토, 미란다 줄라이, 이창래, 카를로스 불로산으로 채웠다. 도서관에서 잠들었다. 판화를 배웠고, 밤늦도록 조판실에서 리놀륨 블록을 깎고, 잉크를 바르고, 내 앞치마를 더럽히고, 해가 뜨는 풍경을 감상했다. 글을 쓸때, 그림을 그릴 때면 세상이 느리게 흘러갔고 나는 밖에 존재하는 모든 것을 잊었다.

어릴 때 엄마가 작가 숙식 제공 프로그램에 참여하느라 몇 주간 집을 비운 적이 있었다. 엄마가 집으로 돌아오기를 기다리는 동안 아빠가 매일매일 똑같은 통조림 콩과 닭고기와 밥을 차렸기 때문에 생생하게 기억한다. 마침내 우리는 차를 타고 낯선 언덕을 지나 흐르는 듯한 옷차림에 립스틱을 바른 어른들이 있는 숲속의 갤러리로 갔고, 나는 잘잘한 형광오렌지색 캐비어가 올라간

크래커를 먹다가 목이 막혔다. 엄마는 우리에게 아침마다 엄마가 어떻게 글을 썼고, 오후에는 진드기를 양말에 달고 어떻게 하이킹을 했는지 이야기했고, 나는 피를 빨아먹는 벌레와 해산물일 뿐인 캐비어 때문에 어떻게 우리를 떠날 수 있지 하고 생각했다. 한번은 엄마에게 왜 떠났느냐고 물었더니 엄마는 **내가 되고 싶었어**라고 말했다. 그런 걸 놓고 입씨름을 한다는 건 불가능할 것 같았다.

팰로앨토에서는 내가 예전의 나, 나였던 사람, 또는 내가 되려고 생각했던 사람의 패턴에 들어맞지 못함을 뼈아프게 체감하기 시작했다. 나는 뭔가를 창조할 수 있는 장소, 내가 사라질 수 있는 세상의 구석을 원했다. 나는 캘리포니아에서 최대한 멀리 떨어진 가장 작은 주를 골라서, 한 번도 본 적 없는 사람들과 같이 생활하기로 했다. 어린이책 쓰기 수업은 정원이 다 찬 상태였지만 신경 쓰지 않았다. 나는 일을 그만두고 여름 동안 3000마일 떨어진 로드아일랜드디자인스쿨에서 진행되는 판화 워크숍 〈빛에서 잉크로〉에 등록하기로 했다. 등록 사무소에서 일하는 여자는 간호사와 똑같이 이름이 조이였다. 나는 이걸 좋은 신호로 받아들였다. 우리 부모님은 **안전은 어떠니, 확실하니, 갔다 와서는 뭘 할 거니** 같은 충분히 할 만한 질문을 했고, 이해해주셨다. 지금까지 모은 돈은 수업료와 임대료와 비행기 값을 내기에 충분했다. 나는 재판 결과가 연말이면 나올 거라고, 그때까지는 내 저축으로 버틸 수 있을 거라고 생각했다. 로드아일랜드디자인스쿨 지원서에 내 이름을 쓰고 수표에 서명하고 어두운 노란색 봉투를 봉하고 나서 카펫 위에 털썩 누웠다. 아빠가 내가 어쩌고 있나 보려고 고개를 들이밀었고, 나는 **나 너무 행복해**라고 말했다.

떠나기 전에 한 사람에게 이야기하고 싶었다. 주근깨 많은 피부에 작은 코걸이를 한 가까운 친구 클레어가 1년간 오페어[외국 가정에 입주하여 아이 돌보기 등의 집안일을 하고 약간의 보수를 받으며 언어를 배우는 일]로 일하기 위해 프랑스로 떠날 예정이었다. 우린 지난 몇 주 동안 그녀의 차에 앉아서 아이스크림을 먹고 프랑스어 카세트테이프를 들었다. 나는 항상 적당한 때를 기다렸다. 하지만 어쩌면 적당한 때라는 건 결코 없는지도 몰랐다. 내가 아는 건 그걸 다 써버렸다는 것과 이제는 클레어에게 말해야 한다는 것뿐이었다. 클레어는 겨우 열여덟 살 때 비슷한 일을 겪어 경찰을 불렀고 강간 키트를 완성했지만, 피해자가 해야 하는 모든 것을 다 하고 난 뒤에도 더 진행하려면 이걸로는 충분하지 않다는 통보를 받았다. 나는 내 방에서 이야기했다. 클레어는 곧바로 몸을 숙여 나를 품에 안았고, 이상하게도 나는 많은 말을 할 필요가 전혀 없었다. 그녀는 이해했다. 그녀는 뒤로 물러나 내 얼굴을 똑바로 쳐다보며 말했다. **이건 너한테 기회야.**

나는 여러 달 동안 이 사건을 내게 지워진 짐으로, 벗어나고 싶은 어떤 것으로 여겼다. 나는 좌절했다. 왜 내가 이런 일을 해야 하지, 나는 시간이 없는데. 그런데 클레어의 눈에는 이게 기회였다. 이건 클레어가 4년 전에 하려고 했던 일이었다. 하지만 클레어는 조급함과 무관심만 맞닥뜨렸고, 관계 당국 때문에 지치고 묵살당하기만 하다 결국 떠나는 것, 잊기 위해 안간힘을 쓰는 것이 최선의 선택인 상황이 되었다. 한때 클레어는 지금 내가 있는 자리에 도달하기 위해 열심히 애를 썼다. 나는 어쨌든 앞으로 뻗은 길을 다시 열었다. **너는 그걸 해낼 사람이야.** 그리고 나는 열여덟 살의 클레어를, 그 남자가 한 짓을 생각했고, 내가 무엇을 해야 하는지, 지금 그것이 어떤 의미인지 이해했다.

4

새 집은 일러스트레이터와 유화 작가와 같이 쓰는 어두운 녹색 집의 작은 노란색 방이었다. 자기 침대를 세놓은 무용수는 여름에 다른 곳에 가 있을 예정이었다. 프로비던스의 웨스트엔드에 있었고, 커다란 뒷마당과 엘비스라는 이름의 고양이까지 한 달에 400달러였다. 무용수는 나를 위해 베개와 깨끗한 침대보, 부드러운 뜨개 담요, 작은 좀벌레가 있는 서랍장을 남겨두었다. 도착한 다음 날 아침, 나는 잠시 내가 어디에 있는 건지 생각해내지 못했다. 버터색 벽과 내 창에 눌린 나뭇잎들을 알아보기 전까지 나는 공황에 빠졌다. 집에는 아무도 없었다. 이곳저곳을 돌아보았다. 주방에는 흑백 타일이 깔린 바닥과 정글을 그린 커다란 유화들이 있었다. 갓 딴 토마토와 당근이 있었고, 잔뿌리가 남은 뿌리에는 흙이 덩어리져 있었다. 향신료가 가득한 나무 선반, 묵직한 꿀

단지, 녹색 주전자, 작은 악어 조각상. 청바지색 소파와 겨자색 코듀로이 의자를 가로지르는 빛을 따라갔다. 펼쳐진 신문에는 십자낱말퀴즈를 풀다 만 흔적이 있었고 그 옆에는 산을 그린 작은 그림들과 복숭아 빛 실이 있었다. 나는 얼굴도 보지 못한 동거인들이 벌써 마음에 들었다.

학교까지 걷는 길은 2마일이었다. 앞이마에 살짝 입 맞추는 정도인 서부 해안의 햇볕과는 달리 로드아일랜드의 열기는 걸쭉했다. 내 길을 따라가면서 철제 울타리와 검은 불길처럼 인도를 따라 늘어선 잡초들을 지나쳤다. 낡은 가구들이 모래 위에 올라온 바다사자들처럼 거리에 놓여 있었다. 사람들은 주류 판매점과 빨래방 밖에 놓인 접이식 의자에 앉아 있었고, 흰 담배꽁초가 도로 연석에 널려 있었다. 카트 한 대가 모퉁이에 서 있었다. 난 꾸깃꾸깃한 1달러짜리 지폐를 스티로폼 컵에 든 코코넛 셔벗으로 바꿨다.

캠퍼스에 가까워지자 도로가 점점 오르막이 되기 시작했고, 인도는 매끈해졌고, 나무는 두 팔을 활짝 펼쳐야 할 정도로 굵어진 덕분에 회색의 그림자 대륙이 만들어졌다. 풀은 캘리포니아에서처럼 끝이 노랗고 구부러진 건조하고 지리멸렬한 상태가 아니라 무성했다. 플라밍고 분홍색으로 염색한 머리칼, 퀼트 원피스, 펌프스, 깃털 귀걸이를 한 젊은 여자들과 남자들. **나는 너무 따분해 보이겠는걸.** 기분을 내보려 착용한 싸구려 진주 귀걸이를 손으로 만지작대고 내 낡은 운동복을 내려다보며 생각했다.

수업이 열리는 곳은 작은 벽돌 건물이었고 계단으로 두 층 올라가야 했다. 커다란 판유리 한 장짜리 창문들. 비평용 글을 압정으로 꽂았던 자리에 별자리처럼 작은 구멍들이 남은 코르크 게시판 벽들. 나는 곧 우리의 판화가 걸리게 될 원판걸이를 보았다. 창작만을 위해 지어진 방.

선생님은 텁수룩한 콧수염에 동그란 안경을 쓰고, 발목 가까이 내려오는 긴 앞치마를 입은 사람이었다. 선생님은 한 명씩 돌아가면서 자기소개를, 그곳에 오게 된 이유를 이야기하게 했다. 열명의 학생을 보고 있으려니 우아한 손기술에 특화된 요정이 떠올랐다. 유리를 불어서 빚는 사람, 직물을 짜는 사람, 페달 없는 자전거를 만드는 사람. 나를 제외하고는 모두 학부생이었고, 그중 많은 수가 여름방학을 이용해 모자란 학점을 채우려는 것이었다. 그럼 당신은? 선생님이 말했다. **저는 이제 막 이곳에 왔어요. 이 수업을 들으려고, 캘리포니아에서요. 직장을 그만뒀죠. 판화를 좋아해요. 대학에서 수업을 들었어요, 주로 볼록판화 기법이었죠.** 선생님이 말했다, **좋아요! 신나네요.** 선생님은 마스킹테이프에 우리 이름을 적고 서랍을 골라서 거기에 이름표를 붙이라고 했다. 난 내 이름을 전부 대문자로 적었다. CHANEL MILLER!!라고. 서랍을 새 판화로 채울 준비가 끝났다.

선생님은 우리가 사야 하는 비품과 제공되는 비품이 적힌 목록을 돌렸다. **한 장짜리 반투명 마일라지紙, 아세테이트, 루비리스, 엑스액토 칼, 도트 스크린이나 반투명 유리, 하이드로코트 판금, 송진, 산, 리브스 BFK지, 풀 먹인 면직포, 모노필라멘트 폴리에스테르, 기름 제거제, 직접감광유제, 까렌다쉬 수용성 크레용, 압지** 등

등. 수업이 끝나고 나는 미술용품점 복도를 서성이며 재료들을 찾아냈고 가격표를 보았다. 나는 예산에 재료비를 넣어두지 않은 상태였다.

다음 수업에서 선생님은 자기를 따라 암실로 오라고 했다. 선생님은 확대기를 사용하는 법, 네거티브 캐리어를 끼우는 법, 디스크를 오른쪽 렌즈로 회전시키고 테스트용 띠를 유제 면이 위로 오게 노출시키고 필름을 정지액, 정착액, 물로 인화하는 법을 보여주었다. 투명 감광유제를 포지티브 포토 석판 가운데 놓고 진공대 안에서 노출하고 석판의 기름을 제거하고 송진 가루를 바르고 석판에 에쿼틴트 식각을 하고 질산용액에 적시는 법. 가장자리를 빗각으로 만들고 프레스에 석판을 놓고 잉크를 섞고 종이를 적시고 두드려서 말리고 압력을 조절하는 법. 그리고 마침내 휠을 돌리고 블록에서 막 찍힌 판화를 꺼내고, 조심조심 원판걸이에 거는 법. 몇 시간에 걸친 시연이 끝난 뒤 한 장의 판화가 탄생했다.

나는 학생들 뒤에 까치발을 들고 서서 열심히 메모를 하며 주의 깊게 관찰했다. 모든 게 끝났을 때는 어리둥절했다. 나는 45단계 전에 이미 길을 잃은 상태였다. 학생들은 아이디어를 스케치하기 시작했다. 나는 내 의자에 앉아서 노트 위에 남은 죽은 개미들의 흔적처럼 잘게 흘려 쓴 내 글씨를 바라보았다. 마침내 수업이 끝났을 때 나는 계단을 서둘러 내려가 건물 밖으로 빠져나갔다.

세 번째 수업에서는 전보다 훨씬 뒤처졌고 너무 부끄러워서 **면**

직포가 뭐예요? 같은 질문도 못했다. 점심을 혼자 먹었다. 저녁을 혼자 먹었다. 햇빛이 들어오는 방으로 들고 가는 바람에 이미 포토 석판을 망친 상태였다. 다른 학생들은 모두 매우 능숙했고 분명한 목표를 가지고 여기서 저기로 걸어 다니면서 재료를 준비했다. 나는 그들의 뒤꽁무니에서 그들이 뭘 하고 있는지 힐끗댔다. 수업이 끝나고 나는 행정실을 찾아갔다. 제가 실수를 한 것 같아요, 다른 수업을 들어야 할 것 같아요. 수업 변경은 이미 늦었다. 나는 고개를 끄덕였다.

핸드폰으로 구글맵을 켜고 강을 나타낸 연파랑 색 줄기를 확인했다. 걷고 걷다가 강을 발견했고, 강을 따라 다시 걷고 걸었다. 마침내 풀밭에 털썩 앉아서 울음을 터뜨렸다. 내가 무얼 하고 있는지 알 수 없었다. 내 앞에 있는 강 이름도 몰랐다. 나는 구닥다리 판화 기법을 배우겠다고 내가 아는 모든 사람들에게서 멀리 떨어진, 퍼즐 조각만 한 주로 옮겨왔다. 무슨 생각이었을까, 어째서 내가 그걸 할 수 있다고 생각했던 걸까? 에밀리는 나를 따라와서는 내가 아무 데도 갈 수 없고 아무 일도 할 수 없는 피해자임을 상기시켰다. 이 생활은 너무 달콤했다. 이런 종류의 기쁨, 창작은 내가 아닌 다른 사람들을 위한 것이었다.

불과 한 달 전 직장 상사는 내게 승진을 제안했고, 내 안의 무언가가 그것을 거부했다. 남자친구는 내게 방 한 칸을 내주겠다고 했지만 무언가가 그것을 거부했다. 여기에 이르기까지의 모든 과정이 비이성적이고 돈이 많이 들고 불가해한 일처럼 보였다. 하지만 그런 생각을 하면서도, 내가 앉아 있고 땀을 흘리는 곳은 이곳이었다. 내 인생에서 진정으로 내가 선택한 일은 이것뿐이었다. 나를 제외한 누구도 내가 그걸 할 수 있다고 말해주지 않았고, 그렇다면 나를 제외한 누구도 나에게 넌 그걸 할 수 없다고 말할 수 없다는 의미였다. 내가 이걸 해내려면 나를, 이번만은 완전히 믿어야 한다. 어렸을 때 나는 누구에게도 내가 예술가인지 물어보지 않았다. 그냥 테이블 위를 치우고 내 종이를 놓을 공간을 만들었다. 나는 내 소지품을 집어 들고 천천히 집까지 걸어가서 내일을 준비했다.

나는 수업이 없는 날에도 학교에 나가기 시작했다. 나는 멍청하지 않다고 스스로에게 말했고 질문을 하기 시작했다. 선생님은 늘 시간을 내서 나를 도와주었고, 훨씬 더 큰 작업을 해보라며 용기를 북돋워주었고, 얼마 안 가 내 판화는 테이블 상판만 해졌다. 나는 도움을 구하는 법을 터득해갔고, 그에 대한 보답으로 아름다운 일들이 벌어지고 있었다.

어느 날 저녁 나는 룸메이트와 그 친구들이 거실에서 볼링을 치러 가는 계획에 대해 이야기하는 것을 들었다. 화장실 가는 길에 그 많은 사람들에게 나를 소개해야 할 것을 겁내며 가만히 방에 앉아 있었다. 그들이 떠나기를 기다렸다. 조용한 집에서 오래 샤워를 하고 주키니호박을 둥글게 썰어서 프라이를 만들 수 있도록. 그런데 노크 소리가 들렸다.

나는 뭔가 분주한 일이 있는 것처럼, 문을 열기 전에 한 박자 기다렸다. 룸메이트가 물었다. **같이 볼링 치러 갈래요?** 나는 아무 계획이 없었다. 당연히 계획은 없었다. 내 본능은 그녀의 초대를 거부했고, 그게 동정심의 발로이거나 어쩔 수 없이 하는 소리일 거라고 우려했다. 마치 계산원이 '짐을 차 있는 데까지 들어다드릴까요' 하고 물어보듯이. 하지만 내가 정중하게 고개를 저으려는 순간 테이블 주위의 사람들이 같이 거들면서 말했다. **볼링 치고 나서 맥도날드 아이스크림 먹을 거예요! 화면에 띄울 볼링용 별명은 뭘로 할래요? 양말 챙겨요!** 그래서 나는 고개를 끄덕였고, 양말을 가방에 챙겨 넣었고, 그들을 따라 집을 나섰다.

아직 집으로 돌아갈 준비가 안 됐기 때문에, 집이 그립지는 않았다. 하지만 표류 중이라는, 세상에 발 디딜 곳이 없다는 불안을 느꼈다. 이 초대가, 그리고 다른 작은 초대들이 나를 구했다. 천둥 경보 와중에 차를 몰고 연못에 가서 해진 타월을 깔고 그 위에 누워 있기. 앤지와 함께 좌석이 빠진 크랜베리 색 밴을 타고 나가서 납작한 양배추 상자 위에 앉아 있기. 천을 걸어놓고 〈퍼플레인〉 공연 영상 보기. 체리파이를 먹으면서 〈사인필드〉 인트로 던스텝 리믹스 듣기. 그들의 여름에서 나는 작은 배역으로 캐스팅되었고, 내 존재감은 그들의 기억 창고에 그리 크게 자리 잡지 못했을지 모른다. 하지만 나는 그 시절을 그들 없이는 상상할 수 없고, 무리의 일원으로 지내는 것이 어떤 느낌인지 결코 잊지 못할 것이다.

온라인 벼룩시장에서 책상을 구입했다. 마음 좋은 커플이 책상을 가져다주었다. 여자는 내게 전화를 걸어서 자신들이 바깥에 있다고 말했다. **집 안으로 옮기는 걸 도와드릴 수는 있지만 우리가 방에 들어가는 걸 원치 않는다고 해도 이해할 수 있어요. 그러니까,**

벼룩시장에서 만난 사람들이 좀 그렇잖아요. 불편하게 하고 싶진 않아요. 그러자 남자가 말했다. 그런데 그렇게 안 하면 이분이 어떻게 책상을 옮겨? 나는 여자가 무슨 말을 하는지를, 낯선 사람으로부터 가구를 넘겨받는 단순한 거래 행위에도 위험이 내재해 있음을, 우리가 온라인으로 어떤 사람을 만날 때마다 폭행·강간·죽음 등의 흔적을 살펴야 함을 이해했다. 우린 그걸 알았다. 하지만 남자는 그 언어를 몰랐다. 남자에게는 그저 책상이 보일 뿐이었다.

나는 매일 평균 6마일을 걸었다. 내 새로운 땅을 발굴하고 싶어서 공원으로, 영화관으로, 서점으로 향했다. 어딜 가든 같은 일이 벌어졌다. 처음에는 나이 지긋한 남자가 고개를 끄덕이며 **좋은 아침이에요, 아름답군요** 하고 말했다. 나는 그가 누구에게 이야기하는가 싶어서 돌아보다가 나한테 하는 말임을 깨달았다. 혼란스러웠지만 나는 **좋은 아침이에요** 하고 말했다. 굳이 그런 인사를 주고받을 필요가 있는지 판단할 새도 없이. 나이 든 사람에게는 친절해야 하니까. 대머리 남자가 말했다. **안녕, 예쁜 아가씨, 정말 예쁘네.** 마치 얼굴에서 지퍼가 열리듯 남자의 미소가 천천히 퍼져나갔고 나는 **감사합니다!** 하고 대꾸했다.

이런 말들이 내 산책길에 재를 뿌렸고, 마치 나무에 앉은 새처럼 흔했다. 처음 보는 남자들이 **어떻게 지내요**라고 인사했고, 나는 **잘 지내요, 그쪽은요** 하고 반응했다. 이런 말들은 두꺼운 타이어에 낀 작은 압정처럼 너무 미세해서 그 결과를 알아차리기 힘들었다. 때로 나는 너무 친절했다고, 너무 빨리 미소로 받아주었다고 자책했다. 어떤 남자가 내게 경적을 울렸을 때는 본능적으로 손을 흔들었다. 나는 기본적으로 모든 인사에 화답하는 사람이었다. 나는 내가 경적 울린 남자를 모른다는 사실을, 프로비던스 어디에도 아는 사람이 없으니까 다음에는 손을 흔들 필요가 없다는 사실을 깨달았다. 손을 흔드는 일도, 고마워하는 일도, 좋은 아침이라고 인사하는 일도 없는 거야, 나는 혼자 다짐했다.

어떤 차 옆을 지나치는데 그 안에 앉아 있던 세 남자가 내 다리에 시선을 고정하고 고양이를 부를 때 사용하는 소리와 손동작을 하면서 혀를 차고 입맛을 다셨다. 내가 걸어가는 동안 여섯 개의 눈이 모두 내 종아리 뒤편을 좇고 있음을 느꼈다. 비언어적인 것이 언어적인 것보다 더 괴로운지, 혀 차는 소리나 모르는 남자가 던지는 말이 더 나은지 분간하기 힘들었다. 정말로 그저 침묵을 원할 뿐이었다. 한번은 남자 몇 명이 좁은 인도에 무리를 짓고 서서 내가 자신들의 배에 닿을 정도로 좁은 틈새를 지나가는 동안 옆으로 꿈쩍도 하지 않은 적도 있었다.

어떤 길들은 피해 다니기 시작했다. 가는 길에 누가 말을 걸어 올 때는 다른 길로 왔고, 여러 블록을 돌고 돌았다. 다른 사람과 눈이 마주치지 않도록, 투명인간이라도 되는 것처럼 고개를 처박고 다니는 연습을 했다. 나무를 올려다보며 어슬렁거리는 대신 단호하게 행진하듯 걷거나 내 발을 내려다봤다. 한번은 어떤 남자가 내 옆에서 걷기 시작하더니 **같이 걸어도 괜찮을까요?** 하고 물었다. 나는 더 빨리 걸었다. **같이 걷게 해줘요.** 내 속도에 맞춰 남자의 발이 빨라지자 나는 배낭끈을 붙들고 그냥 고개를 저으며 그가 물러나기를 기다렸다. 어떤 남자들은 내가 대꾸하지 않으면 불쾌해했다. 어떤 남자는 **난 그저 당신이 제대로 된 하루를 시작할 수 있게 해주려던 것뿐**이라고 말했다. 하지만 내가 신체언어로 '나는 누가 나를 빤히 쳐다보는 걸 원치 않는다. 누가 내게 말 거는 걸 원치 않는다'고 말하고 있을 때는 찬사가 찬사로 느껴질 수 없었다. 나만 들을 수 있도록 귀에 대고 속삭이거나 내동댕이치듯 던진다면 그걸 선물로 느낄 수도 없다. 지나가는 사람들이 던지는 모든 말들은 사실상 **나는 내 눈에 보이는 게 마음에 들고 그걸 원해**로 번역되었다. 나는 생각했다. **하지만 난 그걸 원치 않아, 원치 않는다고.**

당신이 샌드위치를 먹으면서 길을 걷고 있는데 누군가 **젠장, 그 샌드위치 맛있어 보이는군. 한 입 먹어도 돼?** 하고 말한다고 상상해보자. 당신은 '왜 이 샌드위치를 먹도록 해줘야 하지? 이건 내 샌드위치인데' 하고 생각할 것이다. 그래서 당신은 가던 길을 계속 가면서 샌드위치를 먹는데, 이 사람이 이렇게 말한다. **뭐야? 아무 말도 안 할 거야? 화낼 필요 없어, 그저 당신 샌드위치를 칭찬했을 뿐이잖아.** 이런 일이 하루에 세 번씩 일어나서 처음 보는 사람이 당신을 길거리에 세워놓고, 당신의 음식이 얼마나 훌륭해 보이는지를 알려주고, 조금 먹어봐도 되겠느냐 물어본다고 치자. 차를 타고 가던 사람들이 자기가 당신의 샌드위치를 얼마나 원하는지 창밖에 대고 고함을 치기 시작한다면 어떨까. **조금만 먹게 해줘요!** 이들은 경적을 울리며 소리친다. 그러면 항상 **미안하지만 됐어요** 하고 말해야 하나? 그건 내 점심이고 난 당신들을 모르니까 나눠 먹고 싶지 않다고, 난 당신들에게 신세를 진 게 없다고, 애당초 그런 부탁을 한 당신들이 좀 이상한 거 아니냐고, 설명하고 또 설명할 의무를 느낄까? 당신이 바라는 건 평화롭게 샌드위치를 먹으면서 길을 걸어가는 것뿐일 게다. 여성의 몸을 샌드위치에 비교하는 것이 어쩌면 상황을 더 악화할지도 모르겠지만, 내가 무슨 말을 하려는지는 이해가 되었으면 좋겠다.

남자들이 몰려 있는 곳을 지날 때는 내 핸드폰으로 조심스럽게 비디오를 찍기 시작했다. 나는 이렇게 찍은 영상을 루카스에게 하나 보냈다. **이런 일이 얼마나 자주 있어?** 루카스가 물었다. **매일.** 내가 말했다. 루카스는 내게 차가 필요한지 물었고, 자신이 렌트카를 빌릴 돈을 댈 수 있다고 말했다. 나는 걷는 게 좋다고 말했다. 모든 걸 포착할 수 있는 유일한 방법이었다. 게다가 난 시간이 아주 많았고 급할 이유가 전혀 없었다. 걷기는 실제로 내가 해야 하는 몇 안 되는 것들 중 하나였다.

어느 날 오후 학교에서 집으로 가는 길에 밴 한 대가 따라오면서 경적을 울렸다. 나는 굳이 고개를 돌리지 않았다. 이제 이런 식의 게임이 익숙했다. 하지만 엔진 소리는 사라지지 않았다. 바퀴가 아스팔트 위에서 천천히 움직이는 소리가 들리더니 차가 유턴을 해서 내 옆에 섰다. 남자는 창문을 내렸다. **나랑 얘기 좀 해요.** 남자가 말했다. 나는 곧바로 길을 건넜고 걸어가면서 영상을 녹화하기 시작했다. 남자는 오십 줄에 들어선 것 같았고, 야구모자 밑으로 머리칼이 흩어져 있었고, 목이 굵고 매끈했다. **이리 와서 얘기 좀 해요.** 남자가 말했다. **외로워서 그래요.**

싫어요. 내가 말했다.

왜 싫은데? 그가 말했다.

당신을 모르니까. 내가 그의 질문에 반쯤 웃으면서 말했다.

그냥 잠깐만, 나 외로워.

싫어요. 나는 고개를 흔들면서 이렇게 말하고 발을 내려다보았다. 너무 짜증이 나서 더 이상은 아무 말도 나오지 않았다. 네가 외로운 게 나랑 무슨 상관인데? **제발.** 남자가 말했다. 내가 속도를 높이자 남자는 계속 따라오면서 나를 불렀다. 내가 어느 집으로 방향을 트는 척하자 남자는 천천히 떠나갔고, 그러고 난 뒤 나는 진짜 집으로 달려가서 내 방의 모든 블라인드를 내렸다. 나는 루카스에게 그 동영상을 보냈다. 바로 전화가 걸려왔다.

너한테 차를 한 대 빌려줘야겠다. 그가 말했다. **돈은 내가 댈게. 미루지 말고 문 열려 있으면 오늘 가. 알았지?**

알았어. 내가 말했다. **가볼게.**

고마워. 그가 말했다. **그리고 이제는 동영상 보내지 마. 볼 수가 없어. 그런 남자들을 보고 있으면 너무 화가 나.**

나는 알았다고 말했고, 그는 다시 일하러 갔고, 나는 침대에 앉았다. 그걸 보내서 루카스의 기분을 망쳐놓다니 뭔가 나쁜 짓을 한 기분이었다. 그리고 루카스의 말이 마치 '네가 걷는 동안 그 남자들이 너를 괴롭히는데 왜 아직도 걷고 있는 거야?'라고 하는 것처럼 들렸다. 그건 전혀 해법처럼 보이지 않았다. 그 사람들 때문에 어쩔 수 없이 나를 차 안에 가둬야 하다니. 나는 인도를 포기하고 싶지 않았다.

루카스에게 다시 전화를 걸었다. **불공평해.** 내가 말했다. 학교에서 집까지 그냥 걷고 싶은 것뿐이야. 나쁜 짓을 하는 게 아니라고. 난 걸어 다닐 수 있어야 해. 넌 마음대로 어디든 걸어 다닐 수 있잖아. 네가 그 영상의 수신을 거부할 수 있는 것도 불공평해. 넌 그냥 공급을 끊어버리고 선별적으로 보면 되지만, 난 그런 선택을 할 수가 없어. 그렇게 살지 않겠다는 결정을 할 수가 없다고. 내 입장에서 이런 일이 어떤 식인지 너에게 보여주려는 거야. 내가 뭘 하는지는 중요하지 않아. 내가 뭘 입고 있는지, 어떻게 행동하는지는 중요하지 않다고. 그냥 계속 그래, 괴롭힘이 계속 있는 거야. 차 살 돈도 없지만 있다 해도 난 걷는 게 좋아. 계속 걷고 싶어. 나는 울고 있었다.

루카스의 목소리는 체념조였다. **여기 있으니까 무력하다. 아무 일도 일어나지 않았으면 좋겠어.** 나는 **일어난다**는 게 뭘 의미하는지 알았다. 루카스는 저 멀리 떨어져 있는 게 답답하고 화가 나는 모양이었다. 어느 날 밤 스튜디오에서 늦게까지 작업하는 중이라고 했더니 내 벤모[페이팔 소유의 모바일 결제서비스] 계좌로 돈이 들어왔다. **리프트**[공유승차서비스]**를 타.** 그가 말했다. **안전하게 집에 가야지.** 그는 나를 지키려 했고 나는 이해했다. 어두운 길을 혼자 걸어 다니지 않는다는 데 동의했다. 하지만 리프트에서도 나는 기사가 내가 사는 곳을 아는 것이 싫어서 진짜 주소를 입력하지 않았다. 안전이란 언제나 환상일 뿐이었다.

길을 걷는 것은 폭탄이 던져지는 것과 비슷했다. 나는 전선을 만지작거리며 미친 듯이 뇌관을 제거했다. 매번 어느 전선이 폭발로 이어지는지도 잘 모르면서 어설프게 손을 댔고, 그동안 땀이 이마를 타고 흘러내렸다. 여자는 솜씨 있게 일하도록, 민첩한 손가락을 언제든 놀릴 수 있도록, 그리고 마음을 놓지 않도록 길러졌다. 밀려드는 폭탄을 처리하는 법, 친절하게 사양하며 전화번호를 알려주지 않는 법, 자신의 청바지 단추 위로 올라간 손을 치우는 법, 술을 사양하는 법을 알아내는 건 여자의 몫이다. 여자가 폭행을 당하면 사람들이 맨 먼저 물어보는 질문 중 하나는 **싫다고 말했나요?**였다. 이 질문은 대답이 언제나 '네, 말했어요'여야 한다고, 합의를 무효화하는 것은 여성의 일이어야 한다고 가정한다. 그녀에게 주어진 폭탄의 뇌관을 제거하는 일. 하지만 우리가 육체적으로 싸워서 물리치기 전까지는 어째서 그들이 우리를 만져도 괜찮은 걸까? 어째서 우리가 쾅 하고 닫아야 할 때까진 문이 열려 있는 걸까?

어느 날 나는 몰입한 것처럼, 아주아주아주 바쁜 것처럼 보이리라는 희망을 담아 헤드폰을 쓴 채로 걸으면서 책을 읽어보았다. 1마일까지는 괜찮았다. 고가를 넘는데 어떤 남자가 갓길에 차를 대더니 이렇게 말했다. **이런, 지도자처럼 보이네요. 나 그런 거 좋아하는데. 길을 걸으면서 책 읽는 여자는 처음 봐요.** 나는 마치 '우주여, 나는 네가 무슨 짓을 하고 있는지 알고 있다! 난 도망칠 수 없다! 뭘 원하는 거냐, 내가 할 수 있는 일은 대체 뭐냐?'라는 듯 하늘을 바라보고 웃기 시작했다. 나는 멈춰 서서, 헤드폰을 벗고, 그의 차창으로 다가가, 투항했다. 남자는 내가 뭘 읽고 있는지 물었고, 알려주었다. 남자는 내 이름을 물었고, 알려주었다. 내가 어디로 가는지 물었고, 알려주었다. 남자는 자신이 연설을 할 예정인 학술회의에 참석하는 데 관심이 있는지 물었고, 나는 관심 없다고 말했다. 남자는 내가 나중에는 시간이 없는지 물었고, 나는 없다고 말했다. 그러다 남자에게 정보를 너무 많이 준 것 같다는 걱정이 들었고, 그래서 사실 내일부터 사흘 동안 캘리포니아로 돌아간다고 거짓말을 했다. 그는 자기 명함을 줬고, 나는 그 명함을 받았고, 그에게 고맙다고 했다. 명함은 나중에 버렸다.

나는 그렇게 했다. 처음 보는 사람과 인사를 나눴다. 일방적인 대화를 하면서 내 에너지를 낭비하다니. 커피숍에 갔다가 길거리 성희롱을 반대하는 집단에서 만든 사나운 아기 고양이 그림[길거리 성희롱을 'catcalling'이라고 표현하는 데서 온 풍자적인 표현]이 그려진 전단지를 본 적이 있다. 거기에는 길거리에서 성희롱을 하는 사람들을 겨냥해 [번호가] '1-800-나한테말좀걸지마'라고 적힌 가짜 명함도 있었다. 누군가도 이런 기분을 느끼고 전단을 인쇄하기까지 한 것이었다.

그 여름 루카스는 하루 쉬는 날이 생겨 나를 만나러 나라 반대편에서 날아왔다. 나는 루카스에게 내가 학교까지 가는 길을 보여주었다. 내가 믿을 수 없을 정도로 얼마나 긴장하는지를 보여주었다. 판화 작업실을 보여주었고, 내가 배운 모든 과정을 그에게 하나하나 시연해 보였다. 밤에는 강가에서 햄버거를 먹었다. 내 세상, 내가 혼자서 창조한 세상을 누군가와 공유하다니 뿌듯했다.

루카스가 떠나자마자 나는 나의 하루 안에서 아픈 공허함을 느졌다. 내가 복숭아씨 주위의 부드러운 곤죽이 되어가는 동안 가장 단단한 부분인 복숭아씨가 사라진 기분이었다. 나를 지켜주는 누군가가 있다는 게, 막 만든 스무디를 사다주고, 내 방에 있는 지네를 죽이고, 종이로 부채질을 해주고, 찬 물수건을 팔다리에 대주는 누군가가 있다는 게 어떤 기분인지 잊고 있었다. 햇볕을 쬐며 느긋하게 걷는 게, 편하게 잠드는 게, 매 순간 경계하지 않는 게 어떤 건지 잊고 있었다. 무엇보다 루카스와 같이 있을 때는 누구도 길거리에서 말을 걸지 않았다. 루카스는 존재만으로 그들을 침묵시켰다.

남자들에게는 다른 남자들이 넘지 못하는 선이, 존중받는 무언의 공간이 있었다. 나는 루카스 주위에 두터운 선이 방어선처럼 그려져 있다고 상상했다. 남자들은 아무런 선이 존재하지 않는 것처럼 내게 말을 걸곤 했고, 나는 매일 최대한 빨리 그 선을 다시 그릴 수밖에 없었다. 어째서 내게는 날 때부터 경계선이 존재하지 않는 걸까?

나는 매일같이 스튜디오로 나갔다. 미술용품에 점점 돈을 많이 썼지만, 외식에는 전혀 쓰지 않고 전자레인지에 데워 먹는 피자와 생채소를 고수했다. 가끔은 몇 시간씩 작업했는데, 판화가 흐리거나 희미하거나 얼룩덜룩하게 나오기도 했다. 그러면 다시 시작했다. 시간의 흐름에 따라 살지 못했다. 필요 없어질 때까지 노트를 보고 또 봤다.

어느 날 해질 무렵 스튜디오를 나섰는데, 해가 내 예상보다 빨리 저물었다. 집까지 두어 블록 정도 남은 곳에서 형광분홍색 빛이 번쩍이는 주류 판매점을 지나치는데 어떤 남자가 은색 차를 갓길에 댔다. 지금은 아니야, 나는 생각했다. 난 그럴 기분이 아니야. 차창을 내리는 소리가 들렸다. **내가 태워줄게요!** 남자는 마치 은빛 껌 포장지 색의 작은 셰보레가 아니라 황금 마차라도 타고 온 사람처럼 미소를 짓고 있었다. 우리가 오랜만에 만난 친구 사이라도 되는 것처럼 아주 흥분해 있었고, 나를 만나서 아주 기쁘다는 듯한 태도였다. 그렇게 의기양양하게 활짝 웃을 수 있다니 믿을 수 없을 지경이었다. 나는 동영상을 찍기 시작했고, 성큼성큼 세 걸음 만에 그의 차로 다가가서 고개를 숙이고 내 머리를 창문 속으로 디밀었다. 동영상을 보면 나는 이렇게 묻고 있다. **뭐라고 했어요?** 기록에 담기 위해 그 말을 다시 하도록 유도한 것이었다. 그는 대답했다. **들어오라구요, 내가 태워줄게요!**

차에 타라고? 이 망할 놈이 미쳤나 내가 왜 그래야 되는데. 내가 말했다. 내 목소리가 얼마나 천박하고 새되던지 내 목소리가 맞나 싶었다. **꺼져 이 새끼야.** 내가 말했다. 그 남자의 미소가 뜨거운 인도에 떨어진 물 한 방울처럼 얼마나 빨리 증발해버렸는지, 그가 얼마나 재빨리 차를 몰고 가속 페달을 밟아 가버렸는지 나는 기억한다. **좋은데!** 나는 생각했다. 하지만 사지는 아드레날린을 뿜어내며 덜덜 떨리기 시작했고, 나는 불안정한 걸음걸이로 건널목을 향했다. 주차된 자동차를 바라보며 운전사들을 눈으로 좇았다. 그 남자가 다시 돌아오면 나를 도와줄 건가요? 나를 보고 있나요? 신호등에 그려진 작은 남자에 불이 들어오자 나는 달리기 시작했다. 등을 철썩철썩 때리는 배낭의 박자에 맞춰 숨을 헐떡이면서.

그 영상은 루카스에게 보내지 않았다. 나는 스튜디오에서 일찍 돌아오는 문제에 대해 조심하기로 혼자 마음먹은 상태였다. 교통비 6달러를 아끼려고 노력 중이었다. 6달러냐, 안전이냐라고 묻는 건 정말이지 어이없는 일이다. 밤중에 혼자서 남자에게 소리지르는 일 같은 건 하지 않았어야 했다는 걸 알았다. 무엇보다 다른 사람들의 시선이 의식되었다. 이건 나 자신을 지키기 위한 행동으로 받아들여지지 않을 거야, 이건 용감한 행위로 간주되지 않을 거야. 이 일이 검사의 귀에 들어가면 질책당할 거야. 피고측은 그 여자가 미쳤다고, 공격적으로 행동한다고, 저속한 말을 내뱉는다고, 남자들을 도발한다고 주장할 것이다. 그녀는 그 남자를 무시했어야 해요, 어째서 혼자 걸어 다녔대요? 그 여자는 자기를 위험에 빠뜨린 거예요, 화를 자초했다고요.

항상 그녀가, 항상 그녀가. 나는 그 남자가 어째서 갓길에 차를 세웠는지, 어째서 그 남자는 내가 거기에 탈 거라고 믿었는지, 만일 내가 차에 탔다면 그 남자는 뭘 했을지를 묻는 목소리는 한 번도 들어본 적 없었다. 그들은 곤란해질 걱정이라곤 전혀 없이 마음껏 소리 지르고 혀를 쩝쩝대는데 나는 얼마나 더 참고, 받아들이고, 무시해야 하는가. 내가 걷고 싶어 하는 게 고집을 부리는 건가? 너무 많은 걸 요구하는 건가? 두꺼운 타이어는 이제 압정과 못 때문에 곰보 자국이 생겼다. 타이어가 점점 모양이 틀어지고, 한쪽으로 처지고, 바람이 빠지는 걸 느꼈다. 이 상태로는 제기능을 하지 못할 것이다.

어느 상쾌한 밤, 나는 집에서 멀리 떨어진 세이어가의 한 커피숍에 있었다. 집에 갈 준비를 하고 밖에 있는 벤치에 앉아 리프트를 기다렸다. 한 나이 든 남자가 내 옆에 앉았다. 그는 나를 보며 말했다. **피망 한 조각 먹을래요?** 안경을 쓰고 부드러운 면 셔츠를 입은 남자의 주머니에는 작은 메모장이 들어 있었고, 표정에서는 만족감과 평온함이 느껴졌다. 한 손에는 작은 나이프가, 다른 한 손에는 녹색 피망 한 조각이, 무릎 위 손수건에는 나머지 피망이 있었다. 나는 피망 조각을 바라보았다. 남자가 씨앗에 독을 발랐으면 어쩌지? 남자가 변태라서 자기 페니스를 피망에 문지르고 나서 내가 그걸 먹는 걸 보고 싶은 거면 어쩌지? 주머니칼로 날 찌르면 어쩌지? 작고 나이 든 남자는 인내심을 가지고 피망을 내밀었다. 그 순간 나는 생각했다. **내가 미쳐가는구나.** 따뜻한 저녁에 페도라를 쓰고 벤치에 앉아 피망을 먹는 친절한 남자였다. 조심해서 나쁠 건 없지만 항상 겁낼 필요는 없다. 이 작은 채소를 음미하는 기쁨을 너 자신에게 허용하라. 나는 피망을 받아서 한 입에 먹었고 남자에게 감사 인사를 했다.

●

매일 밤, 하늘의 빛이 사라질 때, 셔벗 장사가 카트를 밀고 집으로 돌아가고 엘비스가 완벽한 원형으로 몸을 말고 잠이 들 때도 나는 잠들지 못하곤 했다. 나는 담요 위에 불가사리처럼 사지를 벌리고 누워 있었다. **너무 더워서 못 자겠어.** 나는 작은 녹색 문자 메시지 창에 대고 루카스에게 이야기했다. 다음 날 문 앞에 상자가 하나 도착했다. 루카스가 좋은 선풍기를 내게 주문해준 것이었다. 쇠창살 안에 든 싸구려 프로펠러 같은 선풍기가 아니라 시간을 설정할 수 있고 버튼에 번쩍이는 빛이 들어오는 그런 선풍기였다. 안에는 **너의 1호 팬으로부터**라고 적힌 쪽지가 들어 있었다. 하지만 내 눈이 말려 올라가 감기지 않는 것은 더위 때문이 아니었다. 나를 깨어 있게 만드는 것은 곧 있으면 브록이 처음으로 내 얼굴을 살피게 되리라는 사실이었다. 법정에서 나는 익명성을, 그리고 거기에 딸려 있던 모든 보호 장치들을 박탈당하게 될 것이었다. 그에게 모르는 사람으로 남고 싶었다. 스크린 뒤에 앉고 싶었다. 선글라스를 쓰고 싶었다. 머리카락을 잘라야 할까, 머리에 봉지를 써야 할까 생각했다. 내가 법정에 나타나는 날은 내 안전을 포기하는 날이 될 터였다.

대학 시절, 졸업이 몇 주 남지 않은 어느 금요일 저녁에 친구 집으로 걸어가고 있는데 경찰차 두 대가 쌩하고 지나갔다. 대수롭게 생각하지 않았다. 이즐라비스타[캘리포니아 샌타바버라 대학교 캠퍼스 앞 동네]에서 사이렌 소리를 듣는 건 다반사였다. 열여덟 살에서 스물두 살짜리들만 사는 해변 절벽 동네였고, 모든 도로에는 허름한 목조 가옥이 줄지어 서 있고, 잔디밭에는 자전거가 버려져 있고, 발코니는 만원이고, 재활용 와인 상자에서 난초가 자라는 곳이었다. 볕이 좋으면 수영복 차림의 예쁜 여자아이들이 머리에 커다란 고무 보트를 이고 마치 빵부스러기를 들고 가는 개미들처럼 도로를 지나 바다를 향해 가는 모습을 볼 수 있었다. 다이빙 수트를 바나나 벗기듯 반쯤 벗은 남자아이들은 한쪽 팔에

서핑보드를 끼고 자전거를 탔다. 이즐라비스타는 잠을 잘 수 있는 소파가 널린 곳이었고, 어느 방향으로든 한 블록만 가면 친구가 있었다. 야성적이고 볕이 좋은 그 동네를 우리는 집이라 불렀다.

그런데 친구 아파트에 도착할 무렵 사이렌 소리가 더해지고 만개하다 못해 분출했다. 문을 열고 들어가니 친구 다섯 명이 숨죽인 채 귀를 기울이고 있었다. 우리는 캘리포니아 샌타바버라 대학교 긴급센터로부터 이메일을 받았다.

이즐라비스타2에서 총격 사건 발생, 외출 자제, 수사 진행 중.

그게 다였다. 쉼표로 끝나버린 한 줄. 문자가 오기 시작했다. 갱이 관련되어 있을지 몰라. 강도거나, 마약 거래가 틀어졌거나, 달리는 차량에서 총알이 날아오거나, 교전은 없었거나, 폭탄이 있었거나, 폭죽일 수도, 술 취한 운전자일 수도. 아시아 남자가 아니라 페르시아계라고? 두 남자였대, 한 남자야. 차에 타고 있었대, 검은 차. 누군가가 죽었을지 몰라. 한 사람, 어쩌면 세 사람, 어쩌면 아무도 안 죽었을지 몰라. 이게 다 역겨운 장난일지도.

동영상 하나가 돌았고, 누군가가 이게 그 남자라고 말했고, 그래서 우린 그 핸드폰 주위에 옹기종기 모여들었고, 영상에서 그는 지는 해가 뿜어낸 오렌지색에 얼굴이 푹 젖은 상태로 운전석에 앉아 있었다. **안녕, 난 엘리엇 로저야… 왜 너희 여자애들이 나한테 끌리지 않는지 모르겠지만 어쨌든 그래서 너희 모두를 혼내줄 거야. 이즐라비스타 도로에 나가서 거기서 만나는 사람은 싹 다 죽여버릴 거야… 너희 모두를 도륙하다니 끝내주게 즐거워…** 극심한 공포가 일었고, 한 명이 더 이상 듣지 않으려고 비명을 질렀고, 한 명은 마치 누군가가 끈으로 배를 홱 잡아챈 것처럼 갑자기 바닥에 쓰러져 발작적으로 울음을 터뜨렸다. 남자는 우리의 공기를 오염시키면서 아직 말하고 있었다. 나는 듣고 싶지 않아서 고개를 저었다. 그는 여자애들을 죽이러 이즐라비스타로 오고 있다. 우린 이즐라비스타에 있는 여자애들이다. 하지만 우린 그가 얘기하는 사람이 아닐 수도 있다. **너흰 내 행복한 인생을 부정했어. 그러니까 그 대가로 난 너희 인생을 깡그리 부정할 거야. 그게 공평해. 너희를 전부 증오해.** 우리가 너의 행복한 인생을 부정했다고? 증오하긴 대체 누굴 증오한다는 거야? 화가 치밀어 올랐다. 그 핸드폰을 들고 방을 나가서 화장실 세면대 위에 올려둔 뒤 밖으로 나와 화장실 문을 꼭 닫았다. 동영상은 아직도 이어지고 있었고 그는 어둠 속에서 혼자 말하고 있었다. 그를 그 안에 가둬둔 기분이 들었다.

다음 메일은 우리에게 집 안에 있으라고 했다. 자물쇠를 잠그고 블라인드를 내렸다. **창문에서 떨어져 있어.** 우리 핸드폰이 계속 울려댔다. 클레어의 동거인이 총에 맞았다. 퍼즐이 하나도 맞춰지지 않았다.

새벽 3시, 우리는 텔레비전 뉴스를 보았고, **대량 살인**이라는 말을 들었다. 화면 아래 **일곱**이라는 단어가 크고 흰 글씨로 나타났다. 망자를 하나로 묶는 건 옳지 않아 보였다. 일곱이 아니었다. 하나와 하나와 하나와 하나와 하나와 하나와 하나였다. 각각이 완전한 생명이었고, 각각에 이름이 있었다.

아침 볕은 전혀 들지 않았고, 공기는 묵묵히 고여 있었다. 이런 날에는 바다에서 안개가 밀려와 물을, 해변을 지우고 우리의 작은 집들을 집어삼켰다. 우리는 이제 집 밖으로 나와도 안전한지 궁금해하며 지친 눈을 깜빡였다. 소파에 무릎을 꿇고 조심스럽게 블라인드를 벌렸다. 열한 자리 전화번호로 전화가 걸려왔다. 가족을 만나러 베이징에 간 엄마의 전화였다. 엄마는 뉴스를 본 것이었다. **그냥 네 목소리가 듣고 싶었어.** 우리의 전화기는 아침에 일어나 뉴스를 본 가족들에게서 걸려온 전화로 떨렸고 우린 각자 구석에 자리를 잡았다. **나 여깄어, 나도 사랑해, 우리도 몰라, 할머니 전화야.** 모방 범죄가 있을 거라는, 엘리엇의 행동을 예찬하며 그를 지도자라고, 지상 최고의 신사라고 떠받드는 남자들이 있다는 소문이 돌았다.

우리는 결국 밖으로 나왔고 동네는 소름끼치게 조용했다. 길거리에서 사람들은 작게 무리를 이루어 움직였다. 대기는 숨을 죽였고, 산책을 하는 사람도, 긴 보드를 들고 다니는 사람도, 집 밖으로 새어나오는 쿵쾅대는 음악 소리도 없었다. 기자회견은 오후 4시로 잡혔다. 기자회견이 시작되기 전 우리는 흩어져서 각자 샤워를 하고 깨끗한 옷으로 갈아입었다. 혼자 있고 싶지 않아 다시 아파트에서, 우리의 안전한 집 안에서 무리를 지었다.

엘리엇이 살던 곳은 갈색 아파트 건물이었다. 내가 도서관에서 긴 밤을 보낼 때면 종종 새콤한 수박 사탕을 사러 가던 스위트앨리에서 한 블록 떨어진 곳이었다. 어느 금요일 저녁 그는 자신의 아파트에서 세 사람을 살해했다. 중국인 룸메이트 두 명과, 그들을 찾아온 친구. 자상은 총 142군데였고, 복도에는 핏자국이 있었고, 시신은 끌려가다가 타월에 감싸여 있었다. 엘리엇은 칼과 권총을 자신의 검은색 BMW에 실었고, 알파파이 여학생 클럽 건물로 차를 몰고 가서 문을 세차게 두드렸다. 아무도 대답하지 않자 그는 밖에 있던 세 여성을 총으로 쐈고, 이 중 두 사람이 풀밭에서 피를 흘리다 사망했다. 쏜살같이 자리를 뜬 엘리엇은 이즐라비스타델리의 유리창으로 총을 발사했고, 안에 있던 한 남성이 바닥에 미끄러져 숨었다. 주도로인 델플라야에 주차되어 있던 다른 차량과 추돌하면서 엘리엇의 차 앞부분이 우그러졌고, 그 뒤 총으로 자신의 관자놀이를 겨냥했다. 경찰이 발견했을 때 그는 머리가 날아가 있었고 갓길은 피범벅이었다. 구급차가 줄을 이었고, 학생들은 무릎을 꿇고 피 흘리는 학생들을 살폈다. 도로에는 창문이 깨지면서 흩어진 커다란 유리 조각과 탄피가 흩어져 있었다. 경찰은 그의 차 안에서 그가 사용할 틈이 없었던 548개의 소모되지 않은 탄약을 발견했다. 우리는 친구 여섯 명을 잃었고, 엘리엇이 일곱 번째였다. 나는 여기에 피해자의 이름을 밝히지 않을 것이다. 이름은 신성하니까. 그리고 그가 한 짓만으로 그들이 규정되지 않기를 바라니까.

내게 폭행 사건이 일어나고 나서 한 달이 지났을 때 집중을 할수가 없어서 사무실을 나왔다. 카펫이 깔린 복도를 지나 비품 창고를 열고 라우터와 바퀴가 고장 난 의자 뒤에 쪼그려 앉았다. 수사관에게 전화를 걸었다. **그냥 궁금해서요.** 내가 말했다. **이상하게 들릴 거라는 건 알지만 브록이 저를 해칠 거라고 생각하세요?** 나는 좀 더 분명하게 설명했다. **제가 다녔던 학교에서 어떤 남자가**

심하게 화가 나서 총격 사건을 벌였어요. 나는 어떤 식으로 질문을 해야 할지 몰랐고, 수사관은 어떤 식으로 대답해야 할지 몰랐다. **알 수 없어요.** 수사관이 말했다. **그렇지만 아니길 바라요. 우리가 상황을 통제하려고 열심히 노력하고 있어요.**

그럼, 당연하지. 나는 생각했다. 내가 미쳤나 싶었다. 무슨 말을 듣고 싶었던 걸까. 당신은 완전히 안전해요. 다시는 그 말을 입에 담지 않았다. 하지만 내가 한 번도 만나본 적 없는 남자를 상대한다는 건 이상한 기분이었다. 나는 그가 어떤 남자인지, 무엇을 할 수 있는지 아는 바가 전혀 없었다.

나는 엘리엇의 137쪽짜리 선언문의 시작 부분 일부를 결코 잊을 수 없었다. **이건 나 엘리엇 로저가 어떻게… 하게 되었는지에 대한 이야기다… 이 비극은 일어나서는 안 되었다… 하지만 인간들 때문에 내 손을 움직이지 않을 수 없었다.** 그의 잔혹함에는 서사적인 기승전결이 있었다. 마치 자신은 절대로 자기가 한 짓을 할 생각이 전혀 없었고 억지로 떠밀린 것처럼 말했다. 그리고 그를 힘들게 만든 건, 그가 징벌의 날을 거행하지 않을 수 없게 만든 건 여자들이었다. 영상에서 그는 이렇게 말했다. **나는 외로움과 처벌과 채울 수 없는 욕망의 존재 상태를 견뎌야 했어. 그게 다 나한테 전혀 매력을 못 느낀 여자애들 때문이야.** 그의 적개심은 자신에게는 마땅히 권리가 있다는 믿음과 자기연민 속에서 태어났다.

내게서 섹스를 박탈한 범죄를 저지른 모든 여자들을 처벌할 거야. 엘리엇의 세상에 있는 무언의 규칙에 따르면 여자들은 그와 섹스를 해야 했고, 우리는 그를 받아들이기 위해서만 존재했다.

그것이 법이었고, 그게 우리의 존재 목적이었다. 섹스는 그의 권리였고 우리의 의무였다. 그의 세상에서 그의 법을 깬 데 대한, 섹스를 거부한 데 대한 처벌은 죽음이었다. 폭행 사건 이후 기사가 처음으로 보도되었을 때 모든 기사에 브록이 웃고 있는 사진이 실렸다. **여자는 숨어 있는데 남자만 공개적으로 망신을 당하다니 불공평해.** 댓글들은 이렇게 말했다. 내가 그에게 모욕감을 주고 싶어 할 이유가 뭐가 있겠는가. 그랬다가는 어떤 일이 일어날지 알고 있는데.

몇 달이 지나면서 나는 경계를 곤두세우게 되었다. 그는 학교를 나왔고, 나는 직장을 나왔다. 우리 둘 다 사회에 매이지 않고 목적 없이 부유하고 있었다. 하루하루가 모두 공허한 날들이었다. 너 변했구나, 먹는 걸 잊어버리다니. 잠자는 법도 모르고, 너 자신에게서 멀리 떠나와버렸구나. 그 시기에 내가 우울함을, 그가 억울함을 느끼게 되었다면 어떻게 되었을까? 나는 그가 치료사에게 상담을 다니는지 물어보았지만 아무도 대답하지 못했다. **대학은 모두가 섹스와 재미와 기쁨 같은 걸 경험하는 시기라고 엘리엇은 말했다. 그 시절을 나는 외로움 속에서 썩어가야 했어. 불공평해… 너희는 나를 일생 동안 힘들게 했어. 이제 내가 너희 모두를 힘들게 할 거야.** 모두에게는 비난할 대상이 필요했다. 그와 나모두 일종의 고통 속에 있었지만, 그의 고통은 어떤 종류의 폭력을 촉발할 수 있을까? 그가 누구를 해치기라도 한다면 나는 평정심을 유지할 수 없을 것 같았다. 나는 강박적으로 그 생각에 집착했다. 그가 스탠퍼드에서 폭발해서 캠퍼스를 아수라장으로 만들면 어쩌지. 정말로 자기 인생이 끝났다고 믿고 자살을 하면 어쩌지. **너희는 전멸당해 마땅하고 내가 너희를 그렇게 만들 거야. 너희가 내게 아무런 자비심도 보여주지 않았으니 나 역시 너희에게 자비를 베풀지 않을 거야.** 그가 무슨 짓을 하든 난 그에 대한 책임감을 느끼게 될 터였다. 그게 내가 어떻게 할 수 없는 일이라는 사실을 알면서도.

나는 책임과 처벌을 원했지만 그가 더 나은 사람이 되기를 바라기도 했다. 나는 그를 끝장내려고 싸우지 않았고 내 편으로 전향시키기 위해 싸웠다. 나는 그가 이해하기를, 자신의 행동이 빚어낸 피해를 인정하기를, 자신을 교화하기를 원했다. 자신의 미래가 엉망이 되었고 더 이상 잃을 게 없다고 정말로 믿는다면 끔찍한 일이 벌어질 수 있었다.

시나리오는 내 머릿속에서 점점 늘어났다. 나는 창문을 나무판자로 막아버렸다. 뒷마당을 확인했고, 수풀 아래 발자국이 있는지 수색했다. 그가 기차만 타면 와서 날 찾아낼 수도 있다는 생각에 내가 오하이오와 가까운 곳에 있는 게 싫었다. 위치 추적 기능을 꺼버렸고 소셜미디어 계정을 없앴다. 총기 관련법을 찾아보았다. 엘리엇은 반자동 권총 세 개와 완전히 장전된 탄창을 마치 자몽 사듯이 합법적으로 구입했다. 나는 미쳐가고 있었다. 법원 심리가 함정이면 어쩌지. 나는 법원 밖에서 총격이 벌어지고, 혼란이 일고, 차 문 뒤에 몸을 숨기고, 창문이 깨지고, 관리원들이 뛰어다니고, 피가 사람 몸에서 뿜어져 나오는 상상을 했다. 이런 게 제정신인 건지 아닌지는 알지 못했다. 내가 아는 건 제정신이 아닌 일이 벌어질 수도 있다는 사실뿐이었다. 노란 내 방에 가만히 누워 있으면 모든 소리를 들을 수 있었고, 전구는 항상 타오르고 있었다. 나는 빛 속에 온몸을 적셨다. 잠은 이제 휴식이 아니라 약점이었다. 아침 6시 단단한 검은 덩어리 같던 나무들이 마침내 낱낱의 잎으로 쪼개지면 안도를 느끼곤 했다. 빛은 내 생각들을 씻어 갔고 나는 잠시 의식을 잃을 수 있었다.

겨우 한두 시간 정도 자고 나면 수업을 위해 겨우 자리에서 몸을 일으켰다. 점심 도시락을 쌀 시간 한 번을 내지 못했고, 캠퍼스에서 돈을 쓸 생각도 없었기 때문에 여덟 시간을 내리 굶다가 저녁에 집에 돌아왔다. 미술 갤러리들에서 공짜 포도와 후무스를 바른 칩을 냅킨에 채워 왔다. 항상 진이 빠져 있었고, 점점 건강이 나빠졌다. 엄마의 요리가 먹고 싶었다. 루카스가 나를 안고 재워주었으면 했다.

침대 위에 달린 선풍기에 마치 조잡한 드림캐처처럼 루카스의 메모를 테이프로 붙여놓았다. 젊은 날의 부모님이 수족관에 있는 파란 벽 앞에서 손을 잡고 있는 사진을 붙여놓았다. 작은 오리 그림이 있는 침대시트에 나란히 누워 있는 발가벗은 아기 시절의 동생과 내 사진. 이런 것들이 밤에 내 위를 맴도는 작은 수호신이었다.

그러던 어느 날 밤, 몇 시간 동안 가만히 누워 있다가 담요를 걷어버리고 연필을 쥐었다. 나를 발견한 자전거 두 대를 그리고 거기에, 바퀴살 하나하나에 생명을 불어넣었다. 경찰 보고서를 통해 그들의 이름을 알고 있었다.

칼-프레드리크 아른트

페테르 라르스 욘손

부드러운 손잡이를, 작은 페달을, 땅딸하고 비대칭인 바퀴를 그렸다. 그 그림을 반듯하게 펴서 베개 위쪽 벽에 붙였다. 수호의 징조. 도움을 주는 사람. 나는 다시 시트 속으로 들어가 몸을 말았고 숨을 쉬었다. 그들이 저 바깥에 있다면 나는 휴식을 취할 수 있으리라. 나는 눈을 감았고 잠 속으로 둥둥 실려 갔다.

마지막 비평회 전날 밤 나는 내 판화들을 쌓아 올렸다. 도전하고 다시 도전하고 마침내 성공한 몇 시간을 상징하는 무더기. 교수와 수업 조교에게 줄 감사 카드를 만들었다. 알람을 세 개 설정했다. 제일 좋아하는 빨간 원피스를 펼쳐놓고 잠자리에 누워서 이 하룻밤은 잘 수 있기를 빌었다. 여섯 시간이 흘렀다. 잠이 전혀 오지 않아 아침 8시 출발 시각까지 깨어 있기로 결심했다. 그런데 아침 7시에 마음이 풀려버렸고, 비몽사몽 혼수상태가 되어서 알람도 듣지 못했다. 일어나 보니 오후 1시였다.

부산스러운 공포는 전혀 일지 않았고, 슬픔이 깊게 부풀어 오를 뿐이었다. 비평회가 거의 끝났을 시각이었다. 나는 같은 반 친구들의 발표를, 온 여름의 대단원을 놓쳤다. 그래도 빨간 원피스를 입고 리프트를 불렀다. 차 안에서 눈곱을 떼면서 미술 비평회를 놓치는 것보다 더 나쁜 이 세상의 온갖 일들을 떠올렸다. 이건 아주 작은 일이었다. 하지만 아주 작은 일마저도 할 수 없다는 게 슬펐다. 나는 교수님에게 사과하고, 내 결석이 무례함의 산물이 아님을 분명히 밝히려고 애쓰게 될 터였다.

비평회장에 들어갔더니 마지막 사람이 발표 중이었다. 모두의 눈이 내게 쏠렸다. 나는 설명도, 설명하려는 시늉도 하지 않았다. 눈에 띄지 않기를 바라며 뒤에 자리를 잡았다. 내 작품은 발표할 가치가 없을 것 같았다. 하지만 교수님은 내가 발표를 해야 한다는, 환대의 몸짓을 했다. 사람들이 조용히 앉아 있는 동안 나는 뒤편 교실 벽에 작품을 하나하나 고정했다. **별일 아니야.** 나는 나 자신에게 타일렀다. **조금만 지나면 이 중 어느 것도 별일 아니게 될 거야.** 나는 사람들을 향해 서서 한 작품씩 소개했다.

잠시 적막이 흘렀다. 그러다가 교수님이 커다란 콧수염 아래로 따뜻한 미소를 지어 보이며 훌륭하다고 말했다. 반 친구들은 머리가 두 개인 내 수탉 그림을 가리켰다. 내 상상력에, 그 사악한 느낌에, 기발함에 찬사를 보냈다. 그들은 내가 아이디어를 어디서 얻었는지 어떤 기법을 사용했는지 물었고, 색감을 칭찬했다. 그들이 논평을 하는 동안 나 역시 놀라워하며 앉아 있었고, 피곤해 보여야 했음에도 나는 활짝 웃고 있었다. 사이사이 몇 시간씩의 온갖 투쟁 속에서 내가 창조해낸 아름답고 기이한 작품들을 하나하나 살펴보면서.

수업을 마치고 나서 새 테이프를 하나 샀다. 곧 이사를 가야 했지만 의자를 밟고 서서 작품을 모두 내 방에 매달았다. 나만을 위한 갤러리를 만든 것이다. 강가에서 무력하게 울던 사람이었던 내가 다작의 판화가가 되어 있었다. 내 마음이 불안 속에 오그라들어 있던 동안 내 심장은 분주했고 주어진 기회를 감사하게 받아 안았다는 증거였다. 나는 살아남기를 강력하게 요구하는 나의 일부를 보았다.

수업에서 사귄 한 친구가 축하를 하자며 나를 스노콘과 춤이 있는 블록 파티에 초대했다. 나는 일찍 도착했다. 내 친구는 조각가인 또 다른 여자아이와 함께 나타났고, 우리 두 사람 모두 위스키를 조금씩 마시며 눈을 조금 느리게 깜박였다. 나는 파인애플 보드카를 마시며 아이들이 반딧불이를 잡고 레드바인 빨대로 크림소다를 마시는 모습을 구경했다. 우리는 임시로 마련된 댄스플로어를 돌아다녔다. 나는 재킷 소매를 늘어진 토끼 귀처럼 머리에 묶었다. 젊은 남자 두엇이 참나무 이끼와 불에 탄 장작 같은 퀴퀴한 냄새를 풍기며 다가왔다. 그들은 우리가 예술계 학생인지 물었다. 나는 그 남자가 내 머리에 묶인 옷 때문에 그렇게 생각하는 건지 궁금했다. **여름 동안에만요.** 내가 말했다. **여기 출신이에요?** 남자가 물었다. **아뇨, 캘리포니아요.** 내가 말했다. **당신들은요?** 하지만 그의 친구들은 이미 자리를 떴고 그의 이름을 부르면서 다른 데로 가자는 몸짓을 거칠게 보내고 있었다. 그는 친구들을 보더니 내게 몸을 돌려 진지한 표정으로 몸을 숙였다. **내가 여기 그냥 있으면 나중에 나랑 섹스할래요?** 그냥 넘어가주지 않는구나. 우린 땅콩보다 작은 소소한 대화를 나누다가 바로 이 직설적인 질문으로 넘어간 거였다. **아뇨.** 동요하지 않고 내가 말했다. 거기 서 있는 동안, 내 소매가 머리에서 달랑거리는 동안 그는 말 한마디 없이 친구들에게 총총 가버렸다. 남겨진 우리 셋은 기가 찼다. 그의 친구들도 똑같은 질문을 했다는 거다. 이거 실화야? 그 남자는 왜 그런 말을 하지? 그 남자의 친구도 너한테 그렇게 물었다고? 머리에 젤 바른 놈?

우리는 축하 파티를 접기로 하고 버터 바른 빵과 시원한 물을 갈망하며 친구의 아파트로 향했다. 걸어가는 동안 우리는 남자와의 터무니없는 마주침에 대한, 그들이 한 말과 한 짓에 대한 이야기를 나눴다. **한번은 커피숍에서 이런 놈이, 한번은 내 친구 오빠가, 한번은 내가 듣던 철학 수업 교수가, 한번은…**

숙녀 분들 어딜 가시나요? 안에 체격 좋은 남자 셋을 꽉 들어차게 태운 검은 머스탱 한 대가 정지 신호 앞에 서서 부릉대고 있었다. **클럽 가고 싶지 않아요?** 클럽! 나는 물기를 쥐어짜이는 듯한 기분이었다. 보드카와 작은 파인애플이 내 안에서 개천처럼 흘러다녔고, 마음은 **한번은**에 대한 이야기로 가득했고, 얼마나 참아야 하는 건가 하는 생각이 갑자기 망상처럼 터져 나왔다. 거리는 거의 비어 있었고, 우리는 술집에서 몇 블록 떨어져 있었고, 창문이 캄캄한 집들과 영업이 끝난 그레이하운드 버스 외에는 아무것도 없었다. 나는 텅 빈 거리 한복판으로 걸어가서 두 주먹을 꼭 쥐고 머리를 뒤로 확 젖히고 비명을 지르기 시작했다.

나는 가슴을 활짝 열고 앞뒤 재지 않고 비명을 질렀다. 친구들은 기가 차 하다가 웃기 시작했고, 남자들은 빨간 신호등 때문에 오도 가도 못하고 짜증을 내며 불편하게 주위를 둘러보았다. 남자들은 내 비명 사이사이에 **미친년! 미친년!** 하며 양념을 쳤다. 하지만 나는 신경 쓰지 않았다. 그들의 번쩍이는 머스탱, 그들의 머리카락, 그들의 멍청한 계획. 우리가 클럽에 가고 싶었다 한들 그 코딱지만 한 차에 다 탈 수도 없었다. 난 너하고 섹스하고 싶지 않아, 난 클럽에 가고 싶지 않아, 난 네가 내 옆에서 걸으면서 나를 감싸는 톤으로, 내 어깨가 귀에 딱 달라붙게 만드는 톤으로 내가 어디에 가는지, 내가 어떻게 지내는지 물어보는 것도, 그래서 내가 귀가 멀고 싶게, 사라지고 싶게 만드는 것도 싫어. 못이 빼곡히 박힌 타이어가 터져버렸고, 그들의 차에 떨어지는 빗방울처럼 딸랑거리는 소리를 냈다. 나는 힘 있고, 위협적이고, 제정신이 아닌 사람이 된 기분이었다. 온 세계가 깨어난다 해도 상관없었다. 신호등이 초록색으로 바뀌었다. **저 새끼들 잡아.** 친구가 말했고, 우리는 뛰기 시작했다.

세 여자가 검은 자동차 한 대를 쫓아서 전력질주 했다. 그녀는 그들을 다음 신호에서 따라잡았고 미등을 후려쳤다. **내 차에 손대면 죽는다. 감히 내 차에 손대면 가만 안 둬.** 그들은 화를 냈고, 이 여자들은 진상으로 돌변해서 선을 넘었다. 나는 아직 **이 멍청한 돼지새끼들** 하며 비명을 지르고 있었고 아드레날린이 홍수를 이뤘다. 하지만 창문 안을 들여다봤을 때 나를 향한 남자 한 명의 시선을 보고 말았다.

갑자기 이건 게임이 아니라는 느낌이 들었고, 방어 모드로 급전환했다. 그만, 그만. 우린 뒤로 물러섰고 그들은 쌩하니 달려갔다. 목격자, 만일 그들이 돌아온다면 우리에겐 목격자가 필요하다. 나는 주위를 두리번거렸다. 우리 뒤 10미터쯤 거리에 안경을 쓴 젊은 남자가 있었다. 남자는 마치 우리가 그에게도 돌진할거라는 듯 주머니에 손을 넣은 상태로 움찔하는 것 같았다. 나는 그 남자가 거기 있다는 사실에 속으로 감사를 표했다. 나는 이마를 붙들고 숨을 헐떡였고, 우리 모두 가슴이 아직 오르락내리락했다.

원래는 8월 내내 그곳에서 지낼 계획이었지만 그날 밤 이제 돌아갈 때가 되었다는 결정을 내렸다. 집을 선택한 것은 아니었다. 집만 아니면, 폭행과 지겨운 기억의 온상만 아니면 어디든 상관없었다. 나는 회피의 여정을 이어갈 필요가 있었다.

루카스는 인턴십이 끝나는 날 비행기를 타고 렌트카를 빌려서 내게 왔다. 내가 짐 꾸리는 걸 도와서 내 판화들을 조심스럽게 돌돌 말았고, 이 작은 차에 나의 온 인생이 실렸다. 필라델피아로 차를 몰고 가서 심리일이 될 때까지 지낼 생각이었다. 그는 내가 작별 인사를 할 수 있도록 차에서 기다렸다. 나는 내 노란 방에, 내 은신처에, 내 공동 속에 서서 숨막힐 듯 더웠던 모든 밤을, 벽을 뒤덮었다가 아침이면 녹아 사라지던 공포를 회상했다. 방 가운데 혼자 서서 그게 누가 되었든 다음 사람에게 서늘함과 고요함을 가져다주기를 희망하면서 선풍기를 남겨놓았다.

5

심리는 9월 27일로 잡혔다. 내게는 3주가 있었다. 지난 8개월 동안 나는 한 번도 사건의 전말을 떠들썩하게 이야기해본 적이 없었다. 오히려 마음의 준비는 갈수록 어려워졌고 걱정이 내 안에서 부풀어 올랐다. 나는 벼랑 끝에 서 있었고, 손에 든 거라곤 휴지와 나무막대뿐인데 나와 동생을 안전하게 지상까지 비행시켜줄 무언가를 만들라는 명령을 받고 있었다.

아라레가 심리 준비를 위해 전화를 걸기로 했다. 내가 필라델피아에 있던 달에 루카스는 내게 여러 차례 물었다. **검사한테 질문 있어? 응.** 내가 말했다. **그걸 적어두고 싶어? 지금은 아냐.** 내가 말했다. **그 얘긴 하고 싶지 않아, 나중에.** 아라레가 전화하기로 한 날 루카스는 자신이 정리하고 개요를 잡고 분류한 질문 목록을 건넸다. **심리 대 재판, 속도 조절, 다른 당사자와의 소통, 최종 결론**

의 범위, 합의, 증인, 샤넬에 대한 지원? 나는 연필로 단어 몇 개를 비스듬히, 구석에다 질질 끌 듯이 휘갈겼다. 질문이 있었지만 그에 대한 깔끔한 답은 없었다. 내가 공복에 자낙스[신경안정제]를 먹어도 되나요? 내가 취직하게 될까요? 그 남자는 정서적으로 안정되어 있나요? 내가 미쳐가고 있는 건가요?

통화는 오후 5시로 예정되어 있었다. 나는 루카스에게 같이 통화를 해달라고, 같이 정보를 취합해달라고 부탁했다. 5시, 내 전화가 울렸지만 티파니였다. 티파니는 집으로 걸어가는 중이었고, 이야기할 사람이 필요한 상태였다. 티파니는 알바트로스 한 쌍이 어떻게 일생을 해로하는지에 대한 다큐멘터리를 보았다고, 믿을 수 있느냐고 이야기하고 있었다. 루카스가 내 팔을 톡톡 치며 시계를 가리켜 보였다. 루카스가 속삭였다. **전화 올 시간이야.**

나는 고개를 저었다.

끊어, 시간 다 됐어! 루카스는 다시 몸짓을 해 보였다.

나는 그를 바라보았다. **티피 내가 다시 전화해도 돼? 고마워.**

나는 일어섰다. **뭐라고 한 거야?**

전화 올 시간이라고. 그가 말했다.

내가 5시에 전화올 게 있다는 걸 모른다고 생각하는 거야?

루카스는 말이 없었다.

뭐야, 그러니까 넌 내가 그 빌어먹을 시간도 모른다고 생각한 거야? 내가 빌어먹을 스토브 위에 있는 그 빌어먹을 시계도 못 본다고? 내가 내 동생하고 언제 얘기해도 되고 언제 얘기할 수 없는지를 네가 정하기로 한 거야? 야, 그날 밤에 누가 거기 있었어? 너야?

아니지? 누구야? 아, 검사야? 맞네. 넌 검사가 어떤 개뼉다귀를 검토할 건지 안다는 거네? 검사한테서 오는 빌어먹을 전화는 다 내가 받을 거야, 그 모든 빌어먹을 전화 말야. 날 도와주고 싶어? 거기 앉아 있으면 나한테 우라지게 도움이 된다고 생각해?

지독한 분노가 기다렸다는 듯이 쏟아져 나왔다. 마치 다른 사람의 손이 계속 볼륨을 올리고 있는 것처럼 내 목소리가 커졌다. 루카스는 뒤로 물러섰고 방 저편에서 나를 응시하며, 나를 두려워하며 얼어붙은 듯 서 있었고, 나 역시 내가 무서웠다. 내 말들은 응고되어 멈추지 못하고 피처럼 마음껏 흘러나왔다. **어떻게 네가 이게 어떤 건지 아는 척할 수 있어, 대체 네가 뭘 할 수 있다고.** 나는 내 핸드폰을 조리대에 쾅 하고 내려쳤다. 우리 둘 다 핸드폰 부서지는 소리를 들었다.

화면에 금이 가진 않았지만 유리가 깨져서 의자로, 바닥으로 흩어졌다. 나는 낭패감 속에서 루카스에게 나가라고 소리를 질렀다. 루카스는 내게 자신의 핸드폰을 주었고, 나는 **나가** 하고 말했다. 그는 잠시 동작을 멈췄다. **아래층에 있을게, 필요하면 불러.** 그리고 문이 닫혔다. 나는 벌벌 떨면서 서랍으로 달려가 양말을 꺼내 손에 끼고 부서진 핸드폰을 지퍼백 봉지에 밀어 넣었다. 루카스가 적어준 질문 리스트를 들고 화장실에 들어가 문을 잠근 뒤 화장실 매트 위에서 몸을 웅크리고 무릎을 껴안았다. 비닐봉지에서 빛이 번쩍였다. 아라레의 전화였다. 전화를 받기 위해 필요한 공간이 얼마 남아 있지 않아서, 양말을 긴 손으로 유리 파편 위를 밀고 또 밀었다. 젠장 젠장 젠장. **여보세요? 네! 잘 지내요! 잘 지내**

섰어요?

통화가 끝났을 때 나는 손에 양말을 낀 채 바닥에 누워 있었다. 내가 어떤 사람이 되어가고 있는지 알 수 없었다. 불안정하고 화를 주체하지 못하다가 그 문제를 건드리기만 하면 폭발하고 말 것이다. 나는 곧 캘리포니아로 떠날 것이고 루카스는 학교생활을 이어가겠지. 우리 사이의 틈이 점점 벌어지고, 나는 점점 꼬여가고, 우리의 관계는 무너져내리겠지. 캘리포니아로 돌아가서 내가 훨씬 더 예민하고 부정적인 상태가 되면 어쩌지.

열 살 때 사탕소나무가 빽빽한 언덕 위에서 열리는 야영에 참가했다. 아빠는 대학 시절부터 쓰던 오리털 침낭을 내게 주었다. 거기엔 작은 구멍이 있었다. 아침에 일어나 보니 작고 흰 오리털이 마치 눈이라도 내린 것처럼 내 머리에, 이곳저곳에 널려 있었다. 나는 상담 선생님에게 수선해달라고 부탁하는 대신 미술실에 갈 시간까지 기다렸다가 테이프를 구해오기로 했다. 테이프를 길게, 6인치 정도로 잘라서 손끝에 붙였다. 미술시간 다음은 수영시간이었고, 그래서 나는 사람들이 별로 오가지 않는, 물에서 멀리 떨어진 벤치에 그걸 붙여놓고 숨겼다. 밤이 되자 나는 그 펄럭이는 테이프를 조심스럽게 언덕 위로 가지고 올라갔다. 하지만 이미 그 시간에는 테이프가 물에 젖고 먼지가 묻은 터라 생각처럼 잘 붙지 않았다. 그 폭행 사건 이후 몇 달 동안 난 이 작은 테이프를 혼자 온갖 곳에 붙이겠다는 마음으로 여기저기 들고 다녔다. 하지만 그것으로는 충분하지 않았던 것이다. 넌 누군가에게 이야기해야 해, 구멍을 메우고, 네 온기를 되찾고, 오리털을 털어내는 걸 멈춰야 해. 다음날 나는 심리치료사를 만나러 가기로 했다.

아빠가 심리치료사라는 점을 감안하면 내가 그렇게 오랫동안 만남을 미루기만 했다는 게 이상해 보일 수 있다. 하지만 난 아직 이 사건이 내 인생에 미칠 영향의 크기를 완전히 부정하는 상태였다. 그것이 내 얼굴을 빤히 바라보고 있는 때가 되어서야 나는 무릎을 꿇고 그걸 해결하기로 했다.

어릴 때 내가 심리치료에 대해 알았던 거라곤 **자녀의 직장 견학 날**에도 나는 절대 아빠의 직장에 갈 수 없다는 사실뿐이었다. 아빠는 이혼, 결혼 문제, 알코올중독 같은 일을 겪는 사람들을 돕느라 바빴다. 어렸을 때는 아빠가 머리 부상을 치료하는 의사라고 생각했다. 사람들이 머리를 부딪히면 아빠가 밴드 같은 걸 주는 거라고. 아빠가 그 모든 해답을 어떻게 알고 있는지가 궁금하기도 했다. 아빠에겐 비밀 안내서 같은 게 있는 걸까? **나는 해답을 알려주는 게 아니라 길잡이가 되어주는 거란다.**

우린 일요일 아침마다 아빠의 사무실에 들르곤 했다. 나는 나무 책장에 쌓인 먼지를 털어냈다. 분무기로 고무나무에 물을 줬다. 석조 정원에서 모래에 갈퀴질을 했다. 아빠의 노란색 리갈패드 노트를 정돈했다. 물고기에게 밥을 주었다. 청록색과 분홍색 자갈이, 은빛 줄무늬가 있는 피라미들이, 볼록한 오렌지색 뺨이 너무 좋았다. 그러고 나서 나는 용돈을 주웠다. 사람들이 아빠의 푹신한 의자에 몸을 비스듬하게 누일 때 주머니에서 동전이 흘러나오곤 했고, 그래서 나는 의자 틈새에 손을 집어넣고 동전과 껌을 *끄*집어냈다.

나는 물고기가 돼서 아빠를 믿고 비밀을 털어놓는 이 낯선 사람들의 이야기를 듣고 싶었다. 그들은 일상생활을 할 때는 절대 발설하지 않는 일들을 한 시간 동안 안전하게 풀어놓고 울고 이야기할 수 있었고, 시간이 되면 다시 붕대를 동여매고 세상의 소음 속으로 떠났다.

하지만 내가 아빠 사무실에서 상상했던 사람들은 나와 전혀 비슷하지 않았다. 그들은 넥타이를 맨 어른들, 공들여 관리한 손에 커다란 지갑을 든 여자들이었다. 나는 물고기에게 밥을 주는 사람이지 그 자리에 앉는 사람은 절대 아니었다. 나는 '강간과 싸우는 여성들Women Organized Against Rape'에서 일하는 치료사에게 전화를 걸어서 약속을 잡았다. 높은 건물이었다. 어디서든 추적당하는 것이 무서워서 신청서에는 내 이름을 알아보기 힘들게 흘려 적었다. 크림색 소파. 뎁은 물결치는 갈색 머리칼에 눈이 파란 여성이었다. 그녀의 협탁 위에 놓인 노트들, 꽃을 피운 작은 선인장 가족, 나뭇가지를 묘사한 퀼트 태피스트리. 무척 조용하고, 편안했다. 나는 여기서 잘할 수 있을 것이다.

나는 그녀에게 에밀리를 보여줘야 했다. 에밀리가 발견된 나무 밑 현장으로 뎁을 데려가야 했다. 처음으로 **나랑 같이 가요**라고 선언하고는 누군가에게 손전등을 비추고 있었다. 내가 그녀의 몸에 빛을 비추는 동안 그녀는 나뭇가지를 밀치고 나를 따라왔다. 치료사는 나와 함께 바라보았다. 나는 치료사에게 3주 뒤면 에밀리가 일어서서 발언을 해야 한다고, 에밀리가 발언할 수 있도록 준비해야 한다고 이야기했다.

상담은 매우 특별했고 시간이 지나자 마치 그 건물에 몸무게를 조금 떼어놓고 온 것처럼, 그래서 거리를 걷기가 더 쉬워진 것처럼 몸이 가벼워진 기분이었다. 나는 작고 빨간 공책을 사서 **그 이야기가 내 밖으로 나오자 기분이 나아졌다**라고 적었다. 코스트코에 가서 아빠가 티슈와 두루마리 휴지를 대량으로 사면 티파니와 내가 쇼핑카트 안에서 그걸 쌓아 푹신한 왕좌를 만들던 생각이 났다. 아빠에게 그렇게 휴지가 많이 필요했던 건 어쩌면 사람들이 나처럼 계속 울어서 그들의 속이 다 밖으로 나왔기 때문인지 몰랐다.

치료사가 그 폭행이 내 삶의 다른 부분에 영향을 미쳤다고 느끼는지 물었을 때 나는 반사적으로 고개를 저었다. **전체적인 핵심은 그게 전적으로 내 삶과 별개라는 거고, 나는 이유가 있어서 그런 식으로 유지했어요.** 치료사는 반응이 없었고, 우리 두 사람은 잠시 아무 말 없이 앉아 있었다. 때로 나는 내 증언이 피고에게 더 유리하게 작용하지 않을지 의문이 들었다. 피고 측에서 **그러면 당신은 영향을 받지 않은 거군요?**라고 묻는다면 나는 **받지 않았어요**라고 말하고 싶었기 때문이다. 나는 맥없이 앉아 있었다. **어쩌면 뭔가 느꼈는지도 모르겠네요. 분노를, 느꼈죠. 처신이, 더 과민해진 것 같아요. 거의 매일 이런 옷을 입어요.** 나는 팔을 들어올렸다. 루카스의 재킷이 워낙 커서 마치 내용물 없는 김밥처럼 검은 소매가 내 손 밖에서 헐렁하게 늘어졌다. 나는 이야기를 하면서 그 폭행이 주변에서 중심으로 이동했음을 깨달았다.

나는 나에 대한 최악의 말들과 댓글을 읽고 내린, 이제는 외우

다시피 하는 판단들을 늘어놓으며 분통을 터뜨렸다. **사람들이 내가 ○○하대요, 사람들이 나보고 ○○라고 해요, 나는 ○○하지 말았어야 했어요** 등등. 치료사가 말했다. **이 중에서 면전에서 들은 말이 있는지 물어봐도 될까요?** 나는 입술을 뜯으며 잠시 생각하다가 고개를 저었다. **아뇨, 그런 적은 한 번도 없어요.** 내가 얼굴도 모르는 온라인의 타인들을 실제 사람들만큼 중요하게 여기고 있다는 생각은 이제껏 한 번도 해보지 못했다. 이건 강력한 깨달음이었다. 그 끔찍한 것들을 실제 발화를 통해 들어본 적은 한 번도 없었다. 이 소식이 어떤 사람에게 실제로 전달되었을 때는 침묵이 감돌았고, 뚜렷한 슬픔이 감지되었고, 눈물이 흘러내렸고, 포옹을 했다. 나는 실제 경험과 온라인상의 경험을 구분하기 시작했다. 나는 설거지를 할 때, 잠들기 전에 속으로 주문을 외웠다.

나는 잘못한 게 없어.

난 강해.

난 목소리를 낼 수 있어.

난 진실을 말했어.

●

아라레에게서 전화가 왔다. 9월 27일 심리가 취소되고 10월 5일로 연기되었다. 잠시 생각하거나 일정표를 들여다보지도 않고 바로 **괜찮아요**라고 말할 수 있다니 슬픈 일이었다. 지난 한 달간 내 일정은 비어 있었고, 심리치료가 매주 작은 덩어리를 차지할 뿐이었다. 당신 편할 때로 아무 날이나 정하라, 나는 당신을 위해 전체를 비워놓았다. **좋아요.** 아라레가 말했다. **동생에게 바뀐 일정을 알려줄 수 있나요?**

항상 새 소식을 가장 먼저 접하는 건, 티파니를 공동의 운명 속에 엮는 책임을 지는 건 나였다. 정상적인 삶에서 일정 변화란 격변을, 붕괴를 의미한다는 사실을 의식하고 나는 핸드폰을 든 채 침대 위에 앉았다. 티파니는 이미 마지막으로 기말고사 일정을 재조정해놓은 상태였다. 티파니는 수업을 여섯 과목 들었고 두 가지 아르바이트를 했다. 나는 통화가 무서웠다. **미안해.** 내가 말했다.

티파니는 한참 말이 없었다. **그치만 난 이미 모든 걸 다시 조정해놨는데.** 티파니가 말했다. **설명할 길이 없어.** 티파니의 목소리에 실린 긴장을, 스트레스가 퍼져나가다가 **난 못해, 못한다고**로 바뀌는 것을, 그 모든 것이 티파니의 마음속에 **하지만 난 이미** 하면서 쌓이는 것을 들을 수 있었다.

그분들은 이해할 거야. 내가 말했다. **내가 말해볼게. 네 일정 조정하는 걸 도울게. 일 하나는 그만둬도 괜찮아. 네 읽기 자료도 거들게. 모든 걸 탈 없이 정리할 수 있을 거야.** 하지만 티파니는 아니라고, 아니라고, 자신이 방법을 생각해낼 수 있다고 말했다. 나는 티파니가 멀어져가는 것을, 조용해지는 것을 느낄 수 있었다. **괜찮아.** 티파니가 말했다. **더 얘기하고 싶지 않아. 이제 끊어야겠다.**

내가 어떻게든 보상할게. 나는 티파니가 전화를 끊을 때 이렇게 말했다.

나는 티파니가 여러 번 수업을 빠져나왔다가 안정이 안 돼서 다시 강의실에 들어가지 못하고 복도를 서성였다는 걸 알았다. 경찰서에 용의자 얼굴을 확인하러 가느라 친구들과 세웠던 계획을 포기했고, 콘서트 표를 단념했고, 생일파티와 재시험 퀴즈를 놓쳤음을 알았다. 이 모든 걸 알았기에 무엇보다 마음이 아팠다. 내 삶이 티파니의 삶에 그늘을 드리우고, 내 인생이 더 중요하다고 주장하고 있었다. 법원 시스템의 냉정함이 삶을 구성하는 조각들을 하나하나 뜯어내고 있었다.

얼마 되지 않아 동생이 다시 전화를 걸어왔다. **언니가 아니라 그냥 이 상황에 화가 나는 거라는 사실을 알려주고 싶었어. 언니한테 소리 지르려고 했던 거 아니야. 내가 방법을 찾아볼게, 알았지?** 눈물에 젖은 내 눈이 긴장 속에 깜박였다. 나는 고개를 끄덕였다. 이해했다. 좌절감을 풀어놓을 곳이 없다는 게 어떤 느낌인지, 그것이 어떻게 우리 삶을 감염시키고 우리로 하여금 서로를 후려갈기게 만들어 우리 모두를 어쩔 줄 모르게 만드는지 알고 있었다.

나는 10월 5일에 맞춰 준비했다. 비행기 타기 전날 밤 내 작은 가방을 꾸려서 지퍼를 채운 뒤 문 옆에 세워놓았다. 빨간 공책에는 현실에 발붙이기 기법과 격려의 말들이 가득했다. **넌 너에게 상처를 준 그 누구보다 힘이 세다. 느끼고 반응하는 것은 무기력한 게 아니다. 아직 그걸 느끼지 못할 수 있지만 넌 네 생각보다 더 강하다.** 나는 비행기에서 입을 부드러운 바지와 깨끗한 양말을 준비해놓았다. 플란넬 잠옷을 입고 주방에 서서 루카스의 아파트에 생기를 더하려고 내가 산 분재 나무를 가위로 다듬었다. 밤 11시에 전화가 울렸다.

미안해요, 심리가 연기되었어요. 검사가 말했다. **내일 비행기 타지 말아요.** 나는 아무 말 없이 전화기를 들고 꽉 차서 꼭 잠긴 채 문 옆에 있는 내 여행가방을 응시했다. 나는 가방을 침실로 다시 끌고 들어가는 상상을, 가방이 숨을 토해내고 지퍼가 열리는 상상을 했다. 시간을 들여서 옷가지 하나하나를 각각의 서랍에 집어넣고, 세면도구를 세면대에 갖다놓고 침대에 들어가 몸을 웅크리는 상상을 했다. 아침에 일어나면 또다시 텅 빈 하루가 시작되고, 다시 짐을 싸라는 연락을 기다리는 상상을 했다. 법원에 갈 준비를 하는 것이 내 유일한 목표가 되었는데, 이 모든 동력이 이제 멈춘 것이었다. 검사는 그들이 내 첫 항공료를 댔으므로, 이제 때가 되면 내 돈으로 비행기 표를 사야 한다고도 말했다. 나에게는 그럴 돈이 없었다.

집에 가 있을게요. 내가 말했다. 그게 언제 시작되든지 그때까지 팰로앨토에서 지내겠다고 말했다. **좋아요.** 검사가 말했다. **다시 연락할게요. 동생에게 이번 심리가 취소되었다고 알려주세요.** 그날 밤 나는 티파니에게 전화하지 않았다. 티파니가 일정을 다시 맞춰야 하기 때문에 심리 날짜가 최종적으로 나올 때까지 며칠 더 기다렸다가 연락할 생각이었다. 나는 이미 티파니를 골치 아프게 만들었다.

●

부모님 집은 해가 가득 드는 안식처다. 오래된 나무로 된 일층 집에, 벽돌로 된 굴뚝이 두 개였고, 1970년대에 지어졌고, 불에 그을린 연어색 페인트로 칠한데다, 시멘트로 된 진입로에는 금이 가 있었다. 입구 쪽에는 용암석과 작은 바나나 나무와 아빠가 심은 커다란 종려나무와 라벤더가 있었다. 문에는 우리가 1년 동안 보관하는 크리스마스 전등을 달기 위한 작은 못이 줄을 이었다. 차에서 내렸을 때 난 그 동네가, 햇볕이, 시간이 전혀 흐른 것 같지 않은 분위기가, 변함없는 녹색 잎들이 너무 싫었다. 빌어먹도록 생명력 넘치는 종려나무가 너무 싫었다. 필라델피아의 어수선한 도로가, 삶이 서로 포개지던 방식이, 북적이는 엘리베이터와 내 다리에 부딪히던 쇼핑백들과 버스의 매연과 은색 할랄 음식 리어카에서 팔던 흰 크림을 덮어 쓴 빨간 닭고기가 담긴 조잡한 상자가 그리웠다. 나의 거리는, 주차장은, 집은 비어 있었다. 난 그게 너무 싫었다.

부모님 집 가까운 곳에 사시는 우리 할아버지 공공을 만나러 갔다. 할아버지는 폭행 사건에 대해 몰랐고, 엄마는 할아버지가 알게 되면 너무 마음 아파 하실 거라고 말했다. 할아버지는 내가 네 살일 때 나와 티피를 봐주려고 미국에 오셨다. 한번은 할아버지가 내 방에서 내 베개를 두 손으로 짓뭉개고 있는 걸 보았다. **쓸모없구나.** 할아버지가 말했다. 내 기억에 따르면 그다음에 우리는 베개 전문점에 갔고 할아버지는 모든 베개를 짓뭉개보고 난 다음에 내 목을 더 잘 받쳐줄 수 있는 더 단단한 베개를 찾아냈다. 할아버지의 "샤넬"이라는 말은 마치 "시아오 니아오"처럼 들렸는데, 그건 중국어로 **작은 새**라는 의미였다. 할아버지는 자라나는 작은 새 같은 나와 동생에게 먹을 걸 차려주셨고, 팰로앨토에 올 때마다 나는 할아버지가 차려주신 끼니를 제일 먼저 먹는다.

나는 은행에서 받은 공짜 달력과 중국 신문이 테이블매트처럼 덮여 있는 할아버지의 낮은 테이블에 앉았다. 음식을 몇 그릇 먹었고, 할아버지의 편지 번역을 거들었다. 전화가 왔다. 심리가 다시 잡혔다. 아라레는 시간이 있으면 와서 장소를 확인해봐도 된다고 말했다. 나는 빈 그릇을 싱크대에 던지고 할아버지를 포옹한 다음 내 차를 향해 있는 힘껏 달렸다.

법정은 작았다. 예상보다 훨씬 더. 어두웠고 답답했고 퀴퀴한 냄새가 났다. 천장은 높았고 회반죽이 떨어져나간 사각 창으로 자연광이 들어왔다. 구석에는 한 번도 펄럭여본 적 없이 접힌 자국이 영구적으로 남은 채 걸려 있기만 하는 축 처진 깃발이 있었다. 마치 공기가 수년간 그대로 고여 있었던 것처럼 모든 것이 침체되고 음울했다. 나는 뒷문으로 입장해서 마치 신부처럼 복도를 따라 걸을 것이었다. 나는 그 취약한 시간이, 내가 증언대로 걸어가는 동안 내 등에 꽂힐 모든 사람의 시선이 싫었다. 이렇게 짜잔 하며 등장하는 것보다는 차라리 내가 다른 사람들보다 먼저 자리를 잡고 앉을 수 있으면 좋겠는데. 판사는 내 왼쪽에서, 마치 같은 둥지 안에 있는 더 큰 새처럼 위쪽에 자리를 잡고 앉을 것이다. 검사는 내 앞에 있는 연단에 설 것이다. 나는 그녀를 똑바로 쳐다보게 될 터였다.

당신은 여기 앉게 될 거예요. 감각을 익혀두세요. 브록은 저기에 앉을 거고요. 검사는 내 증언대에서 가까운 빈 의자를 가리켰다. 나는 고개를 끄덕였지만 얼마 안 가 이 자리들이 모두 사람으로 가득 차리라는 게 믿기지 않았다. 아라레는 심리의 진행 방식을 설명했다. 먼저 내가 선서를 할 것이다. 크고 분명하게 말해야 한다. 끄덕임으로 대답을 대신할 수 없고 귀에 들리게 '네'라고 답해야 한다. 이의가 제기되면 말을 멈추고 판사가 내게 다시 말해도 된다고 허가할 때까지 기다려야 한다. 질문 받은 사안에 대해서만 직접적으로 대답한다. 우는 건 상관없지만 너무 감정적인 걸로 비춰지는 건 피해야 한다. 내 대변인은 증언대와 가까운 의자에 앉을 것이지만 증언을 하는 동안 내게 말을 걸 수는 없다. 나는 브록을 알아보겠는지 질문을 받을 것이다. 그들은 법정에서 내 진짜 성을 빼고 샤넬 도라고 부를 것이다. 피고 측 변호사의 심문을 개인적인 일로 받아들이지 말라. 피고 측의 질문은 아라레가 그의 관점을 파악하고 재판을 준비하는 데 도움이 될 것이다. 나는 항상 진실을 말해야 한다.

아라레가 하는 말을 전부 듣기는 했지만 나는 주로 브록과 그 변호사가 앉게 될 의자를 쳐다보았다. 목구멍에서 꼬집히는 듯한 통증이 느껴졌다. 내가 충분히 눈을 깜박이면 마치 그들이 눈앞에 나타나기라도 할 것 같았다. 아라레는 피고 측 변호사가 나에게 말을 하고 있을 때라도 굳이 그를 보고 있을 필요는 없다고 말했다. 나는 청중을 바라보고 친구에게 시선을 고정시켜도 되었다. 하지만 친구는 아무도 오지 않을 것이었다.

클레어는 프랑스에 있었다. 티파니는 나와 같은 편 증인이라서 법정에 들어올 수 없었다. 엄마가 법정에 오려고 했지만 내 초점이 엄마를 보호하는 쪽으로 바뀌게 되리라는 걸 알기 때문에 방

청은 반대했다. 나는 엄마가 상처받는 게 싫어서 진실을 온전히 밝히지 못하고 말을 삼키게 될까 봐 두려웠다.

아라레는 병원과 경찰서에서 했던 인터뷰 녹취록이 들어 있는 두툼한 황색 파일을 건넸다. **시험처럼 공부할 필요는 없어요.** 그녀가 말했다. **그냥 기억을 되살리기 위한 거예요.** 법원 속기사가 다가와서 자기를 소개했다. 짧은 머리에 날렵한 안경을 쓰고, 마치 자신이 그 장소의 책임자라도 되는 것처럼 편안하게 걷는 여자였다. 그녀는 판사와 가까운 책상에 앉을 예정이었다. **걱정 말아요.** 속기사는 자기 눈으로 직접 나를 볼 수 있도록 안경을 내리며 미소를 지었다. **긴장되면 그냥 나를 봐요.** 그녀가 윙크를 했다.

이 중 일부는 친숙한 느낌이었다. 열여덟 살 때 나는 한 교수님의 구어 수업을 들었다. 발표를 하기 전 우리는 항상 발표 장소에 가서 조명과 무대를 확인하고 마이크를 테스트했다. 나는 일상생활에서는 수줍음을 탔지만 무대에서는 달랐다. 몇 걸음 차이로 나는 다른 사람이 되었다.

대학 신입생 때 한 친구는 잠에서 깨어 보니 어떤 남자가 자신을 강간하고 있었다고, 정신이 오락가락하는 와중에 처녀성을 잃었다고 내게 말했다. 그녀는 그래서 두어 주 수업에 가지 못했지만 괜찮다고 말하며 어깨를 으쓱했다. 그로부터 일주일도 안 되어 나는 〈나이스〉라는 구어 수업 발표문을 썼다. **나는 이 삶에서, 반란이 하룻밤을 위해 내 치아 교정기를 착용하지 않는 곳에서, 좋은 사람, 착한 사람으로 지내는 게 신물 난다. 나는 감정을 자극하고, 적을 만들고, 약간 타락한 사람처럼 보이고 싶다. 약간의 잡년**

짓을 하고 싶고, 약간의 똥을 뭉개버리고 싶다. 이 지점에서 이야기가 부풀어 오를 때 사람들은 웃으면서 박수를 치고, 펀치를 날릴 때 재밌어한다. 그러다가 나는 이렇게 말한다. **정신을 잃은 내 친구에게 자기 거시기를 쑤셔 박은 새끼를 향해서.** 갑작스러운 정적.

네 거시기가 자보다 짧아서 자의식이 강해진 거니? 그래서 내 친구를 지배할 수 있게 인사불성으로 만들어놨니? 네 덜렁거리는 거시기가 네 손이 그렇게 잘생긴 걸 몰라보는 바람에 네 얼치기 불량배는 현실 친구가 필요했고, 그래서 넌 엑스칼리버를 놓고 그녀를 홀로 데리고 범했구나. 어린이용 수영장보다도 얕은 너 같은 놈한테 그녀가 모멸당했구나. 나는 품위 없는 네가 불쌍하다, 불쌍해… 나는 청중 한 명 한 명과 눈을 마주치면서 이 부분을 반복했다.

너는 나를 비열한 년이라고 부르겠지만 나는 네가 네 불알을 목 놓아 그리워하게 만들 거야. 나는 그렇게 네 손톱만 한 페니스를 무찌르고 그걸 마무리하기 위해… 거기에 총을 쏠 거야. 사람들은 고함을 치고 발을 구르면서 폭발했다. 내가 〈나이스〉를 가지고 시 경연 대회에 나갔을 때 심사위원석에서는 10점이 쏟아졌다. 부모님은 어리둥절해하면서도 나를 지지해주셨다. 시를 발표할 때마다 나는 그가 보고 있기를 바랐다.

당시는 첫사랑과 사귀던 중이었으므로 이 시를 쓰고 낭송하는 일이 쉬웠다. 나는 안전했고, 섹스는 친절했고, 그 시는 내가 아닌 내 친구를 위한 것이었고, 나는 화려한 언어유희로 빠르게 말하고 입으로 거시기를 처단함으로써 박수갈채를 받을 수 있었으므로 힘이 세다고 느꼈다. 이제는 의식이 없는 동안 폭행을 당한 사람이 되었기 때문에 입을 열기가 거의 불가능했다. 텅 빈 법정의 마이크 앞에 앉아서 나는 그저 고개를 끄덕였고, 그 무대 주위를 걸어 다니면서 내 어린 자아에 대해, 그녀가 어디로 가버렸는지에 대해 생각했다.

티파니는 심리 전날 저녁에 집으로 차를 몰고 왔다. 팰로앨토에서 24시간도 못 있고 다시 서둘러 강의실로 돌아가야 했다. 티파니는 법정을 본 적도, 아라레를 만난 적도 없었다. 우리는 똑같은 과정 속에서 힘들어하고 있지만 티파니를 보살피거나 준비를 도와주는 사람은 아무도 없다는 게 이상했다. 나는 증언은 오히려 기억이 있는 동생 쪽이 더 힘들 거라고 주장하곤 했다. 그 남자가 빤히 쳐다보면서 무슨 짓을 했는지 설명해야 할 테니까. 그리고 동생에겐 숙제가 있었고, 다음 날 아침에는 마치 증언 같은 일은 없었다는 듯이 강의실에 앉아 있어야 했다.

우리는 무슨 옷을 어떻게 입어야 돼? 동생이 물었다. 구글에서 여성의 법정 복장을 검색해보니 손을 허리에 올리고 긴 머리칼이 부드러운 덩굴처럼 굽이치고, 폭이 좁고 긴 치마에 뾰족구두를 신은 다리는 층계 난간처럼 가는 키 큰 여자가 나왔다. 대체 어떻게 해야 우리가 이렇게 보일 수 있담. 바깥은 어두웠고, 우리는 바닥이 흰색으로 반짝이는 콜스 백화점에서 어슬렁거렸다. 나는 내 대변인에게 도움을 요청했다. **편안하면서도 예의바른 차림으로 하세요.** 접수했다. 동생은 바지는 입지 않고 미니언이 그려진 커다란 셔츠 차림으로 피팅룸에서 나왔다. **내가 이러고 나타나**

면 그 사람들이 어쩌려나. 내가 말했다, **티파니, 이건 진지한 일이야.** 그러고는 크리스털 장식이 박힌 7부 바지에 선캡, '축복받음'이라고 적힌 셔츠를 입고 걸어 나왔다.

폐점 안내방송이 머리 위에서 울려 퍼질 때가 되자 우리는 놀이를 그만두고 비즈니스 캐주얼 코너로 투항했고 두 팔이 무거워지도록 흙빛 스웨터를 골랐다. 티파니는 끝단이 아래로 살짝 내려가는 고동색 크루넥 스웨터를 입고 나왔다. **증언하러 가는 거야, 아니면 저녁 식사로 스파게티가 나오는 애들 모금 행사에 연설하러 가는 거야?** 단추 달린 꽃무늬 셔츠를 입으니 유행에 뒤떨어진 비서 같았다. **젠장, 재니스, 내 납세자 식별번호 증명요청서 팩스로 보내는 거 잊지 않았지?** 결국 난 오래된 우유 같은 색의 부드럽고 조용해 보이는 스웨터 하나를 찾아냈다. 에밀리의 새 유니폼. 나는 연필을 빌려줄 만한 사람처럼 보였다. 동생은 찬성의 의미로 고개를 끄덕였다.

이제 날이 완전히 어두워졌고 녹취록을 공부할 시간이었다. 우린 종이더미를 쌓아놓고 식당 테이블 양 끝에 앉았다. 아빠가 엄마한테 **우리 딸들이 여기 있어서 행복하지 않아?** 하고 말하는 소리가 들렸다. 이렇게 즉흥적으로 온가족이 다시 한자리에 모이게 된 데 대해 고마운 마음이 든 것도 사실이었다. 하지만 우리가 모두 같이 있게 된 이유가 불길하게 그늘을 드리웠다. 우린 무거운 침묵 속에서 녹취록을 읽었고, 간헐적으로 종이를 넘기는 소리만 한 번씩 끼어들 뿐이었다. 처음부터 쐐기 박듯 정해진 가장 중요한 규칙 중 하나는 티파니와 내가 그 사건에 대해 토론할 수 없다는 점이었다. 우리의 사실들이 너무 긴밀하게 협력하면 공모 혐의를 받을 수 있었다. 하지만 티파니는 옆에 있어주는 것만으로도 큰 힘이 되었고, 내가 그 밤을 다시 체험할 수 있게 해주었다.

녹취록을 들여다보고 있자니 감정이 안으로부터 새기 시작했다. 한 줄 한 줄을 읽는 것은 마치 천천히 물로 채워지는 방 안에 있는 것 같았다. 방은 계속 숨을 쉴 수 있을 정도의 공간, 물과 천정 사이에 얼마 안 되는 공기만 남을 때까지 채워지고 채워졌다. 이제 물이 내 위로 차오르겠다 싶은 순간 물은 그 자리에 멈췄다. 나는 그것이 나를 다시 익사시킬 수 없음을 알았다. 그건 지난 일이었고, 폭행은 이 종이 안에 갇혀 있었다. 물이 빠지기 시작했다.

나는 나의 모든 사실들을 순서대로 정리하는 메모를 타이핑하면서 집중했다. 15분이라는 정해진 시간 내에서 그 밤을 뒤로 그리고 앞으로, 내가 그 파티에 가기로 결심한 순간부터 병원에서 집으로 향하던 순간까지 암송할 수 있을 정도로 세부사항을 깊이 새겼다. **떨려.** 동생이 말했다. **괜찮을 거야.** 내가 말했다.

긴장되면 법원 속기사를 봐. 나한테 윙크해줬어. 그 사람들은 네가 모든 걸 기억하리라고 기대하지 않아. 열 달이나 지났잖아! 간단해, 우린 그냥 진실을 말하는 거야. 다들 '와, 쟤는 천사네. 그치만 저 남자는 나를 빌어먹게 불안하게 만드는군' 할 거야. 게다가 우린 콜스 백화점에서 70달러를 썼잖아. 그러니까 말하자면 그 값은 해야지. 우린 숨길 게 없으니까 겁낼 필요 없어.

맞는 말이었다. 그리고 그렇게 말하니 나도 그런 기분이 들었다. 동생은 이제 미소를 짓고 있었다. 나는 동생이 자기 문서를 살펴보게 놔두고 내 방으로 갔다. 눈물이 흐르기 시작했다. 내가 덧붙이지 않은 한마디가 있었다. **나도 떨려. 무슨 일이 일어날지 전혀 모르겠어.**

플라스틱 보안검색대는 내 출입구, 이 낯선 세계에 들어서는 진입로였다. 보안요원은 엄마와 티파니와 나를 귀지를 모아서 조각한 것 같은 더러운 노란색 소파가 비치된 작은 피해자 대기실로 안내했다. 다리가 금속 재질인 책상에는 너덜너덜하고 오래된 잡지들이 쌓여 있었다. 뚜껑 없이 말라버린 매직이 든 희뿌연 가방. 먼지 쌓인 가정폭력 안내책자 더미. 코팅된 빨간 포스터에는 굵은 노란색 글씨로 이렇게 적혀 있었다. **피해자에게는 자신의 사생활과 위엄을 존중받고 공정한 대우를 받을 권리, 형사적인 청소년 사법 절차 전 과정 동안 협박·괴롭힘·학대로부터 자유로울 권리가 있습니다.** 아이들이 그린 그림이 남아 있는 종이들, 어떤 종이에는 심장 그림 안에 알아보기 힘든 글씨로 **나는 무서우니까요**라는 글씨가 적혀 있었다. 엄마는 지저분한 공간에서 불편해했고, 어떻게든 더 나은 곳으로 만들어보고 싶어 가까운 카페에 가서 따뜻한 우유와 과자, 먹기 좋게 자른 멜론을 사왔다.

법원에서 내 유일한 지원군이 되어주기로 한 줄리아의 어머니 앤은 오는 중이었다. 줄리아는 그 학기에 해외에 있었다. 나중에 줄리아가 캠퍼스에 돌아왔을 때, 밤에 그 남학생 사교클럽을 지나갈 때마다 공황 발작에 시달린다는 사실을 알게 되었다. 그 일은 그 후 2년간 지속되었다.

기다리는 동안 대변인 브리가 도착했다. 나는 그녀가 머리를 자른 걸 알아보았다. 그녀가 내가 혼자 남겨지지 않도록 YWCA에서 배정해준 사람이 아니라 마치 정상적인 환경에서 만난 친구라도 되는 것처럼 그녀의 헤어스타일에 대해 이야기하는 게 좋았다. 브리는 내가 안절부절못하는 걸 보더니 발바닥으로 땅을 누르고 있으라고 말했다. 현실에 발붙이기 기법이었다. 브리는 지갑에서 인형을 하나 꺼냈다. 털이 늘어진 스파게티 같은 길쭉하고 밝은 파란색 닥스훈트 인형이었다. **거기 있는 동안 뭔가 쥐어짤 게 있으면 도움이 될지 몰라요.** 그녀가 말했다. 나는 인형을 쭉 잡아당기고 흔들어댔다. 티파니는 말랑말랑한 해골을 받았다.

아라레는 그들이 준비되면 나를 데리러 올 예정이었다. 한 시간이 지났다. 김이 나던 내 우유가 차가워졌다. 노크 소리에 동생이 내 손을 꼭 쥐었다. 나는 브리와 아라레를 따라 복도를 걸어갔다. 선서할 때 오른손을 들어야 하나, 왼손을 들어야 하나, 다 까먹으면 어떡하지, 내가 지퍼를 잠갔던가, 내가 멀쩡해 보일까. 초조해지기 시작했고, 호흡 소리가 귀에 들릴 정도였다. 나는 내가 내는 소리를 의식하게 되었고 공포를 감추지 못해서 당황스러웠지만 검사 입장에서는 내가 기절하는 것보다는 힘겹게 호흡하는 게 더 나을 거라고 생각했다. **한번 보세요.** 검사가 말했다. 문에 나 있는 길쭉한 직사각형 창문을 통해 방 안을, 많지 않은 청중을, 그의 뒤통수를 훑었다. 나는 그의 목덜미 맨피부를 보고 얼어붙었다. 사람들의 눈에 띄지 않는 이 마지막 순간을 계속 부여잡고 싶었다. 하지만 아라레는 문을 열었고 거길 통과하지 않을 수 없었다.

이번에는 그들의 첫 증인, 샤넬 도를 부르겠습니다. 내가 들어서자 사람들의 머리가 돌아갔고, 시선을 어디에 둬야 할지 알 수 없었다. 오른손을 들고 선서를 하기 위해 파란 닥스훈트를 왼손으로 옮겨 쥐었다. 내가 말했다. **맹세합니다.** 내 강간 재판이 아니라 결혼식에서 처음으로 말하게 될 줄 알았던 단어들. 나는 사람들의 눈이 나를 뜯어보는 걸 느낄 수 있었다. 내가 아시아계라서 사람들이 놀랐을지, 내가 성인 여자처럼 보일지 어린애처럼 보일지, 상상보다 덜 예쁘고 평범해 보일지 궁금했다. 어째서 그 남자는 외모가 더 나은 사람을 고르지 않았던 거야. 그만, 무슨 생각하는 거야, 조용히 해. 증언대를 향해 발걸음을 옮기면서 계속, 계속 걷고 싶었지만 손에 내가 앉을 의자 뒷부분이 닿자 정면을 향하고 자리에 앉았다. 결국 여기 왔군.

편안하게 있으라는 말이 들려왔다. 무슨 뜻인지 이해할 수 없었다. 나는 의자를 앞으로 당기고 싶어서 들어 올렸고, 모든 사람들이 지켜보는 가운데 쭈뼛쭈뼛 의자를 1~2인치 정도 앞으로 당겨 앉았다. 아라레는 내게 크게 그리고 분명하게 말하라고 한 번 더 알려주었다. 나는 떨리는 손으로 가느다란 마이크 거치대를 내 앞으로 당겼다. 누군가 헛기침하는 소리가 들렸다. 브리는 연대의 의미에서 청중을 바라보며 내 오른편 아래 의자에 앉아 있었다. 청중은 많지 않았지만 그 몇 안 되는 사람들도 나를 긴장시키기에 충분했다. 어떤 사람들일까, 왜 여기 왔을까. 나는 아라레 옆에 있는 김 수사관을 알아보았다. 익숙한 얼굴, 작은 안도감.

내 왼편에서 좀 떨어진 곳에 있는 브록은 그저 하나의 덩어리였다. 나는 시선을 아라레의 얼굴에 고정하고 그녀 주위의 모든 것이 사라지게 놔두었다. 아라레는 자신의 자리 뒤에서 엄마들이 자기 젖먹이를 응원할 때, 처음으로 걸음마를 시작할 때 아기를 향해 손짓하며 미소를 짓듯 나를 향해 미소를 짓고 있었고, 나는 최대한 능력껏 미소로 되받았다.

우리에게 성을 제외한 이름을 말하고 철자를 알려주세요.

샤넬이에요. 내가 대답했다. **씨-에이치-에이-엔-이-엘.** 머리카락이 한 움큼 단번에 잘려나가는 기분이었다. 돌이킬 수 없는 날랜 상실감. 내 이름은 더 이상 내 것이 아니었다. 이제 나는 이 방의 모든 사람들이 이 비밀을 지켜주리라 믿을 수밖에 없었다. 시간을 지체하지 않고 곧장 나이, 학력, 거주 지역으로 넘어갔다. 나는 해질녘의 아라스트라데로 보호구역에 대해, 티파니와 줄리아에 대해, 타코 전문점에 대해, 윗면을 덮지 않은 내 치킨 타코에 대해, 매워서 물을 마신 일에 대해, 집에 와서 아빠가 차려준 저녁을 먹은 일에 대해 이야기했다. **그 볶음 요리와 브로콜리와 타코 말고 그날 다른 걸 먹었나요? 아니요.** 나는 대답한 뒤 잠시 뜸을 들였다. **그러니까 그날, 그날은 더는 기억이 안 나요.** 열 달 전 그날 점심은 먹었겠지만 그게 뭐였는지 어떻게 알겠는가.

아라레는 내가 스탠퍼드에 왜 갔는지 물었고, 나는 남학생 사교클럽 파티에 가서 줄리아를 만나려 했다고 말했다. 그리고, 분명히, 그날 밤은 그렇게 됐어요. 그치만 애들이 시내에 요거트 아이스크림을 먹으러 가자고 했다면 그렇게 했을 거예요. 그게 인터내셔널 클럽에서 열리는 스탠퍼드의 다른 파티였다면 거기에 갔을 거고요. 굳이 남학생 사교클럽 파티라서 간 게 아니었어요. 내 왼편에서 어떤 남자의 목소리가 들렸다. **존경하는 재판장님, 마지막 부분, 대답의 약 3분의 2 또는 4분의 3 지점에 대해 문제제기 하고 싶습니다. 질문에 대한 대답은 이미 앞부분에 다 나왔습니다.**

나는 소리가 난 쪽을 돌아보았다. 각진 얼굴에 은발, 검은 정장을 입은 피고 측 변호사가 자기 노트 쪽으로 몸을 구부리고 마치 내가 거기 없는 사람인 듯 말하면서 앉아 있었다. 판사가 대답했다. **알았어요. 대답의 마지막 두 문장은 질문에 대한 답으로 간주하지 않겠어요.** 나는 내 단어들이 허공에서 총에 맞은 새처럼 추락하는 모습을 보았다. 나는 그에게 손가락 하나 까딱하지 않고 내 증언을 삭제할 힘이 있다는 사실을 몰랐다. 가장 당황스러운 부분은 그가 요거트 아이스크림에 대한 문장에 이의를 제기했다는 사실이었다. 우리가 중요한 문제를 다루게 되면 무슨 일이 벌어질까?

아라레는 남학생 사교클럽에 가기로 한 결정에 대한 질문을 계속 이어갔고, 남자는 내 문장을 다시 또다시 베어냈다. **알았어요. 그럼 삭제합시다.** 나는 목에 전기충격 목걸이를 두른 개였고, 리모컨은 피고 측 손에 있었다. 입을 뗄 때마다 나는 충격을 느꼈고, 혼란스러워하며 뒤를 돌아보았다. 나는 내 말이 잘려나가는 게 싫어서 도를 넘지 않게 조심하게 되었다. 그는 되는대로 지껄이는 걸 두려워하도록 날 훈련시키고 있었다.

아라레는 질문을 세분화했고 그래서 나는 내 질문에 살을 붙일 수 있었다. **당신은 남학생 사교클럽 파티에 가기를 원했나요?** 아

니요. 내가 말했다. 신경이 쓰여서 더 이상은 말하고 싶지 않았다. **어째서죠?** 더 풀어서 말할 수 있는 기회. **제가 남학생 사교클럽 파티에 가고 싶을 이유가 뭐가 있어요?** 내 짜증에 내가 놀랐다. **남학생 사교클럽 파티에 가서 좋을 특별한 이유도 거기서 만날 사람도 없었어요.** 한 가지 사실을 이해시키는 일이 얼마나 힘들던지. 결국 우리는 말을 주거니 받거니 하면서 좋은 리듬을 타게 되었다. 얼마 안 가 그날 저녁이 몇 인치 크기로 살아 움직이게 되었다. 법정이 사라지면서 내 주방의 낡은 리놀륨 바닥이, 검은 테두리의 시계가, 파란색과 노란색 가는 줄무늬 벽지가 보이기 시작했다. 내가 뭘 마셔야 했는지 질문 받았을 때는 유리병 안에 든 적갈색 액체와 나무 조리대 위에 놓인 머그컵을 볼 수 있었다. 어떤 종류의 위스키였냐는 질문에 나는 기억을 모으면 라벨을 읽을 수 있다는 듯 눈을 가늘게 떴다. 계단 아래, 빨간 컵 더미, 넓은 목재 테이블, 엎질러진 주스, 사람 머리로 가득한 지하, 미닫이 유리문 밖에서 뒤로 흘러나온 사람들, 나무 아래 쪼그려 앉았던 일, 신발에 튀지 않게 하려고 조심했던 일, 시멘트로 된 옥외 테라스의 부드러운 소음으로 돌아왔던 일, 이러쿵저러쿵했던 일들.

모든 시시콜콜한 내용을 되짚고 가벼운 음주 행위의 애매모호함을 한 모금 단위로 몇 분씩 끊어서 섭취의 연대기로 나열하는 일이 마치 정상이라는 듯 이 모든 질문이 어찌나 진지했던지 나는 어안이 벙벙했다. 시간은 분으로, 길이는 야드로, 액체는 온스로 해부되었다. 거기까지 차로 얼마나 걸렸는지(**7분이요**), 우리가 언제 도착했는지(**11시 15분이요**), 내가 누구와 함께 있었는지, 엄마가 우리를 어디에 내려줬는지, 우리가 다른 파티에 가본 적이 있는지, 사람이 얼마나 많았는지(60명이요, 20분 뒤에는 100명이었어요), 내가 밖에서 화장실까지 얼마나 걸어갔는지(15야드요). 내 확신은 거의 희극처럼 느껴졌다. 누구든 어떻게 그렇게 확신할 수 있지? 나는 아라레가 질문을 던지는 스타카토 리듬에, 온 힘을 쥐어짜 내 마음을 들여다보는 데에 너무 진이 빠져서 내 마지막 기억을 향해 조금씩 다가가고 있다는 사실을 눈치채지 못했다. 나는 손에 맥주를 들고 미소를 지으며 어깨를 흐느적대는 내 모습을 보았다. 티파니가 거기 있었고, 그 주위에 친구 한둘이 있었다. 나는 그들을 바라보며 내가 대학 시절을 그리워하는지 생각했지만 사실 별로 그립지 않았고, 그 시절로 되돌아갈 수 있다 해도 절대 똑같지 않으리라고 생각했다. 이제 나는 티파니가 대학 시절의 달콤한 방탕함 속에서 뛰어다니는 모습을, 내가 하룻밤 그 일원이 될 수 있다는 사실에 행복해하는 모습을 보았다.

그다음에 무슨 일이 있었죠?

내 머릿속 작은 영화가 중단되고, 음악이 잦아들고, 현관등의 불빛을 받고 있던 사람들이 사라졌다. 암흑, 그냥 암흑이었다. 나는 검사를 바라보았다. 말 없는 공포, 눈의 깜박임. 내게는 대답이 없다. 그녀는 내가 물가에서 첨벙거릴 수 있도록 내 배를 잡고 있다가 이제 손을 놓았고 내가 밑으로 가라앉는 모습을 지켜보았다. **깨어나 보니 병원이었어요.** 단어들이 나를 떠나면서 내 머리가 앞으로 떨어졌고 생각이 흩어졌다. 검사가 뭔가를 물었지만 내 반응은 없었다. 속기록을 보면 법원 속기사는 "(고개를 가로저음)"이라고만 적어놓았다.

나는 어떤 소리, 긴 울부짖음, 새된 옹알이가 오르락내리락하는 소리를 들었다. 소리는 점점 커졌고, 나는 그 소리를 멈출 수 없었다. 누군가 내 어깨를 잡아주기를 바랐지만 아무도 내게 다가오지 않는다는 사실을 깨달았다. 내가 울다가 사라지는 동안 냉정하게 자기 자리에 앉아 있는, 낯선 사람들로 가득한 방. 내가 사랑하는 사람들을 이 문밖에 두고 오다니, 중대한 실수였다. 나는 두 손으로 얼굴을 가렸고 눈을 꼭 감았다. 내가 아무도 볼 수 없다면 그들도 더 이상 나를 볼 수 없을 것이었다.

판사 쉬었다 할까요?

검사 네.

판사 잠시 휴정합니다. 전 나가 있을게요. 감사합니다.

검사 아, 여기 컵이요.

나는 모든 사람이 침묵을 깨고 옥신각신하는 소리를 들었다. 마치 **문 닫아, 그 여자가 사라졌어** 하고 말하듯. 나는 나를 향한 모든 시선이 실처럼 잘리고 끊기는 상상을 했다. 판사가 판사석에서 나가는 소리를 들었다. 검사의 구두가 나를 향해 또각거리며 다가와서 내 증언대 위에 놓인 스티로폼 컵에 물을 따르는 소리를 들었다. 나는 여전히 얼굴을 가린 채 파란 닥스훈트 인형을 뺨에 대고 누르고 있었다. 브리가 나를 일으켜 세워서 법정 문을 빠져나가 복도를 지나 화장실로 데려다주었다.

문이 닫혔다. 마침내 정적. **이거 힘드네요.** 내가 말했다. 내 목소리는 들릴 듯 말 듯 희미했다. 일이 이런 식으로 흘러가서는 안 되었다. 나는 그 방에 있는 모든 사람들 앞에서 내가 나라는 이유로, 곤드레만드레가 될 정도로 혼자 술을 마시고 이제는 마이크에 대고 눈물에 젖어 헐떡이는 소리를 내는 사람이라는 이유로 당황하고 말았다.

아라레는 고동치고 흐릿한, 어떤 부드러운 중심을, 그날 밤과 아침 사이의 잃어버린 어떤 기억을 건드렸다. 그녀는 언제 어떻게 들어갈지를 고민하면서 그 중심의 주변을 서성이는 게임을 해야 했으리라. 갑자기 들이닥치면 나를 놓치고 또 놓치게 될 테니까. 나는 확신했다. 아라레의 좌절감이 점점 커졌으리라고 생각했다. **우리한테 약점이 생겼어.** 내 자신감이 점점 옅어지고 있었다.

잘했어요. 브리가 말했다. 나는 그녀를 바라보았다. 브리는 동정심이 아닌 존경심에 가까운 무언가를 담아 미소 짓고 있었다. 종이 타월 뭉치를 들고 있는 그녀는 오늘 오전 일로 상기되고 희망에 찬 듯한 모습이었다. 여기서 우리가 겪은 일이 브리에게는 상당한 의미가 있었던 모양이었다. 나는 피로감과 내 뺨에 얼룩진 진회색 화장 자국밖에 느끼지 못했다. 어쩌면 지금 우리의 상황 때문에, 이런 게 크게 느껴지는 건지도.

놀랍게도 나는 내 발에 이끌려 다시 브리를 따라 법정 문으로 들어섰다. 그녀가 내 오른쪽에 자리를 잡자 우리 둘이 은밀한 클럽하우스에서 돌아온 듯한 기분이 들었다. 나는 잘 해냈어. 이 사실이 그녀의 존재만큼이나 단단해졌다.

심리가 다시 시작되자 아라레는 테라스 바깥에 서 있던 나의 마지막 기억으로 돌아갔고, 그 연약한 중심을 다시 건드렸다. **처음에 깨어나서 어떤 기분이었는지 설명해줄 수 있어요?** 그녀의 시선이 내게 붙박였다. 나는 그 기분을 설명할 수 없었다. 나는 많은 생존자들이 그렇게 하지 못한다는 사실을 안다. 나는 아직도 깨어나는 중이라고 주장할 수도 있을 것이다. 하지만 내가 대답을 내놓기 전까지는 우리가 아무 데도 가지 못하리라는 사실을, 언제든 대답할 수 있을 때까지 기다렸다가 다시 돌아와서 시작하리라는 사실을 이해했다. 그래서 나는 노력했다.

나는 말라붙은 피 사이에서, 사라진 속옷 사이에서, 얼굴을 일그러뜨리고 가슴을 들썩이며 흐느꼈다. 단어에 호흡이 섞였고, 나 자신을 엉망으로 만들며 못난이가 된 기분이었지만 이 모든 것들 아래서 나는 날랜 클릭 소리, 법정 속기사의 손이 나를 담아내는 소리, 앞으로 질주하는 키보드의 작은 발소리, 우리가 움직이는 소리를 들었다. **잠시 시간이 필요한가요? 심호흡을 하세요. 좋아요. 그게 그냥 솔잎 한 개였는지, 아니면 머리에 솔잎이 몇 개 정도였는지 설명할 수 있나요?** 모든 세부사항, 모든 감정을 밀어내고, 밀어내고. **간호사가 생식기 검사를 했나요? 상당히 불편한 검사였죠?**

이 지점에서 나는 잠시 말을 멈추고 얼굴을 문지르며 앉아 있었다. 내가 너무 많은 내용을 공유하면 모두가 불편해질 것이다. 하지만 검사가 질문을 하고 있었다. 내가 어째서 내 몸에 행해진 일들에 수치심을 품어야 하는가. **부리처럼 생긴 플라스틱 기구를 삽입 당했어요.** 내가 말했다. **항문은 면봉 검사를 받았고요.** 간호사들이 제 질을 파란색으로 칠했는데 그건 찰과상을 확인하려고 그랬던 것 같아요. 다리를 벌리고 사진을 찍었어요. 옷을 다 벗은 채로 찍혔죠. 그러니까, 맞아요.

약간 가벼워진 기분이었다. 나는 내 진실을 당당하게 진술했고, 잠시 동안 권력을 쥐었고, 그 남자들을 어쩔 줄 모르게, 그들이 눈을 내리깔게 만들었다. 나는 마이크에 대고 다시 항문이라고 말하고 싶었다. 나는 자세를 허물었고, 머리칼은 핀에서 흘러나왔고, 지쳐 있었다. 얼추 다 끝났으리라.

샤넬, 이 증거품을 한번 봐주세요. 그리고 여기에 사진으로 찍힌 물품 중에서 아는 게 있는지 얘기해주세요. 사진? 내 마음속에서 항상 그 폭행은 진술된 대화에 의해 구축된 장면이었다. 아라레는 책상 위에 커다란 사진 몇 장을 늘어놓았고, 나는 내 맨 손목과 발목이 포개져 있는 사진을 얼핏 보았다. 아라레는 커다란 사진 한 장을 들고 내 증언대로 다가왔고, 사각의 현실이 내 자리로 미끄러져 들어왔다. 나는 본능적으로 뒤로 물러났다.

직사각형은 온통 빗금이 죽죽 그어진 밝은 고동색이었다. 나는 잠시 그 사진을 들여다보다가 그게 수천 개의 솔잎임을 깨달았다. 그 가운데 작고 흰 천 조각과 파란색 핸드폰 커버가 있었다. 내 작디작은 두 개의 소지품. 그러니까 여기가 내가 발견된 곳이었다.

그때까지 나는 그 자리에 있으면서도 마음으로는 거리를 두고,

내 왼편에 있는 금발 남자를 전혀 모르는 척하려 애썼다. 내게 현실은 병원에서 깨어난 그 어리둥절한 아침, 내 머리칼에서 빼낸 따끔거리는 솔잎뿐이었다. 하지만 이제 여기서 그 장면들이 서로 연결되고, 내 마음속 검은 조각이 이 밝은 고동색으로 채워지기 시작했다. 잘 모르는 사람이 사진을 들여다보면 흰 천 조각이 눈에 들어올 것이었다. 하지만 나는 내 속옷을 보았고, 잘 들여다보면 빛바랜 검은 땡땡이와 허리끈에서 늘어진 실이 보인다는 사실을 알았다. 피해자는 너다. 그건 어떤 시점에 내가 그곳에 있었고, 지금 내게서 몇 발짝 떨어진 곳에 앉아 있는 정장 차림의 남자가 내 맨엉덩이 뼈 위를 손으로 더듬었다는 뜻이었다. 내가 그 사람의 몸무게에 눌려서 옴쭉달싹 못하고 내 머리칼이 땅에 끌리고, 그의 손이 내 노출된 젖꼭지를 누르고, 그의 입이 내 목을 향해 벌려져 있는 동안. 그는 내 두 다리를 벌리고 벌레 같은 손가락을 내 안에 밀어 넣고 있다. 이 모든 현실은 너무 거대했고, 너무 빨리 팽창했고, 극심한 공포가 일었다. 나는 이제 그의 존재를 완전히 의식한 채로 그 사진을 응시했다.

아라레는 그 사진을 치우고 다른 사진을 내밀었다. 이번 사진은 동생에게서 아홉 통의 부재중 전화가 걸려왔음을 보여주는 내 핸드폰 스크린샷을 확대한 것이었다. 다음은 루카스의 문자. **티파니한테 널 챙겨달라고 말해, 제발. 아 네가 걱정돼.** 그들이 공황 상태에 빠졌다는 증거. 나는 몸을 잔뜩 움츠렸다. 얼굴이 건조했고, 턱이 덜덜 떨렸다. **샤넬.** 내 이름이 들렸다. **오늘 여기 법정에 있는 누군가와 좋은 시간을 보내는 데 관심이 있었나요?** 나는 고개를 들고 그를, 자신의 무릎을 내려다보고 있는 그의 머리 꼭대기를 똑바로 쳐다보았다. 그는 현실이다. 저게 진짜 그 남자다. 나는 그가 듣고 있음을 확인하고 싶었다. 고개 들어.

아뇨.

이 말을 중심으로 침묵이 파문을 일으켰다. 내 마음은 분명히 밝혔으니, 모든 질문이 사라져서 무가 되리라. **당신이 함께 좋은 시간을 보냈을지도 모르는 누군가가 이 법정에 있는지 알아볼 수 있나요?** 나를 쳐다보기를 거부하는 그의 모습이 우리 둘 다 이 질문에 대한 대답을 알고 있음을 내게 말해주었다.

아뇨.

내 혀에서 이 단 한마디가 자양분처럼, 어떤 새로운 맛처럼 느껴졌다. 나는 이 작은 두 음절이 씨앗처럼 그의 귓속으로 미끄러져 들어가 그의 내장에 자리 잡고 그의 폐를, 심장을 밀어내며 팽창하기를, 안에서 밖을 향해 그를 질식시키기를, 그를 압도하고 단추 채운 셔츠를 터뜨리기를 바랐다.

검사는 연단을 서류로 톡톡 치면서 미소를 짓고 고개를 한 번 끄덕했다. **더 이상 질문 없습니다.** 그녀가 말했다. 1부가 끝났다. 피로감이 내 안의 공포와 싸워서 이긴 것 같았다. 나는 피고 측에게 협박 당한다는 게 뭔지 배웠고, 그 변호사가 평판 좋고 유명하고 최고라는 말을 들었지만, 그가 자기 서류를 정리하는 동안 그는 나이가 꽤 든 사람이고 어쩌면 누군가의 할아버지일지 모른다는 사실을 여유 있게 받아들이고는 그가 야구공을 아래로 던지는 모습을 상상했다. 그 변호사가 자리에서 일어서는 모습을 보고서야 약간 오싹한 기분이 들었다. 그의 얼굴은 자연스럽게 축 처져서 찌푸린 상이었고, 나는 그가 내 사지를 찢어놓으려고 여기에 와 있음을 다시 떠올렸다.

좋은 아침이에요, 샤넬. 그는 미소를 지었지만, 나는 미소가 진짜 미소처럼 보이려면 한 박자 이상 지속되어야 한다고 생각하는데 그의 미소는 너무 빨리 사라졌다. 그래도 나는 따뜻한 미소로 되받으며 그에게 미소를 유지하는 법을 가르쳐주었다. **주로 당신이 이미 받은 질문들을 바탕으로 몇 가지를 물어보고 싶어요. 확인 차원에서요.** 그가 말했다. 그는 마치 우리가 같이 산책 중이고, 이건 그냥 친구 사이의 대화라는 듯 가벼운 태도였다. 그게 거슬렸다. 이 거짓된 예의바름, 뜬금없는 화기애애함.

그의 질문은 다시 타코 전문점에서 시작되었다. 이제 와서 하는 말이지만 타코 집에 대해 그렇게 많은 질문이 나올 줄 알았더라면 그날 타코 집에 가지 않았을 것이다. **집에 가기 전에 타코 집에 들른 건 저녁을 먹으려고 그랬던 거라고요? 거기서 타코를 하나 먹었고요? 음료수는 안 마셨나요? 물이나 콜라나 뭐 아무거나?** 그는 자신의 노트에서 고개를 들어 실눈을 뜬 것 같은 표정으로 나를 바라보고 난 뒤 고개를 끄덕이고 나서 마치 뭔가를 확인하려는 듯 다시 노트로 돌아갔다. 그의 접근 방식은 의외였다. 길게 뜸을 들이고 리갈패드 노트를 천천히 뒤적이고, 우리가 기다리는 동안 기록을 하고. 나는 속사포 같은 반대심문을 예상했지만 그 대신 그는 시간을 들여 나의 모든 단어를 심사숙고하고 평가하는 것 같았다. 긴 침묵이 이어지는 동안 나는 점점 불편해졌다. 나는 계속해서 그를 응시했다.

그의 질문은 검사의 질문과 거의 비슷했고, 이미 우리가 다뤘던 모든 것을 다시 짚었다. 이런 식으로 들렸다. **볶음 요리라고 당신이 증언했죠? 위스키인가요? 양껏 먹고요? 브로콜리요? 누가 그걸 준비했죠? 같이 마시고요? 당신이 거기서요? 네 잔요? 10분? 맞아요? 술? 그 시간 내내? 동생이랑요? 당신을 믿어요? 몇 잔? 샴페인? 저는 믿어요, 그래서 얼마나 많이요? 동생도 마셨나요? 대충? 그 파티요? 그전에? 뭐라고 말했죠? 동생은 아니었어요? 둘 다 그랬어요? 얼마나 많이? 뭐하는 동안? 다시 얘기해줄래요? 스탠퍼드요? 같은 시간에? 대략? 아니면 동생하고? 누구랑 같이? 당신은 언제? 그걸 당신이 봤나요?** 강하게 때리는 게 아니라 콕콕 찌르는 것 같은 질문들. 그가 고개를 들 때마다 나는 그와 눈을 맞추면서 내가 한 발 한 발 그와 보조를 맞추고 있음을 보여주려 했는데, 그는 그걸 점점 어렵게 만들었다. 아라레의 질문과는 달리 그의 질문은 점점 무질서해졌고, 내 머리로 시각적인 서사를 유지하기가 점점 힘들어졌다. **첫 줄하고 둘째 줄 사이에 있는 그 빨간 컵에 당신이 따른 술을 마셨을 때가 밖에 나가서 소변을 보기 전이었나요, 후였나요? 당신이 스탠퍼드에 간 그날, 남학생 사교클럽에 간 그날 베이지색 카디건을 입고 있었다고 했는데, 맞나요? 그건 스웨터죠?** 이 남자가 나한테 카디건이 스웨터냐고 묻는 건가? 나는 진지하게 던져지는 실없는 질문에, 거기에 뭔가 의미가 있을지 모른다는 생각에 불안해졌다. 그는 내게 그 파티에서 내가 노래를 불렀는지 물었다. 손잡이 달린 술병 하나에 액체가 몇 온스 들어가냐는 퀴즈도 있었다. **증언한 내용 가운데 테이블 위에 있는 의자에 서서 혼자 춤을 췄다고 묘사한 것 같은데요.** 이 질문에서 나는 가구를 쌓아 올리고 머리가 천정에 닿는 높이까지 올라간 상상을 하며 미소를 지었다. **테이블 위에 있는 의자 위라고요?** 내가 말했다. **네.** 그가 말했다. **제가 잘못 이해했나요?** 그는 무표정하게 나를 바라보았다. **바닥에 놓인 의자 위였어요.** 내가 말했다. 나는 그가 그걸 받아 적는 동안 잠시 기다렸다. **다른 사람들은 모두 테이블 위에 있었고요.**

좋아요. 그가 말했다. **그러니까 당신은 그냥 의자 위에 있었군요. 병원에 있었을 때 몸에 상처가 생겼다는 걸 알아차리지 못했다고 했죠?** 나는 그렇다고 바로 동의할 뻔했지만 그런 말을 한 적이 없음을 깨달았다. 그는 어째서 내가 그런 말을 했다는 듯이 질문하는 걸까. 그는 일관된 톤과 속도로 쌓아 올린 가구 이야기에서 몸에 생긴 상처 이야기로 부드럽게 넘어갔고, 그의 쉬운 질문에 풀어질 대로 풀어진 나는 갑자기 나한테 농담을 하는 건가 싶은 생각이 들었다. 질문에 대한 답으로 나는 말라붙은 피에 대한 이야기를 시작했지만 그는 그건 링거바늘 때문에 생긴 거라며 재빨리 묵살했다. **그럼 그 외에는 몸에서 다른 상처를 알아차리지 못한 거네요?** 그의 질문은 진술을 가장하고 있었다. **당신은 알아차리지 못했다, 당신은 알아차리지 못했다.** 그는 내게 뭔가를 강요하고 있었다. 내가 말했다. **목에 생긴 긁힌 자국을 제외하면요.** 그가 다시 받아쳤다. **그게 당신이 알아차린 유일한 상처라는 거죠?** 내가 말했다. **네.** 그는 자기가 원하는 걸 얻었다. 나는 그가 내게 대답을 던져주고, 그걸 내가 동의하고 싶은 방식으로 포장하고, 이야기가 부드럽게 흘러가도록 만든다는 느낌을 받았다.

그때 집에 있는 화장실 거울 앞에 돌아서서 운동복 바지를 내리고 엉덩이에 생긴 빨간 부분을 확인했던 기억이 떠올랐다. 나는 재빨리 바지를 다시 올리고 뭔가가 옮기라도 한 것처럼 손을 씻었다. 몇 달간 이 일에 대해서는 생각하지 못했는데, 지금에서야 그 기억이 말뚝에서 풀려나 내게 그 모습을 드러냈다. 하지만 이걸 어떻게 설명하지? 억눌려 있던 기억이 의식의 수면으로 보글보글 떠올랐다는 사실을? 나는 이미 그렇다고 말했다. 맥주 터뜨려 마시기에 대한 질문, 그 사람이 열쇠를 가지고 맥주에 구멍을 냈는지, 그게 열쇠고리에 달린 열쇠 같은 진짜 열쇠였는지 같은 질문에 휩쓸려서 다른 상처는 없었다고 증언을 했고, 영원히 기록에 남을 것이었다.

질문은 난데없이 끝났다. 그 남자가 자리에 앉았다. 나는 자유의 몸이 되었다. 내가 자유라고? '이거 진짜예요? 내가 지금 걸어나가도 아무도 날 막지 않는 거예요?'라고 묻듯 아라레를 쳐다보았다. 그리고 그녀가 고개를 끄덕이자 나는 그 자리를 나왔다. 피해자 대기실로 돌아왔을 때 두 가지가 눈에 들어왔다. 첫째, 내 닥스훈트가 목이 졸려서 단단한 매듭이 되어 있었다. 내가 내 작은 친구를 거의 죽이다시피 했다는 사실에 경악했다. 나는 조심조심 닥스훈트를 풀어냈다. 그다음으로는 양손 모두 엄지와 검지 사이의 피부에 손목까지 이어지는 깊고 빨간 초승달 모양이 새겨진 것을 발견했다. 내 몸의 상반신은 가만히 있었지만 엄지손톱이 피부를 파고들어 손바닥과 팔뚝 살을 파헤치며 긴장을 풀었던 것이다. 법정에서 생긴 이 버릇은 사라지지 않았다. 이제 내가 깊이 생각하거나 스트레스 상황에 처하면 내 손은 나도 모르게 단단히 말리고 꼬집기 시작한다. 밤이면 손과 팔뚝에 통증을 느껴, 껍질을 벗기고 그 안에 묻혀 있는 뜨겁고 진한 통증을 퍼내다가 팔과 손가락이 텅 비고 흐물흐물해지는 상상을 한다.

나는 끝났지만 동생은 아니었다. 동생의 친구 엘리자베스가 동생을 봐주러 와 있었다. 티파니는 아라레가 질문하는 시간을 포함해서 증언하는 내내 엘리자베스와 눈을 맞출 계획이었다. 동생은 나처럼 피고 측 변호사와 눈싸움을 하면서 자기 구원의 의지를 다지고 그를 교화하기 위해 애쓸 필요를 느끼지 못했고, 그저 심문을 잘 끝내기만을 바랐다. 나는 이런 동생을, 항상 자기가 원하는 바를 정확히 알고 선한 에너지로 자신을 감쌀 줄 아는 동생을 사랑했다. 누가 이야기하든 무시하고 이 둘이 서로에게 시선을 고정하고 있는 모습은 상상만으로도 흡족했다.

그 둘이 돌아왔을 때 내가 알아차린 첫 번째는 그들의 눈, 힘이 풀리고 반응이 없는 눈이었다. 그건 내게 모든 걸 말해주었다. 줄리아를 태우러 갔던 날 밤이 떠올랐다. 줄리아는 노트를 들고 방향감각도 없이, 맥을 못 추고 서 있었다. 티파니가 다시 차를 몰고 학교로 갈 시간이었다. 티파니에게 말했다. **내가 같이 갈게.** 나는 우리가 떨어졌을 때 일어날 일이 두려웠다. 우리가 제대로 치유되지 못할 것 같은. 남부 캘리포니아에 갈 계획을 미리 세우지 못했고, 돌아올 방법도 없었다. 내가 조수석에 앉아 있어야 한다는 것이 내가 이해한 전부였다. 나는 엄마에게 언제든 돌아와서 엄마와 아빠를 보겠다고 말했다.

티파니와 나는 어떤 상황에서도 웃음거리를 찾곤 했다. 내가 첫 남자친구와 말다툼을 할 때면 티파니는 자기 방에서 드라마 사운드트랙을 크게 틀곤 했고, 그래서 우리가 잠시 말을 멈추기만 하면 극적인 피아노 선율이 배경에서 연주되는 가운데 서로를 노려보는 상황이 연출되곤 했다. 하지만 차 안에 앉은 우리 중 누구도 이 축 처진 분위기를 끌어올릴 방법을 생각해내지 못했다.

그날 밤 나는 프레임 없이 바닥에 놓인 동생의 매트리스 위에 누워 배경음으로 세탁기 소리가 들리는 가운데 마침내 휴식을 취할 수 있었다. 이런 평화의 순간을 얻게 된 데서 만족감을 느꼈다. 내 빨간색 작은 공책을 꺼냈다. 핸드폰 불빛을 공책에 비추고 이렇게 적었다. **벌써 이긴 기분이다.** 나 자신을 향한 작은 끄덕임이었다. 나는 내 모습을 드러내는, 불가능한 일을 해냈다. 증언대에서 내가 우는 모습을 본 사람들은 내가 나약한 사람이라고 생각했을지 모르지만, 나는 그게 내 힘을 드러내는 조용한 시작이라고 믿었다. 나는 내가 할 수 있으리라고는 전혀 생각하지 못했던 일을 해냈고, 결승선에서 아직 멀리 떨어진 곳에서 알 수 없는 이유로 상대편으로부터 모욕을 당했지만, 살아 있었다. 우리는 나란히 누워서 잠들었다.

다음 날 아침, 잠에서 깨어보니 **스탠퍼드 성폭력 사건 여성 증언하다**라는 제목의 기사가 올라와 있었다. 나는 간절한 마음으로 링크를 클릭했다. 에밀리는 **감정적인 증언**을 한 것으로 묘사되었다.

그녀와 그 동생은 세 남자가 그들에게 준 맥주를 마셨고 그 뒤 에밀리가 병원에서 깨어났다고 보도되었다. **아라레 검사는 에밀리를 압박하며, 그 두 사건 사이에 일어난 일을 기억하느냐고 한 번 더 물었다. 에밀리는 "아뇨" 하고 대답하고 울기 시작했다.** '울다'라는 말이 물 한 방울처럼, 그렇게까지 작아 보인 적은 한 번도 없었다. 모든 게 평평하게 눌리고 단순화된 기분이었다.

어떤 기사는 내 대학과 필라델피아에 있는 남자친구를 언급했고, 티파니의 이름을 여덟 번 집어넣었다. 그 방에서 티파니와 함께, 나와 함께 앉아 있었으면서도 그들이 그렇게 가볍게 우리를 노출시켰다는 것이 이해가 안 됐다.

에밀리는 자신이 취했던 정도를 "너무 취해서 내가 취했다고 생각하지 못할 정도"라고 설명했다. 속기록을 보면 그날 받은 모든 질문의 수를 세어볼 수 있다. 검사가 한 질문이 220개. 피고 측 변호사가 한 질문이 102개. 그날 아침 나는 그 자리에서 322개의 질문에 대답했는데, 그들이 선택한 언급할 만한 인용구란 이것이었다. 나는 댓글란으로 내려갔다. **내 어린 딸들이 대학에서 그리고 그 이후에도 선택을 잘하기를 바란다.**

흐름에는 아무런 변화가 없으리라. 축하할 이유도 전혀 없다. 나는 모습을 드러냈다는 이유로 벌 받는 기분이었다. 쉴 새 없는 논평, 공식화될까 봐 계속 겁냈던 그 판단 속에서 진이 빠져버렸다. 자부심은 빠르게 종적을 감췄고, 트집을 잡고, 조롱하는 목소리에 자리를 내줬다. 이제 나는 내가 그걸 할 수 있다는 사실을 알았다. 그리고 거기에 얼마나 많은 대가가 따르는지도 알았다.

목표가 상처를 치유하고 다음으로 넘어가는 거라면 이건 그 방법이 아니었다. 치유에는 공백이, 인내가, 양분이 필요했다. 치유를 하려면 부드럽고 어두운 지하에 씨를 심어야 했다. 기자들은 마치 삽으로 땅을 헤집고 씨앗을 파내 맨껍질이 보이게 한 뒤 다시 지상에 올려두는 것처럼 행동했다. 나는 남아서 구멍이 팬 땅에 무릎을 꿇고, 산산조각 난 씨껍질을 깊이 넣고 손으로 흙을 토닥였다. 하지만 법원 출석일이 닥치면 언제나 더 많은 삽이, 더 많은 혼란이 일어날 것이었다. 일이 많이 벌어질수록 땅을 파는 데 쓸 수 있는 내 에너지는 줄어들었다. 무언가 자라날 거라는 믿음도 말라죽을 것이다.

그 주에 나는 말하는 것을, 내 작은 빨간색 공책에 글 쓰는 것을 중단했다. 몇 시간 동안 잠을 잤다. 티파니의 옷 무더기를 개켰고, 목걸이를 정리했고, 오래돼서 말라버린 마스카라 통을 버렸고, 구겨진 종이를 반듯하게 폈다. 이 사건이 우리 두 사람을 넘어뜨리지 못하게 할 거야. 나는 칙칙한 옷을 입고, 철저하게 혼자이고, 계속 울기만 하는 에밀리로부터 벗어나서 필라델피아로 돌아가 나 자신이 될 계획을 세웠다.

혼자인 밤에 모래주머니 20개가 가슴을 누르는 기분이 들면 나는 경찰 보고서를 열어서 읽곤 했다.

욘손이 터너를 따라잡았고, 다리를 걸어 터너를 넘어뜨렸다. 땅에 쓰러진 터너는 일어나려고 했다. 욘손은 그가 일어나서 다시 도망치려 하는 것처럼 보였다고, 그래서 땅에서 일어나지 못하게 그를 막았다고 말했다. 욘손은 다리를 벌리고 터너 위에 올라타서 팔

을 잡았고 아른트는 터너의 다리를 잡았다. 그는 터너에게 상황이 파악될 때까지 일어나지 못하게 할 것이고 자신은 피해자가 괜찮은지 확인하고 싶다고 말했다.

나는 이것이 단순히 가해자와 피해자 간의 싸움이 아니었음을 다시 떠올렸다. 제삼자, 스웨덴 남자들이 있었다. 이들은 관찰자를, 행위자를, 행동하고 이야기를 바꾸기로 선택한 사람들을 대표했다.

진술하는 내내 여러 번 욘손은 매우 화를 냈고, 상황을 설명하다가 울음을 터뜨릴 지경에 이르렀다는 점을 지적할 필요가 있다. 그는 말을 중단하고 여러 번 심호흡을 하고 난 뒤에야 다시 진술을 시작할 수 있었다. 그는 그런 일을 목격하고 개입하게 된 건 극히 충격적인 사건이었지만, 생각할 것도 없이 그 자리에서 그 상황에 바로 반응했다고 말했다.

우리는 다른 이들 안에서 이 본능을 길러낼 필요가 있었다. 본능적으로 옳고 그름을 분별하는 능력. 그것을 무시하기보다는 직시할 수 있는 마음의 명료함. 나는 그들이 브록을 추격하기 전에 나를 확인했음을 알게 되었다. 남성성은 종종 육체적인 성질로 규정되지만, 무릎을 꿇고 내 상태를 확인했던 그 행동은 다리걸기만큼, 몸싸움만큼 위력적이다. 남성성은 연약함 속에, 눈물 속에 있다.

스웨덴 남자 두 명 모두 증언을 위해 심리에 나타났다. 나는 폭행이 있던 그날 밤, 그들이 그를 땅에서 움직이지 못하게 결박하고 이렇게 말했음을 알게 되었다. **씨팔 뭐하는 짓이야? 여자가 의**

식이 없잖아.

이게 괜찮다고 생각해?

뭘 보고 웃어?

여자한테 미안하다고 말해.

나는 살아남는 것이 의지나 낙천성 덕이라고 생각하지 않는다. 내게는 그것들이 없었으니까. 회복에는 몇 주가 걸릴 것이고, 우울함이 덮쳐올 것이다. 하지만 그 10월, 스웨덴 남자들은 내 안에 이 새로운 목소리를 알려주었다. 나는 그들처럼 말하는 법을 익혀야 했다. 어느 날 나를 공격하는 사람을 마주보며, '씨팔 뭐하는 짓이야'라고 말하기 위해.

6

루카스는 필라델피아 센터시티 월넛 스트리스 16층에 살았다. 나는 건물마다 첩첩이 쌓인 사각의 격자형 불빛들을 사랑했다. 길거리 배수구 뚜껑 사이로 모락모락 올라오는 따뜻한 수증기. 얼룩덜룩한 소시지와 분홍빛 고기가 진열된 이탈리아 식료품 가게들과, 발그레한 지문으로 뒤덮인 푸주한의 작업복. 주먹만큼 커다란 맛초matzo 경단이 든 수프. 박물관의 희뿌연 대리석 바닥. 작은 서점들. 강가에서 경쾌하게 무리 지어 달리기를 하는 팔다리 튼튼한 대학생들. 야생화를 파는 아미시[현대 문명과 단절되어 농경생활을 유지하는 기독교의 교파 공동체] 가족들. 루카스는 같이 길을 걸어가다가 주도로를 가리키며 말했다. **체스트넛 스트리트, 월넛 스트리트야. 더 작은 길은 캐슈넛이라는 이름을 지어줄 것 같아.** 루카스는 매일 공원에서 체스 세트를 들고 앉아 있는 빅 비Big B를 소개해주었고, 루카스가 가장 좋아하는 로스트비프 샌드위치를 살 수 있는 장소를 보여주었다. 그는 자신의 학교에서 내가 가입할 수 있는 모든 클럽의 명단을 주었고, 나를 데리고 돌아다니며 친구들에게 소개했다. **나를 적응시키고 있네.** 나는 생각했다. **내가 여기서 지냈으면 좋겠다고 말하고 있어.** 나는 여기가 그해에 나의 집이 되는 상상을 즐겨 하긴 했지만, 곧 있으면 헤어지게 될 세상과 친해지는 게 무의미한 것 같아 공원 이름이나 버스 노선을 마음에 담아두지 않았다.

짧은 겨울방학이 다가오고 있었고, 루카스는 따뜻한 어딘가, 어쩌면 인도네시아 같은 곳에 다녀오자고 이야기했다. 나는 학교 친구들하고 같이 가라고, 법원 출석일이 정해질 때까지는 여행을 갈 수가 없다고, 게다가 돈을 아껴야 한다고 말했다. **여행을 갔다가 돌아와야 되면 돌아오면 되지.** 그가 말했다. 나는 우리가 바나나무가 얼룩덜룩한 그림자를 드리운 흙길을 따라 모터 달린 자전거를 타고 가다 재판이 재개된다는 연락을 받고, 꿈 같은 여행의 온기가 사라지는 상상을 했다.

오랫동안 나는 내게는 즐거움이 허락되지 않는다고 스스로 말했다. 나는 내가 하고 싶은 모든 일들을 **각설탕 아이디어**라고 부르기 시작했다. 소송은 규칙적인 일상의 모든 외관을 단번에 녹여버리는 뜨거운 물이 담긴 냄비였다. 집에 있던 달에 나는 행정직 두어 군데에 지원했지만 답변이 왔을 때는 이미 필라델피아에 있었다.

폭행 사건이 일어난 지 거의 1년이 되었지만 나는 내가 아직도 출발점에 있다는 걸 알게 되었다. 커플의 1주년은 함께한 1년을 축하하고, 생일은 1년의 성장을 나타낸다. 폭행 1주년은 제자리 걸음의 1년을 나타냈다. 재판을 할 때 우리는 모든 것을 다시 시작한다.

트라우마는 어떤 일정이든 충실히 지키기를 거부하고 있었고, 시간과 협력할 생각이 없는 것 같았다. 어떤 날은 별처럼 멀기만 했고 어떤 날은 나를 완전히 집어삼킬 수 있었다.

나는 법적 절차가 드라마 속 법정 장면들을 이어붙인 연쇄로 이루어진다고 예상했다. 아무도 내게 기다림에 대해, 사이사이 붕 떠버린 무정형의 몇 달들에 대해, 그것이 모든 것을 요구하는 방식에 대해, 그러다가 아무것도 요구하지 않는 방식에 대해 경고해준 적이 없었다. 이해에 법정 증언일을 중심으로 내 삶이 붕괴되는 동안, 실제 증언은 고작 하루만 소요되는 일 같은 건 상상해보지도 못했다. 절차가 진행되는 데 아홉 달이, 준비하는 데 몇 주가, 증언하는 데 하루가, 회복하는 데 이 모든 시간이 걸렸는데, 우린 아직 핵심은 건드리지도 못한 상태였다.

드디어 새로운 소식을 전달받았지만 내가 예상하던 것은 아니었다. 내 대변인이 대학 상담사 일을 하게 되어 다른 곳으로 떠난다는 연락이었다. 나는 새로운 대변인을, 그녀가 믿는 누군가를 배당받을 예정이었다. 그녀는 전화로 작별인사를 하고, 나를 자랑스럽게 생각한다고, 나를 응원할 거라고 말했다. 전화를 끊고 나서 나는 잠시 슬픔에 젖었고, 사람들은 인생에서 계속 이동한다는 사실을 떠올렸다. 그게 그들이 하는 일이고, 일어나야 하는 일이었다.

내 담당 검사 역시 새 부서에 배치되었다. 그녀가 전화를 걸어 이 사실을 내게 알렸을 때 내 마음은 대화에서 벗어나버렸고, 그러다 그녀가 계속 내 소송을 맡을 수 있도록, 이 사건을 끝까지 책임질 수 있도록 요청했다는 말을 들었다. 만일 그녀가 내 사건을 계속 맡지 못하면 내가 새로운 검사에게, 새로운 대변인에게 넘겨질 거라는 생각에 몸을 떨며 나는 아무 말 하지 않았다.

두 사람 모두 떠났다면 열정을 유지하기 힘들었으리라고 생각한다. 내가 뭐 때문에 지속하겠는가? 이 지점에서 나는 누구를 위해 이 일을 하는가? 나 자신? 이게 나를 위한 일이라면 어째서 나는 알지도 못하는 도시에, 직업도 없이 혼자 침대에 앉아 있는 건가. 우리는 종결을 위해, 정의를 위해 싸우고 있었다. 우리가 거기에 도달하는 것은 나를 위한 일이 아니라 나를 희생하는 일이었다.

루카스가 2016년 1월 1일에 출발하는 비행기 표를 샀다. 인도네시아에 대한 생각은 여전히 추상적이었고, 너무 멀어서 손에 잡히지 않는 어떤 것이었지만 비행기 표 자체는 내게 작은 희망을 주었다. 피해자도 인도네시아에 간다. 피해자가 피부에 햇볕을 쬔다. 루카스는 계속 내게 나는 삶을 누릴 자격이 있는 사람임을 상기시켰다.

매일 아침 루카스가 수업을 들으러 갈 때 나는 이마에 가볍게 닿는 그의 입술을 느꼈다. 그다음으로 문이 철컥하는 소리를 들었고, 그건 앞으로 8시간에서 10시간 동안 적막이 흐를 거라는 신호였다. 나는 자리에서 일어나 10분간 양치를 하며 거울 속의 나를 응시하고, 침대시트가 씌워진 소파에 앉고, 바지를 입고, 다시 바지를 벗고, 침대로 기어들곤 했다. 때로 루카스의 룸메이트가 들어와서 주방 싱크대를 쓰고 텔레비전을 켜는 소리를 듣기도 했다. 그러면 아무 소리 내지 않고 내 존재를 지우며 침대 속으로 더 깊이 파고들 이유가 생겼다. 오후가 되면 건물 옥상에 올라가 책을 읽고 사람들이 가까운 발코니에서 담배를 피우며 휴식을 취하는 모습을 구경했다. 때로는 집 밖에 나가 뭐라도 하고 온 것처럼 보이려고 루카스가 돌아오기 10분 전에 깨끗한 옷을 입기도 했다. 하지만 그건 사실이 아닐 때가 많았다.

활기 없음이 게으름으로 비춰졌을 수도 있다. 하지만 그날들은 일요일 오후 같은 기분이 아니었다. 오랫동안 내가 건드리지 않았던 내 마음의 일부가 깨어났다. 1월에 묻어두었던 단지의 뚜껑이 열리고, 깨지고, 내용물이 쏟아져 나왔다. 나는 침대로 돌아갈 때까지 남은 시간을 세면서 사무실에서 보내던 그 모든 날들을 기억했다. 이제 나는 일에서 벗어나는 데 성공했고, 아무런 방해 없이 침대에 누워 있을 수 있었지만 그 자유에는 공허함이 딸려 있었다.

일주일에 한 시간 심리치료사를 만났다. 내 마음속에 든 것에 대해 이야기할 수 있는 제한된 공간. 하지만 그 시간 외에는 침묵이나 편한 대화가 더 좋았다. 루카스가 사건 얘기를 꺼내면 나는 짜증을 냈다. **왜 그걸 나한테 물어?** 난 우리의 모든 대화를 정상적인 삶의 영역으로 몰아넣었다. 저녁 먹으러 어디로 갈지, 강까지 조깅을 할지 말지 같은 결정들로. 나는 손쉬운 결정을, 내가 통제할 수 있는 상황을 원했다.

가끔 클레어가 프랑스에서 스카이프로 전화를 걸었다. 나의 낮은 클레어의 밤이었고, 클레어는 힘들게 재운 아이들을 깨우지 않으려고 조심하면서 속삭이듯 말했다. 클레어는 창문 없는 자신의 침실에서 밝은 분홍색 헤드폰을 꼈다. 나는 클레어를 지하 감옥에 있는 작은 DJ라고 불렀다. 클레어는 수동 변속기로 운전하는 법을 배운 일에 대해, 양말에 뚝뚝 떨어진 젖먹이의 설사에 대해, 아이들과 실크 파자마에 대해 이야기했다. 나는 변호사들에 대한 내 두려움에 대해, 필라델피아의 서늘한 밤에 느끼는 안도에 대해 이야기했다. 비참하면 비참하다고 말했다. 클레어는 **정말?**이라거나 **상상이 안 돼. 힘들겠다. 정말 말도 안 되는 일이야**라고 말하지 않았다. 그냥 고개를 끄덕이면서 동의했다. 이상하게도 덕분에 내가 정상이라는 기분이 들었다. 클레어 역시 이런 감정적인 사건들을 모두 겪었다. 수천 마일 떨어져 있긴 했지만 이세상에 나를 제대로 아는 사람, 여전히 내게 재밌는 이야기를 들려주고 전과 다르지 않게 대해주는 사람이 있다는 게 위로가 되었다.

어느 날 아침, 침대에 누워 있는데 카펫 위에 놓인 작은 내 머리칼 뭉치가 눈에 들어왔다. 그리고 소파 다리를 감고 있는 한 오라기도. 그걸 집어들자 모든 벽의 굽도리널을 따라 늘어선 바닥의 먼지가 눈에 들어왔다. 나는 곧 종이 타월 한 뭉치를 들고 아파트 구석구석을 무릎으로 기어 다녔다. 은식기 서랍에서 플라스틱 포크와 간장 통을 꺼냈고, 포장음식 메뉴 종이를 알파벳순으로 정리했다. 굴뚝을 내려오는 산타의 선물보따리처럼 쓰레기봉지를 빵빵하게 채워서 복도 끝에 있는 금속으로 된 쓰레기 자동 수거 장치에 넣었다. 이 모든 일이 무척 만족스러웠다. 루카스가 집에 왔을 때 나는 빨간 얼굴로 빛나고 있었고 모든 것에서 광이 나고 레몬향이 풍기자 루카스는 어리둥절해졌다. **우와, 이런 거 안 해도 되는데.** 그가 말했다. **그냥 했어.** 내가 말했다. 몇 주 동안 한 일이라곤 그게 처음이었다.

다음 날은 설거지할 그릇도, 닦을 조리대도 없었다. 그릇을 더럽게 만들어야 했다. 어릴 때 집에 오면 엄마는 여자들 열두 명과 함께 정찬용 테이블에 둘러앉아 만두를 빚고 있었고, 그들의 손은 훨훨 날면서 반죽으로 빚어낸 정교한 별미를 산더미처럼 쌓아갔다. 나는 한 번도 같이 만두를 빚어보지 못했고 그저 방에서 숙제를 하면서 한 그릇 또 한 그릇을 받아먹었다. 이제 나는 차이나타운까지 걸어갔다가 왔고, 양팔에는 플라스틱 용기에 밀봉된 분홍빛 간 돼지고기와 삐죽 비어져 나온 기다란 파가 담긴 비닐봉지가 매달려 있었다. 보통은 동물의 축축한 내부를 만지는 것이 별로 유쾌하지 않아서 날고기를 사지 않았다. 하지만 파를 총총 썰어서 고기와 섞었고 손가락을 물에 적셔 만두피 가장자리에 물을 바른 뒤 고기를 조금 집어서 중심에 놓고 만두피를 접어 부드러운 주머니 모양으로 만들었다. 내게는 여자들로 구성된 생산 라인은 없었지만 혼자 앉아 콧노래를 흥얼대며 조리대에 몸을 구부리고 200개 넘는 만두를 빚었다. 나의 외로움이 먹을 수 있는 무언가로, 영양가 있는 무언가로, 고춧가루 섞은 간장에 찍었을 때 맛있는 무언가로 바뀌고 있었다.

먹을 입이 나 하나뿐이 아니라 둘인 것은 충분한 동기가 되었다. 나는 매일 빈 종이 한 장을 뜯어서 요리법을 적고 지갑에 넣은 뒤 필요한 채소와 고기와 향신료를 사러 갔다. 루카스가 사흘간 럭비 토너먼트에 다녀오겠다고 말한 건 볶음 요리를 하고 있을 때였다. **딱 사흘이야.** 그가 말했다. **사흘 내내?** 내가 피망을 팬으로 옮기며 말했다. 72시간 동안 혼자 있으면 난 빠르게 무너져 내릴 것이다. 나는 나만의 생각에서 빠져나올 필요가 있었다. 커피숍으로는 충분치 않으리라.

온라인에서 20달러짜리 미용실 쿠폰을 발견했다. 루카스가 떠나는 날, 공사장을 지나 계단을 올라 대나무와 플라스틱 대야와 옆에 귤을 몇 개 놔둔 작은 부처상이 있는 방에 들어섰다. **조금 다듬기만 해주세요.** 내가 말했다. **여기 온 건 인간과 대화를 할 필요가 있기 때문이에요, 당신이 내 머리를 부드럽게 만져주면 좋겠어요**라고 말하는 것보다는 그 편이 더 쉬웠다. 나는 엄마의 부드러운 손길이, 엄마의 보살핌을 받는 기분이 그리웠다. 내 목이 뒤로 젖혀졌다. 여자는 검은 앞머리를 내리고 오렌지색 앞치마를 입었다. 뜨거운 물줄기 뒤에서 내 머리를 부드럽게 안았고, 내 머리칼은 젖고 무거워지고 라벤더 향으로 가득 찼다. 나는 그녀에게 그녀의 삶에 대해 물었고, 그녀의 대답 하나하나가, 그녀의 걱정들이, 그녀의 관계들이, 그녀의 임신과, 그녀의 토끼들이 나를 내 자신 밖으로 조금씩 끌어냈다. 마침 이름이 티파니인 토끼도 있었다. 그녀는 내가 태국 사람일 거라고 추측했고, 나는 중국계 혼혈이라고 답했다. **캘리포니아 출신이에요. 맞아요. 해변이 멋지죠. 그치만 물은 사실 꽤 차요.** 그날은 덕분에 무사했다.

이틀째. 나는 눈썹을 다듬어본 적이 한 번도 없었다. 또 다른 작은 미용실, 가장자리가 인조 벚꽃으로 장식된 거울들, 카운터에 있는 작고 반짝이는 분수. 나는 벽을 따라 늘어선 의자에 한 줄로 앉은 숙녀들 끝에 앉았다. **기다리게 해서 죄송해요.** 내가 말했다. **괜찮아요.** 진심이었다, 나는 갈 데가 없었다. 내 차례가 되자 나는 또 다른 여자의 손에 나를 맡겼다.

사흘째. 손톱, 15달러. 비가 오고 있었다. 나는 색색의 작은 유리 용기가 늘어선 벽을 살피다 오렌지색을 골랐다. 내 커다란 손이 여자의 날렵한 손가락에 붙들린 죽은 팬케이크처럼 보였다. 나는 반짝이는 미용실 안에서 따뜻했고, 바깥의 인도는 어둡고 축축했다. 내 옆자리 여자는 애플비스[미국의 레스토랑 체인점]에 막 취직을 해서 자축하고 있었다. **모든 게 잘돼가고 있어요.** 그녀가 말했다.

루카스가 돌아왔고, 내 머리칼은 잘 정돈되었고, 손톱은 도로에 놓는 원뿔 색이었다. 나는 내가 만든 리듬과 일상으로 다시 물러났다. 어느 날 오후 나는 세탁기 옆에 서서 표백제를 어느 칸에 넣어야 하는지 고민하다가 문득 멈춰 섰다. **내가 뭐하는 거지.**

나는 작고 깨끗한 물고기가, 루카스는 고래가 되었다. 두 사람 모두 서로에게서 즐거움과 이로움을 얻었지만, 차이가 있다면 그는 자신의 영역에서 위풍당당했고 나는 피라미만큼 작다는 것이었다. 그는 학위를 따고 있었고, 나는 건조기에서 보푸라기를 꺼내고 있었다.

루카스가 캠퍼스에 있는 코미디 클럽에 대해 언급한 적이 있었다. 같은 럭비 팀원인 빈스가 클럽장으로 있는 곳이었다. 어느 날 저녁 외출하려던 루카스가 같이 가자고 했다. 첫 모임에는 남자 15명 정도와 여자 2명이 원탁 테이블에 둘러앉아 있었다. 모두가 곧 다가올 교황의 방문과 치즈 샌드위치에 대한 농담을 수정하면서 아이디어를 내고 있었다. 분위기는 느슨하고 너그러웠다. 나는 검은색 패딩을 입고 루카스 뒤에 있는 의자에 앉아 긴장한 채 말없이 관찰했다.

두 번째 모임이 끝나고 다리를 건너 집으로 걸어가던 루카스와 나는 루카스의 럭비 팀원 한 명을 우연히 만났다. **어디 갔다 오는 길이야?** 그가 물었다. **코미디 클럽.** 루카스가 말했다. **우린 코미디 쇼에 지원할지도 몰라.** 내가 말했다. **멋진데!** 친구가 말했다. **잠깐, 네가?** 그는 마치 내가 달에 갈 거라고 말하기라도 한 것처럼 내게 머리를 디밀었다. 나는 본능적으로 어깨를 으쓱하고, 생각을 털어내기 위해 재빨리 머리를 살짝 저었다. 그러자 그는 마치 '그럼 그렇지'라고 말하는 듯 고개를 끄덕였다. 보일 듯 말 듯 했지만 그의 발끝이 선을 넘어 들어온 것이다. 그는 내 규칙을 몰랐다. 내가 뭘 할 수 있는지는 내가 결정한다는 규칙을. 과소평가 당할 때마다 나는 생각한다. 넌 내 조용함을 나약함으로 착각하는구나. 네가 무대에 서는 나를 상상할 수 없다면 내가 보여줄게.

다음 날 아침 나는 루카스가 학교에 가자마자 일어났다. 소파에 앉아서 **비스쿨**B-school[경영대학원의 구어]에 대해, 내가 말없이 듣기만 했던 모든 대화에 대해 이해가 안 되는 모든 것을 써내려갔다. 알리바바를 〈알라딘〉의 등장인물로 오해한 것에 대해, PE를 하는 남자가 실은 체육을 가르치지 않는다는 사실에 대해 ['Private Equity'(사모펀드)라는 의미의 PE를 'Physical Education'(체육 교육)으로 착각했다는 뜻], 루카스가 마이크로파이낸스가 뭔지 아냐고 물었을 때 **응, 작은 금융이지**라고 말했던 일에 대해. 나는 '파트너'라고 하는 나의 새 역할에 대해, 자신에게 의미 있는 타인들에게 주어지는 그 이름에 대해 생각했다. 주인이 집에 오기를 기다리는 고양이들처럼 창밖을 응시하는 파트너들에 대해. 나는 그들이 당연하게 생각하는 신입 사원 계약 보너스가 내 실제 월급보다 더 많다는 점을 지적했다. 내가 스쿨길Schuylkill강을 발음하느라 얼마나 힘들게 노력했는지 세세하게 적었다. 나는 화장실에서 한 단어 한 단어를 벽돌 쌓아 올리듯 혼자 큰 소리로 읽어가며 10분짜리 내용을 암기했다.

오디션 날 나는 내내 조용히 혼잣말을 중얼거리면서 다리를 건너 캠퍼스까지 걸어갔다. 루카스가 내게 그려준 작은 지도를 가지고. 헌츠먼 홀에 한 시간 일찍 도착해서 화장실 한 칸을 차지하고 앉아 암기한 내용을 반복하고 또 반복해 말했다. 시간이 되자 나는 에스컬레이터를 타고 내려가서 오디션 장소를 찾아냈다. 클럽 대표인 빈스와 리즈가 깍지를 끼고 앉아 있었다. 나는 방문을 닫고 그들의 눈이 때때로 커지는 모습을, 웃음이 여기저기 번지는 모습을 지켜보았다. 그들은 환하게 미소를 띠며 말했다. **고마**

워요, 연락할게요. 나는 고개를 끄덕이고 나왔다. **선발이 안 돼도 상관없어.** 나는 생각했다.

이틀 뒤 이메일이 왔다. 공연 배역이 발표된 것이었다. 나는 이름들을, 뒤섞인 글씨들을 훑으며 내 이름을 찾아보았다. 맨 아랫줄에 있었다. 나는 여덟 명의 남자와 두 명의 여자 중 한 명이었고, 유일하게 학생이 아닌 사람이었고, 그들은 내 배역을 맨 마지막에 넣어두었다. 내가 공연을 마무리하는 것이었다. 나는 주먹을 쥐고 심호흡을 했고, 제자리에서 뛰는 동작을 취했고, 회전의자에 앉아 뱅글뱅글 돌았고 누군가에게 말하듯 입을 벌렸고, 여기에는 아무도 없다는 사실을 기억하며 다시 화면으로 돌아왔다. **내 순서가 몇 번째인지 좀 봐.** 그들이 내게 그 공연을 마무리할 기회를 줬다는 건 내가 잘 해내리라고 믿었기 때문이리라. 온 신경이 불타오르면서도 불안 때문에 위축되고 말문이 막히지 않는 건 9개월 만에 처음이었다. 뭔가를 시작할 연료가 생겼다.

우리는 강가의 한 아파트에서 저녁에 연습을 했다. 몇 명은 수업 때문에 늦게 오거나 면접 때문에 넥타이에 꼭 끼는 정장을 입고 왔다. 나는 늘 샤워를 새로 하고 일찌감치 공연 내용을 준비해 갔고, 배낭에는 코미디 노트밖에 없었다. 이건 그냥 재미 삼아 하는 일이 아니었다. 우리는 번갈아가며 텔레비전 리모컨을 마이크 삼아 쥐었고, 말투를 난도질했고, 농담을 수정하고 반복했고, 그러다 결국 서로의 내용까지 외우게 되었다. 저녁 몇 시간 동안 우리는 얼간이들의 세상에서, 모든 역경이 웃음의 소재로 탈바꿈하는 곳에서 살았다. 나의 작은 일부는 움찔하지 않을 준비를 하고 시시한 강간 농담이 나오기를 기다렸다. 예민한 사람으로 여겨질지도 모른다는 걱정에 내가 불편함을 드러내지 않으리란 걸 알면서. 하지만 강간 농담은 한 번도 나오지 않았다. 그 대신 우리는 털 없는 고양이에 대해 이야기했고, 빈스에게 7월에 준벽June bug[풍뎅이의 일종. 여기서는 7월이 'July'이고 6월이 'June'이라서 하는 말장난]을 봤다는 얘기는 재미없다고 말했다.

어느 날 밤, 모임이 자정 이후까지 늦어졌다. 우린 다 함께 집으로 향했고, 그날 저녁에 두드러졌던 실패작에 대해 이야기하면서 추위를 뚫고 어슬렁어슬렁 걸었다. 사거리가 나올 때마다 한두 명이 집을 향해 사라졌다. 내가 가장 먼 곳에 산다는 사실이 천천히 드러나기 시작했다. 사람 수가 줄어들면서 나와 함께 걷는 발의 수도 줄었다. 나는 어릴 때 여름 캠프에서 친구들이 팔을 퍼덕이며 하나둘 날아가다가 마침내 나 혼자 남게 될 때까지 부르던 노래를 떠올렸다. **목 짧은 대머리독수리 달랑 한 마리, 나는 죽은 나무에 앉아 있는 목 짧은 대머리독수리가 한 마리라고 말했네.**

나는 계획을 세우기 시작했다. 마지막 남자가 자기 집을 향해 방향을 틀자마자 밝은 고깔 모양의 가로등 불빛에 들어가서 선다. 루카스에게 전화해서 나를 데리러 오라고 한다. 하지만 루카스가 이미 자고 있으면? 달린다. 나는 나머지 도로에 가로등이 잘 들어와 있는지, 내 증인이 되어줄 사람들이 주위에 있는지 살펴보았다. 상점은 모두 문이 닫혀 있었다. 인도를 훑어보고, 어느 길로 가야 공원을 가로지르지 않아도 되는지 확인해보았다. 도로 두 개를 가로질러서 편의점까지 뛰어가면 도움을 구할 수 있을 것이다. 거기엔 사람들이 있을 테니. 하지만 이미 사람들의 질문이 귀에 들리는 것 같았다. 그 여자는 밤에 혼자 뭘 하고 있었대? 어째서 다른 사람에게 같이 가달라고 부탁하지 않았대? 어디 출신이래? 코미디라고? 그 여자가 웃기긴 해? 맥주를 몇 잔이나 마셨대? 어떤 농담을 했대? 남자친구는 어디 있었대? 통화 기록이 있어? 옷은 뭘 입고 있었어? 심리 이후로 목소리들이 증폭되어 내 머릿속으로 끝없이 펼쳐졌고, 너무 화가 나서 마지막 남자가 걸음을 멈췄다는 사실도 깨닫지 못했다.

나는 이쪽 길인데. 남자가 말했다. **집까지 걸어가도 괜찮겠어? 내가 같이 가줄 수 있는데.** 나는 약간 아연해져서 남자를 쳐다보았다. 나도 모르는 새에 짜증을 담아 뒤틀린 표정을 지으며 소리 내서 말했나 보다 하고 잠시 생각했다. 그냥 예의상 물어본 말이고 실은 바로 집에 가고 싶은 건 아닌지 의심스러웠다. 하지만 그는 궁금하다는 뜻에서 어깨를 으쓱하고는 참을성 있게 서 있었다. **나는 정말 괜찮아.** 그가 말했다. 그렇게 목소리들은 어둠 속으로 허둥지둥 흩어졌고, 우리 둘은 필라델피아의 평범한 밤에 평범한 도로에서 평범한 인도를 따라 걸어갔다.

이와 비슷한 알듯 모를 듯한 많은 순간에 나는 **이게 나한테 얼마나 큰 의미인지 당신이 알 수만 있다면** 하고 말하는 심정으로 상대의 눈을 들여다보곤 했다. 내 시간 대부분을 무감각하게 보내던 시절, 그저 내 이름을 기억하고 있다는, 또는 내게 작은 도움이 필요한지 물어보는 작은 몸짓은 내 피부에 닿는 온기처럼 따뜻하게 퍼졌다. 건물 관리인인 앤서니는 내가 저녁이면 핫코코아를 두 잔씩 마신다는 사실을 알고 5층에 있는 핫코코아 기계를 언제나 잘 채워두었다. 머리를 동그랗게 말아 올리고 작고 동그란 안경을 쓴 수 마켓의 한국인 아주머니는 내가 가면 미소를 지으며, **안녕, 샤넬. 잘 지내? 며칠 안 보이더라** 하고 말하곤 했다. 그리고 하루 24시간 내가 사는 건물 안내데스크에서 교대 근무를 하는 세 여성 알리시아, 카디자, 조다. 로비가 한산할 때 나는 슬리퍼를 신고 코코넛 맛 아이스바 두 개를 들고 두어 시간 이야기하며 보내려고 엘리베이터를 타고 내려가곤 했다. 이들은 늘 루카스에게 나를 데리고 저녁을 먹으러 가라고 명령하거나, 내가 식료품을 너무 무겁게 들고 오는 모습을 보면 루카스에게 호통을 쳤다. 나는 사람들이 배달 음식을 잘못 다루었다거나 택배가 늦게 왔다며 이들을 탓할 때, 술 취한 남자가 머리가 긴 게 더 좋다면서 왜 머리를 잘랐느냐고 이야기할 때, 이들이 차분함을 유지하는 모습을 지켜보았다. 자신에게 화낼 권리가 충분할 때마저 어깨를 펴고 차분한 어조로 대응하는 모습을, 내가 증언을 위해 기록해놓은 기술을 실제로 펼치는 모습을 지켜보았다. 그리고 마지막으로 저녁마다 내가 집에 안전하게 돌아갔는지 확인하던 코미디 팀원들이 있었다. 나는 이 세상의 이런 작은 구석구석에서 다시 성장하고 있었다. 그들은 나를 브록 터너의 피해자가 아니라, 루카스의 여자친구가 아니라, 샤넬이라고 불렀다. 그냥 샤넬.

공연이 있던 날 나는 음식을 넘기지 못할 정도로 긴장했고, 다른 사람과 대화하기 힘들 정도로 내 생각에 깊이 빠져 있었다. 나는 수 마켓의 모든 사람들에게, 건물의 모든 직원들에게 헬륨 코미디클럽에서 공연을 할 거라고 이야기했고, 이들은 자신들이 볼 수 있게 동영상을 녹화해달라고 부탁하며 내 행운을 빌어주었다. 공연은 저녁 7시와 10시에 두 번 있을 예정이었고, 표 수백 장이 매진되어 공연장에는 사람이 꽉 들어찼다. 무슨 옷을 입을지 고민하다가 법정에서 입었던 연갈색 스웨터가 떠올랐다. 청바지에 그 스웨터를 걸쳤다. 나는 내 모든 시간을 에밀리를 파묻는 데, 그녀를 잊고 억누르는 데 할애했다. 이제는 법정에서 울던 사람이 무대 위에서 웃기는 사람과 같은 인물임을 내게 보여주고 싶었다. 두 사람 모두 내 안에 존재했다.

우리 열 명이 비좁은 공연자 대기실에 모여 있자니 꼭 정신병동 같았다. 혼자 중얼거리고, 벽에 대고 이야기하고, 구석에 옹송그려 열정을 다해 속삭이고. 사람들이 공연장을 채우고, 활기차게 윙윙대는 소리가 들렸다. 마침내 시간이 됐다. 진행자 빈스가 문을, 되돌아갈 수 없는 지점을 통과해 발걸음을 옮겼다.

누군가 무대로 올라갈 때마다 그들 뒤로 문이 닫히고, 억눌린 웃음소리가 벽을 통해 울릴 정확한 순간을 아는 우리는 말 없는 기대감 속에 귀를 기울였다. 한 명 한 명 긴장에서 해방되어 편안해진 어깨로 반쯤 웃으며 돌아왔고, 우리는 하이파이브로 그들을 맞아주었다.

나는 공연자가 무대에 올라갈 때마다 친구들이 아찔한 비명과 고함으로 맞아준다는 사실을 알아채기 시작했다. 루카스는 두 번째 공연에나 올 예정이었다. 누가 내 이름을 불러줄까? 아무도 없었다. 다시 한번 증언대에 혼자 앉은 느낌이었다. **마지막 순서였던 그 여자애는 누구였어? 아주 우울하던데.**

하지만 그때, 그날 다리에서 만났던 남자가 어이없다는 표정으로 나를 바라보는 모습을 보았다. **잠깐, 네가?** 피고 측 변호사가 눈썹을 치켜세우고 내 말을 받아적는 모습을 보았다. 기자들이 법정에서 지루해하던 모습을 보았다. 빛이 오리털 이불의 깃털을 통해 스미던 모습을, 그 아래서 보낸 그 모든 시간을, 너무 외로워서 녹아 없어질 것 같다고 생각했던 날들을 보았다. 가슴 저린, 통증을 기억했다.

그리고 샤워기 아래 서 있던 나를 보았다. 내 코미디 공연의 개요를 욕실에 붙여놓고, 대사를 암기하며, 그걸 활기차게 표현하려 하던. 여기에 올 때까지 나는 얼마나 굶주렸던가. 내 앞 순서가 마무리되는 소리가 들렸다. 박수갈채. 나는 내 이름이 소개되는 소리를 듣고 무대로 나섰다.

완전한 암흑이었다가 요란하게 밝은 조명이 들어오고, 어설픈 박수소리가 찔끔찔끔 침묵을 깼다. 나는 청중을, 검은 덩어리를 바라보았다. 정적 속에서 내 마음은 명료해졌다. 나는 마이크 앞에서 다시 혼자였지만 이번에는 내가 말했고, 사람들은 이의제기 없이 들었다. 내가 말을 시작하자 내 목소리는 수백 명을 정확히 내가 데려가고 싶었던 곳으로 이끌었고, 사람들은 모두 동시에 웃음을 터뜨렸다. 마음이 순식간에 하얘졌다. 나는 속으로는 아이처럼 웃으면서도 겉으로는 무표정하려고 안간힘을 썼다. 소음이 잦아들기를 기다리며 결코 서두르지 않았다. 나는 홀로 서서 충만함을 느꼈다. 이 방을 내 손으로 들고서 돌리고 올리고 내리고 할 수 있을 것만 같았다. 앞으로 10분간 당신은 내가 하는 이야기를 들을 것이고, 우리는 모두 행복해질 것입니다.

공연이 끝나고 모든 출연자가 친구에게 축하를 받으러 청중 속으로 흩어졌다. 나는 안쪽 방에서 물을 마시며 잠시 주저했다. **그냥 나가보자.** 혼자 말했다. 나는 일단 나서보기로 했다

여러 달 동안 나는 공감하는 눈빛, 조용한 목소리로 말하는 전문가들에게 인사를 받았다. 사람들은 항상 내게 휴지를 건넸고, 마치 내가 쉽게 부서지기라도 할 것처럼 부드럽게 토닥였다. 이제 나는 군중을 헤치고 다니면서 사람들의 얼굴이 환하게 빛나는 모습을 지켜보았다. 나는 일순간 그 파트너들의 캣니스 에버딘 [소설《헝거게임》의 주인공]이 되어, 여자들에게 둘러싸이고 지도자로 일컬어졌다. 이 순간 나는 동정이 아니라 존경을 받았다. **와우, 당신은 와우였어요.** 누군가 말했다. **나는 와우다.** 나는 속으로 되뇌었다.

두 번째 공연이 끝나고 나는 루카스에게 달려갔다. 루카스는 나를 안아 올리더니 몇 바퀴를 돌았다. **알아보지도 못할 정도였어.** 그가 말했다. 나는 소심한 자아를 털어내고 수백 명의 증인 앞에서 새로 태어난 기분이었다. 누군가 루카스에게 **당신이 그녀의 남자친구인가요?** 하고 묻는 소리가 들렸다.

내 치료사가 당신의 상처 입은 자아를 지키라고 이야기한 적이 있었다. 마침내 군중에서 벗어났을 때 나는 그녀를 떠올렸고, 그녀가 나를 자랑스러워할 것 같은 기분이 들었다.

다음 날 일어나 보니 루카스는 이미 수업에 가고 없었다. 오후의 햇살이 조용히 내려앉아 있었다. 침대에 누워 있는데 더 이상은 코미디 회의도, 리허설도, 속으로 되새길 주문도 없다는 깨달음이 천천히 덮쳐왔다. 다음 공연을 위한 오디션은 봄에나 있을 예정이었다. 모든 게 꿈만 같았다. 전날 밤에는 일곱 가지 코스 요리가 있었는데, 이제는 그 부스러기를 핥으며 빈 그릇을 바라보고 있었다. 마치 가슴에 있던 우물이 개방된 것처럼 한순간 슬픔이 덮쳐왔다. 나는 내 현실을, 내가 도망치지 못할 그것을 기억했고, 다시 잠에 빠져들었다.

몇 시간 뒤 눈을 떠보니 루카스가 침대에 앉아서 내 어깨를 잡고 부드럽게 흔들고 있었다. 루카스의 눈이 반짝였다. **다들 네 얘기 해.** 그가 말했다. **오늘 학교에서 나한테 말을 건 사람들이 얼마나 많았는지 알아? 봐, 이 이메일들 좀. 난 알지도 못하는 사람들이라구! 사람들이 뭐라고 하는지 좀 봐.** 하지만 나는 그가 뭔가 크게 잘못되었음을, 내 눈이 빨갛고, 내 마음은 이미 저 아래로 끌려가 버렸음을 알아채는 모습을 보았고, 그만큼 재빨리 그는 나를 가슴에 끌어안고 머리를 토닥이고 어르며 나를 다시 *끄*집어 올리려 했다.

다음 날 나는 엄마한테 전화를 걸어 아무 말 없이 울기만 했고, 엄마는 내게 이야기를 들려주기 시작했다. 엄마가 어린 시절 문화대혁명이 시작되었을 때, 도서관이 폐쇄되고 책에서 찢긴 책장은 화장실용으로 사용되었다. 엄마는 낱장의 책장을 발견하면 자기만의 이야기를 만들곤 했다. 엄마는 외할머니가 중국 시골에서 아기를 낳는 모습을 보았고, 아기를 낳는 데 실패한 젊은 엄마들을 보았다. 대학에서 문학을 공부했고, 교내 잡지 편집장이 되었다. 엄마가 미국에서 처음으로 얻은 일자리는 바텐더였고, 처음으로 욕을 배웠고, 동네 사람들은 엄마를 '수지 웡'이라는 작품 속 캐릭터의 이름으로 불렀다고 말했다. 엄마가 뉴욕의 어떤 파티에서 어떻게 아빠를 만났는지, 자정에 어떻게 키스를 했고 결혼을 했는지, 아빠가 엄마에게 어떻게 운전을 가르쳐줬는지, 엄마와 아빠가 어떻게 보더콜리 두 마리와 함께 분홍색 집에서 두 딸을 키웠는지 이야기했다. 내겐 평범해 보일 수 있는 것들이 엄마에게는 결코 호락호락하지 않았다. 상황은 백만 가지 방식으로 다르게 흘러가버릴 수도 있었지만, 어떤 연유로 엄마는 여기 지금의 삶을 이루어냈고, 내가 존재한다는 그 사실은 기적 같은 것이었다. 엄마는 자신의 이야기가 만들어지던 어린 시절에는 수영장으로 꽉 찬 생활, 아이스커피를 마시는 딸들, 야생 양귀비가 가득한 캘리포니아 해안은 한 번도 상상해보지 못했다.

　나는 엄마의 이야기에 귀를 기울이다가 이해했다. 너는 인내심을 가지고 너의 삶이 어떻게 펼쳐지는지를 지켜봐야 해. 그건 네 상상을 넘어설 가능성이 아주 높으니까. 그건 여기서 살아남을지 말지의 문제가 아니라, 살아남았을 때 얼마나 아름다운 것들이 기다리고 있을지의 문제였다. 나는 엄마의 말을 믿어야 했다. 엄마가 산증인이었으므로. 그러더니 엄마는 이렇게 말했다. **좋은 일과 나쁜 일은 우주에서 손을 잡고 온단다. 좋은 게 오기를 기다리렴.**

겨울이 다가오면서 나는 축축한 회색 돌에 붙은 어두운 빨간색과 노란색 잎들에게, 내 토르티야 수프를 먹어주는 럭비 선수들에게, 커피 한잔하자며 나를 불러주는 학생들에게 고마움을 느꼈다. 나는 스토리텔러 클럽에 가입했고, 드래그 쇼와 초콜릿을 주제로 한 파티에 갔다. 나는 이야기를 만들고, 그것을 학내에서 발표하며 바쁜 시간을 보냈다. 가끔은 루카스의 수업에 따라가서 그림을 그리며 시간을 보내기도 했다. 하지만 이게 내 진짜 삶이 아니라는, 현실은 법정 뒤편에서 나를 기다리고 있다는 느낌은 사라지지 않았다. 정신적으로는 늘 고립된 기분이었고, 나는 그저 내 주변 환경을 선택하는 정도의 일을 할 뿐이었다.

아라레가 전화를 걸어서 재판이 내년 언제쯤에나 열릴 거라고 알려주었다. 티파니는 내게 전화를 걸어서 울음을 터뜨렸다. 난 **못해.** 내가 폭행을 당한 건 티파니의 3학년 겨울 학기 때였다. 재판은 티파니의 4학년 봄 학기에 열릴 터였다. 매 학기마다 티파니에겐 학습 부하가 늘어났고 제때 졸업을 하려면 감당하기 힘들 정도였다. 손실이 막심했다.

어느 날 밤 혼자 어느 스토리텔러 행사에 갔더니, 엘리자베스라고 하는 여성이 무료 법의학 검사와 강간 키트 보관을 비롯한 성폭력 생존자의 권리장전을 작성 중인 시민단체 성격의 '라이즈'라는 소규모 팀에 대해 이야기했다. 심장이 벌렁거리고 피부의 숨구멍이 막히는 기분이었다. 나는 나중에 그녀에게 다가갔고, 강간 키트, 몸 안을 너무 들쑤시는 기분, 너무 오래 이어지는 기다림, 부정의 같은 말들이 나도 모르게 두서없이 흘러나왔다.

수도꼭지를 틀어놓은 것처럼 말을 멈추지 못했고, 처음으로 그 일의 무언가에 대해 이야기하고 싶은 기분이었다. 그녀는 기뻐하며 내 말을 들어주었다. **이 일에 대해 많이 아는군요.** 나는 대리인으로 일한 적이 있다고 거짓말을 하고 그 자리를 떴다. 너무 신경이 곤두서서 다시 그녀와 접촉할 엄두가 나지 않았고, 내가 피해자임이 드러날까 봐 걱정이 되었지만 처음으로 새로운 종류의 희망을 느꼈다.

법 절차가 진행되는 내내 나는 항상 따라가려고, 엉망이 되지 않으려고, 법정 용어를 배우려고, 주의를 기울이려고, 규칙을 따르려고 노력하는 기분이었다. 잘 적응하고 싶었고, 내게 기대되는 모든 것을 해낼 수 있음을 입증하고 싶었다. 시스템 자체가 틀렸을 수 있다는 생각, 그것을 바꾸거나 개선할 수 있다는 생각은 한 번도 해보지 못했다. 피해자는 더 많은 것을 요구할 수 있다. 우리는 더 나은 대접을 받을 수 있다. 이건 내 힘겨운 경험들이 쓸모없지 않았다는, 그런 경험 덕분에 가야 할 길이 보인다는 뜻이었다. 시스템 내부에 있음으로써 나는 통찰력을 얻을 수 있다. 내가 더 많은 문제에 부딪힐수록 무엇을 고쳐야 할지가 더 많이 눈에 들어오게 될 것이다. 나는 내 고통을 아이디어로 바꿀 수 있고, 피해자에게 어떤 식의 다른 미래가 가능한지 생각해볼 수 있다.

캠퍼스에서 걷고 있는데 신문 앞면에 실린 통계가 눈에 들어왔다. 여성 네 명 중 한 명이었나, 다섯 명 중 한 명이었나. 정확히 기억나지는 않지만 캠퍼스에서 성폭력을 당하는 여자들이 많아도 너무 많았다. 나를 사로잡은 것은, 화장실 안내판에서 볼 수 있는 것 같은 여성을 나타내는 상징이 모두 회색으로 페이지 전면에 그려져 있고 다섯 중 하나만 빨간 잉크로 칠해져 있는 그래픽이었다.

나는 이 빨간 그림들이 숨을 쉬는, 작은 환각을 보았다. 내 인생은 폭력의 무게 아래 송두리째 뒤틀렸고, 그 피해를 빨간 그림의 숫자로 곱하면 그 크기는 어마어마할 터였다. 그들은 어디 있지? 나는 캠퍼스 곳곳에서 검은 레깅스에 귀마개를 하고 청록색 배낭을 멘 소녀들을 보았다. 우리 몸에 말 그대로 빨간색 페인트가 칠해진다면 이 중 4분의 1이 빨간색 몸일 것이었다. 사람들의 얼굴 앞에 신문을 흔들어 보이고 싶었다. 이건 정상이 아니었다. 전염병이었다, 위기였다. 당신은 어떻게 이 헤드라인을 보고도 계속 걸어갈 수 있나요? 우린 그 심각함에 둔감해진 것이다. 너무나도 익숙한 이야기. 하지만 아직 내게는 오래 묵은 이야기가 아니었다.

단어 하나가 떠올랐다. **또 다른 일.** 나는 기억한다. 학교에서 세 번째 자살이 일어났다는 사실을 알게 된 뒤 사람들은 체념하며 머리를 흔들었다. **또 다른 일이 벌어졌다니 믿을 수 없어.** 충격은 수그러들었다. 더 이상 우르르 쾅 하지 않았고, 찌릿한 통증이 일었다. 아이들이 열차에 몸을 던져 목숨을 버리는 일이 일상이 되면 무슨 일이든 그럴 수 있다.

이것은 더 이상 내 강간범을 상대로 한 싸움이 아니었다. 인간다움을 위한 싸움이었다. 나는 내 이야기에 매달려야 했다. 사람들이 내 말을 듣게 할 방법을 생각해내야 했다. 이 상황을 깨지 못하면 나는 통계가 되고 말리라. 격자무늬에 추가된 또 하나의 빨간 사람.

●

인도네시아 여행이 다가오고 있었다. 루카스가 스쿠버다이빙 얘기를 꺼낸 건 걸어 다닐 때 찬 공기가 귓바퀴를 물어뜯는 12월의 필라델피아였다. **난 스쿠버다이빙 못하는데.** 내가 말했다. **나도 못해.** 그가 말했다. **곧 하게 될 거야.**

일주일 뒤 나는 등에 무거운 탱크를 메고, 얼굴에 부연 고글을 쓰고, 염소 냄새가 가득한 공기 속에서 실내 풀장 가장자리에 서 있었다. 스킨스쿠버의 첫 번째 원칙은 계속 호흡을 하는 것이었다. 쉬운 말처럼 들렸지만 나는 뒤엉킨 빨대로 공기를 빨아들이는 기분이 들었던 공황 발작을, 호흡이 그렇게 간단하게 느껴지지 않았던 때를 기억했다. **항상 호흡하는 걸 기억하세요.**

다시 수면 위로 올라오기 전 다이버는 수면 아래 20피트 지점에서 3분간 멈춰 있어야 했다. 이걸 안전정지라고 하는데 감압을 위한 것이었다. 너무 빠르게 올라오면 혈액 내에 기포가 생성될 수 있는데, 나는 일종의 골치 아픈 샴페인이 혈관 속을 돌아다니면서 아프게 만드는 거라고 상상한다. 수면 위로 올라온 뒤에는 48시간을 기다렸다가 비행해야 했다. 감압으로 인해 사망에 이를 만큼 혈액이 기포로 가득해질 수 있기 때문이다.

이 규칙들은 내게 대단히 흥미로웠다. 내가 무엇을 해야 하는지를 정해주는 몸. 나는 몸을 소홀히 하는 습관에 젖어서 종종 밥을 먹이는 걸 까먹었고, 폭행을 당했을 때는 쳐다보는 것조차 거부했다. 이제 내 몸이 말하고 있었다. 넌 내 말을 들어야 해. 내 요구를 존중해야 해. 우린 협력해야 해. 그렇지 않으면 넌 다치게 될 거야.

교관은 우리에게 옥토퍼스라는 장비를 보여주었다. 모든 장비에 딸린 예비 호흡기로, 위급할 때 다이버의 파트너가 그걸 이용해 호흡을 할 수 있었다. 교관이 나를 지목했다. **공기가 다 떨어졌다고 치고 루카스에게 신호를 보내보세요.** 나는 고개를 끄덕였고, 루카스와 나는 물속으로 잠수했다. 나는 손으로 목을 왔다 갔다 긋는 동작을 하면서 신호를 보냈다. **난 끝났어, 이젠 안 돼.** 나는 내 호흡기를 벗어버리고 손가락으로 입을 두드리면서 루카스에게 공기가 필요하다고 알렸다. 루카스는 팔을 넓게 두 번 저어서 바로 내 옆으로 왔고 자기 장비에 붙은 옥토퍼스를 내밀었다. 나는 그걸 내 입으로 가져갔고 숨을 들이쉬자 폐가 안도감으로 부풀었다. 연습 끝. 우린 수영장 바닥에 앉아 금속 폐 하나로 숨을 쉬었다. 갑자기 쏟아지는 눈물로 눈이 뜨겁고 흐릿해졌다. 나는 생각했다. **지난 몇 달이 바로 이런 느낌이었어.**

1월 초 우리는 인도네시아 길리트라왕안이라는 땅콩 모양의 섬에 도착했다. 목을 핥아대는 태양 속에서 얼굴에 자외선 차단제를 바르고 물 위에 뜬 긴 나무배에 앉았다. 일어나서 허리에 웨이트벨트를 둘렀고, 배 가장자리에 걸터앉았다가 다리를 물속에 던져 넣고 바다를 향해 뛰어들었다. 루카스가 뒤따라 들어왔다.

내 부력 조절 장치에서 공기를 천천히 빼내고 제트팩을 수축시키며 수면 아래로 부드럽게 미끄러져 들어갔다. 점점 아래로 내려가자 귀가 터질 것 같았고, 고막에서 날카로운 맥박이 느껴졌고 고글이 조여졌다. 속으로 인내심을 가지고 몸을 적응시키라고 말하면서 아래로, 더 아래로 가라앉았다.

모든 것이 조용해졌다. 나는 눈을 떴고, 마치 태양이 티백처럼 바다 안에 들어와 있어서 부드러운 빛으로 바닷물을 희석하는 듯, 발광하는 파란색 방 안에서 서성였다. 더 이상 내 생각이 들리지 않았고 오직 내 머리 전체를 채우는 고요한 바람소리 같은 내 숨소리만 들렸다. 주고, 받고, 가고, 오고. 금빛이 섞인 파란색 속에 둥둥 떠서 호흡이 점점 부드러워졌다.

물고기들이 색종이를 내 주위에 퍼붓듯, 자유롭게 내달렸다. 거대한 돌들, 빛나는 스파게티 같은 말미잘. 모래 가까이에서 살금살금 움직이는 흰 지느러미 상어들의 길고 날렵한 몸. 수초가 길고 나른하게 흔들렸다. 나는 면접에 늦은 사람처럼 급하게 허둥지둥하는, 입이 크고 초록색인 감자 모양의 물고기를 향해 움직였다. **팅팅팅.** 교관이 금속 막대로 자기 산소탱크를 두드리면서 머리를 꼼지락대는 장어를 가리켜 보였다. 마치 말싸움을 하다가 상대가 방금 한 말을 믿지 못하겠다는 듯한 동작이었다. **팅팅팅.** 게가 수염을 빗고 있었다. **팅팅팅.** 졸린 눈을 한 작은 물고기가 스펀지 같은 해초 케이크를 우적우적 먹고 있었다. 나는 이 모든 생명들이 내 존재를 전혀 의식하지 않고 일상을 살아가는 모습을 지켜보았다. 이 무언의 세상에서 눈에 띄지 않는 것, 아주 작은 존재가 된 것 같은 느낌이 얼마나 안심이 되는지.

이 아래에는 눈도, 복도도, 건물도, 시멘트도, 신발도, 서류도, 이메일도 없었다. 전화벨 소리도, 고함 소리도, 펜의 딸깍임도, 기계의 신호음도 없었다. 그 모든 게 무의미했다. 모든 세상이 내 호흡 소리만 빼고, 소음을 잊은 채, 적막했다. 나는 두 눈과 고동치는 심장만 남기고 물속에 녹아버려서 아무것도 남지 않게 된 느낌이었다.

정장을 입은 피고 측 변호인이 이마를 햇볕에 태우고, 안경에서 물을 떨어뜨리며, 물속에서 오르락내리락하는 상상을, 그의 넥타이가 해초처럼 휘날리고, 반짝이는 구두 한 짝이 천천히 바닥으로 가라앉는 상상을 했다. 그는 거칠게 발차기를 하고 있었고, 나는 밑에서 안전하게, 적막 속에서 분홍색과 노란색 물고기 군단 사이를 떠다니고 있었다. **당신은 나를 건드리지 못해.**

나는 더 깊이 수영해 들어갔다. 스트레스를 유발하는 생각이 떠오르면 길게 호흡을 내쉬면서 생각을 내보냈고, 물고기들이 그걸 먹어치워서 분해되게 내버려두었다. 70피트 아래, 수영장 여섯 개 깊이까지 내려갔고, 한 시간이, 그리고 또 한 시간이 흘렀다. 나는 통증을, 내 눈을 멀게 했던, 내가 무의 상태로 가라앉는 것을 꿈꾸게 만들었던, 내가 사라지고 싶게 만들었던 고통을 떠나보냈다. 어떻게 너는 이런 세상을 떠나고 싶어 할 수 있니. 이 모든 아름다움과 낯섦을. 마치 세상이 몰래 비밀을 품고 있었던 것만 같은, 수면 바로 아래에 네온 빛의 산맥과 욕조 크기의 조개가 있는 것만 같은 기분이었다. 나는 처음의 통증을 밀어내고, 장비를 갖추고 더 깊이 들어가서, 호흡하는 법을 잘 연습하기만 하면 끝이었다.

어느 곳이 겨울일 때 또 다른 곳은 여름이다. 팰로앨토로, 구두가 타일에 닿으며 울리는 메아리를 들으면서 법정의 창백한 벽과 법률 문서와 미디어의 헤드라인으로 돌아갔을 때에도 나는 **팅팅팅** 소리를 듣게 되리라. 나는 이 세상 역시 존재한다는 사실을, 내가 그 안에 존재할 수 있음을 기억하리라. 이 세상이 현실이듯 저쪽 세상 역시 현실이다.

7

타원형 창문을 통해 어두운 관목이 점점이 흩어져 있는 캘리포니아의 노란 카펫 같은 산을 내다보았다. 나는 비행기가 버스처럼 정류장을 놓칠 수 있어서 잠들었다가 깨어나면 호놀룰루면 좋겠다고 생각했다. 비행기의 배 부분이 땅을 스치며 착륙하는 동안 고속도로를 따라 줄 지어 늘어선 자동차들이 점점 커지고, 샌프란시스코만의 회색빛 물이 우리 밑으로 길게 펼쳐지다가 모든 것이 세밀함을 갖추며 시끄럽고 또렷해졌고, 나는 다시 작아졌다.

나는 내 인생에서 가장 힘든 싸움을 위해 도착했지만 팰로앨토의 그 누구도 내가 집에 있다는 사실을 몰랐다. 혹이 난 어깨로 부모님 집의 문을 밀어서 열고 들어서자, 여행가방이 문턱을 넘으며 비틀거렸고, 바퀴가 카펫 위에서 느려졌다. 연갈색 스웨터를 벽장 속 플라스틱 옷걸이에 걸었고, 내 칫솔을 도자기 배에 담았다.

나는 내 증언일이 언제인지 아직 통보받지 못한 상태였다. 아직 만나보지 못한 새 대변인 마이어스에게 이메일을 보냈다. 그녀는 이렇게 답장을 보냈다. **배심원 선정이 다음 주에 있을 거예요. 3월 14일에 시작해서 3월 16일에 끝날 것 같아요. 당신은 17일이나 18일에 증언해야 할 수도 있지만, 21일이나 22일이 가능성이 가장 높아요.** 이런 상황에서 어떻게 계획을 세운단 말인가? 아라레는 3주나 그 이상, 필요하다고 판단되는 만큼 시간이 걸릴 거라고 말했다. 나는 내 에너지를 어떻게 분배해야 하나, 얼마나 많이 참아야 하나? 내가 견뎌내지 못하면 어떻게 되는 거지? 뇌세포를 죽이며 배기가스가 나오는 주차장에 있으면 안 되는 것과 마찬가지로, 법정에 너무 오래 있으면 안 될 것 같은 기분이었다.

티파니의 겨울학기 기말고사가 배심원 선정이 시작되는 날 시작될 예정이었다. 티파니는 마지막 시험을 보고 나면 작은 더플백에 짐을 꾸려 4학년 봄방학을 법정에서 보내기 위해 차를 몰고 어두운 언덕들을 지나 와야 할 것이었다. 루카스는 자신의 증언 전날 비행기를 타고 올 것이었다. 증언을 하고 나면 이들은 졸업 전 마지막 봄 학기를 위해 떠날 것이었다. 나는 뒤에 남아서 판결을 기다릴 것이다.

재판 2주 전에 **재판 준비 회의**trial readiness conference라는 것이 열린다. 판사, 검사, 변호사가 만나서 준비가 되었는지 확인하는 자리였다. 이 회의가 진행되는 동안 피해자는 그 자리에 참석하지 못하고, 침대에 누워서, 스트링치즈나 잘게 찢으면서 시간을 죽인다. 피해자를 위한 준비 회의는 존재하지 않는다. 증인들이 응원 연설을 위해 한 방에 모여서 서류철에 손을 올리고 팀 구호를 외치는 일도 없다. 나는 다른 목격자의 증언에 참석할 수 없었고, 그건 앞으로 몇 주 동안 내가 집에서 목적 없이 기다리며 대부분의 시간을 보낼 것이라는 의미였다. 나는 나중에 18명이 증언했음을 알게 되었지만 대부분은 존재조차 몰랐던 사람들이었다. 우리는 눈가리개를 하고 옆에 있는 사람들이 누군지도 모르는 채 각자의 마구간에 줄 서 있는 말과 같았다. '땅' 하는 소리가 들리고 채찍을 느끼면 자기 인생을 걸고 달리는 것이다.

나는 재판정에 아는 사람이 많지 않아서 신경이 곤두섰다. 브록의 부모와 형과 누나가 비행기로 도착해서 그쪽 줄은 채워졌지만 내 쪽은 듬성듬성했다. **브록의 할머니가 올 거예요.** 아라레가 말했었다. 그녀는 마치 나쁜 소식이라는 듯 이 말을 전했다. 나는 배심원이 어떤 암묵적인 점수 같은 것을 매길지 알 수 없었다. 두 스웨덴인 남자가 수사관 마이크 김, 경찰관 제프 테일러, 경찰관 브레이든 쇼, 성폭력대응팀 간호사 크리스틴 세터룬트, 줄리아, 콜린, 티파니, 루카스와 함께 증언할 예정이었다. 내 쪽의 증인은 그 누구도 법정에 앉아 있을 수 없었다. 김 수사관만 내 청중으로 앉아 있을 수 있었다. 엄마와 앤 할머니가 와서 나와 티파니의 증언을 지켜볼 예정이었다. 아빠는 근무 중에 시간이 나면 차를 몰고 올 것이었다. 줄리아의 어머니 앤은 매일 와서 여덟 시간 내내 앉아 있을 것이었다. 그녀는 그 모든 변동 속에서 단 하나의 상수였다. 차분하고, 예리한, 엄마이자 투사.

나는 내 쪽의 빈 좌석을 바라보면서 나를 돌봐주는 사람이 많다는 사실을 혼자 상기해야 했다. 나는 샤넬의 사회생활은 건강하고 많은 사람들로 복작대지만 에밀리 도가 되는 건 외로운 일이라고, 나의 세상은 훨씬 작아졌고, 비밀을 털어놓을 수 있는 친구 집단이 줄어들었다고 설명하고 싶었다. 나는 어쩌다 내가 친구보다 내 강간범과 더 많은 시간을 보내게 된 건지 의아해졌다.

바깥은 따뜻했고, 구멍을 만드는 펀치를 비울 때 떨어지는 희고 동그란 종이를 연상시키는 하얀 벚꽃이 흩날렸다. 나는 발목까지 내려오는 침낭 같은 검은색 다운재킷을 입었다. 방한용이라기보다는 다른 모든 것으로부터 몸을 차단하는 용도에 더 가까웠다. 어느 날 저녁 고등학교 시절부터 알고 지낸 오랜 친구 몇 명이 타파스를 사고 있었다. 나는 바닥까지 끌리는 겨울 파카를 입고 그들과 어울렸고, 친구들은 나를 놀렸지만 난 신경 쓰지 않았다. 난 조심스럽게 대화의 주제를 나에게서 자연스럽게 멀어지게 만들었다. 내가 배운 교훈이 있다면 일 핑계를 대면 어지간한 건 피할 수 있다는 사실이었다. 거의 만능이었다. **왜 집에 있어? 일 때문에. 널 본 지 오래됐네. 일 때문에. 다음 주에 같이 점심 먹자. 안 돼, 일 때문에.** 내가 말했다. **피곤해 보인다. 일 때문에.** 내가 말했다. **네 심정 완전 이해해.** 그들이 말했다. 내가 말하고 싶었던 건 재판이었다. 그들이 **요즘 어때**라고 말했을 때, 나는 **무서워**라고 대답하고 싶었다. 한 친구가 **너 완전 작아 보여!**라고 말했을 때, 나는 **그게 항상 좋은 일은 아니야**라고 말하고 싶었다. 친구들

은 우리가 요즘 소식을 주고받았다고 생각하며 걸어갔지만 나는
그들이 아무것도 모른다는 사실을 조용히 혼자 품었다.

나는 식료품점에서 카트를 밀고 가다가, 또는 조깅을 하다가
아는 사람과 마주칠까 봐 무서워졌다. 나의 세상은 한순간에 내
방으로 축소되었다. 열여섯 살 때 내가 산 꽃무늬 침구, 내가 오
래전에 잃어버린 리모컨으로만 켤 수 있는 천장 선풍기, 나의 갈
색 카펫, 스티커가 반쯤 벗겨진 내 책상. 나는 머릿속을 정리할
필요가 있었다.

어느 날 밤 나는 낡은 운동화에 해진 후드티를 입고 집을 빠져
나왔다. 나는 앨마[도로명]를 따라 달렸고, 내 다리는 나를 몇 마일
이끌어 경비가 앉아 있는 기차 선로로 데려갔다. 나는 인도에 서
서 환한 가로등 불빛 밖으로 나 자신을 밀어냈다. 피부가 열기로
따끔거렸고, 호흡이 거칠었고, 팔꿈치를 무릎에 짚었고, 경비의
시선에서 벗어났다. 나는 숨을 몰아쉬었고 노려보았고 주시했고
기다렸다.

경비가 일어섰다. 금속 챙에 가려진 빛의 점들이 빨갛게 깜박
이기 시작했다. 두 개의 길고 가는 수직 막대가 천천히 내려와 오
가는 차들을 막으며 수평을 이루었다. 나는 선로를 따라 질주하
는 거대한 소처럼, 멀리서 짤랑대는 소리, 어설프고 혼란스러운
종소리를 들었다. 비명을 지르는 것 같은 기적 소리가 공기를 산
산조각 냈고, 칼로 찌르는 듯한 흰 빛과 함께 은색 주둥이가 교차
로를 내달렸다. 노란 창문을 벨트처럼 두른 길쭉한 흰색 몸체, 서
로의 경계가 흐릿한 채 하나의 띠를 이루고 흘러가는 승객들의

머리, 이쪽이나 저쪽으로 기울어져 있고, 책을 읽거나 눈을 감고, 눈을 깜박이는, 머리 머리 머리 머리 머리, 그리고 끝. 정적. 남아 있는, 그릇이 어설프게 덜그럭거리는 소리. 막대는 몸을 한 번 떨고 휘청이더니 하늘 위를 가리키며 솟아올랐고, 그렇게 공연이 끝났음을 알렸다. 경비는 기록지에 메모를 적었고, 플라스틱 의자로 돌아와 앉았고, 한순간에 빨간 등이 꺼졌고, 교차로는 다시 어둡고 조용해졌다.

내 머리칼이 뒤로 날렸고, 나는 주저앉았다. 죽음이 내게 입김을 불었고, 나는 몸서리치며 다시 존재의 문턱을 넘었다. 고등학교에서 죽음은 반 친구가 되어 꾸준히 존재감을 알렸고, 우리의 짧은 생으로부터 우리를 데려가려고 돌아오곤 했다. 나는 검은 구멍을, 모든 학생들 위에 떠 있는 물웅덩이 크기의 검은 타원을 보기 시작했다. 그 검은 구멍 아래서 삶의 색과 질감과 일상성이 밝게 빛났다. 나는 그 검은 구멍이 사라지기를 기도한 게 아니라, 우리 모두가 그 아래서 일단 성장할 기회를, 사람들이 아빠의 사무실에서 이야기하는 모든 것, 결혼·이혼·상심·대출을 경험할 기회를 누릴 수 있기를 기도했다. 그 모든 것 역시 삶이었으므로.

이제 나는 종종 그 구멍으로 기어들어가는 듯한 기분을 느꼈다. 밤에 침대에 누워서 내 위를 맴도는 그 구멍을 응시하기도 했다. 그게 더 쉽지 않을까? 나는 목록을 만들었다. 나는 스물세 살이고, 성폭행을 당했고, 실직 상태이고, 내 유일한 성취는 지역 신문에 이름 없는 몸으로 등장한 것이었다. 미래에 대해 생각하면 아무것도 보이지 않았다. 나는 그만두고 싶었다.

하지만 나는 발광하는 빨간 불빛과 종소리의 불협화음 속으로 아이들이 사라져버린 그 입구를 바라보며, 거리에 주저앉아 그들에게 하고 싶었던 말을 나 자신에게 했다. **넌 여기 있어야 해.** 나는 이것은 내가 삼켜져 없어지기 전에 살아내야 할 긴 삶의 한 지점일 뿐이라고 나 자신에게 말했다. 나는 곧 있으면 망신을 당하고 찢겨 내장이 다 드러나게 되리라는 사실을 알았고, 나를 기다리는 모욕이 두려웠다. 하지만 나는 내가 언제나 인도의 차가운 시멘트를, 내 심장의 까탈스러운 박동을, 내 배의 주름에 차는 땀을, 너무 많이 빨아서 얇아진 플리스 후드티를 택하리라는 사실 역시 알았다. 나는 언제나 일어나서 방향을 돌려 집으로 달려가리라. 그게 내가 아는 유일한 방법이니까.

아라레와 나는 다시 텅 빈 법정에 섰다. 나는 조련된 동물처럼 내게 지정된 자리로 갔다. 슬프고 작은 영화관처럼, 줄지어 늘어선 푹신한 의자들을 훑어보았다. 곧 있으면 저 자리는 내 강간범의 가족으로 채워질 것이다. 윙크를 했던 법원 속기사는 그곳에 없었다. 그녀가 어디 갔냐는 내 질문에 아라레는 다른 사람이 근무하는 중이라고 대답했고, 나는 '당연히 그렇겠지'라는 의미에서 고개를 끄덕이며 몇 안 되는 지원자 한 명을 잃었다는 슬픔을 삼켰다.

지난 15개월 동안 너무 많은 것이 바뀌었는데, 법원에서는 모든 것이 정체된 것 같았다. 이상하게도 시간은 움직이지 않고 깊어진 것 같았다. 우리는 같은 날 밤을 다시 또다시 이야기하고 또 이야기했다. 질문은 더 많은 질문들로 가지를 쳤고, 뿌리가 갈라졌다.

　이번에 나는 피해자에게는 어떤 태도가 허용되는지 궁금했다. 어떤 톤이요? 아라레는 화를 내지 말라고 주의를 주었다. 나는 화를 내면 방어적으로 보인다는 사실을 배웠다. 단조로운 어조는 무심해 보인다. 너무 명랑하면 미심쩍어 보인다. 울면 신경질적으로 보인다. 감정에 치우치면 신뢰할 수 없는 사람이 되지만 감정이 너무 없으면 아무런 영향을 받지 않은 사람처럼 보인다. 내가 그 모든 균형을 어떻게 잡아야 한단 말인가? **침착해.** 내가 나에게 말했다. **차분하게.** 하지만 심리를 하는 동안 나는 자제력을 잃었다. 그런 일이 일어날 때는 어쩌지? 배심원들은 내가 힘든 일을 하고 있음을 이해한다고 검사가 상기시켜주었다. **그냥 당신 자신이 되세요.** 그녀가 말했다. **어떤 자신이요?** 나는 되묻고 싶었다.

　그녀는 피고 측이 억측을 내세우며 나를 몰아세울 거라고 말했고, 그게 그의 일임을 각인시켰다. 그가 나를 다른 방향으로 걸어가게 유도하면 다시 돌아와야 한다. 나는 내가 망아지고, 피고 측 변호사가 당근을 흔들고 있다고 상상했다. 당근을 따라가선 안 돼. 대답을 모르겠으면 그냥 모르겠다고 말해. 정직하면 돼. 사전 검토는 짧고 시시했다. 그녀는 그래픽 설명 자료를 들고 나오지도, 내게 보여줄 증거에 대해 미리 경고하지도 않았다. 지금 생각해보면 그녀는 너무 빨리 내 감정을 구워삶지 않으려고, 날것 그대로 배심원들에게 보여주려고 조심했던 게 아닌가 싶다.

　이제까지 브록이 했던 유일한 진술은 체포되던 날 밤에 했던 것밖에 없었다. 그날 밤 그는 나를 손으로 더듬었다는 사실을 인정했고 도주는 부인했다. 그는 처음으로 증언대에 설 것이었다. 나는 아라레가 **그 남자에 대해서는 걱정하지 말아요**라고 말해주기를 기대했다. 처음에 했던 인터뷰는 녹음으로 남아 있었고, 그 말들을 다시 주워 담을 수 없었다. 그 이후 그는 내가 기억이 없다는 사실을 알게 되었다. 그래서 대신 아라레는 이렇게 말했다. **그 남자는 대본을 쓰려고 할 거예요.** 나는 잠시 그녀를 응시했다. 그건 공평하지 않다고, 진실은, 그 모든 진실은 어떻게 되는 거냐고, 그 남자가 그냥 와서 자기가 하고 싶은 대로 지껄일 수는 없는 거라고 말하고 싶었다.

처음엔 이 일이 쉬울 거라고 생각했다. 브록이 유명하고 비싼 변호사를 고용했다는 말을 들었을 때 나는 생각했다. **아, 안돼.** 그리고 생각했다. **그래서?** 그런 사람이라 해도 진실을 바꿀 순 없었다. 나는 그렇게 생각했다. 내 편이 배심원들에게 하늘에 떠 있는 크고 노란 것이 태양이라는 확신을 심어줄 거라고. 그 남자 측은 배심원들에게 그게 달걀노른자라는 확신을 심어줘야 했다. 아무리 잘나가는 변호사라도 그게 활활 타오르는 거대한 별이라는 사실을, 둥둥 떠 있는 가소로운 달걀이 아니라는 사실을 바꿀 수는 없을 터였다. 하지만 나는 아직 시스템을 제대로 이해하지 못했다. 돈이 넉넉하면, 그럴듯하게 말할 수 있으면, 충분한 시간을 들여 진실을 약화하고 희석할 수 있으면 태양은 천천히 달걀처럼 보이기 시작할 수 있었다. 이런 일은 그냥 가능하기만 한 게 아니라 항상 일어난다.

법정을 나서면서 나는 문 옆에 '캘리포니아주 사람들 대 브록

앨런 터너'[미국에서는 형사 재판을 'People v. 피고인 이름'으로 쓴다]라고 적힌 종이가 붙어 있는 것을 발견했다. 나는 생각했다. **어떤 사람들? 내가 여기 있다는 걸 아는 캘리포니아 사람은 세 명 정도인데.** 묘하게도 그는 거대한 주를 상대하는 한 사람이었지만, 나는 많은 수에 묻혀버린 사람이었다. 아라레는 황색 파일에 담긴, 이번에는 전화번호부만큼 두꺼운 녹취록 뭉치를 건넸다. 지난 15개월 동안 내가 했던 모든 말을 녹취한 것이었다. 나는 다른 세 자아와 함께, 즉 병원의 나, 경찰서의 나, 예비심문의 나와 함께 증언대에 앉을 것이었다. 네 사람 모두의 말이 정돈되어야 했다. 아라레는 한마디 한마디를 외울 필요는 없다고 했다. **그냥 알고 있으세요.** 그녀가 말했다. 나는 외우는 것은 아는 것과 다르다는 사실을 이해했다. 안다는 것은 그것을 내 뼈로 느낀다는 의미였다. 서류 더미가 아니라 그날 밤 그 자체였다. 나는 두 손으로 그 무게를 버텼다. 당신은 내가 그때부터 준비에 들어갔으리라 생각할 것이다. 열심히 종이를 넘기며, 예상 질문에 대답하는 연습을 하며, 검사와 머리를 맞대고, 나를 보여주는 그림을 짜 맞춰갔을 거라고. 하지만 나는 진정이 필요할 때면 가는, 온 세상이 복도를 따라 정리되어 있는 타깃[대형 마트] 매장에 가서 빨간 카트를 끌고 다녔다. 새로운 향의 데오도란트를 사볼까? 샴푸 코너에 쪼그려 앉아 나도 모르게 코끝에 대고 샴푸를 찍 짜는 바람에 훅 하고 냄새가 덮쳐왔다. 새 프라이팬을 사야 할까? 모자가 필요한가? 나는 부모님을 위해 밀대 걸레 하나를, 나를 위해 목련향 양초와 쿠키 반죽을 샀다. 나는 잠들기 전에 익히지 않은 반죽을 절반 먹을 것이다. 재판은 2016년 3월 14일, 월요일에 시작될 것이었다.

월요일

나는 일생 동안 어른들이 이 **배심원 의무**[미국 시민권자는 임의로 할당되는 재판에 배심원으로 참석해야 하는 의무가 있다] 때문에 한숨 쉬는 소리를 들었다. 타의에 의해 각자 생활에서 벗어난 열두 명. 법정이 아니라면 다른 어디라도 좋겠다고 생각할 열두 명. 이 세상 다른 누구보다 내게 필요한 열두 명. 투표 결과는 '전원 일치' 여야 했다. 이 말을 들었을 때 나는 내가 잘못 들은 게 아닌가 싶었다. **'전원 스위치'**요? 선택의 여지가 없는 것 같았다. 나는 이 열두 명 모두로부터 표를 얻어야 했다. 신문기사에서 긍정적인 댓글이 연속으로 열두 개 달린 것도 본 적이 없었다.

배심원으로 참여하기로 했던 사람 가운데 성폭행을 당한 경험이 있으면 바로 배제되었다. 나는 이 질문이 던져졌을 때 여러 명의 여성이 일어나서 나갔다는 사실을 나중에 알게 되었다. 배심원 가운데 성폭력 생존자는 한 명도 없을 것이었다.

검사는 강간 사건 배심원에 여성이 있다고 해서 더 좋은 일은 없다고 나중에 내게 말했다. 그들은 **자신에게는 그런 일이 한 번도 일어난 적이 없으니 피해자에게 뭔가 잘못이 있을 거라는 확신**을 가지고, 피해자에게 공감하려 하지 않을 가능성이 있기 때문이었다. 나는 **내 딸들은 절대로…** 같은 댓글을 달았던 엄마들에 대해 생각했다. 그런 댓글을 쓴다고 해서 자기 딸이 더 안전해지는 것도 아니었고, 사실 그런 댓글은 자기 딸이 강간을 당하면 그들이 그 딸을 감싸주지 않을 가능성이 높다는 사실만 드러냈으므로 나는 슬펐다.

친구 애시나가 팰로앨토의 집으로 막 돌아왔다. 우린 6학년 때부터 친구였고, 그녀는 베트남계 미국인이다. 대학 졸업 후 애시나는 상추 농장에서 일하려고 하와이로 떠났다. 나는 공항에서 애시나를 차에 태웠고, 애시나는 텐트에서 자는 기분, 히치하이킹을 해서 바다로 가는 기분, 빅아일랜드에서 또렷한 별들을 보는 기분이 어땠는지 말해주었다. 우리 둘은 우리 집으로 갔다. 대화가 애시나의 섬에서 다시 내 작은 방으로 흘러왔고, 애시나는 내가 어떻게 지냈는지 물었다.

누군가에게 이야기하기 직전, 낭떠러지 끝에 서서 저 밑의 물을 엿보는 기분이 드는 순간이 항상 있었다. 나는 두 팔을 흔들고 마지막 호흡을 몇 번 하고, 할 수 있다고 내 자신에게 말했다. 나는 수영을 하는 강간범에 대해, 그 피해자가 나라는 사실에 대해 말하는 동안 충격을 준비하며 자유낙하를 하고 있었다. 졸업 후 우린 라이브음악이 나오는 바에 간 적이 있었다. 그녀는 소음 속에서 자기가 폭행을 당한 적 있다고 나에게 말했다. **대학 초에 그 일이 있었어.** 애시나는 내게 들릴 정도로 크게 소리쳤다. **사람들한테 많이 얘기하진 않았어. 그냥 네가 알아야 할 것 같았어.** 내가 말했다. **지금 농담해. 무슨 그런 거지 같은 새끼가 다 있어.** 그때는 화를 내는 것 말고는 어떻게 해야 할지 몰랐다. 공감도, 위로도, 생각에 잠기는 것도 하지 못했다. 그녀에게 더 잘해줄 방법을 몰랐던 게 미안했다. 애시나는 몸을 앞으로 기울이고 나를 팔로 감쌌다. 클레어가 그랬던 것처럼, 내 1년이 어땠을지 말하지 않아도 알 수 있다는 듯이. 우리는 그렇게 서로를 껴안았다. 추락하고 추락하다가 갑자기 무언가에 걸렸다. 나는 애시나에게 같이 가달라고 말했고, 그녀는 **언젠지 말만 해**라고 했다.

화요일

배심원 선정이 이어졌다. 아라레로부터는 아무 소식이 없었다. 나는 아직 녹취록에 손대기를 거부하고 있었다. 티파니와 루카스가 이곳에 와서 나를 보호해줄 때까지는. 머리를 조금 손질했다. 자동차를 끌고 로자노 세차장에 갔다. 공짜 팝콘과 레모네이드가 있고, 내 차가 비누거품이 일어나는 걸레 머리 짐승 속으로 미끄러져 들어가는 모습을 보며 명상에 잠기는 곳이었다. '크레이그리스트'[안내 광고 웹사이트]에서 일자리를 훑어보고, 자기소개서를 세 문장 작성했다. 자전거를 타고 부리토를 먹으러 갔고, 유통기한이 지난 콜라를 마셨고, 헬멧을 쓴 채 공원 벤치에 앉았다. 부리토 사진을 찍어서 온라인에 포스팅했다. '좋아요' 32개를 받았다. 그것은 세상 사람들을 속이는, 나 자신과의 농담이었다. 사람들은 내가 오후를 즐기고 있다고 믿었지만, 현실의 나는 강간범과의 대면을 코앞에 두고 있었다. 이런 이야기를 감출 수 있다니 얼마나 오싹한가. 현실과 다르게 행동하기란 얼마나 쉬운가. 우리는 산맥을 감추고서 성냥개비를 보여준다.

아빠가 저녁을 먹다가 나를 자랑스럽게 생각한다고 말했다. **네가 정말 자랑스럽단다. 우리 딸, 정말 자랑스러워.** 아빠가 이 말을 했을 때 나는 아무 대꾸도 하지 않았다. 그 말을 전혀 받아들이지 못했다. 짜증이 나다시피 했고, 아빠의 뜬금없는 평가를 무시했다. 뭐가 자랑스럽다는 거야? 아빠의 자부심과 내 눈앞 현실의 커다란 간극에 나는 어안이 벙벙했다. 내가 파자마 바람으로 집에서 어슬렁거리는 게 안 보이나? 나는 폭행을 당했고, 이런 일에는 트로피가 없다. 반라 상태로 버려진 사람에게 무슨 품위가 존재하는가? 나는 미소를 지었지만 말은 하지 않았다.

수요일

배심원 선정 마지막 날. 루카스는 저녁에 도착할 예정이었다. 나는 공항에 일찍 갔고, 무심히 차로 공항을 뱅글뱅글 돌며 시간을 죽였다. 루카스가 어깨에 정장 가방을 매달고 차로 총총 걸어왔다. 루카스는 창문을 내리라는 의미에서 주먹을 쥐고 재빨리 뱅글뱅글 돌리는 동작을 해 보였다. 그가 내게 키스를 하려고 운전석 쪽으로 왔고, 눈에 띄는 노란 조끼를 입은 여성 교통요원이 우리를 향해 차를 빼라고 소리를 질렀다. **잠깐이면 돼요, 부인.**

보통 나는 새집에 들어간 소라게처럼 그의 커다란 옷에 감싸여 곧바로 그에게서 안식을 취했다. 하지만 그는 여기서 겨우 나흘을 보내고 다시 학교로 돌아가야 했다. 이번에는 그를 내 중심으로 삼을 여유가 없었다.

아라레는 처음으로 루카스를 만났을 때 마음이 놓인다고 말했다. 나는 그게 무슨 의미인지 의아했다. 내 남자친구가 브록을 더나은 남자가 아니라 못난 남자처럼 보이게 만들어야 한다는 기분이 들었다. 나는 법정의 뒷벽이 갈라지고, 정장을 입은 루카스가 박수를 치는 청중에게 손을 흔들면서 가볍게 달려 나오는 상상을 했다. 자, 지금 여러분 앞에는 26세의 매력적이고 직장도 있는 경영인이 있습니다! 그는 바쁜 시간 짬을 내서 목공예와 스쿠버다이빙과 럭비를 즐깁니다. 그는 그녀를 인도네시아에 데려갔고, 그들은 펜실베이니아의 고층 건물에서 살고 있습니다. 그는 합의에 의한 성관계로 그녀에게 구애할 계획입니다.

스포트라이트가 갑자기 전환되고, 원뿔 모양의 빛이 브록을 감싼다. 그는 이제 막 20세가 되었고 올림픽 출전을 꿈꾸고 있습니다! 그녀는 그를 한 번도 만난 적 없지만, 그는 물고기보다 빠르고 파이어볼 위스키를 즐깁니다. 그는 위대한 야외에서, 솔잎 침대에서 그녀에게 구애할 계획입니다. 그다음은 꽃무늬 원피스를 입고 환하게 웃는 내 차례다. 그녀는 야성적이고, 인정이 많고, 우스꽝스럽지만 아주 쉽게 포기하는 그런 여자는 아닙니다! 아 쉽게 포기하기도 하나요? 그럼 한 번 봅시다! 트롬본이 요란하게 울리고 땡땡이무늬 조명이 돌아다닌다. 이제 오늘의 주인공, 존경하는 판사님입니다!

지난 1년 동안 루카스는 사건 이야기가 나올 때마다 내가 소리를 지르고, 관계를 단절해버리고, 아파트를 뛰쳐나가고, 이불을 뒤집어쓰고, 샤워를 하다가 우는 모습을 지켜봤다. 그리고 내 호흡이 결국 안정되면 그는 매번 양해를 구하고 달리기를 하러 나가곤 했다. 한밤중이든 비가 오든 전혀 개의치 않았다. 나는 그가 어둠속으로 달려 사라지는 모습을 바라보곤 했다. 나는 루카스의 신경이 워낙 튼튼하다 여겼고, 내 감정에 지나치게 파묻혀서 이번 일이 그에게 어떤 영향을 주고 있는지 물어볼 생각도 못했다. 나는 그의 내면에도 무언가 날것이, 그를 질주하게 만드는 분노가 있는지 궁금했다. 그날 밤 나는 그가 다음 날 오전에 있을 증언을 준비하는 모습을 지켜보면서, 모든 장난기를 거두고 구두에 광을 내고 옷을 다림질하는 진지함 앞에서, 입을 열지 못했다.

목요일

내가 눈을 떴을 때 루카스는 이미 빗질을 마치고 깨끗하게 면도를 한 상태였다. 그는 오늘, 나는 내일 증언을 할 것이다. 나는 그를 법정까지 태워주고 갭 매장에 가서 정장바지를 살 계획이었다. 티파니는 저녁에 도착할 것이고, 집에 루카스와 티파니가 모두 있을 때 나는 마침내 서류철을 열고 한 번에 모두 공부할 것이다. 그걸 더 빨리 공부했어야 한다는 사실은 알았다. 하지만 한 번에 조금씩, 매일 들어갔다 나왔다 할 수 없는 일이 있다. 나는 갑자기 압도되는 기분과 그것이 유발하는 소요를 통제할 능력이 없었다. 조금 읽는 것은 물에 염료를 떨어뜨리는 것과 같았다. 염료가 확산되는 것을, 하루가 송두리째 엉망이 되는 것을 막는 건 절대 불가능했다. 한 번에 하는 편이 더 좋았다.

나는 청바지를 입었다. 양말을 찾고 있는데 핸드폰이 울렸다. 아라레의 문자였다. **시간이 좀 남을 것 같아요, 그러니까 올 준비해요.** 나는 천천히 바닥으로 가라앉았다. 가스레인지가 점화 직전에 내는 소리처럼 공포가 탁탁 소리를 내며 튀었다. **난 준비가 안**

됐어. 바지도 없어. 난 못해. 나한테 몇 시간이나 있을까. 나는 손가락으로 머리칼을 쓸어내렸다, **머리를 감아야 하는데.** 서랍에서 옷을 꺼내 던지기 시작했다. 앉은 채로, 볼을 눈물로 적시며, 미친 듯이 눈을 깜박이며, 청바지를 벗으려고 발을 앞뒤로 찼다. 이 모든 상황이 내 마음을 흔들어놓았고, 나는 준비하는 데 필요한 시간을 계산했다. 내가 오늘 증언하면 날 위해 아무도 와주지 못할 텐데. 내 대변인은 내일 오기로 되어 있었다. **다시 혼자겠네, 난 못해.**

루카스가 들어와서 내가 속옷 차림으로 발길질을 하고 옷가지들이 가망 없는 바다 생명체처럼 여기저기 무리 지어 있는 모습을 보았다. **무슨 일이야.** 그가 말했다. **나 준비해야 해.** 내가 말했다. **오늘 가게 됐는데 바지가 없어. 이 재킷은 너무 꾸깃꾸깃해.** 나는 다시 일곱 살짜리가, 작고 무력한 아이가 되어 있었다. 학교 가는 날 아침 슬픈 목소리로 **입고 갈 옷이 없어**라고 하듯이.

내일 가고 싶다고 말해. 그가 말했다. 나는 미쳤다는 듯 그를 쳐다보았다. **안 돼.** 내가 말했다. **일정표가 있어. 넌 이게 어떻게 돌아가는지 모르잖아. 나는 통제할 힘이 없어. 왜 내가 준비하는 걸 도와주지 않는 거야. 난 공부를 해야 해. 시간이 없다고.** 짜증을 내고 있는데 그의 크고 단호한 목소리가 들렸다. **네가 뭐든 억지로 하게 만들 수 있는 사람은 아무도 없어. 네가 없으면 이 일은 안 돌아가. 그들은 기다려야 하면 기다릴 거야. 주도권을 쥐고 있는 건 너야. 검사한테 내일 전에는 갈 수 없다고 해.**

나는 맨다리를 드러내고 헝클어진 머리로 앉아 있었다. 맹목적으로 순종하는 것 말고 다른 걸 해도 된다는 확신을 가져본 적은 이제껏 한 번도 없었다. 나는 모든 일정 변화를, 모든 질문을, 얼마나 속이 뒤집어지든 개인적이든 난데 없든 그저 받아들이도록 길들여져 있었다. 한계를 둘 수 있음을 잊고 있었다. 문자의 초안을 작성하기 시작했다. **안녕하세요, 아라레. 안녕 아라레! 괜찮을까요. 그렇게 하는 게 더 편할 것 같아요. 안녕하세요. 모든 게 이상 없기를 바랍니다. 엄마와 할머니가 그 자리에 있었으면 좋겠어요. 죄송합니다. 오늘 갈 수 없어요. 좋은 아침이에요. 괜찮다면 저는 계획대로 내일 갈게요.**

아라레는 괜찮을 거라고 말했다. 일이 너무 빨리 돌아가면 자기가 지연시켜보겠다고. 너무 간단했다. 난 그저 부탁하기만 하면 되는 일이었다. **이제 괜찮지?** 그가 말했다. **괜찮네.** 루카스가 증언하러 갈 시간까지 한 시간이 남아서 우리는 차를 몰고 엘카미노에 있는 드리프트우드 델리로 갔다. 나는 청바지와 구겨진 재킷과 형편없는 신발을 신고, 안도감에 몸을 맡기고 햇볕을 받으며 앉아 있었다. 나의 하루를 돌려받은 것이다. 나는 루카스를 법원에 내려주고 그가 앞문을 통과하는 모습을 보고 난 뒤 그곳을 떠났다. 일이 끝나면 루카스가 내게 문자를 보낼 것이었다.

난 갭 매장으로 걸어 들어갔다. **뭔가 도와드릴 게 있을까요?** 직원이 말했다. **많아요.** 라고 말하고 싶었다. 세 시간이 흘렀지만 루카스에게선 소식이 없었다. 나는 회색 일자바지와 검은색 싸구려 플랫 슈즈를 구입했다. 마침내 자기를 데리러 오라는 문자가 왔다. **어떻게 됐어?** 내가 물었다. 그는 자기의 반대심문까지는 가지도 못했고, 내일 다시 할 거라고 말했다. 하루를 시작할 때는 시간이 남을 거라고 예상했지만 실제로는 부족했던 것이다. 루카스 앞의 증언이 계획보다 길어졌고 그는 피해자 대기실에서 세 시간 동안 대기했다. 나는 누구도 그와 함께 있어주지 않았다는 사실이 끔찍했다. **아드레날린이 계속 솟도록 유지하기가 힘들더라.** 그가 말했다. 그가 어떤 일이 힘들었다고 인정하는 말은 처음 들었다. 그날 밤 늦게 티파니가, 기말고사 때문에 잠도 제대로 못 잔 상태로 도착했다.

모두가 집에 있었고, 나는 잠수할 준비에, 되돌아가 세 자아를 만날 준비에 들어갔다. 기억은 종종 피해자의 약점으로 인식되지만 나는 기억이 피해자의 최대 강점이라고 믿는다. 트라우마는 독특한 시간여행 방식을 제공한다. 눈 깜빡할 사이 몇 년이 사라진 뒤에도, 마치 지금 일어나는 일처럼 끔찍했던 감정을 소환할 수 있다. 나는 바닥에 내 녹취록을 늘어놓았다. 카펫은 내가 과거 속으로 내려갈 때 내 허리에 묶인 밧줄과 같았다. 나는 한 손으로 카펫을 부드럽게 쓸었다. 이 모든 기억 중에 카펫은 없었다. 나는 내가 머리를 푹 수그리고 길고 축축한 내 머리카락 다발이 내 얼굴을 에워싼 모습을 볼 수 있었다. 나는 강간 클리닉에 있다. 물이 내 귀로 들어오고 시야를 흐릿하게 만들고 코를 막고 입을 타고 흘러내린다. 바깥에는 고속도로가, 끊임없이 흘러가는 자동차들이 있고, 차 한 대가 도로가에 서 있다. 내 동생이다. 울음을 너무 심하게 토해내느라 앞을 제대로 보지 못한다. 동생이 나를 데려가려 한다. 카펫. 나는 강간 클리닉의 플라스틱 의자에 앉아 있고 머리에서 물이 뚝뚝 떨어진다. 티파니는 화가 나고 신경이 곤두선 상태로 내 옆에 앉아 있다. 어떻게 티파니의 기분을 나아지게 할까. 카펫. 나는 여경에게 이야기하고 있다, 집에 전화하지 말아주세요. 이 남자를 다시는 보고 싶지 않아요. 카펫. 나는 자기 무릎을 바라보고 있는 남자의 곱슬대는 노란 머리칼을 본다, 나는 울음을 터뜨리고 빈 좌석으로 시선을 돌린다. 카펫.

코를 훔쳤다. 눈물이 목을 따라 선을 그리고 옷깃 아래로 흘러 가슴을 적시고 있었다. 다섯 시간 동안 나는 종이를 넘기고 타자를 치면서 바닥에서 몸을 웅크리고 있었다. 나는 내 마음속에 잠입해서 이야기의 뼈대를, 1월 17일의 일 분 일 분을, 한 모금 한 모금을, 위치를, 했던 말을, 관찰을 늘어놓았다. 혼돈이 천천히 질서로 바뀌고 있었다. 나는 맨 앞장에 응원 문구를 적었다. **진실을 무기로 끝장내버리자.** 나는 내 기억 속의 모든 작은 구멍들을 메웠다. 너무 큰 구멍은 무시했다. 자기연민에 빠지고, 망설이고, 뒤늦게 따지고 들 시간이 아니었다. 열심히 공부해. 시간 순서를 익혀둬. 카펫으로 돌아가.

금요일

루카스가 해 뜰 무렵 일어나서 피고 측에 들볶일 준비를 했다. 내 증언 시간은 오후 1시 30분으로 잡혀 있었다. 나는 루카스를 태워다주려고 했지만 그는 내 이마에 입을 맞추고는 다시 자러 가라고 했고, 나는 그의 체온이 남아 있는 이불 속으로 다시 들어갔다. 몇 시간 뒤 나는 햇볕이 내 침대를 적시는 기분을 느꼈고,

루카스가 방으로 들어오는 소리를 들었고, 찡그린 눈으로 그가 반짝이는 구두를 벗는 모습을 보았다. 그는 옷을 다 입은 채 침대로 기어들어와서 나를 안았다. 어떻게 됐는지 물어보지 않았다. 안 좋았다면 아직 알고 싶지 않았다.

나는 연갈색 스웨터에 팔을 끼워 넣고 에밀리가 되어 머리를 뒤에서 양쪽으로 고정시켰다. 손에 마스카라를 들고 망설이다가 눈썹에 가볍게 발랐다. 예쁘되, 너무 예쁘지는 않게. 화장을 하면 눈물이 검은 얼룩이 되고, 눈에서 잉크가 뚝뚝 떨어질 것이다. 하지만 맨얼굴로 가면 피곤해보일 것 같았다.

루카스가 차를 몰았다. 나는 손을 깔고 앉아 아무 말 없이 무릎에 놓인 인쇄된 지침을 읽었다. 식욕은 없었지만 위를 텅 비워둬서는 안 된다는 정도는 알았다. 베이글 가게에 주차할 곳이 없어서 루카스가 잠시 길가에 차를 대고 기다리는 동안 가게 안으로 들어갔다. 베이지색 원들이 담긴 유리 전시대를 찾아냈다. 베이글 이름이 하나도 기억나지 않았다. 점원이 뭘 원하느냐고 물었고 나는 그냥 손가락으로 가리켰다. 내 것인지 확신도 없이 흰 종이가방을 받았다. 내 주위의 낯선 모든 사람들을, 대화와 커피로 이루어진 그들의 따뜻한 현실로부터 거리감을 느끼며 응시했다. 문을 밀고 침묵이 감도는 내 자동차로, 내 필기 내용으로 돌아갔다. 베이글은 마르고 뻑뻑해서 삼키기가 힘들었다.

우리는 법정에 차를 세웠다. 작은 거울을 접어 내려 이에 긴 게 없는지 확인했다. **아무것도 없는 거 확실해?** 루카스가 고개를 끄덕였다. 그와 티파니는 밖에서 나를 기다릴 것이었다. 뺨에 입맞

춤. 나는 차 밖으로 나갔고 루카스는 떠났다.

나는 이 장면에서 내가 어깨를 펴고 머리를 꼿꼿하게 들고 복도를 성큼성큼 걸어 나가기를 바랐지만, 플라스틱 보안검색대를 통과할 때 피부가 곤두서는 것을 느꼈다. 뭔가 잘못되었다. 보안요원들은 전에 본 적이 있었다. 복도를 바라보았다. 텅 비어 있었다. 하지만 나는 위쪽에 사람들이 무리 지어 있는 것을 감지했다. 1층 화장실로 황급히 들어가 내 서류를 돌돌 말고 장애인용 칸에 쪼그려 앉아서 무너지면 안 된다고 나에게 속삭였다. 검사에게서 문자가 왔다. **도착했어요?** 손이 떨렸다. **가는 길이에요.**

눈을 감았다. 법정의 내부가, 검은 사다리꼴 위에 둥둥 떠 있는 민머리 같은 판사가, 이 게임의 중재자가 눈에 보였다. 팀은 양측으로 나뉘고, 절대로 소통 불가능한 무언의 규칙을 따를 것이었다. 나는 정신적으로는 준비가 되었지만 몸이 고통에 옭죄여 있었다.

아무리 준비를 해도 자아의 말소로부터, 아무것도 될 수 없는 상태로부터 나를 지킬 수 없었다. 이곳을 떠난 뒤에도 내 마음은 오래 머물면서 몇 주 동안 고갈된 상태로 있으리라는 사실을 알았다.

나는 화장실을 빠져나와서 급하게 엘리베이터 버튼을 눌렀다. 아라레가 법정에서 나와 나를 피해자 대기실로 데려갔다. 그녀는 두어 명의 진술을 마무리하기 위해 돌아가야 했다. 성폭력대응팀의 간호사가 내 앞 순서로 진술 중이었다. 심장이 환해졌다. 간호사, 이 게임의 수호자. 나는 어느 간호사인지 궁금했다. 간호사 세

명이 솟아오른 내 맨무릎 주위에 모여 있던 기억이 났다. 나는 그들이 머리가 세 개인 흰 가운의 용이고, 나를 쫓는 건 뭐든지 물어뜯고 금속 도구를 던져서 물리쳐준다는 상상을 좋아했다.

내 새 대변인 마이어스가 엘리베이터에서 내려 피해자 대기실로 왔다. 자세가 완벽하고 머리가 단정하고 몸가짐에 흐트러짐이 없었다. 난 단박에 그녀가 마음에 들었다. 곧바로 엄마가 앤 할머니와 애시나와 함께 도착했다. **안녕, 샤누들**[샤넬의 이름과 아시아인들이 국수를 즐겨 먹는 점을 섞어 만든 별칭]. 줄리아의 어머니는 이미 안에 들어가 있었다. 우리는 모두 의자를 당겨 자리를 잡았다. 할머니가 마이어스에게 어디 출신인지, YWCA에서는 얼마나 일했는지, 어떻게 이 분야에 들어서게 되었는지 물어보는 소리가 들렸다. 나는 소음을 무시하고 내 노트를 처음부터 끝까지 훑어보았다. 다 마친 뒤에는 다시 처음부터 보기 시작했다. 나는 화장실에 가기 위해, 마지막으로 소변을 보기 위해, 머리를 정리하기 위해, 머리핀을 다시 만지기 위해, 바지 지퍼가 잠겼는지 확인하고 또 확인하기 위해 10분에 한 번씩 자리를 떴다. 한 시간이 흘렀다.

나는 이건 간단한 일이라고 혼자 되뇌었다. 배심원들은 진짜에, 현실에 반응할 것이다. 내 대변인이 내게 도토리 그림으로 뒤덮인 작은 공을 건넸다. 증언대에서 쥐어짤 새 인형이었다. 애시나는 내 앞에 장미가 한 송이 놓여 있다고 상상하라고 했다. 피고측의 나쁜 에너지가 나대신 그 장미로 다 흡수될 테니, 나는 안전한 거리에 앉아 그의 말을 주시하기만 하면 될 터였다. 치료사는 이렇게 말했었다. **당신 주위에서, 당신 뒤에서 여자들이 당신의 어**

깨를 만지고 당신과 함께 걸어가는 이미지를 그려보세요. 나는 원한다면 마야 앤젤루[시인, 소설가, 배우이자 인권운동가]를 불러낼 수도 있었다. 앤 할머니가 다크초콜릿이 든 가방을 꺼냈다. 할머니는 내가 드린 작고 빨간 짐수레 장식 핀을 달고 계셨다. 티파니와 내가 어렸을 때 할머니는 우리를 빨간 금속 짐수레에 태우고 조용한 길에서 끌고 다니셨다. 치료사가 내게 했던 다른 말들도 기억해냈다. **당신이 어떤 사람인지, 당신 자신의 좋은 점을 기억하세요.**

이제는 언제가 될지 모르니 준비하고 있자. 나는 생각했다. 두 시간이 지났고, 우리는 그 방에서 복닥복닥 작은 원을 그리며 무릎을 맞대고 둘러앉아 있었다. 소변을 보러 열두 번은 다녀왔던 것 같다. 마침내 문을 두드리는 소리. 다들 대변인의 안내에 따라 법정에 자리를 잡으러 나서자 방이 휑해졌다. 나는 잠시 혼자 있었다. 이 기분이었다. 증언대에 섰을 때 나는 내가 혼자이리라는 사실을 알았다. 도움이 필요하면 내면을 향해야 하리라. **이 상황을 돌파하는 데 필요한 모든 것을 난 이미 가지고 있어. 내가 알아야 하는 모든 것을 이미 알고 있어. 내가 되어야 하는 모든 것이 이미 되어 있어.**

나는 서류 뭉치를 내려놓고 침묵 속에 눈을 감고 일어났다. 잠시 초조함이 멈췄고 긴장이 가라앉았다. 지난 1년간 눈이 내렸다가 녹았고, 내 머리칼이 짧아졌다가 다시 자라났고, 세상은 계속 움직였고 나 역시 그것과 함께 계속 움직일 수 있었지만 이제는 다시 돌아왔다. 계속 싸우기 위해 질서정연한 삶을 버리고 이 작은 방에 서 있다는 것은 무슨 의미일까. 여기에 어떤 의미가 있지 않을까?

나는 서류 뭉치를 책상에 두고 방을 나선 뒤 문을 닫았다. 땀에 젖은 손을 바지에 문지르며 복도를 걸어갔다. 아라레와 마이어스가 법정 문밖에 서 있었다. **준비됐나요?** 내가 고개를 끄덕였다. **팅 팅팅. 내려가면서 호흡하세요.** 아라레가 문을 열었다. 나는 두 손을 꼭 붙들었고, 숨을 한 번 더 들이마셨고, 안으로 들어갔다.

방 안에 꽉 들어찬 사람들 때문에 움츠러들었다. 커피숍에 걸어 들어갈 때마저 불안감이 엄습한다. 법정에 걸어 들어갈 때 모두가 나를 응시했다. 나는 누구의 얼굴도 바라보지 않았다. 내가 감지한 것은 형태들, 통로와 증언대를 따라 방 안을 가득 채운 형체 없는 몸들의 풍경, 내가 예비심리에서 느꼈던 것보다 더 밀도 높은 존재감이었다. 눈을 내 발에 고정하고 나 자신에게 걸으라고 명령했다. **네 자리로 가.**

나는 그날 법정에 얼마나 많은 남자 또는 여자, 어떤 인종의 사람들이 있었는지, 어떤 종류의 옷이 있었는지 설명하지 못한다. 배심원단의 절반이 호랑이 페이스페인팅을 하고 있었다 해도 알아차리지 못했으리라. 판사를 보는 건 두 번째였지만 어떻게 생겼는지는 설명할 수가 없고, 그저 판사의 매끈한 머리와 가운으로 이루어진 흐릿한 굴곡, 내 옆으로 보이던 희미한 그림자만 느꼈다.

당신은… 진실만을… 엄숙히 맹세합니까라는 말이 들렸고 내 손이 올라갔다. **맹세합니다.** 움푹 팬 증언대에 놓인 내 의자에 털썩 앉아 시선을 아라레에게 고정했다. 아라레가 마이크에 대고 내 이름의 철자를 대라고 했다. 철자가 뒤섞일까 봐 걱정이 돼서 천천히 입을 열었다.

검사 마이크를 좀 더 바짝 당겨주실 수 있을까요? 목소리가 작으셔서요.

그랬다. 목에 단열재가 꽉 찬 것 같았고, 내 목소리는 속삭임보다 한 단계 큰 정도였다. 하지만 나는 단어 하나하나가 조용한 방으로 떨어지고, 수십 개의 눈과 귀가 그걸 집어삼키는 소리를 들을 수 있었다.

항상 초반 질문들은 쉬웠다. 팰로앨토에서 태어나고, 여동생이 하나 있고, 샌타바버라 캘리포니아대학교를 나왔고, 문학을 전공했고, 키는 172센티미터. 잘하고 있었다. **몸무게가 얼마나 나가나요? 이런 질문을 해서 죄송합니다.** 이건 어떤 여자라도 마이크 앞에서 받고 싶지 않은 질문이다. 내가 너무 낮게 추측해서 말하면 사람들이 **절대 그럴 리 없어**라고 생각할까 봐 겁이 났다. 운전면허증에는 63.5킬로그램이라고 적혀 있었지만 대학 때는 74킬로그램이었다. **아마 71킬로그램 정도일 거예요.** 내가 말했다. 나는 내가 그보다 훨씬 가볍다는 것을, 손목이 가늘어지고 몸은 너무 굶주려 있고, 바지는 두 사이즈나 작아졌다는 사실을 나중에 깨달았다. 내 몸무게가 얼마든 그걸 밝히는 데 부끄러워할 이유는 없었다. 돌덩어리의 무게와 사자의 무게와 쌓여 있는 망고의 무

253

게는 다 다르고 그런 건 전혀 중요하지 않다.

좋아요. 이제 1월에 대한 이야기를 좀 하려고요. 주말이었던 2015년 1월 17일과 18일 말이에요. 나는 숨을 깊이 들이마셨고, 우리가 여기에 있게 만든 일에 주의를 다시 집중하며 고개를 끄덕였다. 우린 아라스트라데로 보호구역에서 시작한 뒤 타코 전문점으로 옮겨갔고, 그녀는 **어느 타코 가게냐**고 물었다. 이름을 확인해본 적은 없었다. **마이너스 1점.** 나는 생각했다. 아라레는 무엇을 주문했는지 물었다. 타코 하나. **플러스 1점.** 그다음부터는 물수제비처럼 질문이 빨라졌고 우린 쭉쭉 앞으로 나아갔다. 파티에 가기 전 동생의 친구 중 누가 집에 왔는지, 내가 그 애들을 알았는지, 그 애들을 몇 번이나 만났는지, 우리가 몇 시부터 술을 마시기 시작했는지.

나는 티파니에 대해서는 내가 언니라기보다 엄마 같다는 기분을 더 많이 느껴서 전에는 한 번도 같이 파티에 간 적이 없다고 말했다. 나는 루카스에 대해 말했다. 루카스가 누구인지, 언제 만났는지, 전에는 어디에 살았고 지금은 어디에 사는지, 관계를 어떻게 유지하는지, 내가 루카스를 보러 가는지, 내 관계에 대해 어떻게 설명하겠는지.

아라레가 남학생 클럽이나 여학생 클럽에서 사람들과 어울려본 적이 있는지, 여학생 클럽 회원인 적이 있는지 물었다. 아니요, 그리고 아니요. 그 파티가 열렸던 스탠퍼드로 돌아가서, 당신의 이동 수단과 정확한 도착 시간을 밝혀주세요.

나 문 옆에 테이블이 있었어요. 줄리아랑 티파니랑 저는 그 뒤에 서 있었고요. 심사위원단처럼요. 그래서 환영단이 되기로 했어요. 그냥 노래를 부르고 얼빠진 행동들을 했죠. 동생이 저 때문에 당황스러워했지만 다른 사람에게 어떤 인상을 주려고 하지는 않았어요.

검사 동생을 어떻게 당황시켰죠?

나 노래를 크게 부르고 웃긴 춤을 췄어요.

검사 좋아요. 그리고 당신은 동생이 당황했는지 안 했는지 그걸 알 수 있나요?

나 네. 동생이 자기도 모르게 웃었거든요.

배심원단의 기분이 환해지는 소리가 들렸다. 웃음이라기보다는 재밌어서 코에서 바람을 뿜어내는 소리였다. 나는 웃고 있었다. 동생 얘기를 할 때는 언제나 웃었다. 그게 아무리 증언대 안에 갇혀 있을 때라도. 기분이 풀어지는 걸 느낄 수 있었다. 질문은 지루했지만 무해했다. 어떤 브랜드의 보드카를, 어떤 컵에, 그게 공짜였나요.

검사 춤을 췄다고 했는데 어떤 춤이었죠?

나 웃긴 춤이요. 육감적인 거랑은 정반대되는… 팔을 막 꿈틀꿈틀대면서 흔들어대고.

신문에, 피해자가 **막 꿈틀꿈틀**대더라는 기사가 실리는 것이 이미 보이는 듯했다. 나는 밖에 나가서 소변을 본 일을 이야기했다.

검사 알겠어요. 이게 좀 시시콜콜한 문제인 건 아는데요, 당신
들은 나무 뒤에 그냥 쪼그려 앉았나요? … 밖에서 서로 망을
봐줬나요?

나는 소변을 볼 때도 신중을 기한다는 점을 분명히 하려 했다.
바깥에서 소변을 보는 여자는 바깥에서 소변을 보는 남자와는 다
른 방식으로 평가를 받을 것이다. 그녀는 거기가 농구코트 근처
였는지 물었다. 나는 다시 현장에 가본 적이 없었다. 어쩌면 한
번 가보는 게 도움이 되었을 수도 있지만 다시 거기에 가는 건 불
가능했다. **기억이 안 나요.** 내가 말했다. **아주 어두웠어요.** 다시 건
물 입구로 돌아가서 나보다 작은 백인 남자들에 대한 사항을 확
인했다. 나는 티파니에게 희석된 맥주를 주었고, 남자들은 맥주
캔 옆면을 터뜨려서 마셨다.

검사 당신은 맥주캔 옆면을 터뜨려서 마셔본 적이 있나요?
나 못해요.
검사 왜 못하죠?
나 어려우니까요.

작은 웃음소리. 그들에게 내 정직함이 들릴 것이다. 지금까지
약 200개의 질문이 지나갔고, 속기사들이 뒷줄에서 갈겨 적고 있

었다. 나는 그 질문 가운데 몇 개에 대해서는 모르겠다고 인정했지만, 너무 힘든 질문 가운데서 그냥 넘긴 것은 없었다. 그녀는 내 다음 기억에 대해 물었다. **깨어보니 병원이었어요.** 내가 말했다.

내가 인지하기도 전에 일이 벌어졌다. 눈이 흐려졌고, 호흡이 갑자기 불규칙해졌고, 말을 할 수도, 앞을 볼 수도 없었다.

검사 그전에는 기억이 있나요?

나 (증인이 들리도록 대답하지 않음)

눈에서, 코에서 눈물이 흘러나왔다. 나는 귀에서도 입에서도 어떻게든 눈물이 새어 나올까 봐 겁이 났다. 모든 것이 따뜻하고 축축하고 끈적했고, 호흡이 불규칙했다. 사람들 앞에서 설사라도 한 사람처럼 당황스러웠다. 모든 사람이 내가 얼굴을 훔치는 모습을 지켜보았고, 난 그저 잠시 시간이 필요했다. 그때 그의 목소리가 들렸다.

피고 측 죄송합니다. 말로 대답해줄 수 있나요?

나는 이미 질문을 잊어버린 상태였다. 기억에 대한 뭔가를. 내가 기억이 있는지.

나 아니오.

피고 측 감사합니다.

검사 잠깐 쉬었다 할까요?

나 괜찮습니다.

검사 거기 휴지 있어요.

휴지를 입과 콧구멍에 쑤셔 넣고, 얼굴에 있는 모든 구멍을 막아버리고 싶었다. 뺨을 손으로 잡아당겨서 내 이목구비를 뭉개버리고 싶었다. 아라레는 계속 진행하려고 노력했고, 나는 피고 측의 짜증을 감지할 수 있었다. 정신 차리자.

검사 병원에서 깨어났을 때가 몇 시였죠, 얘기해줄 수 있나요?

내 안에서 그 감정이 다시 깨어났다. 내 마음은 그 흰 복도 안에 갇혔다. 주위의 정장들을 보고, 혀로 윗입술을 핥으며, 짭짤한 콧물 맛을 보고, 현실로 돌아오려고 애쓰면서 정면을 응시했다.

검사 깨어났을 때 느낌이 어땠죠? 육체의 느낌이요.

나는 호흡을, 물기를 토해내고 있었고, 갑자기 매끄러운 한 문장을 만드는 게 불가능하다는 사실을 깨달았다.

나 그리고 그때 저… 대학교 학생처장하고 경찰을 봤는데 그분들이 저한테 질문을 했어요…

피고 측 이의 있습니다. 전문 증언[다른 사람에게 전해 들은 것을 증언하는 것]입니다.

나는 충격을 받고 입을 다물었다.

검사 지금 증언은 진실을 밝히자는 게 아닙니다, 재판장님. 피해자의 마음 상태와 자기가 있었던 곳에 대한 이해 수준을 확인하려는 것입니다.

판사 좋습니다. 그… 그… 질문을 허락하겠습니다.

검사 "그분들"이라고 얘기했는데 누가 질문을 했는지 구체적으로 설명할 수 있나요?

나 그럼요. 경찰관하고 학생처장님이 저한테 말을 걸었고, 제가 누군지를 물었고 연락할 만한 전화번호를 줄 수 있는지 물어보셨어요. 저한테 말씀하시기를, 제가 성폭력을 당했다고 "믿을 만한 이유가 있다"고 했어요.

피고 측 이의 있습니다. 삭제해주십시오. 전문 증언입니다.

나는 갑자기 피고 측 변호사의 손이 내 머리 위를 단단히 감싸고 나를 물속에서 붙들고 있으면서 **수면 위로 올라오지 마**라고 말하는 듯한 기분에 휩싸였다. 어쩌면 그는 여기가 가장 고통스러운 부분임을 알고, 배심원들이 듣기 전에 나를 침묵시키고 싶었는지 몰랐다. 나는 나에게 발로 차라고, 세게 걷어차야 한다고 말했다.

나 제가 화장실을 써야 했어요… 그리고 그분들이 소변 샘플이 필요할 수 있으니까 저보고 기다려야 한다고 했어요. 그리고 그때 저는, 저는, 그 말이 저한테 심각하게 들렸어요, 왜냐면 전 아직, 그러니까 제 생각으로는 그분들이…

피고 측 이의 있습니다. 전문 증언입니다. 책임 소재가 불분명한 서술이기도 합니다.

검사 그러면 화장실을 쓰고 싶었다고 얘기했을 때 쓰라는 허락을 받았나요?

나 결국은요. 그치만 처음에는 내 소변 샘플이 필요할지 몰라서 거부당했어요.

피고 측 이의 있습니다. 삭제해주십시오. 개인적인 지식입니다.

판사 좋습니다. "결국은요" 다음부터 다 삭제하도록 하죠.

개인적인 지식이라고? 모든 게 개인적인 지식 아냐? 내 기억이 등불처럼 켜졌다 꺼지길 반복하고 있었다. 그 여자는 틀렸어, 입 다물어, 서둘러, 그만 얘기해, 그러면 삭제해, 계속해, 책임 소재가 불분명해, 이의 있습니다. 나는 종잡을 수가 없었다. 누군가 끼어들 때마다 얻어맞는 기분이었다.

검사 당신이 어디에 있는지 알 수 없어서 혼란스러웠던 것 말고, 또 어떤 게 혼란스러웠나요?

나는 눈물을 참을 수 없었다. 팔을 벌리고 호소했다. **동생이 어**

260

디 있는지 모르겠더라고요. 내가 어디에 있는지도 모르겠고. 그분들이 무슨 말을 하는지도 몰랐어요. 아무것도 몰랐어요. 설명할 길이 없었어요. 그분들이 저한테 말을 하긴 하지만 '뭔가 착오가 있는 거'라고 생각했어요. 그분들이 뭔가 혼동하고 있는 거라고 생각했어요. '동생을 찾아서 집에 가고 싶을 뿐'이라고 생각했어요. 나는 포도알 크기의 마이크에 대고 폐에 있던 모든 공기를 뿜어내며 무너져내렸다. 목 뒷부분에서 길고 커다란 후두음이 기어 나왔다. 나 자신을 추스르지 못했고, 물 한 모금 삼키지 못했고, 눈끝을 우아하게 토닥이지 못했고, **난 괜찮아요**라고 말하지 못했다. 그저 이렇게 마음먹었다. 시간이 얼마나 걸리든 당신들은 그냥 기다리는 거야. 이럴 줄 알았잖아, 다들. 자, 여기, 네가 해냈어.

그 방의 그 누구도 이 걷잡을 수 없는 통곡을 어떻게 해야 할지 몰랐다. 하지만 나는 마침내 아무런 제지 없이 대답의 마지막 부분에서 빠져나왔다. 정신이 오락가락하고, 술에 취한 기분이었고, 모두가 내 사이렌 소리를 감내하지 않을 수 없었다. **침착해, 정신 차려, 중심을 잡고, 씩씩하게,** 망할, 난 그 모든 걸 단념했고, 중단할 의도는 전혀 없었지만 사람들을 낚으라고 명령하던 작은 목소리는 이미 사라졌고, 풀어줘, 풀어줘, 풀어줘라는 생각 말고는 아무것도 할 수 없었다.

검사의 목소리가 들렸다. **존경하는 재판장님, 잠시 쉬었다 하면 안 될까요?**

나는 그 말이 무슨 의미인지 알았다. 화장실, 내가 제일 좋아하는 장소, 탈출! 나는 곧 부서질 듯한 껍데기처럼 자리에서 일어섰고, 마이어스를 따라 통로를 걸어가면서 가슴을 들썩이며 울었다. 사랑하는 사람들이 줄지어 앉아 있는 곳을 지나갈 때는 굴욕감이 파도처럼 나를 덮쳤고, 그들이 이 장면을 보지 못했더라면 좋았을 거라고 생각했다. 마이어스가 검은 나무문 밖으로 나를 데려가는 동안 나는 두 손에 얼굴을 파묻었다.

마침내 나의 고요한 피난처. 나는 연어색 타일, 오래된 화장실에서 침착해졌다. 문 옆에 서 있는 마이어스, 내 수호자에게 고마운 마음이 들었다. 내 일부는 작은 백기를 빼들고 법정 안으로 집어던지고 싶어 했다. 용기가 다 녹아내리고, 탈진한 기분이었다. 얼굴은 독이 있는 옻과 바셀린으로 문지른 것처럼 번쩍이고, 얼룩지고, 울긋불긋했다. 수도꼭지를 틀고 갈색 종이 타월을 찬물에 적시자 금속 싱크대가 삐걱거렸다. 젖은 종이 타월로 퉁퉁 부은 눈 밑을 문질렀고, 흙 같은 펄프 냄새를 맡았다. 입을 헹구고 점액을 토해내고 침을 뱉고 코를 풀었다. 거울을 들여다보는데 작은 웃음이 터져나왔다.

나는 이게 그것임을, 밑바닥임을 깨달았고 바닥을 손으로 느끼고 있었다. 더는 나빠질 수 없었다. 나는 내 강간 재판 중간에 한 겹짜리 화장실 휴지를 들고 지저분한 화장실에 서 있었다. 품위는 깎였고, 평정심은 개똥이 되어버렸다. 일어날까 봐 겁냈던 모든 일이 일어났고, 일어나고 있었다. 이제는 천천히 다시 기어 나가는 것 말고는 할 일이 없었다. 마이어스가 문을 열었을 때 내 몸 안의 나침반이 다시 나를 내 자리로 안내했다.

검사 자, 샤넬, 우리가 잠시 휴식 시간을 갖기 직전에 병원에서 깨어난 일에 대해서 얘기하고 있었어요. 기억하나요?

질문이 나올 때마다 들것 위에 잠들어 있는 내 모습이 눈에 아른거렸다. 지금의 나는 그녀를 깨워서 무슨 일이 일어났는지 알려주고 싶지 않았다. 밴드가 헐렁하게 붙어 있는 손을 들어올리고, 눈을 깜박이고, 주위를 둘러보는 모습이 눈에 선했다. 나는 그녀에게 다가가서 **좋은 아침이에요, 다시 자도록 해요**라고 말하고 싶었다. 나는 바퀴 달린 들것을 조용히 밀고 다시 앰뷸런스로 돌아가서 시간을 거꾸로 되돌리리라. 나는 다시 그 덜컹이는 차량 안에 잠들어 있고, 구급대원들이 나를 다시 땅바닥에 내려놓으리라. 브록의 손이 나로부터 미끄러져 나오고, 내 속옷이 춤을 추며 다시 내 다리에 끼워지고, 브래지어가 가슴을 감싸고, 머리칼이 정돈되고, 솔잎들이 바닥으로 떨어져 내리리라. 나는 다시 파티장으로 뒷걸음질쳐 돌아가고, 혼자 서 있다가 동생이 돌아와서 나를 발견하리라. 밖에서는 스웨덴인 남자들이 어디론지 알 수 없지만 자전거를 타고 지나가리라. 세상이, 또 다른 토요일 저녁이 그렇게 이어지리라.

하지만 내가 아무리 이 시나리오를 원해도 언제나 해결할 수 없는 문제가 있었다. 브록이었다. 나는 그의 손아귀에서 벗어나 있더라도, 그는 만일 자신이 원하는 것을 그 파티에서 얻지 못했다면 다음 파티에서 얻었을 것이었다. 우리는 폭력이 일어날 가능성은 항상 존재하지만 네가 옷을 조신하게 입으면 그게 너일

263

가능성은 줄어든다는 소리를 듣고 지낸다. 그런다고 해서 결코 문제 자체가 사라지지는 않는다. 그저 폭행범이 다른 방심한 피해자에게로 방향을 틀어 폭력을 부려놓게 만들 뿐이다. 나는 다시는 그를 보고 싶지 않았지만 그가 자유롭게 활보하도록 내버려두느니 내가 소매로 콧물을 훔치는 모습을 지켜보게 만들고 싶었다. 하나의 작은 승리.

나는 내 속옷이 사라졌다는 부분에 이르렀고, 또 다른 장기가 내 안에서 물풍선처럼 터지는 기분이었다. 나는 내 얼굴에서 그렇게 많은 물이 흘러나올 수 있다는 사실에 놀랐다. 나는 담요를 받고, 잠들었다고 설명했다. 그날 밤 그렇게 빨리 잠에 빠져들었다는 사실이 내가 별로 충격을 받지 않은 것처럼 보이게 만들까봐 걱정이 되었다.

검사 그리고 이 지점에서 사진 몇 장을 보여주고 그걸 알아보겠는지 물어보려고 해요. 여기 15번, 16번, 17번 인물 사진이 있어요… 샤넬, 15번 인물 사진을 봐주면 좋겠어요. 그 사진을 알아보겠는지 말해주세요.

나는 병원에서 의식 없이 누운 채로 찍힌 내 사진이 있다는 사실을 몰랐다. 지금 내 자리로 쑥 들어온 것은 내 머리, 한 번도 보지 못한 방에서 긴 갈색 솔잎으로 범벅이 된 내 갈색 두피였다. 위가 뒤틀렸다. 그건 나야, 저건 나야. 위에서 살을 에는 통증을 느꼈고, 사납게 날뛰지 못하게 억눌렀다.

264

검사 뭐죠? 15번 인물 사진은 뭘 보여주고 있죠?

나 제 머리카락이요.

검사 화장실에 갔다가 머리카락에, 당신의 머리카락에 솔잎이 있다는 사실을 깨달았을 때 말이에요. 15번 인물 사진은 당신이 우리에게 설명했던 것을 보여주는 건가요?

나는 얼어붙었다. 아래턱이 너무 심하게 떨려서 이가 흔들리는 기분이었다. 다른 사진은 뭘 갖고 있는 거지?

검사 16번 인물 사진을 보여줄 거예요, 16번 인물 사진을 알아보겠는지 말해주면 좋겠어요.

나 네.

검사 뭐가 보이나요, 그게 뭔가요?

나 제 머리와 머리카락이요.

검사 병원에 그 자세로 있었던 기억이 있나요?

나 아니요. 사진이 있는지 몰랐어요.

검사 전에 이 사진들을 본 적이 있나요?

나 아니요.

검사 배심원단이 그 사진을 볼 수 있도록, 샤넬, 제가 그 사진들을 다시 공개할 거예요.

내가 뭔가 말할 틈도 없이 검사는 몸을 돌려 프로젝터로, 왼쪽 벽에 걸린 커다란 스크린 쪽으로 걸어갔다. 나는 정면에 있는 내

가족들을 응시했고, 눈으로 그들에게 경고하려 노력했다. **그거 보지 마, 그냥 나를 봐, 나를 보라고.** 하지만 그들의 시선이 검사를 따라가는 모습을, 마치 그녀의 구두굽 소리에 사로잡힌 것처럼 고개가 다 함께 돌아가는 모습을 지켜보았다. **이게 15번 인물 사진이에요. 이게 당신인가요, 샤넬?** 나는 왼쪽으로 고개를 틀었고, 거기에는 내 머리가, 스크린을 가득 채운 갈색의 둥근 머리가, 교정판 같은 것에 끈으로 묶여 있었다.

나는 엄마가 손으로 입을 가리는 모습을 보았다. 마이크에 대고 "엄마" 하고 속삭이고 싶었지만, 그렇게 하면 다른 사람들이 모두 들을 터였다. 주위를 둘러보았다. 모두의 시선이 사진에 붙박여 있었다. 눈시울이 뜨거워졌고, 머리는 **누가 엄마 눈 좀 가려 줘요**라는 생각과 함께 고동쳤다. **저건 내가 아니에요, 난 여기, 당신들 앞에 앉아 있잖아요** 하고 말하고 싶었다. 눈앞에서 벌어지는 상황을 중단할 아무런 힘이 없는 상태로 증언대에 갇혀서 손을 꼭 쥐었고, 발을 길게 뻗었다.

검사 저게 당신인가요, 샤넬?

네. 내가 말했다.

검사가 자기 자리로 돌아갔을 때 화는 다 빠져나갔고, 눈물은 말라붙었다. 이상하고, 슬픈 체념 상태로 나는 무심하게 앉아 있었다. 피고 측 변호사가 내게 소리를 질러대더라도 나는 말없이 앉아 있을 수 있었다. 브록이 자기 물병을 내 얼굴에 던지더라도 나는 움직이지 않을 수 있었다. 나는 내가 가족을 보호할 수 있다고 생각했고, 피해를 감추려고 노력했다. 하지만 실패했다. 여기 있는 모두에게 나는 이것일 뿐이었고 그 이상은 아무것도 아니었다. 질문 뒤에 뭐가 이어지는지는 중요하지 않았다. 나는 결과에는, 배심원들에게 깊은 인상을 남기는 데는 관심 없었다. 장미를 믿지 않았고, 마야 앤젤루를 불러내지 못했다. 집 말고는 아무 생각도 나지 않았다. 당장이라도 집에 가고 싶었다.

그녀는 내게 성폭력대응팀의 검사를 설명해달라고 요청했다. **불편했어요.** 내가 말했다. 나는 별 감정 없는 목소리로 벌린 다리와 금속 바늘과 일렬로 선 빨간 면봉에 대해 이야기했다. 섬뜩함은 이제 나를 두려움에 떨게 만들지 못했다. 이제 숨길 게 아무것도 남지 않았다.

아라레는 내가 심리에서 보았던, 현장에 있던 내 속옷 사진을 보여주었다. **당신의 핸드폰과 속옷이 있던 이 장소에 갔던 기억이 있나요? 이 관목 숲과 솔잎을 알아볼 수 있나요?**

나 아니요.
검사 이런 곳에 누구하고든 자진해서 간 적이 있나요?
나 아니요.
피고 측 증인은 기억이 없습니다. 증인은…
검사 존경하는 재판장님.
피고 측 …사적인 지식에 대해서는 증언할 수 없습니다. 이의 있습니다.

판사 기각합니다.

검사 감사합니다.

나 그런 곳에는 절대로 가고 싶지 않았을 겁니다. 제…

판사 그… 답변을 듣지 못한 질문은 없습니다. 그럼 다음 질문.

나는 머릿속으로 그 대답을 끝맺었다. **제 동생이 저를 찾지 못할 곳에는요.** 내가 무슨 말을 했는지 또는 못 했는지는 중요하지 않았다.

검사 그럼 그날 밤, 스탠퍼드에 갔을 때 누구든 만나야겠다는 생각이 있었나요?

나는 깜박이는 불빛을, 전율을, 물속에서 붙잡을 수 있는 나뭇가지가 떠오르는 것을 느꼈다.

나 아니요.

검사 누구하고든 같이 즐거운 시간을 보내겠다는 생각이 있었나요?

내 머릿속에서 나는 항상 과거로 거슬러 올라간다. 나는 그가 나를 땅바닥에서 주물러대던 그 순간을 숱하게 머릿속으로 그려보았고, 그때마다 매번 내가 눈을 번쩍 뜨고 광채를 내뿜는 상상을 한다. 그의 몸 아래서 내 몸이 다시 살아나고, 꿈틀대면서, 그를 내게서 떼어내는 상상. 꼭대기 위로 기어올라, 일어나서, 팔을 빙글빙글 돌리다가 그의 가슴을 내려치고, 내 무릎을 공성 망치처럼 그의 사타구니에 내리꽂고, 그가 울음소리를, 낑낑거림을, 거친 호흡을 토해내는 상상. 나는 그의 얼굴에 몸을 기울여 엄지와 검지로 그의 눈꺼풀을 벌린 뒤 파란 동공 아래 축축한 분홍색 속살에 흙을 뿌리면서, 나를 보라고, **이게 즐겁다**고 말해보라고 명령하는 상상을 한다. 너는 내가 물렁한 사람이라고 생각하지, 이 정도는 식은 죽 먹기라고 생각했지. 나는 손바닥으로 그의 얼굴 중앙을 내려치고, 그의 코에서 피가 흘러 내 팔을 적신다. 나는 자리에서 일어나 그의 다리 사이에 마지막 일격을 가하고 유유히 그 자리에서 걸어 나올 것이다.

검사 피고와 키스를 할 생각이 있었나요?

브룩을 쳐다보았다. 그의 눈은 이미 나를 향하고 있었다. 나는 시선을 돌리지 않았다. 피해자에게 중요한 문제는 깨어나는 것이다. 넌 내가 절대 이 순간을 견뎌내지 못할 거라고 생각했겠지. 넌, **그 여자는 기억이 하나도 없어**라고 생각했겠지. 하지만 절대 네가 잊지 못하게 해주지.

검사 피고에게 조금이라도 관심이 있었나요?

큼직한 빨간색 페인트 붓을 들고 증언대 위로 기어올라, 법정

뒷벽에다가 길쭉하게 선을 그어서 글자 하나가 6미터쯤 되도록 '아니오'라고 적고 싶었다. 천정에서 현수막을 늘어뜨리고 진분홍 풍선들을 날리고 싶었다. 모든 사람들의 상의를 끌어올리게 하고, 털이 북슬북슬한 배에다 '아니오'라고 페인트칠을 한 뒤, **아니오아니오아니오아니오아니오** 파도타기를 하고 싶었다. **다시 질문해주세요**라고 말하고 싶었다. 백만 번 질문해보세요, 제 대답은 항상 그대로일 테니까요. '아니오'는 이 이야기의 시작이자 끝이다. 내가 그 건물에서 몇 미터 떨어진 곳에서 소변을 봤는지, 1월의 그날 파티에 가기 전에 뭘 먹었는지는 알지 못할 수 있다. 하지만 이 대답은 언제라도 알 것이다. 나는 그가 굳이 물어보지 않았던 그 질문에 마침내 대답했다.

나 아니오.
검사 제 질문은 여기까지입니다.
판사 좋습니다. 잠시 휴정하겠습니다.

온몸에서 아드레날린이 빠져나가는 기분이었다. 뼛속까지 피로감이 밀려왔다. 반대심문 시간이었지만, 입을 열고 싶지 않았다. 신선한 공기가 필요했다. 이 건물에서 빠져나가 나무 아래 앉아 있고 싶었다. 검사가 벌써 4시라서 시간이 없다고 알려왔다. 기적이야. 나는 가도 된다, 우린 월요일에 다시 시작할 것이다. 증언대에서 휴지 뭉치를 집어 들고 문을 빠져나와, 도토리 그림이 그려진 공을 내 대변인에게 돌려주고 그녀를 껴안았다. **좋은 주말**

보내세요, 월요일에 봐요.

나는, 여전히 몸을 떨면서, 젊은 경찰관과 함께 주차장에 홀로 서 있었다. 루카스는, 티파니는 어디 있을까. 구름이 가득한 날씨였고, 모든 것은 회색에, 그늘이 없었다. 진이 빠지고 현기증이 나서, 예의를 차리기에는 너무 피곤해서, 소소한 대화라도 해보려는 노력을 전혀 하지 않았다. 핸드폰이 울렸다. **우린 법원 근처 피자 가게에서 기다리고 있어.** 나는 경찰관에게 작별 인사를 하고 걸어갔다. 그는 나를 데려다주겠다고 고집했고, 씩씩한 발걸음으로 속도를 맞췄다. 그는 내 기분이 어떤지 물었다. 나는 월요일 일 때문에, 피고 측 변호사 때문에 긴장된다고 말했다. 그가 말했다. **그 사람은 걱정하지 말아요, 멍청한 새끼니까.** 그의 정직함에 깜짝 놀랐다. 나는 온갖 사람들의 격식을 차리는 행동에 익숙해져 있었다. 그는 내가 웃는 모습을 보더니 같이 웃었다. **당신은 그 남자를 견뎌낼 수 있어요.** 그가 말했다. **괜찮을 거예요.**

가게 문을 밀고 들어가니, 가운데 뜨거운 피자 한 판을 놓고 크루넥 스웨터를 입은 루카스와 티파니가 활짝 웃는 모습이 눈에 들어왔다. **살아 있네!** 나는 시원한 나무에 뺨을 대며 머리를 테이블에 올려놓았다. 두 사람의 팔이 나를 감싸 안았다. 안도감. 동생은 내 등을 문질렀고, 내 얼굴에서 머리카락을 떼어주었다. 너무 배가 고파서 따뜻한 피자를 한 조각 한 조각 입에 밀어 넣었다. 눈을 감고 녹은 치즈와 아삭아삭한 올리브와 양파의 맛을 느꼈다. 차가운 콜라 몇 모금, 바삭바삭한 겉껍질. 루카스는 지렁이 젤리가 한가득 들어 있는 봉지로 나를 놀라게 했고, 지렁이 한 마리가 춤을 추다 내 뺨에 입을 맞추게 했다. 나는 안전했고, 점점 잠이 왔다. 그들은 묻지도, 뭔가 설명하려 하지도 않고, 내가 쓰러지듯 몸을 누일 수 있는 따뜻한 장소를 만들어놓았다. 두려움이 녹아 사라지는 것을, 이 세상이 다시 상냥한 장소로 바뀌는 것을 느꼈다.

밤이 오자 엄마는 춘절에 쓰지 않고 남겨뒀던 폭죽을 쓰라고 성화를 부렸다. 나는 너무 피곤하다고, 그럴 기분이 아니라고 말했다. 하지만 엄마는 곧 있으면 상해버릴 바나나라도 되는 것처럼 그날 밤에 그걸 써야 한다고 재촉했다. 하늘은 캄캄했다. 폭죽이 점화되고, 탁탁거리는 불꽃이 일었다. 아빠는 다이빙대 위에서서 양팔에 폭죽을 들고 야성적인 지휘자처럼 팔을 휘둘렀다. 엄마는 슬리퍼를 신고 수영장 주위를 뛰어다니면서 식물에 대고, 작은 노란색 꽃들과 타원형으로 길쭉한 선인장에 대고 터무니없는 주문을 걸었고, 루카스는 그런 엄마를 쫓아다녔다. 나는 티파니에게 우리 부모가 미쳤으니 네가 나서야 한다고 말하면서 티파니를 잡으려고 온 집 안을 뛰어다녔다. 엄마가 내게 마지막 폭죽을 줬다. 나는 치직거리는 불꽃이 막대기 아래로 탁탁 내려가는 모습을 바라보았다. 이 마지막 반짝임 속에서 엄마가 말했다. **새해에는 새 출발을, 우리 모두 건강하고, 우리 모두 행복하고, 우리 모두 함께하기를, 미래가 밝기를!** 작은 기도, 3월의 새해맞이, 달 없는 밤 다섯 개의 불꽃.

●

루카스가 비행기를 타고 다시 학교로 돌아갔다. 나는 시시한 일에 정신을 쏟으며 주말을 보냈지만 아무리 떨치려 해도 떨쳐지지 않는 생각이 있었다. 비행기에서 자다가 눈을 떠보니 내가 입을 벌리고 잤음을 깨달은 사람처럼 당황스러웠다. 나는 그날 밤 얼마나 많은 남자들이 내 헐벗은 몸을 보았는지 서서히 깨닫기 시작했다. 페테르(1)가 브록(2)을 쫓아갔고, 칼(3)은 내 옆에 쪼그려 앉아 있었다. 남학생 사교클럽에서 나온 남자들(4,5,6,7)이 경찰에 신고했다. 한 남자(8)가 서서 내 몸에 불빛을 비추다가 현장에서 도망가는 것이 목격되었다. 테일러 경찰관(9)이 현장에 출동했고, 어떤 남자(10)가 그를 내가 있는 곳으로 안내했다. 그 다음에 보안관보 브레이든 쇼(11)와 파트너 에릭 애덤스(12)가 왔다. 그다음으로 구급대원인 샤오수안 스티븐 판치앙(13)과 그의 파트너 애덤 킹(14)이 와서 내 손톱을 꽉 눌렀고 나는 통증에 반응하여 잠깐 눈을 떴다가 다시 의식을 잃었다. 나는 거기 누운 내 맨엉덩이와 접힌 뱃살과 젖꼭지를 내놓고 있었고, 반짝이는 신발은 내 옆 나무 밑에 나동그라져 있었다. 경찰들이 쪼그려 앉아 필기를 했다. **둔부가 완전히 드러남, 왼쪽 가슴 노출, 옷 전체가 다양한 방식으로 헝클어짐, 브래지어 부분은 완전히 엉망.** 나는 땅바닥에 누운 채 사진에 찍혔다. 이 사진들, 그리고 병원에서 찍힌 사진들이 법정에 있는 모든 사람이 볼 수 있도록 프로젝터로 확대되리라. 여기서부터는 숫자를 더 헤아릴 수도 없다.

　월요일의 반대심문이 두려웠다. 대학 시절 어느 밤 술 취한 남자 동기가 집까지 콘크리트 블록을 질질 끌고 갔던 일이 떠올랐다. 왜 그러느냐고 묻자 그는 **문 고정 장치가 필요하단 말이야!**라고 말했다. 말도 안 되는 소리라 우리는 웃었지만, 그의 세계에서는 그때 그게 완벽한 생각인 것 같았다. 법정에서 이 문제를 제기하는 상상을 해보라. **저, 콘크리트 블록이 약간 지나치다는 생각이 들지 않나요? 좀 더 가벼운 걸 선택하지 않은 이유가 뭐죠? 아니면 작고 고무로 된 진짜 문 고정 장치를 찾아보지 그랬어요? 그 콘크리트 블록을 대략 어디에서 발견했죠? 훔쳤나요? 그걸 발견했을 때 술을 얼마나 마신 기분이었죠? 잘 때 문을 열어두나요, 닫아두나요? 문을 연 채로 고정시켜두려는 동기는 뭐죠?**

처음으로 영화 〈그리스〉를 봤을 때 나는 아홉 살이었고, 살굿빛 치마에 비단 같은 말총머리의 샌디와 사랑에 빠졌다. 영화 전체가 마지막 장면까지 부드럽게 흘러갔다. 그러다가 갑자기 검은 가죽바지에 눈꺼풀은 자주색인 여자가 나타났고, 나는 깜짝 놀라서 이렇게 생각했다. **샌디는 어디에 간 거지? 괜찮은 건가? 전학을 가버린 게 틀림없어. 존 트라볼타가 이 사자 머리에 담배 피는 여자랑 바람피우는 걸 샌디는 알까? 왜 다른 사람들은 걱정을 안 하는 거지?** 나는 샌디의 친구들이 샌디도 없이 카니발에서 뛰어다니는 모습을 보고 절망에 빠졌다. 어린 시절 오랫동안 내가 〈그리스〉를 싫어했던 건 그 때문이다.

내가 같은 사람의 양면을 보고 있었던 거라는 사실을 깨닫기까지는 몇 년이 걸렸다. 그때는 그게 상상도 못할 일 같았다. 그 둘의 외모와 행동은 전혀 비슷한 구석이 없었다. 어떻게 우리가 이 사람 안에서 저 사람을 알아보기를 기대할 수 있지? 어떻게 끈

달린 흰 운동화가 담배꽁초를 비벼 *끄*는 검은 하이힐이 될 수 있지? 이제 피고 측은 새로운 인격을 만들어내리라. 그가 배심원들에게 보여주는 인격은 내가 한 번도 보지 못한 사람이리라.

2주차 월요일

다들 자리를 뜬 적 없는 사람들처럼 모두 다시 제자리에 있었다. 반대심문이 시작되기 전 나는 검사의 요청으로 파란색 새 블라우스를 입고, 손에 빨간 마커를 들고 법정 앞에서 커다란 흰 종이를 등지고 서 있었다. 그림을 그리고픈 충동이 일었다. 내가 배심원들 앞에서 흰 종이에 그림을 그려 물건과 동물에 생명을 불어넣으면 배심원들이 환호성을 질렀으면 좋겠다고, 내가 다시 에밀리로 돌아가기 전에 그들이 내 진짜 자아를 엿볼 수 있으면 좋겠다고 생각했다.

종이에는 수직의 등뼈처럼 생긴 시간 선이 있었고, 나보다 먼저 증언한 사람들이 말한 내용이 녹색과 파란색으로 표시되어 있었다. 검사는 내가 줄리아와 티파니에게 전화하려고 했던 시각을 적어 넣으라고 지시했다. 나는 글씨를 적는 동안 모든 사람에게 등을 보이는 게 내키지 않아서 망설였다. 그래서 뒷걸음질쳐서 흰 종이와 나란히 어깨를 맞대고 우스꽝스럽게 손목을 틀어서 종이에다 내가 내 통화 기록을 보고 기억하는 시간을 적어 넣었다. 나의 빨간 숫자들이 다른 시간 기록 사이를 비집고 구불구불하게 그려졌다. 검사의 질문은 거기까지였다. 나는 자리에 앉았다.

피고 측 변호사가 자기 노트에서 눈을 떼지 않은 채 자리에서 일어났다. 다부지고 융통성 없는 남자였다. 안부도, 아침 인사도, 미소도 없었다. 샤넬, 오늘 아침에 막 했던 증언 있잖아요, 스크린 샷에 대한 거, 그리고 다음 날 당신이 핸드폰으로 봤던 것들이요. 대화를 아무것도 기억 못할 뿐만 아니라 통화했던 것도 다 기억이 안 나는 거 맞죠?

나는 움찔했다. 빨간색 마커로 적은 내 선들이 한 방에 지워졌다. 그는 마치 이게 일자리 면접이고 자기 노트가 내 이력서라도 되는 것처럼 노트에서 눈을 떼지 않았다. 내가 어째서 이 자리에 앉을 자격이 있다고 생각하는지 궁금하다는 듯이.

동생하고 옥외 테라스에 서 있었을 때, 사교클럽에서의 마지막 기억이 몇 시였는지 아나요?

내가 시간을 말했다.

당신은 그게 몇 시인지 알 방법이 없는데요. 그건 최선의 추정치인 거죠?

벌써부터 내가 원래 생각했던 것보다 아는 게 별로 없는 기분이 들었다.

자, 당신이 증언하기를, 그러니까 금요일 증언을 시작하면서 키와 몸무게를 얘기했잖아요. 그 수치는 2015년 1월 17일의 키와 몸무게인가요?

머릿속이 텅 비어버렸다. 나는 내가 1월 17일에 몇 킬로그램이었는지 알지 못했다.

증언 중에 이렇게 말했죠. 남학생 사교클럽에 가는 계획에 대해서. 동생하고 같이 가는 문제에 대해서 이야기했었는데, 당신은 동생한테 언니라기보다는 엄마 같은 기분이 든다고. 그게, 그게 무슨 의미죠?

그런 말을 한 게 잘못이었나? 그의 목소리에는 짜증이 실려 있었다. 내 뒤에 자기와 이야기하려고 줄 선 사람이 100명이나 있다는 듯이. 그는 내가 그날 밤 트레시더 기념관 주차장에 내렸는지 물었다. 처음 듣는 이름이었고, 거기는 그냥 아스팔트만 있는 곳이라고 생각했다.

스탠퍼드 서점 옆에 있는 주차장이었어요. 내가 말했다.

서점 뒤요, 앞이요?

대답은 둘 다 아니었다. 그곳은 서점에 붙은 땅이었고, 서점은 캠퍼스 한복판에 있었다. 이걸 어떻게 설명한담. 그는 내가 내린 곳에서 가장 가까운 건물이 뭐였는지 물었다. 하지만 나는 근처 건물 이름은 아무것도 몰랐다.

피고 측 이런 얘기도 했죠, 사교클럽에 도착한 지 얼마 안 되었을 때, 사람들을 환영하는 척하면서 노래를 부르고 동생을 당황스럽게 했다고요. 그때 그건 증인이 내린 결정이었죠? 의도했던 일이었던 거죠.

나 의도요? 사람들을 환영하는 거요? 아니면 유치하게 행동하는 거?

피고 측 유치하게 행동하는 거.

나 네.

그게 나쁜가? 유치한 게 나쁜 건가?

피고 측 좋습니다. 그리고 빨간 컵으로 보드카를 마셨다고 했잖
　　아요. 그걸 다 한 번에 마셨던 거죠? 그러니까 원샷 하듯이.
나 네.
피고 측 좋습니다. 그리고 그건 당신이 내린 결정이 맞죠?

나는 눈을 내리깔았다. 그게 나쁜 결정이라는 건 알았다.

피고 측 그리고 대학 때 파티에 많이 다녔다고요?

그는 마치 질문이 아니라 혐의를 제기하듯 자기 노트에서 그
부분을 읽었다.

나 남들 다니는 정도로 다녔어요. 제가 파티광이라고 생각하진
　　않아요.
피고 측 음, 경찰과 인터뷰하면서 파티에 많이 다녔다고 말하지
　　않았나요?

어떤 경찰? 김 수사관? 내가 그런 말을 했다고?

나 네. 저는…
피고 측 좋습니다.

나 저는 사교적인 사람이에요.

피고 측 그리고 전체…

나는 짓밟히고 있었다. 검사가 끼어들었다.

검사 재판장님, 상대방이 말하고 있을 때 끼어들지 않도록 해주
십시오.

판사 네.

검사 그리고 증인이 답변을 완전히 설명할 수 있게 해주십시오.

판사 한 번에 하나씩 하죠. 다음 질문.

피고 측 좋습니다. 그리고 전에도 필름이 끊긴 적이 있죠?

그가 나를 어디로 끌고 가려는 건가 싶었다.

피고 측 그리고 전에 필름이 끊겼을 때, 그건 보통 밤의 끝 무렵
이었죠?

나 아니면 제가 기억하지 못하는 조각난 밤의 일부였거나.

피고 측 그리고…

나 항상 끝 무렵인 건 아니었어요.

이건 발밑으로 사라지는 돌을 밟는, 속도 게임이었다. 나는 재
빨리 움직이지는 못했지만 계속 따라가기로 마음을 굳게 먹었다.

피고 측 음, 경찰 인터뷰에서 디블럭트 형사인지 순경인지에게 필름이 끊길 때는 보통 밤의 끝 무렵이라고 하지 않았나요?

디블럭트라는 이름에 연상되는 얼굴은 없었다. 머리가 긴 여경을 말하는 건가? 그는 눈썹을 치켜떴고, 큰 숨소리가 들렸다. 내가 너무 시간을 끌어서 화가 난 것이다.

나 네. 맞아요. 그렇긴 한데, 다른 경우도 있었을 거예요.
피고 측 알겠습니다. 같은 시간 동안 누군가 당신에게 연락을 취하려고 하는 것처럼, 당신 핸드폰이 울리는 걸 들은 기억이 있습니까?
나 사진을 찍을 때 나는 찰칵 소리가 싫어서 핸드폰을 무음으로 해놨을 거예요. 그날도 사진을 찍고 있었거든요.
피고 측 그날 밤 핸드폰을 무음으로 해놓은 기억이 분명히 있나요?
나 자주 무음으로 해놔요. 그냥 밀기만 하면 되니까 아주 쉬워요.
피고 측 알겠습니다. 하지만 그건 제 질문에 대한 답이 아닙니다.

변호사는 자신의 노트를 내려놓고 이번에는 두 팔을 엉덩이에 올려놓았다. 그는 당황스러운 표정을 지으며 머리를 곧추세웠다. 내가 뭔가 잘못을 한 것이다. 내 안의 모든 것이 경고음을 울렸고 내 몸은 마치 뱀이 똬리를 틀기 시작한 것을 본 것처럼 긴장으로 팽팽해졌다. 그는 눈에 보일 정도로 화가 나 있었다. 우리가 아직도 핸드폰 얘기를 하는 건가?

피고 측 제 질문은 이겁니다. 그날 밤 핸드폰을 무음으로 설정한 것에 대한 확실한 기억이 있나요?

나 말씀드렸잖아요. 항상 무음으로 해놓는다고요. 특히 사진을 찍을 때는.

그는 고개를 저으며 팔을 내려놓았고, 급히 종이를 넘기기 시작했다.

피고 측 좋습니다. 10월에 있었던 이 사건 예비심문에서 증언했던 것 기억하나요? 증인은 이런 질문을 받았습니다. 변호인단 여러분, 50쪽 10행부터 21행까지입니다. 이런 질문을 받으셨죠. "그날 밤 파티에 있었고 당신 핸드폰이 당신에게 있었을 때 핸드폰이 울리면 들을 수 있도록 설정되어 있었습니다. 들을 수 있는 벨소리로요, 맞습니까? 대답: 벨소리로 설정돼 있었던 것 같아요. 가끔 꺼두기는 해요. 사진을 많이 찍을 때는 사진이 찍힐 때마다 나는 소리가 싫어서요. 그래서 무음으로 해둬요. 그때는 오토 상태였던 것 같아요. 소리도 컸고요." 당시에는 이렇게 얘기했는데요, 아닌가요?

내 말에 내가 졌다. 굴욕감. 나는 충분히 공부하지 않았던 거다. 그가 어떤 식으로 나 자신을 내 적으로 만들 수 있는지 예상하지 못하는 실책을 저질렀다. 그가 한 발 물러나 '당신을 비난하려는 게 아니라 당신이 앞서 했던 말을 반복하고 있는 것뿐이에요'라고 말할 수 있다는 것을. 나는 불쑥 내 앞에 나타난 나 자신을 응시하면서 '내가 어떻게 나와 싸울 수 있지' 하고 생각했다.

검사가 다시 직접 심문을 위해 일어섰다.

검사 샤넬, 증인이 막 받은 질문은, 예비심리에 대한 질문이었어요. 당신의 핸드폰에 대한. 기억하나요?

나 네.

검사 변호인이 그 문장의 마지막 부분을 빼셨네요. 당신은 이 말도 했죠? "그치만 제가 핸드폰을 묵음으로 해놨을 수도 있어요."

나 네.

검사는 변호인을 간파했다. 그는 그 문단을 읽다가 의도적으로 일찍 중단했고 내 말을 끊어버렸다. 아라레는 구석에 숨어버린 나를 살살 달래기 시작했다. 그녀는 전에 필름이 끊겼을 때는 1월 15일의 상황과 달랐는지 물었다. 나는 전에 필름이 끊겼을 때는 한 번도 밖에서 반라로 발견되지 않았다고 말했다. 넙죽 절이라도 하고 싶었다. 그녀는 내가 좀 더 분명히 내 의견을 밝힐 수 있는 기회를 주었다.

검사 학교를 졸업하고 집에 돌아왔을 때 음주 수준이 어느 정
　　도였는지 설명해줄 수 있나요?

피고 측 이의 있습니다. 관련 없는 질문입니다.

판사 인정합니다.

검사 대학 졸업 이후로, 그러니까 대학에서 많은 경험을 하고
　　난 뒤에 주량이 변했나요?

나 네.

피고 측 이의 있습니다. 관련 없는 질문입니다.

판사 기각합니다.

검사 어떤 식으로 변했죠?

　검사는 내가 폭행을 당했을 때 주량이 대학 시절 이후로 크게
줄었다고 진술할 기회를 주려 하고 있었고, 피고 측은 어떻게든
검사의 질문을 막으려 했다. 나는 두 개의 다른 필터를 통해 같은
이야기를 하려는 참이었다. 하나는 검사의 질문을 통해, 다른 하
나는 피고 측 변호사의 질문을 통해. 그들의 질문은 서사를 만들
어냈고, 그들이 짠 틀을 통해 내 말의 형태가 결정되었다.

　검사가 질문을 할 때는 내 고통스러운 기억과 대면하며 그걸
배심원들이 이해할 수 있게 풀어내야 해서 처참한 기분이었다.
피고 측 변호사가 질문을 할 때는 숨이 막혔다. 그는 검사처럼 감
정적인 영역을 열어보려 하지 않았다. 오히려 그는 그걸 억누르
고, 내 구체적인 경험을 지우고, 나를 파티를 좋아하고 필름이 끊
기는 전형적인 사람으로 추상화하고, 내 신발 끈을 한데 묶어버

려서 달리라고 재촉하면 내가 넘어질 수밖에 없는 엄정함을 따지는 질문을 하고 싶어 했다.

심리에서 알아차렸던 다른 일도 일어나고 있었다. **맞나요**라는 단어를 사용하는 빈도. 그는 질문을 개방형으로 하기보다는 질문 안에 답을 심어놓았다. **맞나요? 그게 맞지 않나요? 정확한가요? 그래요?** 관찰자의 입장에서는 변호사가 그저 사실을 확인하는 것처럼 보일 수 있다. 하지만 그중 너무 많은 것들이 맞지 않았다. 그 때문에 나는 배심원들 앞에서 반복적으로 변호사와 다른 의견을 표출하며 사람들의 시선을 의식하게 되었다. 저 사람들이 기억이 조각난 여자보다 모든 걸 질서 정연하게 늘어놓는 것 같은 정장 입은 남자를 더 신뢰하지는 않을까? 계속해서 **그런데, 잠 깐만요** 하고 말하는 나는 누구인가. 나는 줄곧 그가 내 손을 한 방향으로 끌어당기고 있고 나는 발을 질질 끌며 저항하는 기분이 들었다.

필름이 끊긴 경험이 몇 번이었냐는 질문에 나는 너댓 번이라고 말했다. 나는 방 안에서 갑작스러운 변화를, 고개를 숙이고 이 주목할 만한 사실을 기록하는 움직임을, 펜들이 나에 대한 메모를 휘갈기는 동안의 정적을 감지했다. **젠장.** 나는 생각했다. 저녁이면 이 사실을 뉴스에서 접하게 되리라는 사실을 직감했다. 검사가 내게 정직하라고 말했을 때 이런 정직을 의미한 건지 궁금했다. 두세 번이라고 말했어야 했을까. 어차피 사람들은 알 길이 없었다. 하지만 그건 옳지 않은 기분이었으리라. 내가 전에 몇 번이나 필름이 끊겼었는지는 중요하지 않으니까. 이번은 전과는 달랐다. 나는 나라는 사람에 대해 거짓말을 하기 위해 또는 나의 과거에 대해 변명하기 위해 여기 있는 게 아니었다. 그래도 자책감은 여전했고, 나의 성격상 결함이 나라는 인간 전체를 더 깊이 파묻는 기분이었다.

군은 표정의 피고 측 변호사가 건조한 어조로 던진 마지막 질문은 **그리고 당신의 저녁 식사는 브로콜리와 쌀이었군요**였다. 나는 뭔가 촌철살인 같은 농담을 기다리며 변호사를 쳐다봤지만 재미를 좇는 듯한 낌새는 감지되지 않았다.

끝은 난데없었다. 가도 좋다는 말을 들었을 때, 마치 몇 바퀴 회전을 하다가 이제 직선으로 걸어보라는 명령을 들은 것처럼 잠시 앉아 있었다. 나는 황급히 법정을 빠져나와 계단을 내려갔고, 차 안에 몸을 숨긴 뒤 좌석을 뒤로 젖혀 수평으로 누웠다.

안도감이 물밀듯 밀려와야 했지만 불안했다. 잘한 건지 내 얼굴에 먹칠을 한 건지 알 수가 없었다. 한마디 한마디가 고의성을 띤 환경에서 브로콜리와 쌀로 끝을 맺은 건 어째서였을까? 법원을 나온 뒤에야 아빠가 쌀이 아니라 퀴노아로 음식을 만들었을지 모른다는 생각이 들었다. 그리고 퀴노아라면 내 주량을 떨어뜨렸으리라. 나는 검사에게 **쌀이 아니라 퀴노아였어요. 검사님이 사람들에게 그 사실을 알려줄 수 있나요**라고 문자를 썼지만 보내지 않고 망설였다. 아라레는 이미 다음 사람을 심문하느라 정신이 없을 테니. 나는 기회를 놓쳤다. 그리고 핸드폰 벨소리는 왜 중요했던 걸까? 마치 내가 자기 엄마를 모욕하기라도 했다는 듯 나를 바라보던 그의 시선을 절대 잊지 못할 것 같았다. 왜 그렇게 화를 냈지? 핸드폰이 울리는 것과 무음이었던 것 중 뭐가 더 나은 거지? 어느 쪽이 내 사건에 더 유리한 걸까? 퀴노아인가 쌀인가? 서점 앞인가 뒤인가? 필름 끊긴 경험이 세 번인 거 아니면 다섯 번인 거? 우린 가장 심각한 모든 순간에 발끝으로 조심조심 걸었고, 시시콜콜한 세부사항에 집착했다. 하지만 내가 보기에 이 중 많은 것들에 문제가 있었다. 피고 측은 몇 달을 끌더니 질문을 던져놓고 내게는 답변 시간을 몇 초씩밖에 주지 않았다.

나는 눈을 감고 그가 했던 다른 말들을 떠올렸다. **그건 제 질문에 대한 대답이 아닙니다.** 그가 내 대답에 전혀 관심이 없다는 사실을 깨달았을 때 나는 내가 순진해 빠졌다고 느꼈다. 그는 이미 원하는 답이 있었다. 그저 내가 그 말을 하기만을 원했던 것이다. 그 밑에 깔린 패턴도 귀에 들어왔다. **그건 그때 증인이 하기로 결정했던 거, 맞죠? 그건 의도했던 거였군요. 그리고 그건 당신이 내린 결정이었네요.** 그는 나의 밤을 의도와 좋지 않은 결정들로 어지럽혔고, 그게 다 최종 장면과 관련이 있다는 암시를 주었다. 네가 이 파티에 가기로 결정했고, 의도적으로 술에 찌든 거라면 네가 의도적으로 집적거림을 유도하고 놀아났다고 믿는 게 정말 그렇게 어려운 일일까? 나는 **멍청이, 멍청이, 멍청이**라고 하면서 박자에 맞춰 손바닥으로 이마를 쳤다.

내 증언은 끝났지만 이제는 마음을 단단히 먹고 강해질 때였다. 두어 시간 뒤에 티파니가 증언을 할 예정이었다. 나는 자동차 핸들에 손을 올리다가 다시 손을 보았다. 주홍색 괄호 같은 상흔. 빨간 기침 시럽이 피부 아래로 쏟아진 것 같았다. 내가 아무리 차분해 보여도 스트레스는 출구를 찾았다. 나는 아무것도 느끼지 못했지만 손이 증언대 아래서 꽉 쥐어졌고 손톱은 죽기 살기로 싸우는 게처럼 서로를 꼬집었다.

집에는 아빠가 쓴 쪽지가 조리대 위에 놓여 있었다. **딸들, 오늘 너희를 생각할 거야. 기억하렴, 진실이 너희를 자유케 하리니. 맥& 치즈, 연어, 가슴을 따뜻하게 해주는 치킨 수프. 힘내라!** 마카로니와 치즈가 든 유리 냄비가 밖에서 차게 식어 있었다. 나는 금속 숟가락으로 그걸 퍼냈다.

티파니는 침실에서 준비 중이었다. 주홍색 블라우스를 입었다가, 검은색으로 갈아입었다가, 땀을 흘리며 다시 주홍색을 입었고, 땀에 젖어 어두워진 겨드랑이 부분을 내가 불어서 말려주는 동안 팔을 들어 올렸다. 나는 분주하게 티파니를 거들었다. 앉아서 너무 오래 생각에 잠겼다간 내가 티파니를 그곳에 가지 못하도록 막으리라는 걸 알았다.

그날 앞서 법정을 나오기 전 나는 정장 바지에 메신저백을 맨 어떤 아시아계 남자가 복도에 서 있는 모습을 보았다. 나는 DNA 전문가가 증언을 할 거라는 말을 들었기 때문에 이 사람이 그 사람인가 싶었다. 나는 그의 이름이 크레이그 리, 법의생물학자이고, 그다음은 구급대원인 샤오수안 스티븐 판치앙과, 범죄분석가 앨리스 킹이라는 사실을, 그들 모두 내가 집에서 티파니와 함께 배를 채우고 준비를 하고 있을 시각에 나를 위해 증언했다는 사실을 나중에 알게 되었다. 내가 티파니를 보살피는 동안 그들은 우리 두 사람 모두를 위해 싸우고 있었다.

나는 티파니가 모는 차를 타고 다시 법정으로 갔다. 티파니에게 기분이 어떤지 물었지만 티파니는 앞유리에 매달린 애벌레에, 바람에 나부끼는 그 곱고 흰 털에 정신이 팔려 있었다. 티파니는 벌레를 살려줘야 한다고 말했다. 나는 그러면 늦을 거라고 말했지만, 다음 순간 티파니는 도로에서 빠져서 주차장으로 들어가 시동을 껐다. 나는 안전벨트를 풀고 가운데 콘솔을 뒤져서 구겨진 영수증을 찾아냈다. 밖으로 나가서 영수증을 벌레의 작은 다리 밑으로 조금씩 밀어 넣었고 풀밭에 내려주었다. 다시 차 안에 들어갔더니 동생이 애벌레가 살아서 기어가는 걸 지켜봤는지 물었다. 나는 다시 밖으로 나가서 벌레가 움직이는 것을 확인했다. 그러고 난 뒤에야 다시 차 안에 들어갈 수 있었다.

동생의 두 친구, 엘리자베스와 아누샤가 대기실에 와 있었다. 이 낯선 세상을 조금이나마 친숙하게 만들어준 그들이 고마웠다. 몇 시간 전만해도 엉엉 울던 자아가 이미 긍정적이고 위로를 주는 다른 인격으로 바뀌어 있었다. 시간이 되자 나는 내 대변인을 동생과 함께 보냈다.

내 쓸모는 여기까지였다. 이제는 집에 갈 때였다. 하지만 아직 떠나고 싶지가 않았다. 법정으로 이어지는 복도를 따라 걸었다. 누군가 나를 보지는 않을지, 내가 엿들으려 한다고 의심하지는 않을지 걱정이 들었다. 법정 문에 달린 작은 창으로 안을 들여다보았다.

내가 열 살, 동생이 여덟 살일 때 우린 중국에서 지내고 있었는데, 온실처럼 벽이 유리로 된 크고 횅한 실내 수영장에 간 적 있었다. 수영장 물이 워낙 멀리까지 뻗어 있어 자체적으로 수평선이 형성될 정도였다. 유리는 열기 때문에 김이 서려 있었고 노란빛이 돌았다. 평일 아침이라 수면을 따라 뒤로 앞으로 물살을 가르는 나이 지긋한 여성 한 명뿐, 텅 비어 있었다. 아빠는 수영장 저 끝에 있는 개인 탈의실 문을 여는 구리 열쇠를 주고는, 입구 옆 수영장 의자에 앉아 곧장 잠들었다.

우리는 우리 탈의실 문을 열고 수영장 벤치를 따라 맨발로 뛰어다녔다. 벤치가 전부 우리 거였다. 뒷벽 쪽의 어느 문을 열고 들어가니 작은 샤워실이 나왔다. 샤워실 문이 우리 뒤에서 닫혔고 우리는 샴푸를 짜서 머리에 바르고 머리카락을 뾰족 솟아오르게 만들었다. 동생이 수영장으로 돌아가고 싶어 했지만 문을 열지 못했다. 나는 동생이 문을 제대로 작동시키지 못한 거라고 확신하고 문으로 가서 손잡이를 움직여보다가 우리가 갇혔다는 걸 깨달았다. 금속 느낌이 나는 무지개 수영복에 물안경을 이마에 쓴 동생은 팔꿈치를 작은 배에 대고 손을 얼굴에 올린 채 기대에 찬 표정으로 나를 바라보았다. 나는 동생에게 문이 약간 꽉 끼어서 아빠가 올 때까지 기다려야 할 것 같다고 말했다. 우린 샤워기 아래 말없이 앉았고, 나는 머리에 다시 샴푸를 발랐지만 더 이상 재밌지 않았다. 얼마 안 가 물이 차가워졌다. 나는 중국어로 "도와주세요"가 무엇인지 몰랐다. **셋을 세자마자 그냥 '헬로' 하고 소리쳐, 알았지?** 내가 말했다. 셋을 다 세기도 전에 동생이 한 번도 들어보지 못한 소리로 비명을 질렀다. 그보다 더 겁이 났던 건 그러고 난 뒤 쿵쿵대는 발소리도, 거칠게 문 손잡이를 돌리는 소리도 들리지 않고 길게 이어지던 침묵이었다.

동생이 울 때마다 생각한다. 나는 싱크대 돌출부로 기어올라가 밖을 내다보았다. 고속도로 말고는 아무것도 없었다. 나는 작은 트럭들의 강을 따라 이어진 도로에서 우리가 맨팔다리로 내달리는 모습을 상상했다. 그때 나무문 아래 환기용으로 붙어 있는 나무살을 발견했다. 손바닥 두꺼운 부분으로 첫 번째 나무살을 밀어서 뼈처럼 뚝 분질렀다. 두 번째 나무살을 분질렀다. 세 번째 나무살을 분질렀고, 무릎 주위에는 쪼개진 나뭇조각들이 패잔병처럼 누워 있었다. 손이 아파서 동생이 도울 수 있는지 보려고 몸을 돌렸지만 동생은 눈을 가리고 서 있었다. 나는 잠시 쉬었다가 여섯 개의 나무살을 모두 분질렀다. 양쪽에 못이 이빨처럼 튀어나온 나무 틀만 남았다. 못 끝에 걸릴까 봐 못을 구부렸다. 숨을 힘껏 들이쉬고 팔과 머리를 조심조심 밖으로 디밀었다. 못 끝에 가슴의 피부가 긁혔다. 나는 드디어 문밖으로 나왔지만 열쇠는 여전히 말을 듣지 않았다. 나는 목을 길게 빼서 사각 틀 사이로 동생을 들여다보며 말했다. **여기 가만히 있어. 100까지 세. 다세면 내가 돌아올 거야.** 나는 기나긴 수영장을 달려서 아빠를 흔들어 깨웠다. 아빠가 눈을 뜨는 순간 나는 동생의 이름을 부르며 흐느끼기 시작했다.

아빠가 어떤 남자를 시켜서 문 손잡이를 고치게 하는 동안 동생은 혼자 반대편에서 엉엉 울었다. 남자는 문이 가끔 꽉 낀다고 말했다. 나는 화를 참을 수 없었다. 내 동생이 갇혀 있는데 그걸 말이라고 해? 문이 활짝 열리고 동생이 아빠에게 달려갔을 때, 나는 부서진 작은 나뭇조각들을 보며 이렇게 생각했다. **내가 우리를 구해냈다. 난 언제나 방법을 찾아낼 거야.**

나는 검은 코트를 입고 기울어진 복도에 서서 법정 문에 달린 기다란 수직 창으로 안쪽을 응시했다. 동생이 그 안에, 방 저 앞에 앉아 있는 모습을, 마이크 앞에 있는 동생의 완두콩만 한 머리를, 움직이고 있는 입술을 볼 수 있었다. 기계에 달린 집게발처럼 저 위에서 내 손을 뻗어 동생을 저기서 살짝 끄집어내 내 옆에 끼고 이 모든 풍경을 뒤로 한 채 떠나고 싶었다. 동생을 지켜보는 내 눈은, 문 반대편에 붙박인 채 뜨거워졌다.

티파니의 증언이 끝날 때까지 시간을 보내기 위해 애시나와 빵집에서 만나 빗속에서 살구 하만타셴[유대인들이 부림절에 먹는 삼각형 모양의 과자]을 먹었다. 오후 5시가 다 되었을 때 우리는 동생이 곧 나타나리라 생각하고 법정으로 다시 걸어갔다. 기자 한 명이 바깥에 서 있었다. 언론은 나와 이야기를 하면 안 되었지만 기자의 시선은 우리에게 들러붙었고 우리를 따라왔다. 기자가 핸드폰을 기울이는 모습을 보고 나는 그녀가 사진을 찍으려는 게 아닌지 편집증에 사로잡히며 불안해졌다. 그래서 우리는 보안검색대를 통과해 건물 안으로 들어갔는데, 바로 그 순간 엘리베이터 문이 열리면서 주머니에 손을 넣은 채 온 가족과 자기 변호사를 대동한 브록이 나타났다. 나는 그들이 멈출 거라고, 뒤로 물러설 거라고, 그들이 넘어서는 안 되는 보이지 않는 경계선 같은 게 있다고 생각했다. 하지만 그들은 나를 힐끗 쳐다보더니 계속 다가왔고 나는 움직일 겨를이 없어서 그냥 등을 돌리고 서 있었다. 그들은 마치 내가 별 볼 일 없는 사람이라는 듯이 나를 지나쳤다. 그들의 눈을 통해 나 자신을 들여다보았을 때 나는 아주아주 작게 줄어들었고, 머리 없는 피해자, 그의 삶에 남은 형편없는 오점일 뿐이었다. 갑자기 내 대변인이 나타났다. 대변인은 티파니가 이미 차에서 기다리고 있다고 말했다.

주차된 차에 앉아 있는데 빗물 때문에 창밖이 잘 보이지 않았다. 동생은 비가 좀 잦아들면 가자고 했다. 나는 그게 무슨 말인지 알았다. 동생은 잠시 아무 생각 없이 앉아 있고 싶은 거였다. 동생에게 시간이 부족했고, 그래서 내일 아침에 다시 와야 한다고 들었다. 나는 동생에게 증언이 어땠는지, 나한테 다 말해달라고 하고 싶었지만 우리가 정보를 공유했다며 비난받을지 모른다는 망상이 발목을 잡았다. 퍼붓는 비 때문에 움직이지 못하는 잠긴 차 안에서도 누군가 보고 있을지 모른다는 공포가, 뭔가 잘못된 일을 하는 건지 모른다는 공포가 계속 대화를 가로막았다.

그날 밤 우리는 아무 데도 마음을 쓰지 않으려고 톰 행크스가 나오는 영화를 봤다. 동생의 전화가 울렸고 정적이 깨졌다. 내 담당 검사였다. 동생은 전화기를 들고 복도로 나갔다. 다시 돌아왔을 때 동생은 눈이 젖어 있었다. 동생은 소파에 앉아서 화면을 응시했다. **내가 다 망쳤어.** 동생이 말했다. **말도 안 돼.** 내가 말했다. **내가 망쳤어.** 동생이 말했다. 동생은 내가 그곳에 없었기 때문에 이해하지 못하는 거라고 고집을 부렸고, 내 위로는 아무런 도움이 되지 않았다. 나는 무슨 일이 벌어지고 있는지 파악하는 게 허용되지 않는 것이 너무 싫었다. 나중에 알게 된 바에 따르면 동생은 자기가 그날 밤 잠시 나를 두고 다른 곳에 갔을 때 내가 괜찮을 거라 생각했다고 증언했다. 그러자 피고 측 변호사가 이를 이용해서 브록이 나를 발견했을 때 그에게도 내가 괜찮다고 판단할 만한 충분한 이유가 있었다고 주장했다. 만일 브록이 내가 합의에 따라 행동할 수 있을 만큼 멀쩡한 상태라고 진짜로 믿었다는 것을 입증할 수 있으면 그들은 이 사건에서 쉽게 이길 수 있었다. **나는 언니가 괜찮을 거라고 생각했다는 의미였는데.** 동생이 말했다. 동생이 무슨 말을 하는지는 나도 알았다. 동생은 자기 언니가 강간을 당할 거라고는 생각하지 않았다는 말을 하고 싶었던 거였다. 아라레는 전화로 동생에게 피고 측이 내일 이 부분을 물고 늘어질테니 의미를 더 분명하게 표현하고 흔들리지 말아야 한다고 전했다.

나는 금방이라도 자동차 열쇠를 거머쥐고 문밖으로 곧장 걸어나갈 태세였다. 피고 측 변호사의 집으로 차를 몰고 가서 카펫이 깔린 계단을 달려 올라간 뒤 우스꽝스러운 잠옷을 입고 옆 테이블에 안경을 올려둔 변호사를 흔들어 깨우고 싶었다. 퀼트 담요를 젖히면 털이 북슬북슬한 흰 다리와 수면 양말이 드러나겠지. 나는 그에게 당신이 내 동생을 얼마나 휘저어놓았는지 아느냐고, 이 일을 점잖게 진행하는 방법을, 이 일을 나와 브록의 일로 한정하고 그 게시판에 휘갈겨 쓴 증거에, 내 혈중 알코올 농도에, 음성메시지에 집중하는 빌어먹을 방법을 생각해내지 못하겠냐고, 뭘 더 원하는 거냐고, 재판으로 내 동생을 파멸시키기라도 하고 싶은 거냐고, 일을 똑바로 하지 않으면 내가 당신을 끝장낼 거라

293

고 소리치고 싶었다. 이상하게도 온통 우리가 잘못한 일이 됐고, 그는 아무런 잘못이 없었다.

　동생이 내 앞에서 허물어지는 모습을, 이 모든 걸 짊어지려는 동생의 고통을 목격하면서 마침내 나는 이해했다. 그는 우리 내면에 남을 의식하는 시선이 있음을, 네가 잘못한 게 있다고 우리 자신에게 속삭이는 목소리가 사라지지 않고 있음을 알았다. **언니를 두고 가버린 게, 당신 아닌가요? 언니가 괜찮다고 말한 건 누구죠?** 그는 그 사실을 알아냈고, 그걸 걸고 넘어졌고, 확대해석 했고, 죄책감이 모든 걸 좀먹을 때까지 부풀렸다. 우리는 판단력을 잃었고, 그러다 결국 자책감에 빠져 허우적대고, 고통에 눈이 멀었다.

　동생에게 그런 일이 일어나고 있었고, 나에게 그런 일이 일어나고 있었다. 우리 두 사람에게는 왜곡된 현실이 제공되었고, 우리가 한 말들은 비틀어졌고, 그러다 결국 우리는 자신감과 신뢰를 잃고 스스로를 하자가 있고 망가진 사람으로 낮잡아 평가하게 되었다. 우리는 혼란과 미안함 때문에 벽에 기꺼이 머리를 박았고, 무슨 권리에 따라 발언할 수 있는지 자신하지 못했다. 나는 결국 게임의 비밀을 풀었다. 이건 정의의 실현이 아니라 인내심 테스트였다. 그의 실수는 내가 지구 끝까지 따라가서 보호하려는 사람을 추궁하고 있다는 점이었다. 보라, 만일 거기서 공격당하는 게 나 하나였다면 나는 포기하고 자기 의심에 빠져들었을 것이다. 하지만 동생이라면? 그날 앞서 나는 동생에게 언니라기보다는 엄마에 더 가깝다는 말이 무슨 뜻이냐는 질문을 받았다. 나는 모르겠으니 당신이 한번 말해보라고 답하고 싶었다. 엄마 곰과 아기 곰 사이에 사람이 끼어들면 무슨 일이 일어나는가. 동물의 공격 행위에 대한 글을 읽어본 적이 있는가? 얼굴이 깨끗하게 벗겨진다.

나는 꼼꼼하게 정리한 내 지침서와 용기를 주는 말들을 꺼내서 서랍에 던져 넣고 새로운 주문을 정했다. **쌀 요리 같은 건 개나 줘.** 뭘 마셨는지, 얼마나 마셨는지, 언제, 누구와 함께 마셨는지는 다 개나 줘, 내가 테이블 위에서 춤 췄는지 의자 위에서 춤 췄는지 같은 건 다 개나 주라고. 네가 원하는 건 진실, 완전한 진실이잖아, 진실만 있으면 되는 거잖아? 그 모든 대답은 내려간 브록의 어깨와 떨궈진 머리와 깔끔하게 정리한 머리칼과 같이 거기 앉아 있었잖아. 넌 내 모든 가족이 어째서 상처를 받고 있는지, 왜 내가 일자리를 잃었는지, 왜 내 은행 잔고가 네 자리 숫자인지, 왜 내 동생이 수업에 빠져야 하는지 알고 싶잖아? 그건 그 쌀쌀한 1월 저녁에 내가 외출을 했고, 저 남자가, 저기 있는 저 남자가 동의를 하든 안 하든, 움직임이 있든 없든 누군가와 떡을 치고 싶다고, 누군가와 떡을 칠 **의향이 있다고 결정**했고, 그 대상이 하필 나였기 때문이잖아.

이 사실은 나를 하자 있는 인간으로 만들지 못한다. 이 사실은 나를 부적당한 사람으로 만들지 못한다. 하지만 이 사실은 나를 화나게 만들었다. 동생 덕분에 나는 내가 봐야 하는 사실을 보게 되었다. 고통은 자세히 들여다보면 사태를 선명하게 볼 수 있게 해준다. 이제 나는 그 변호사가 여기서 뭘 하려고 했는지 알았고,

그 일이 일어나게 내버려두지 않을 것이었다. 그는 자기가 우리를 부서뜨릴 수 있다고 믿었지만, 이날 이후로 나는 성장하기 시작했다.

8

나는 법정에 입장하는 것이 허용되지 않았지만 어쨌든 재판은 그 주 내내 이어졌다. 나는 이상한 평행우주 안에서 살았다. 낮에는 종일 목적 없이 빈둥거렸고 밤이 되면 지역 뉴스 면의 기사를 확인했다. 티파니는 화요일에 증언을 마쳤고 나는 검사에게 다음 증인은 누구냐고 물었다. 과음으로 인한 기억상실 전문가. 나는 검사가 농담이라고 말하기를 잠시 기다렸다. 나는 **진짜 기억상실 전문가는 내가 아닌가요**라고 말하고 싶었다. 전문가인 프롬 박사는 증언해주는 대가로 브록 측으로부터 1만 달러를 받았다. 박사는 내가 아무리 기억을 못해도 합의할 준비가 되었을 수 있고, 기꺼이 합의할 수 있다고 주장했다.

수요일, 브록이 증언하는 날에는 운동화 끈을 졸라맸다. 그는 다른 사람들에게 보여줄 내 모습을 들고 가서, 그녀를 상자에 있었던 생기 없는 마네킹처럼 끄집어내고, 무대 위로 그녀를 질질 끌고 나가, 이상한 동작으로 그녀의 엉덩이를 문지르고, 그녀의 입술꼬리를 끌어올려 미소 짓게 만들고, 그녀를 키스로 장식하고, 자기가 지어낸 말들을 그녀의 입에 물릴 것이다. 그 모든 일이 역겹고 숨 막혔다. 내 몸이 그 작고 네모난 건물에서 그의 손에 갇혀 있는 기분이었다. 나는 좁고 긴 오솔길을 굽이굽이 지나, 배가 술통처럼 볼록한 말들이 있는 언덕을 지나 몇 킬로미터를 달리고 달렸다.

그날 밤 뉴스가 올라왔고, 기사는 사각 화면 안에서 환하게 빛났다. 나는 일부러 눈의 초점을 흐리게 만들었다가 다시 맞췄다. 그가 한 말을 읽을 것인가 말 것인가. 나는 마우스를 빨리 움직여서 글을 훑어보기로 결정했고, 그러다가 '그래'라는 작은 새로운 단어가 눈에 걸려서 동작을 멈췄다. 나는 그가 내게 얼마나 많은 '그래'를 선사했는지 세어보았다. 그는 춤을 추자는 말에 내가 그래, 자기 기숙사로 가자는 말에 그래, 손으로 만져도 되냐는 말에 그래라고 했다고 말했다.

언젠가 수강했던 영화 문학 수업에서 에르난데스 선생님은 우리에게 영화 〈죠스〉의 한 장면을 보여주었다. 주인공 마틴이 배에 오르기 직전 아내 엘렌에게 작별 인사를 하는 장면이었다. 엘렌은 남편을 잃을지 모른다고 걱정하면서도 **조심해, 사랑해!**라는 말 대신 **당신… 내가 선글라스 한 개 더 넣어놨어. 검은 양말하고, 그리고, 그리고 그것도 있어, 당신 코에 바를 것. 징크옥사이드 크림, 블리스텍스 크림은 도구 상자 안에 있어**라고 말한다. 그리고 마틴은 이에 대한 대답으로 **걱정하지 마, 당신을 위해 돌아올게!**
라는 말 대신 **은신처에 있는 벽난로 쓰지 마. 내가 아직 연통을 못
고쳤거든**이라고 말한다. 엘렌은 고개를 끄덕이고 나서 말한다. **애
들한테는 뭐라고 말하지?** 마틴은 이렇게 말한다. **낚시 갔다고 해.**

　사랑은 넌지시 표현되는 것이다. 사랑은 아내가 짐 속에 넣은
검은 양말, 돌아와서 연통을 고치겠다는 약속, 아이들을 보호하
려는 마음, 서로의 생활에 대한 면밀한 관심, 앞으로 일어날 일이
드리운 무게감을 느끼면서도 서로를 위로하는 긴박함이다. 가장
중요한 메시지는 느낌으로 전달되지 절대 노골적으로 발화되지
않는다. 진짜 대화는 그런 것이다.

　그런데 브록은 이렇게 증언했다고 한다.

저는 그녀에게 제가 손으로 만져주기를 원하느냐고 물었습니다.

그녀가 대답했나요?

네.

그녀가 뭐라고 했죠?

'그래'라고 했습니다.

그는 자기가 티파니에게 키스를 하려 했다고 인정했다.

검사 그녀가 그 일에 대해서 당신에게 무슨 말인가를 했나요?

아뇨. 그냥 자리를 떴습니다.

그는 자기가 내 속옷을 벗겼다고, 내 다리 아래로 속옷을 끌어
내리고 부츠 밖으로 끄집어냈다고 말했다. 그는 내가 오르가즘을

느꼈다고 말했다. 그리고 저는 잠깐 그녀를 손으로 만져줬고, 그녀가 오르가즘을 느꼈다고 생각했어요. 그러고 나서, 그러니까 그걸 하면서 그녀한테 좋으냐고 물었고 그녀는 '으응'이라고 말했어요. 나는 브록의 증언 내용을 알게 되었을 때, 앉았다가 자세를 풀고 바닥을 기다가 드러누웠다. 그는 이 비삽입 성관계 때문에 비위가 상했다고 말했다. 가야겠다고 생각했을 때 내 바로 옆에 어떤 남자가 서 있다는 걸 깨달았어요라고 말했다. 그들이 어떤 외국어로 말하고 있어서 겁을 먹었다고 말했다. 그들이 자기 손목을 부러뜨렸다고 했다. 수갑에 채워졌을 때 그는 손목 통증을 전혀 언급하지 않았다. 그런데 이제는 배심원들에게 자신이 어쩌다가 깁스를 해야 했는지 설명했다. 멍과 긁힌 상처 때문에 얼마나 아팠는지. 브록이 자신이 뛴 것은 그 남자들이 자신을 해칠까 봐 겁을 먹었기 때문이라고 설명하자 아라레가 물었다. 그들이 샤넬을 해칠까 봐 걱정되지는 않던가요? 그는 말했다. 저는 그녀를 돌아보지는 않았어요. 2학년 때 우리는 퍼지라고 하는 작은 색색의 폼폼을 가짜 돈처럼 사용했다. 착한 일을 하고, 숙제를 제때 내면 퍼지를 받았다. 처음에는 브록의 퍼지 숫자가 엄청 적었다. 그런데 브록은 자신의 증언 날 트럭 한가득 들고 왔다. 그들은 퍼지를 바닥에 쏟았고 방은 무릎 높이까지 퍼지로 넘쳐났고 갑자기 그는 상을 받을 정도로 부자가 됐다. 나는 배심원단이 그의 퍼지가 가짜라는 걸 알아볼지 궁금했다.

검사 오늘 여기 앉아서는 그날 뛰었다는 사실을 인정하는 거군요?

브록 네.

검사 그러면 김 수사관에게 했던 말은 거짓말이었네요, 그렇죠?

브록 네.

피해자는 거짓말을 하면 종종 자동으로 비난을 받는다. 하지만 가해자가 거짓말을 한 사실이 드러났을 때는 낙인이 찍히지 않는다. 우리는 어째서 피해자가 잘못된 기소를 할지에 대해서는 경계하면서 얼마나 많은 남자들이 자기 행동에 대해 뻔뻔하게 거짓말을 하는지, 자신의 행동을 축소하는지, 다른 사람들을 조종해서 자기 행동을 덮는지는 거의 신경 쓰지 않는 걸까?

그의 증언은 그 일이 너무 순조로웠다는 식이었다. 내가 정말로 그에게 동의를 했더라면 그가 체포될 때 경찰관에게 이야기했으리라. 그가 만들어낸 최신판 대본은 너무 뻔뻔해서 현실성이 없었고, 너무 편리해서 믿기 어려웠다. 그가 재구성한 그날의 일은 글로 보면 너무도 빈약해서 희극에 가까웠다. 위트라고는 찾아볼 수 없는 이 대화의 상대역이 되는 건 모욕이었다.

나는 웃으면서 루카스에게 전화를 걸었다. **그 남자가 내가 그걸 원했대! 이 인간 끝내주는데. 이거 우리한테 좋은 거지, 그치? 이 남자가 해냈어, 끝났어. 그러니까 내 말은 누가 이 말을 믿겠냐고? 멍청하기는.** 하지만 루카스는 전화기의 반대편 끝에서 말이 없어졌고, 속이 안 좋아질 것 같다고, 잠깐 기다리라고 말했다. 침묵에 귀를 기울이는 동안 나는 내 내부가 딱딱하게 굳어가는 것을, 화가 치미는 것을 느꼈다. **나한테 장단을 맞춰줘야지. '돌대가리 같은 놈!'이라고 말해야지. '네가 이기겠네!'라고 말해야지.** 나는 속이 메슥거리지도, 분에 못 이기는 상태도 아니었고, 그 말을 듣지 않겠다고 선택할 수도 없었다. 잠시 멈춰서 돌아가는 상황을 파악하려 했더라도, 아마 그건 힘들었으리라.

루카스가 말이 없어지자 내 환상이 흔들렸고, 내가 상대하고 있는 것, 그것의 야만성, 적개심이 설핏 파악되었다. 법정의 규칙들이 나를 반드시 보호하지 않을 수도 있다. 선서는 그저 꾸며낸 약속일 뿐이었다. 정직은 어린이들의 몫이었다. 브록은 자기에게 필요한 말과 행동을 할 것이다. 뻔뻔한 자기정당화. 그는 스스로에게 나를 다시 한번 침범해도 좋다는 허락을 내렸고, 이번에는 내 입에 자신의 단어들을 쑤셔 박았다. 그는 나를 자신의 살아 있는 복화술 인형으로 만들었고, 내 안에 자기 손을 집어넣고 내가 말하도록 조종했다.

목요일에는 법원이 문을 열지 않았다. 친구 맷과 나는 내가 가장 좋아하는 인도 음식점에 갔고, 야외에 앉아서 금속 주석 그릇에 담긴 오렌지색 밥을 긁어 먹었다. 테이블 위에 놓인 지역 신문에는 브록이 정장을 입고 걸어가는 모습을 담은 사진이 1면에 실려 있었다. 나는 관심이 과도한 것처럼 보이지 않으려고 애쓰면서 두어 번 신문을 힐끗거렸다. 맷이 신문을 훑어보았다. 사모사[인도의 튀김 요리 중 하나]를 한 입 베어 물고 있을 때 맷이 말했다. **강간당한 여자에 대해서 들어본 적 있어?** 나는 잡아뗐다. **요즘 일이야?** 내가 말했다. **아니, 1년 전에 있었던 일이야.** 그가 말했다. **아.** 내가 말했다. 파도가 밀려오고 내 머리가 그 속으로 가라 앉는 기분이 들었다가 물이 빠져나갔고 나는 다시 물 밖으로 고개를 내밀었다. **넌 어떻게 들었는데?** 내가 물었다. **그 남자 여기서 악명 높아. 그리고 페이스북에 온통 그 얘기야.** 그가 말했다. 식당을 나서면서 나는 필요한 쿠폰이 안에 있다면서 신문을 챙겼다. 맷이 운전을 하는 동안 나는 가볍게 신문을 뒤적거렸다. **그 여자 잘못이라고 생각해?** 내가 물었다. 맷은 놀라서 움찔하더니 고개를 강하게 한 번 저었다. **젠장, 아니.** 그가 말했다. 내가 알고 싶은 건 그게 다였다. 우린 차를 타고 우리 집으로 갔고 맷이 소파에서 만돌린[작은 현악기 중 하나]을 퉁기는 동안 나는 맷에게 맞춰 피아노를 연주했다. 다음 날 법원이 다시 문이 열기 전에 나의 자유를 만끽하면서.

마지막 날인 금요일, 브록의 변호사는 네 명의 성격 증인[법정에서 성격과 인품에 대해 증언하는 사람]을 불렀다. 스탠퍼드에서 나온 사람은 아무도 없었다. 즉, 브록의 과거에서 날아온 사람들이 현재의 브록에 대해 이야기한다는 의미였다. 그 네 명은 청소년기부터의 절친, 전 여자친구, 고등학교 수영 코치, 고등학교 프랑스어 교사였다. 나도 6년 동안 프랑스어 수업을 들었지만, 젠슨 선생님을 불러서 내가 《어린 왕자》에 대해 뛰어난 발표를 했다는 사실을 사람들에게 전할 생각은 한 번도 해보지 못했다. 그 사람들이 여기에 무슨 말을 하러 온 거지? 그는 수업에서 한 번도 자기 페니스를 꺼낸 적 없었어요. 코치를 애무하지도 않았어요.

내가 공연을 기획하게 된다면 브록을 땅 위에 쓰러진 반라의

303

어떤 사람 위에 올라타게 하고, 이 네 사람이 반원을 그리며 둘러서서 법정에서 했던 말을 던지게 할 것이다. 프랑스어 교사의 장면. **저건 브록이 가장 하지 않을 유형의 행동이에요. 저는 절대로, 절대로, 절대로 브록 터너를 성폭력이나 성폭행과 연관지어 생각해본 적이 없어요.** 나는 이 **절대로, 절대로, 절대로** 부분만 따로 녹음해서 브록이 그 박자에 맞춰 삽입하는 동작을 반복하고 반복하게 할 것이다. 브록이 그 사람의 몸에서 옷을 벗길 때는 **그는 누구에게든 해가 될 일을 하지 않을 사람이라고 믿어요**라는 대사를. 그리고 브록이 도망치기 시작했을 때는 코치가 이렇게 말할 것이다. **나는 브록은 아주 존경받을 만하고 예의 있는 사람이라고 생각해요. 그리고 왜 있잖아요, 옳고 그름을 분별할 줄도 알죠.**

이들의 하나 마나 한 소리는 전혀 놀랍지 않았다. 내가 의아했던 점은 사실을 다뤄야 할 법정에서 왜 몇 시간을 할애해 그에게 칭찬을 퍼붓고 있는가 하는 것이었다. 그의 이력에는 어린 시절과 학교생활, 여름철 아르바이트, 달달한 연애가 있었다. 내 이력은 필름이 끊긴 첫째 경험부터 다섯째 경험까지였다. 나의 인물됨은 그의 인물됨만큼이나 심문의 대상이었고, 내 행동, 침착함, 호감 모두 평가를 받았다. 하지만 나를 아끼는 사람들과 함께하는 온전한 삶 속의 나를 평가하려 하지는 않았다.

검사는 반대심문에 쓸데없이 시간을 낭비하지 않았다.

그러면 당신은 분명히, 그가 과음하는 자리에 같이 있어본 적이 있나요?

아니요.

그가 취한 것을 본 적이 있나요?

아니요.

그리고 17일 밤에 그와 같이 있지 않았죠?

네.

그러면 그날 무슨 일이 있었는지 전혀 모르시겠군요?

그렇습니다.

검사의 심문은 간결했고, 그들의 쓸모없음을 신속하게 기정 사실로 만들었다. 검사는 그의 프랑스어 교사에게 그의 성욕이나 성적 취향에 대해 이야기를 나눠본 적이 있는지 물었고, 교사는 없다고 말했다. 전 여자친구는 질문을 받자 이렇게 말했다.

그러면 공개적으로 은밀한 행위를 했던 적은 없으시겠네요, 그렇죠?

그러니까, 그 말은…

좋습니다. 공개적으로 성관계를 해본 적은 없으시죠?

없습니다.

알겠습니다. 그렇다면 그건 정상에서 벗어난 일이군요?

나중에 누군가 내게 검사가 공개적인 성관계에 대해 질문했을 때 전 여자친구의 얼굴에 스치던 충격 받은 표정에 대해, 그녀가 머리를 어떻게 뒤쪽으로 치켜세웠는지에 대해 설명해주었다. 나는 '그렇지, 끔찍하지, 쓰레기통 뒤에서 섹스라니' 하고 말하고 싶었다. 검사는 자기가 브록이 우는 걸 딱 한 번 봤는데 전 여자친구가 증언했을 때였다고 말했다.

나는 그들의 하찮은 이야기를 무시할 준비가, 거기에 에너지나 관심을 쏟을 필요 없다고 생각할 준비가 되어 있었지만, 녹취록을 읽다가 여기서 잠시 멈췄다. 재판을 진행하는 동안 배심원들은 선택을 하지 않을 수 없다. 그는 건전한 인격인가 괴물인가. 하지만 나는 증인들이 그에 대해 한 모든 말이 진실임을 조금도 의심하지 않았다. 사실 여러분은 그 모든 게 진실임을 알 필요가 있다. 여러분이 이사할 때 일을 거들고 수영장에서 연장자를 도와주는 친절한 젊은이는 나를 폭행했던 그 젊은이와 같은 사람이다. 한 사람이 두 가지 모습을 모두 가질 수 있다. 사회는 이런 사실이 종종 공존한다는 사실을, 서로 배타적인 관계가 아니라는 사실을 자주 놓친다. 좋은 사람의 내면에 나쁜 자질이 숨어 있을 수 있다. 그게 무서운 거다.

브록에게는 내 또래의 누나가 있었다. 프랑스어 교사의 세 딸과 수영 코치의 딸 하나와 두 아들 모두 나와 나이가 비슷했다. 하지만 그들에게 여자친구가, 누이가, 딸이 있다 한들 내게는 아무런 도움이 되지 않았다. 이상하게 나는 달랐다. 그들의 공감 범위 밖에 있었다. 그 법정에서 내 정체성은 '타인'의 범주에 속한 무언가로 축소되었다.

토요일, 나는 증언이 모두 끝나면 안도감을 느낄 거라고 생각했다. 그런데 무력해진 기분이었다. 나는 매일 조금씩 통제력을 잃었다. 소송은 주제에서 벗어나 중대한 질문으로부터 점점 멀어졌고, 모든 게 내 상상 이상으로 소모적이고 무관했다. 나는 뉴스에서 내가 얼마나 **통제할 수 없을 정도로 흐느꼈는지**에 대한 기사를 읽었고, **그 여자의 질 부위**에 대한, **그 오하이오 토박이**가 어떻게 그 여자와 시선을 맞추고 다리를 떨면서 오른쪽 다리를 왼다리 쪽으로 꼬고 있었는지에 대한 최신 소식을 접했다. 온라인상에서는 마치 내가 울기만 한 것처럼 보일 때도 있었다. 현실에서 내기본 기능이 흔들리기 시작했다. 나는 수면을 중단했고, 먹는 것을 잊었고, 제대로 똥을 눌 수도 없었다. 그 두 주가 끝났을 때 마음은 움츠러들었고 몸은 활기를 잃었다.

엄마가 전화를 했다. **공공 할아버지 보러 갈 수 있니?** 엄마는 할아버지가 중국행 비행기를 탈 수 있도록 공항까지 차를 태워드렸다. 가방을 꾸리고, 머리를 빗질하고, 여권을 갱신하고, 경극을 다운받고, 냄비와 프라이팬을 넣어놓고, 신발들은 문 옆에 가지런히 줄 세워놓았다. 지구 반대편에서는 가족들이 할아버지를 겨자잎 초절임과 쌀국수와 메추라기 알이 차려진 저녁 식사에 모시고 가기 위해 기다리고 있었다. 하지만 공항 키오스크에 도착해서 보니 비행기 표에 찍힌 중국 이름 한 글자가 잘못 입력되었음을 알게 되었다. 항공사는 할아버지를 외면했고 탑승을 허가하지 않았다. 그래서 엄마는 할아버지를 다시 집으로 태워다드렸다. 엄마는 처음으로 할아버지 뺨에서 눈물이 흘러내리는 모습을 보았다. 엄마는 내가 가서 할아버지의 기분을 좀 풀어드렸으면 좋겠다고 했다. 할아버지 집으로 차를 몰고 가면서 화가 끓어올랐다.

어떻게 단 한 글자 때문에 할아버지가 지구 반 바퀴를 돌지 못한단 말인가? 할아버지 집에 도착한 나는 인사도 제대로 하지 않고 전화기로 돌진했다. 나는 전화를 걸기 시작했다. 할아버지와 할아버지의 친구는 내가 무능한 항공사 직원에게 소리를 지를 때 입을 쩍 벌리고 나를 쳐다봤다. **할아버지는 그 망할 중국에 가셔야 한다고요. 어떻게 이런 일이 있을 수 있는지 말해봐요. 문을 연 사무실이 있을 거 아니에요.** 할아버지는 내가 이런 식으로 행동하는 걸 한 번도 본 적이 없었다. 할아버지 손이 내 등에서 나를 다독이는 것을 느꼈다. 할아버지는 너는 집에 가도 된다고, 우리가 알아서 하겠다고 말했다. 하지만 나는 화를 가라앉힐 수 없었다. 단 한 글자라니! 할아버지의 모든 계획이 그 작은 한 글자 때문에 물거품이 되다니 납득할 수 없었다. 어떻게 그렇게 작은 게 모든 걸 망칠 수 있단 말인가.

재판에는 모든 증거가 제시되었다. 하지만 하나의 실수가, 못 보고 지나친 사소한 사실이, 한 글자가 있다면 어떻게 될까? 티스푼 하나 분량의 의심이 배심원 한 명의 마음속으로 스며들면, 그걸로 모두 끝이리라. 여행은 모두 취소되고, 우린 모두 패배한 채 방향을 돌려 집으로 가리라.

다음 날 아침 일어나 보니 조리대 위에 야트막하게 웅덩이를 이룬 분홍색과 노란색 염색 물감과, 삶은 달걀이 가득 담긴 우묵한 그릇이 있었다. 부활절이라는 걸 깜빡했다. 아빠만은 강간 재판 중에도 정원에 있는 양귀비꽃을 뒤져서 무지갯빛 달걀을 찾아야 한다고 성화였으리라. 배수로 안, 새집 안. 티파니는 마지막 학기를 시작하기 위해 달걀이 가득한 큰 가방을 들고 차를 몰고 학교로 돌아갔다. 나는 푹 잤고, 동생이 침몰하는 배에서 탈출해 다시 본궤도로 돌아가 녹취록 대신 교과서를 공부하니 다행이라고 생각했다. 엄밀히 말하면 나 역시 다른 곳으로 떠나도 상관없었지만, 나는 끝까지 보고 싶었다. 다시 시작할 일상이 없기도 했으므로 집에 머물렀다.

배심원단의 심의가 시작되기 전에 남은 것은 마무리 진술이 전부였다. 검사는 마무리 진술을 할 때 피해자가 앉아 있는 모습은 이제까지 한 번도 본 적 없다고 했다. 아라레는 자기 발언의 전반부는 묘사가 너무 생생하니 밖에 앉아 있는 게 나을 거라고 조언했다. 중간에 휴식 시간이 있으니 나는 그때 들어갈 수 있었다. 내가 기꺼이 가겠다는 의지를 보이자 검사는 감탄하는 것 같았다. **배심원들은 당신이 이 일에 얼마나 신경 쓰고 있는지 눈으로 확인하게 될 거예요.** 무언의 득점표에 점수가 올라가리라.

월요일 아침 마무리 진술에 참석하기 위해 내 가족과 친구들이 모였다. 아빠, 엄마, 앤 할머니, 줄리아의 엄마, 애시나가 법정에 있었다. 마침내 내 쪽 벤치가 브록 쪽 벤치만큼 채워졌다. 나는 복도의 나무 벤치에 혼자 앉아서 기다렸다. 나는 사람들이 무언가를 봐놓고 내게는 알려주지 않는다는 걸 알았다. 하지만 호기심을 단단하게 붙들고, 다 이유가 있어서 나를 보호하는 거라고 생각했다. 이제야 아라레의 마무리 진술 녹취록을 읽다가 나는 내가 놓친 부분을 살짝 엿보았다. **그녀는 이런 사진을 찍혔다는 사실을 몰랐습니다… 그녀의 옷을, 그리고 그가 어떻게 가버렸는지를 보십시오… 그 사진들은 그녀 대신 말하고 있습니다. 그녀가 자신을 위해 말하지 못했던 그 순간에요.**

아빠가 고개를 흔들며 혼자 투덜거리며 법정 문밖으로 나왔다. 아빠는 내 바로 옆을 지나쳐 걸었다. 어안이 벙벙해진 나는 **아빠**

하고 불렀다. 나를 쳐다보는 순간 아빠의 얼굴에 서려 있던 긴장이 사라졌다. 아빠는 멍해 보였다. 그 사진 봤니? 네가 누워 있는 거…? 나는 고개를 저었다. **죽은 사람 같았어.** 아빠가 말했다. **누군가 쓰레기통에 사람을 던져 넣으려다가 실수한 것처럼. 당장 아무 조치도 없으면 내가 고소할 거야.**

아빠는 고소 같은 걸 하는 사람이 아니다. 아빠는 벌새가 먹을 과일즙을 만들어서 단지에 담아 냉장고에 넣어두고, 주말마다 급식기를 채운다. 내가 **너무 싫어**라는 말을 하는 빈도가 점점 늘어날 때마다 아빠는 **조심해라, '너무 싫어'라는 말은 힘이 세단다** 하고 말했다. 아빠는 거리에서 클라리넷을 연주하는 남자에게 박수를 칠 사람이다. 여름철 오후면 '크로스비, 스틸스, 내시 앤드 영'[포크 록 그룹]을 틀어놓고 노래를 따라 부르면서 리조토를 만든다. 나는 아빠의 목소리에서 새로운 분노의 음역을 들었다. 마치 내가 명령만 내리면 아빠가 그곳을 다 부숴버릴 것 같았다.

쉬는 시간이 되자 사람들이 복도로 쏟아져 나오기 시작했다. 나는 어떤 남자가 아라레에게 다가가는 모습을 보았다. 그의 셔츠에는 배심원이라고 적힌 형광오렌지색 스티커가 붙어 있었다. 배심원들이 치키타[미국의 식품업체] 바나나처럼 꼬리표를 붙이고 돌아다닌다니 우습다고 생각했다. 그가 말했다. **실례합니다만 제가 이번 주 목요일에 치과 예약이 있는데요, 그걸 취소해야 할까요?** 나는 혼자 미소를 지었다. 검사가 대답하기도 전에 대답이 뭔지 알 수 있었다. 내 생활, 계획을 포기해야 하고 끝을 알 수 없는 삶의 맛보기 같은 상황.

브록이 나타났다. 나는 피해자 대기실에 있어야 했다. 등을 감싼 아버지의 손이 그를 이끄는 가운데 그는 걸어서 나를 지나쳤다. 그의 아버지가 나를 힐끗 쳐다본 뒤 다시 눈길을 돌려 가던 길을 계속 갔다. 잠깐이었지만 내 내부가 마비되기에는 충분한 시간이었다. 말로는 절대 설명할 수 없는 기분이었다. 기록되지 않은 무언의 모욕. 그의 형제들이 복도에서 어슬렁거렸다. 기자들은 머리를 쥐어짜고 있었다. 지난주에는 어떤 기자가 티파니의 친구들을 구석으로 몰아놓고 티파니가 혼자 있을 때 몇 가지 질문을 슬쩍 들이밀어보려 했다. 구경꾼은 매일 오고 또 왔다. 나는 관찰의 대상으로 존재하는 것이, 내 이야기가 나를 위해 작성될 때 무력해지는 것에 신물 났다.

휴식시간이 끝나고 나는 법정에서 가족들과 합류했다. 관찰자로 섞여 들어가는 것이 즐거웠다. 검사는 선 채로 배심원들을 바라보았다. **자, 사실 이런 유형의 범죄는 기회의 범죄일 때가 많습니다. 피해자가 아름다운지, 피해자가 어떤 식으로 행동했는지, 어떤 옷을 입었는지는 중요하지 않습니다. 중요한 건 피해자가 싫다고 말할 수 없고, 그곳에 있고, 저항할 상황이 아니라는 사실뿐입니다.** 나는 검사의 말에 고개를 끄덕였다. 모든 게 눈부실 정도로 있는 그대로였고 명백했다.

재판은 진실을 추구합니다. 그런데 그 진실이 항상 나비 모양 매듭이 맨 위로 올라간 예쁜 꾸러미 형태로 나타나지는 않습니다. 때로 여러분이 진실을 보는 능력을 방해하려는 시도가 의도적으로 일어나기도 합니다.

그녀는 브록의 증언 가운데서 서로 어긋나는 사실들을 비교하고, 잘못된 추론을 폭로하고, 새로운 정보가 어떻게 갑자기 등장했는지를 설명하는 슬라이드를 보여주면서 우리 사이를 걸어 다녔다. 그녀는 달리기라는 행위는 죄책감이 있었음을 보여준다고 설명했다. 누군가가 나를 위해 싸우는 모습을 보고 있으니 가슴이 벅차올랐다. 내가 그녀의 입을 빌려, **공모** 같은 단어와 **제가 여러분께 증명할 것입니다** 같은 문장으로 말하는 상상을 했다. 그녀는 피고 측의 주장을 하나하나 풀어냈고, 결국 그의 허울이 해체되기 시작했다. **그리고 저는 여러분께 부탁드립니다. 그가 샤넬에게 한 짓은 괜찮지 않다고, 그가 그런 식으로 샤넬에게 그런 짓을 한 것은 괜찮지 않다고, 누구든 그런 식으로 인간을 범할 수는 없다고 밝히는 샤넬을 위한 정의로운 평결을 내려주시기를 말입니다.**

검사가 말을 마쳤을 때 나는 박수갈채를 보내고 싶은 마음을 억눌렀다.

검사가 자리에 앉자 피고 측 변호사가 일어섰다. 나는 잠시 밖으로 빠져나갈까 고민했다. 이 고조된 기분을, 이 뻐근함을 계속 유지하고 싶었다. 하지만 **신사 숙녀 여러분**이라는 말이 들렸다. 이제 너무 늦었다. 피고 측 변호사는 배심원들이 브록이 죄가 없음을 알아주기를 바란다는 말로 시작했다.

제가 그 이유를 설명하겠습니다. 그가 말했다. **제가 남학생 사교 클럽에서 나왔을 때 샤넬은 괜찮은 것 같았어요, 그래서 거기에 놔둬도 걱정하지 않았어요. 이 말을 우리에게 누군가 했습니다. 그건 동생 티파니였습니다. 이 재판에서 증언한 모든 사람 가운데 티파**

니보다 샤넬을 더 잘 아는 사람이 누가 있습니까? 아무도 없습니다. 티파니는 샤넬을 제일 잘 아는 사람입니다⋯ 그녀는 자기가 일생 동안 알았던 자기 언니에 대해서 그렇게 설명했습니다.

나는 중간에 자리에서 일어섰다. 하지만 밖으로 나오든 안에 있든 그는 개의치 않고 계속 말을 할 터였다. 그래서 마음을 다 잡았다. 내가 엄마의 손을 부서져라 꼭 쥐고 있었던 것도 몰랐다. 엄마가 내 귀에 대고 속삭였다. **저 얘기 듣지 마.** 이 말이 나를 다시 붙들어주었다.

우리는 브록 터너의 말과 DNA 증거를 통해 그가 자신의 손가락을 그녀의 질 속에 집어넣었음을 압니다. 나는 두 무릎을 딱 붙였다. **이 사실을 통해 브록이 그것을 안에 집어넣고 그 안에 머물러 있지 않았음을 합리적으로 추론할 수 있었습니다. 그는 그걸 앞뒤로 문지르고 있었죠. 이 점은 성폭력대응팀 간호사가 밝힌 사실과 전적으로 일치합니다. 그래서 간호사는 본 사건에서 이미 밝혀진 사실 이외의 것을 더 추가하지 못하고 있습니다.** 아라레는 우리를 빛 속으로 몰고 갔는데 이제 우리는 다시 어둠 속으로, 흉측한 논리로 끌려가고 있었다. 엄마가 속삭였다. **악마, 난쟁이 똥자루만 한 늙은이.**

브록의 모순된 언행에 대해 해명할 때는 이렇게 말했다. **사람들이 사건의 세부사항을 제대로 기억하지 못하는 일은 드물지 않습니다. 특히 아주 빨리, 그리고 감정적으로 긴장한 상태에서 일어난 일이라면요.** 브록은 정신 상태가 뒤죽박죽이어도 괜찮다니. 피해자는 트라우마로 인한 기억 차단, 술로 인한 기억의 공백 때문에 언행이 모순될 때가 있다. 브록의 모순된 언행은 변호사를 고용하기 전에 했던 말과 변호사를 고용한 뒤에 했던 말이 서로 다르기 때문에 빚어진 일이었다. 브록이 체포되어 수사관의 심문을 받았을 때, 브록이 나와 주고받았다고 주장하는 그 모든 대화를 언급하지 않은 것은 기억력 문제가 아니었다. 그것은 그가 할 말을 만들어주고, 그에게 단어를 알려주고, 그의 머릿속을 정리해주고, 어떤 이야기가 처벌을 면하게 해줄지 판단하는 변호사가 그때는 없었기 때문이었다.

피고 측의 주장은 점점 힘이 빠져서 맥을 추지 못했다. 그는 음성메시지에서 내 발음이 불분명하게 들리는 이유는 남자친구에게 말할 때의 **내 우스꽝스러운 방식** 때문이라고 했다. 내가 루카스에게 상을 주겠다고 말한 것을 가지고는 이렇게 말했다. **그는 그게 어떤 의미인지 아주 잘 알았습니다… 저는 그게 우리에게 밤 12시 18분, 샤넬의 사고를 엿볼 수 있는, 매우 훌륭한 판단 기준을 제공한다고 생각합니다… 그녀는 그 말을 두 번 했고, 그렇게 말한 데는 이유가 있었던 겁니다.**

브록은 자신의 손가락을 샤넬의 질 속에 넣었습니다… 그리고 그가 그렇게 했을 때 그녀는 동의했고, 의식이 있었습니다. 그는 자신이 보고 들은 것을 근거로, 그녀가 그때 동의할 능력이 없다고 생각할 이유가 전혀 없었습니다. 그는 독후감을 읽는 시큰둥한 학생처럼 자기 노트를 들고 서 있었다. **저는 여러분에게 14개월 동안 그의 어깨에 놓여 있던 짐을 벗게 해달라고 부탁드립니다…** 나는 반사적으로 브록의 어깨를 바라보았다.

내가 그렇게 두려워했던 변호사, 몇 달간 내 밤잠을 앗아간 변호사가 내 앞에, 근엄한 얼굴로, 쭈그렁 바가지 같은 모습으로 서서, 설득력 없는 독백을 읊조리고 있었다. 어떻게 이게 1년간 벌인 조사의 마무리 진술일 수 있지? 나랑 붙으려거든 그렇게 해. 하지만 이게 그거야? 14개월을 기다린 끝에 이 모든 사람을 소환하고, 몇 주에 걸친 논쟁을 감내했는데. 그 모든 피해와 에너지가 그녀의 질 또는 기타 등등에 대해 구시렁대는 이 맥 빠지는 피날레를 위해 소모되다니. 검사가 발언을 할 때는 그 방이 그녀를 중심으로 만들어진 기분이었고, 사람들은 그녀의 움직임을 눈으로 좇았다. 그녀의 말은 불같은 열정과 긴박함과 재치를 품고 있었고, 우리의 관심을 받았고, 그 방에 이성과 진실을 켜켜이 쌓아 올렸다. 나는 실제 변화가 일어나고 있음을, 방 전체가 확장하는 것을 느꼈다. 그녀는 날카로웠지만 잔인하지 않았다. 우리는 당신을 추궁하는 것이 아니라 당신의 행위를 추궁하는 것임을, 그리고 이제는 당신에게 책임을 물으려고 이 자리에 있는 것임을 분명히 했다.

　하지만 피고 측 변호사가 변론을 마무리했을 때 그의 말들은 내려앉아 자리 잡지 않았고, 거의 무게감 없이 둥둥 떠서 아무것도 이끌어내지 못했다. 방 안의 공기는 고요해졌다. 마치 돛에 바람이 불지 않아 우리 모두 잔잔한 바다에 그대로 앉아 있는 것처럼. 그의 진술 마지막 부분이 고양되는 방식이 마음에 들지 않았다. 자기 주장이 근거가 빈약함을 알고 자기 주장에 의문을 제기하는 듯한 방식이.

검사가 반박하기 위해 자리에서 일어났다. 나는 피고 측 치아가 흔들리고 몸을 가누지 못하는 상상을 했다. 검사가 마지막 펀치만 날리면 승리를 알리는 종소리가 울려 퍼지리라. **모든 주장에 반박을 하려는 건 아닙니다. 몇 가지 주장은 솔직히 제가 생각하기에는 아무것도 정당화하지 못합니다… 피고는 티파니가 샤넬이 괜찮다고 말했다는 부분에 집착하고 계시는데, 그렇다고 해서 피고가 무죄가 되는 게 아닙니다… 누군가의 질에 손가락을 삽입하기 전에 그 사람이 동의할 능력이 있는지 확인하는 건 피고의 몫이지 동생의 몫이 아닙니다.** 검사는 스포트라이트를 원래 자리로, 다시 그에게로 돌려놓았다. 그녀는 그가 자신의 바지 지퍼만 내려도 강간이 완전히 성립한다고 지적했다. 나는 한 번도 생각해보지 못한 부분이었다. 내 노출된 다리와 그의 발기 사이에는 지퍼의 자그마한 금색 이빨들밖에 없었던 것이다.

그 어떤 여자도, 그 어떤 여자도 남자를 만나기 5분 전에 자기 질 안에 부스러기를 넣고 싶어 하지 않습니다. 그 어떤 여자도. 샤넬만이 아니라. 그 어떤 여자도. 검사, 나, 그 방에 있는 모든 여자. 마치 검사가 내 신발을 청중에게 던지면서 다들 한번 신어보라고 하는 것 같았다[영어에서 다른 사람의 신발을 신는다는 표현은 그 사람의 입장이 되어본다는 뜻이다].

당신은 나쁜 사람도, 좋은 사람도 아닙니다. 하지만 그날 밤 당신이 한 짓은 용납할 수 없습니다. 그건 괜찮지 않습니다. 법을 어긴 거니까요. 복잡한 용어와 형식을 다 빼버리고 나면 진실은 견고하고 순수했다. 누군가가 너를 해치는 건 괜찮지 않아, 절대 괜찮을 수 없어. 이 진술에는 참조부호도, 예외도, 그 어떤 군더더기도 없다.

본 사건에는 그가 능욕한 피해자가 있음을 잊지 말아주십시오. 그리고 그 사실을 잊지 않는다면 합리적인 평결은 오직 하나뿐임을, 어떤 일이 있어도 유죄를 내리는 것뿐임을 알게 될 것입니다… 본 사건에서 그가 지고 있는 짐은 죄라는 짐입니다. 나는 다시 한 번 브록의 어깨를 쳐다보았다. 그 짐을, 그 짐을 나는 볼 수 있었다.

우리를 발견한 아라레는 집에 가서 기다리라고 말했다. 배심원단은 매일 9시부터 5시까지 심의를 할 것이고, 평결은 며칠 만에 나올 수도 몇 주 뒤에 나올 수도 있었다. 평결이 나오는 즉시 그녀는 내게 문자를 보낼 것이고, 그러면 나는 15분 만에 법정에 와야 했다. 그 말은 내가 항시 전화를 받을 준비를 하고 있어야 하고, 법원에서 몇 마일 이상 떨어진 곳을 헤맬 수 없다는 뜻이었다.

화요일 아침 나는 평결이 발표되는 즉시 알려야 할 사람들의 명단을 작성했다. 검은 단화에 블라우스를 차려입고 옷이 구겨지지 않게 신경을 썼다. 한 시간에 한 번씩 데오도란트를 발랐다. 머리는 동그랗게 말아서 틀어 올렸고, 점점 흘러내리는 모습을 지켜보았다. 오후에는 엄마가 내가 제일 좋아하는 새우 요리 만드는 법을 가르쳐주었다. 우리는 새우껍질을 벗기고, 마늘을 다지고, 고춧가루를 뿌렸다. 초승달처럼 생긴 물 많은 회색 새우 살이 뜨거운 기름에 닿는 순간 기름이 튀면서 블라우스에 얼룩이

졌다. 나는 달려가서 블라우스를 빨았다. 그들이 언제고 나에게 전화를 걸지 모른다.

온라인에 접속해 《머큐리 뉴스》에 실린 기사를 보았고, 그들이 **샤넬 도**에 대한 기사를 썼음을 알게 되었다. 나는 떨기 시작했다. 내 정체가 드러났고, 물밀듯 연락이 오리라. 기자는 그 방에서 나와 함께 앉아 있었다. 그녀가 너무 부주의하게 나를 폭로했다는 배신감 같은 감정이 일었다. 검사는 그 작은 누설을 바로잡았지만 이미 물은 엎질러진 뒤였다. 나는 아무도 믿지 않았다. 침범당했다는 기분을 떨칠 수 없었다. 앤 할머니는 법정에서 어떤 기자가 할머니 쪽으로 몸을 기울이면서 관계가 **어떻게 되세요?** 하고 속삭이더라고 얘기해주었다. 할머니는 손을 저어서 기자의 말문을 막았다. 나는 확인차 할머니에게 전화를 걸었다. 할머니는 청력이 좋지 않아서 법정 발언을 대부분 듣지 못했다(작은 축복이다). 대신 할머니는 주로 신체언어에 관심을 쏟았다. 검사의 자세와 표정을 보고 확신을 느꼈다. 할머니는 내게 뜨거운 물로 샤워하고 파자마를 입으라고 했다. **내가 내 열 손가락과 열 발가락을 다 동원해서 기도하고 있단다.**

해가 졌고 아라레에게서는 아무런 소식이 없었다. 나는 단화를 벗고 침대로 기어들어갔다. 괜찮아. 시간이 조금 더 필요한 것뿐이야. 하지만 가슴속에서 느껴지는 기분 때문에 숨쉬기가 힘들었다. 배심원들이 법정에서 나온 말들을 제대로 못 들었나?

잠들지 못할 게 뻔했으므로 이불로 온몸을 감싸고 〈미스터 로저스〉를 봤다. 어렸을 때는 시작 장면의 연출을 보면 황홀한 기분에 사로잡혔다. 로저스 씨가 들어오고, 정장 재킷을 벗고, 그걸 벽장에 걸고, 스웨터로 갈아입고, 출근용 구두를 벗고, 부드러운 캔버스화를 신고, 신발 끈을 묶는 동작. 다음 30분간 통제되고 있다는 느낌과 안전을 보장해주는 의례였다. 침대에 누워 핸드폰의 환한 불빛에 눈을 고정하고 앞부분을 다시 보기 위해 영상의 타임라인을 따라 시간을 앞으로 돌렸다. 스웨터의 지퍼를 올렸다가 내리는 움직임, 벗었다가 입고, 벗었다가 신고, 신발 끈을 묶었다가 다시 풀고. 해가 떠오르자 나는 담요에서 기어 나가 검은 단화를 신고 머리를 틀어 올리고 다시 침대 위에 앉았다.

인간은 매달린 상태로 얼마나 오래 살 수 있을까? 나는 마치 목에 밧줄이 감긴 채 금속 건물을 들여다보고 있는 외로운 소가 된 기분이었다. 건물 안에는 흰 갈빗대가 드러난 거대한 분홍빛 고깃덩이들이 사슬에 매달려 있었다. 내 뒤로는 초원이 있었고 바람결에는 풀냄새가 실려 왔다. 둘 중 한 가지 일이 벌어질 것이다. 나는 목에 걸린 밧줄에 이끌려 금속 통로를 지나 빨간 살덩이가 되거나, 햇볕 가득한 초원으로 풀려날 것이다. 그때까지는 그저 서서 밧줄이 내 살갗에 닿을 때의 따가움을 느낄 뿐.

해가 중천에 떠올랐다가 기울었다. 오후 4시였다. 앞으로 한 시간 동안 배심원단이 결정을 내리지 않으면 수요일이 끝나버릴 것이다. 목요일은 배심원들이 쉬는 날이었다. 금요일은 휴일. 토요일. 일요일. 내가 최소한 나흘을 더 기다려야 한다는 의미였다. 배심원이 그가 무죄라고 판단하면 나는 이런 사건은 이기기가 대단히 힘들다고 스스로 다독여야 했다. 그렇다고 해서 내가 실패자가 되는 건 아니라고. 나는 마음의 준비를 하려고 애썼지만 패소하면 내가 뭘 할 수 있을지 두려웠다.

루카스가 전화를 걸었을 때는 눈물이 흘러서 핸드폰을 내 얼굴에 올려두었다. 루카스는 계속 밖으로 나가라고, 신선한 공기를 쐬라고 말했다. 나는 머리만 긁적였고 손가락에서 기름때가 반짝였다. 내 니트 스웨터의 목둘레가 헐거웠고, 검은 바지에는 머리카락이 붙어 있었다. 루카스가 말하고 있는데 핸드폰이 내 뺨에서 진동을 일으켰다. 문자였다. **왔어.** 나는 이렇게 말하고, 루카스의 대답도 듣지 않고 전화를 끊었다.

곧장 욕실로 걸어간다. 15분 있으면 평결이 낭독될 것이다. 법원까지는 차로 8분, 신호를 감안하면 12분이다. 3분 만에 준비를 해야 한다는 뜻이다. 뭘 어떻게 준비해야 하는지 순서가 생각나지 않는다. 세수를 해야 하나 아니면 누군가에게 전화를 해야 하나 아니면 신발을 신어야 하나 아니면 스웨터를 갈아입어야 하나. 눈에다 물을 뿌리다가, 먼저 모든 사람에게 알려야 한다는 생각에 중간에 그만둔다. 턱에서 물이 뚝뚝 떨어지고 엄지가 젖은 상태로 전화기를 집어 든다. 핸드폰 화면이 물 범벅이 된다. 뭐라고 쳐야 할지 모르겠다. 핸드폰을 내려놓고 황급히 손가락으로 머리카락을 빗는다. 샤워를 해야 하는데 시간이 없다. 세면대에 수도꼭지를 틀어놓고 얼어붙은 채 서 있다. 목록이 있다. 할머니에게 전화를 건다. 신호가 너무 오래가서 고통스럽다. **때가 됐어요.** 전화를 끊는다. 떨리는 손으로 글자를 쳐 넣는다. 자동차 키가 보이지 않는다. 핸드폰이 보이지 않는다. 세면대 위에 있다. 거실로 걸어간다. 엄마가 친구와 차를 마시면서 테이블에 앉아 있다. 나는 엄마한테 **지금이야**라고 말하니 나를 쳐다보는 엄마의 표정이 바뀐다. 엄마는 자리에서 벌떡 일어난다. 엄마는 내 손을 잡고 다시 욕실로 데려가서 나무 서랍에서 립글로스를 꺼낸다. 엄마가 립글로스를 바르고 나는 내 입술이 분홍빛으로 빛이 나고 군데군데 반짝임이 생기는 모습을 지켜본다. 화장실 휴지를 한 장 뜯어서 닦아낸다. 나는 진지한 사람으로 받아들여질 필요가 있다. 엄마가 말한다. **너를 빛내주잖아.** 나는 엄마가 절박하게 나를 빛나게 해주려고 한 손에 립글로스를 들고 서 있는 모습을 본다. 나는 고개를 돌려 엄마의 눈으로 거울 속의 나를 본다. 이 늘어진 머리카락 하며, 피곤한 눈에 사지가 여윈 사람, 자기를 돌보는 걸 잊어버린 어떤 사람. 나는 다시 엄마를 바라보고, 엄마가 내 입술을 다시 칠하도록 내버려둔다. 그러고 난 뒤 더는 기다릴 수가 없어서 문밖으로 나서면서 엄마에게 거기서 만나자고 말한다.

마음은 이미 법정에 있지만 나의 또 다른 일부는 신호등의 빨간색과 초록색에 주의를 기울인다. 자동차는 마치 선로를 따라 움직이는 것처럼 순조롭게 미끄러지며 필요한 곳에서 모두 제대로 방향을 바꾸고, 나는 마치 내 몸 안의 승객처럼 차 안에 앉아 창문 밖을 바라본다. 도착해보니 나밖에 없으면 어떡하지, 문자가 제대로 갔을까, 사람들이 올까, 나는 걱정한다. 어떻게 주차를 하고 건물로 들어갔는지는 생각나지 않는다. 내가 맨 앞줄에 자리를 잡았고, 4시 24분이었고, 애시나가 내 왼쪽에, 할머니가 내 오른쪽에, 그리고 줄리아의 엄마가 있고, 그들이 왔다는 기억뿐이다.

건조기 안에 들어간 테니스공처럼 심장이 불규칙하게 쿵쾅대는 소리가 들린다. 심장마비가 오는 건 아닐까 걱정이다. 이렇게 젊은 사람도 심장마비가 올 수 있나? 혈압을 낮추려면 가슴에 구멍을 뚫어야 할 것 같다. 판사가 말하고 있지만 너무 울렁거려서 들리지 않는다. 여기서 쓰러져버리는 생각, 밖으로 나가야 한다는 생각을 참을 수 없다. 정신을 차리려고 노력한다. 아래레의 정장 뒷면 회색 사각형을 응시한다. 할머니가 손으로 떨리는 내 무릎을 움켜쥐고 있는 모습이 보인다. 입으로 숨을 내쉬고, 손바닥으로 내 가슴을 누르면서 나에게서 공기가 빠져나가는 상상을 한다. 내 머릿속에서 폐가 사라지고, 심장이 사라진다. 나는 그냥 텅 빈 껍질이다. 나는 무한한 공기에 둘러싸여 있다. 그 공기를 천천히 들이마시고 난 뒤 내보낸다. 들이마시고, 내보내고.

판사의 목소리가 들린다. 심의가 진행되는 동안 배심원단이 제기한 질문을 검토하고 있다. **그리고 마지막으로 우리는 배심원단의 다섯 번째 질문을 받았습니다. "대음순 내벽 또는 어느 정도든 소음순과의 접촉을 삽입으로 볼 수 있는가?"** 이 음순이라는 것이 생선회처럼 느껴진다. 손으로 뒤집을 수 있고 나와 독립적으로 혼자 존재할 수 있는. 마지막으로 판사가 묻는다. **5번 배심원, 배심원단이 평결에 도달했나요?**

배심원석에 있던 한 남자가 일어선다. **네, 재판장님.** 판사가 말한다. **가능하다면 경관에게 평결문을 건네주세요.** 나는 답변서가 종이 한 장일 거라고 예상하지 못했다. 그 배심원이 배심원석 돌출부로 몸을 기울여 경관에게 종이를 건넸다. 경관은 마치 양배추를 들고 자기 식료품 카트로 걸어가듯 가볍게 걷는다. **가, 빨리 좀 가라고.** 그 방을 가로질러 종이를 법원 서기에게 건넨다. 나는 벌떡 일어나 서기의 손에서 종이를 잡아채고 싶다.

서기가 자리에서 일어선다. 그녀의 숱 많은 금발이 자연 채광창 아래서 환하게 빛나고, 안경의 반사광 때문에 그녀의 동공이 보이지 않는다. 어두운 분홍색 치마, 그녀 앞에 놓인 종이. 전에는 본 기억이 없었다. 알고 보니 서기는 재판을 하는 내내 그곳에 있었고, 내 앞에서 60센티미터 떨어진 곳에 서서 내가 증언 전 선서를 할 때 진행을 돕던 사람이었지만, 내게 각인된 건 이번이 처음이다. 서기에게는 마이크가 없다. 마이크가 없다니! 너무 소근소근 말한다! 믿을 수가 없다. **더 크게 말하라고.** 나는 몸을 앞으로 기울이고 인상을 쓴다. 마치 그렇게 하면 더 잘 들리기라도 한다는 듯이. 그녀의 입술이 빚어내는 단어를 응시한다.

원고, 캘리포니아 주민, 대 피고, 브록 앨런 터너, 정보번호 B1577162… 그녀가 숫자를 하나하나 읽는다. 기절할 것 같다… **배심원 평결: 평결. 첫 번째 기소 항목, 형법 220(a)(1)절, 중범죄…** 나는 냉정한 g 발음만 기다린다[유죄를 의미하는 'Guilty'를 말함]. … **우리, 배심원은 피고 브록 앨런 터너가 캘리포니아 형법 220(a)(1) 절, 술에 취하거나 의식이 없는 사람을 강간할 의도로 폭행, 조항을 위반하여, 중범죄에서 유죄임을 밝힙니다. 날짜, 2016년 3월 30일, 배심원 대표, 5번 배심원.**

누군가 칼에 찔린 듯한 울부짖음이 공기를 갈랐다. 내 고개가 오른쪽으로 돌아가고 브록 엄마의 발이 무언가를 겨냥해 공기 중으로 쭉 뻗었다가 바닥으로 다시 쾅 떨어지는 모습이 눈에 들어온다. 그녀는 발을 구르며 적막하기 그지없는 이 방에 대고 소리를 지른다. 브록의 아버지가 마치 비처럼 쏟아지는 화살을 막아서는 듯한 동작으로 자기 몸을 그녀 쪽으로 던졌다. 갑자기 공격의 표적이 된 기분이 든다. 내 얼굴은 공개되어 있고 보호 조치 같은 건 없다. 내가 어떻게 비춰질까? 대응을 해야 하나? 그녀의 울부짖음은 나를 겨냥하고 있지만 나는 그 소리를 잠재우고 집중해야 한다. 다시 앞을 향해 고개를 돌리고 울음소리가 잦아들게 한다. 두 가지 항목이 더 있다.

평결을 읽는 서기의 목소리는 여전히 소곤거리고 있고, 숫자가 너무 많다. 하지만 나는 애시나가 내 뺨에 입을 맞추는 소리를 듣는다. 그건 우리가 두 가지 기소 항목에서 승소했다는 의미임에 틀림없다. 지금이 두 번째 항목이다. 나는 방 안의 감정적 파도가 각자의 방향에서 부풀어 오르는 것을 느낀다. 비통함이, 목메는 기쁨이, 숨죽인 울음이 있다. 공기는 알아들을 수 없는 소리로 가득하다. 나는 앞에 있는 이 여성을, 그녀의 금발머리와 안경 쓴 눈을 응시한다. 그리고 그녀가 천사임을 깨닫는다. 나는 마지막 순간에 **유죄**라는 말을 듣는다. 그리고 그때 나는 알게 된다. 우리가 해냈구나.

서기는 배심원 한 명 한 명에게 개별 투표를 확인한다. 그녀는 첫째 기소 항목을 읽는다. **이것은 당신 개인의 평결입니까?** 1번 배심원이 대답한다, 네. 2번 배심원으로 넘어간다. 네. 3번. 네. 4

번. 네. 5번. 네. 나는 한 남자가 자신의 투표에 대해 진술하면서 미세하게 미소 짓는 모습을 본다. 마치 그의 승리이기도 하다는 듯이. 나는 그들이 대답할 때 고개를 끄덕하는 것을 본다. 이 배심원단, 내 마음속에 한 덩어리였던 사람들이 개인으로 분리되기 시작한다. 나는 처음으로 그들을 바라본다. 얼굴 하나하나를 살펴보고, 옆모습의 윤곽, 뺨에 있는 솜털들, 안경의 넓이, 머리 모양, 눈썹, 보조개, 구레나룻을 기억해두고 싶다. 서기가 둘째 기소 항목으로 넘어가고, 다시 배심원들이 돌아가면서 대답한다. **네, 네, 네, 네, 네, 네, 네, 네, 네, 네, 네, 네.** 서기는 셋째 기소 항목을 읽는다. 이것은 당신 개인의 평결입니까?

네.

네.

네.

네.

네.

네.

네.

네.

네.

네.

네.

네.

순수하고 지속적인 리듬이 내 안으로 밀려 들어온다. 진실의 낭송. 네라는 대답들이 우리를 어딘가로 데려가는 발걸음처럼 중단 없이 이어진다. 눈으로 한 명 한 명을 좇으면서, 화가 내 몸에서 빠져나가고 그 자리가 다른 무언가로 채워지는 것을 느낀다.

나는 원래는 승소하면 피고 측 변호사의 가련한 얼굴을, 푹 처박힌 브록의 고개를 쳐다보면서 승리감에 도취해 색종이라도 뿌려달라고 할 생각이었다. 하지만 지금은 그렇게 할 생각이 들지 않는다. 배심원을 보고 있으니 다른 모든 소리가 잦아든다.

마치 물속에서 모래 해변을 되돌아보면서 내가 얼마나 멀리 떠내려왔는지 실감하는 것과 비슷했다. 나는 나 자신을 얼마나 멀리까지 가게 내버려둘 수 있나. 여기 앉아서 '네'라는 대답을 이렇게까지 갈망하는 이 사람은 누구인가? 나는 그날 아침, 샤워실 안에서 수증기에 둘러싸여 똑바로 서기 위해 안간힘을 쓰던 에밀리에 대해 생각했다. 여기까지 오는 길 어딘가에서 나는 그녀에게 너는 수치라고, 현실적으로 생각하는 법을 배워야 한다고 말했다. 그녀의 직감을 의심하고 너는 당해도 싸다고 말했다. 나는 얼마나 간절히 그녀를 버리고 싶었던가. 그녀의 삶을 얼마나 무시했던가.

나는 슬픔 속에, 축축한 공기를 들이마시면서 눈을 감고 가슴을 떨며 앉아 있다. 법정의 분위기와 별개로, 고통이 너무 크고 미안한 마음에 고개가 떨궈진다. 내가 너무 미안해. 넌 미친 게 아니었어. 나는 오랫동안 내 삶으로 돌아가도 된다는 허락이 필요하다고 믿었고, 확인을 기다렸다. 나는 내가 더 나은 삶을 살 자격이 있는지 다시는 질문하지 않겠다고 나 자신과 약속했다.

대답은 언제고 **그렇다, 그렇다, 그렇다**일 것이다.

대화가 바뀌고, 판사가 선고 공판 일정, 브룩이 얼마나 복역을 할지 판결하는 날을 정하고 있다. 판사는 벽에 있는 달력을 가리킨다. **선고는 우리 달력에서 아무 색이 칠해지지 않은 목요일에 합니다.** 나는 줄줄이 이어진 작고 빈 상자들을 쳐다본다. 사각형 몇 개는 밝은 노란색이다. 나는 별로 관심이 없다. 선고 공판은 나중 일이다.

검사는 브룩의 구류를 요청한다. 하지만 변호사는 보석을 요구하고 수갑은 그를 건드리지도 못한다. 그는 가족과 함께 집으로 날아갈 것이다. 6월 언젠가 있을 선고 공판까지 두 달은 자유의 몸이다. 우리는 풀려난다.

나는 그 방에서 얼른 빠져나가고 싶어서 자리를 뜬다. 크게 무리를 이루며 뒤엉켜 있는 그의 가족 군단이 몇 발 떨어진 곳에 있다. 그들에게는 모든 것을 비통함 속에 소진시켜버리겠다고 위협하는 후끈한 에너지가 있다. 눈이 빨간 가족 몇 명이 마치 나를 적이라도 된다는 듯이 쳐다본다. 나는 굴하지 않고 내 빨간 눈으로 시선을 되받는다. **당신이 쏘아볼 사람은 내가 아니야.**

할머니와 애시나가 내 팔을 부축하고 있다. 나는 내가 이끌려가고 있음을 깨닫는다. 우리는 행진이라도 하는 것처럼 법정을 빠져나간다. 가방과 작은 녹음기를 든 취재진이 우리 뒤에 몰려든다. 나는 고개를 어깨 쪽으로 처박고 몸을 굽혀 발을 재게 놀린다. 속도가 늦춰지면 우리 뒤에 있는 떼거리에게 집어삼켜질까 두려워서. 나는 문을 통과해서 검사실로 가야 한다. 대중에게서 차단되어야 한다.

내가 문을 빠져나가자 검사 사무실에서 서성이던 사람들이 전부 벽 쪽으로 물러나더니 칸막이 안으로 몸을 숨긴다. 여기 왔던 첫날을, 내가 소심하게 대답하는 동안 엄마가 내 손을 마사지해 주던 그날을 기억한다. 이제는 아라레가 두 팔을 벌리고 나를 향해 황급히 다가오는 모습이 보인다. 마침내 나는 얼굴을 그녀의 어깨에 기대고, 우리 둘은 사무실 한복판에 서서 서로를 끌어안고 운다.

나의 작은 무리가 작은 회의실에 들어섰다. 축하연 같은 것은 없다. 우리는 또 다른 결과에 얼마나 가까이 다가갔는지 알기에 짊어져야 했던 답답한 두려움을 마침내 내려놓고 전율한다. **나는 내 몸이 아무짝에도 쓸모없다고 생각했어요. 나는 중요하지 않은 사람이라고 생각했어요. 하지만 나는 중요한 사람이에요.** 이상하게도 나는 이 말을 처음 듣는다는 듯 고개를 끄덕이고 있다. 검사의 눈은 크고 반짝인다. 그녀 역시 고개를 끄덕인다. 그 순간 누군가 내게 브록에 대해 물어본다면 나는 **누구요?** 하고 반문했으리라. 브록에 대한 생각은 날아가버렸다.

아라레의 상사 로젠 씨가 모두가 자랑스럽다고, 다 우리의 노고 덕분이라고 말한다. 우리로 인해 상황이 더 나아지리라. 로젠 씨와 나의 검사가 밖에 나가서 카메라와 기자들을 향해 각다귀 대하듯 건물 앞 계단에서 기다리라고 말한다. 검사가 내게 봉투 두 개를 건네고 떠난다. 내가 읽어도 괜찮은지 확인하느라 먼저 개봉한 봉투는 윗부분이 너풀너풀하다. 나는 누가 보낸 걸까, 어떻게 나를 찾아낼 방법을 알아냈을까 궁금하다.

　나는 모두에게 우리 집으로 가자고, 거기서 다시 만나자고 말한다. 경관 한 명이 나를 데리고 건물 뒷문을 통과한다. 건물 밖에서 나는 마지막으로 몸을 돌리고, 창문을 따라 서 있는 보안요원들을, 무슨 일이냐고 묻느라 비틀린 그들의 얼굴을 본다. 나는 그들에게 양손의 엄지를 들어 올려 보이고, 그들은 유리 뒤에서 미소를 지으며 손을 흔들고 박수를 치고 주먹을 치켜든다. 그러고 난 뒤 나는 차 뒤에 몸을 숨기고 주차장을 누빈다. 티파니에게 전화를 해야 한다.

　티파니는 신입생 세미나에 선배로서 강의를 하러 걸어가는 중이다. **우리가 해냈어.** 내가 말했다. **세 개 다.** 동생이 말을 더듬는다. 우리 둘 다 제대로 말을 잇지 못한다. 마침내 동생에게 뭔가 좋은 걸 줄 수 있어서, 처음으로 기쁨을 느낀다. 안도감이 내 안쪽 깊은 곳에서 피어난다. 나중에 동생은 강의실 앞에 서서 흐느꼈다고 말했다. 동생의 흐느낌은 웃음소리로 바뀌었고, 상황 파악이 될 리 없는 학생들 역시 같이 웃기 시작했다. **미안해요.** 동생이 말했다. **그냥 너무 좋은 하루라서요.**

　나는 루카스에게 전화를 한다. 루카스의 고함 소리가 들린다. 목소리 안에 눈물이 배어 있다. 차를 몰고 같은 길을 지나 집으로 가는데 완전히 새로운 기분이다. 무언가가 벗겨져 나갔고 나는 빛을 뿜어낸다. 전에는 호박밭이었던 주차장을 본다. 소금쟁이를 잡던 개울. 학교 춤 연습이 끝나면 가던 타코벨. 내 과거의 자아가 나를 남겨두고 천천히 행진을 하고, 나는 다시 여기에 있다.

나는 우리에게 더 행복한 결말을 안겼다. 마침내 나는 집이다.

나는 마당에서 주방 창문을 통해 할머니와 엄마와 애시나를 볼 수 있다. 집으로 들어가 그들과 포옹을 하고 이마에 입을 맞춘다. 할머니는 찬 포도주스를 한 잔 따르고 다크초콜릿을 조각조각 잘라 조리대 위에 올려둔다. 나는 그 초콜릿으로 내 볼을 채우고, 초콜릿이 이빨 위에서 녹는 것을 느끼면서 달콤한 주스를 들이켠다. 다시 정신이 돌아오는 기분이다. 엄마의 부드러운 손이 내 머리칼을 부드럽게 쓰다듬고 내 목을 살살 마사지한다.

할머니는 만일 일이 원하는 방향으로 흘러가지 않을 때를 대비해서 연설을 준비했다고 말하고, 나는 일이 생각처럼 풀리지 않았을 경우 모두가 나를 보살필 준비를 하고 있었음을 알게 되었다. 애시나는 그 자리에 있을 수 있었다는 데서 고마움을 느낀다고, 그녀의 내면에서 무언가가 고양되었다고, 마치 자신이 당한 폭력이 마침내 정의의 심판을 받은 기분이었다고 말한다. 아빠가 직장에서 전화를 건다. **우리 딸, 기분이 어때? 네가 해냈어. 엄마 있니? 다들 괜찮지? 티피는 뭐라고 해?**

저녁이 오고, 주방이 부드러운 라벤더 빛으로 물들 즈음 다들 집으로 떠난다. 나는 어서 빨리 다시 샤넬이 되고 싶은 마음에 필라델피아로 가는 아침 첫 비행기를 예약한다. 땀 냄새 나는 법원용 옷들을 모조리 빨래 바구니에 던져 넣고 여행가방을 싼다. 부모님이 고개를 살짝 들이민다. **아침에 가고 싶은 거 확실해? 딸기를 좀 땄어. 필요한 만큼 여기서 지내도 괜찮아. 비행기에서 입을 따뜻한 코트를 챙기렴.**

나는 이 여정에서 만난 모든 사람들을 하나의 목록에 적는다. 내 삶에 들어와서 아무런 대가도 요구하지 않고 나를 도와준 사람들. 나는 그들에게 어떻게 감사를 표해야 할지 모른다. 그들이 내게 되돌려준 삶을 잘 살아내는 것 말고는. 공책을 움켜쥐고 열두 개의 작은 얼굴을 기억에서 불러내 그린다. 기꺼이 증언을 해준 사람들. 나는 가방에 있는 카드 생각이 나서 끄집어낸다.

워싱턴DC에서 온 첫 번째 카드에는 **꿋꿋이 버텨**라고 말하는 원숭이가 있다. 연파랑 색인 두 번째 봉투는 내가 비합리적인 공포를 품게 된 장소인 오하이오에서 온 것이다. 내게 그 카드를 보낸 사람은 나디아라는 여성이다. 카드 앞면에는 흑백 사진이 있다. 운동화 위로 주름 장식의 양말이 살짝 보이고 꽃무늬 코트를 입은 작은 소녀가 자기보다 덩치가 세 배쯤 큰 이끼 낀 돌을 떠받치고 있는 사진. 나는 카드를 열고 흘려 쓴 파란 글씨를 읽는다.

아주 많은 우리가 당신에 대한 글을 읽었어요.

가게에서 이 카드를 봤을 때 당신을 위해 이걸 사야 한다고 생각했어요. 이 작은 소녀를 보면 당신의 강인함이 떠오르거든요.

당신이 혼자가 아니라는 걸 알리고 싶어서 이 카드를 보내요.

우린 당신의 용기와 회복력과 거침없는 행동에 경외심을 품고 있어요.

당신 뒤에는 병사들이 한가득 있다는 사실을 알아주세요.

이 **당신**이라는 말은 영웅처럼, 신화처럼 들린다. 지난 1년간 나는 지지의 표현을 찾아 댓글을 샅샅이 뒤졌다. 나를 옹호하는 누군가를 찾아 지역 신문 의견란을 뒤지고 뒤졌다. 주차장에 있는 내 차에 틀어박혀 긴급전화에 대고 울음을 터뜨렸고, 내가 미쳐 간다고 확신했다. 1년 내내 외로움이 나를 따라다녔다. 직장 계단참에서, 필라델피아에서, 나무로 된 증인석에서, 거의 비다시피 한 내 청중석이 내려다보이는 곳에서.

하지만 자기 침실에서, 차에서, 층계참에서, 아파트에서, 줄곧 나를 지켜보고 나를 응원하는 눈들이 있었다. 우리 모두 우리의 고통, 우리의 두려움, 우리의 익명성 안에 은폐되어 있었을 뿐이다. 내 주위에는 생존자들이 있었다. 나는 어떤 우리의 일부였다. 그들은 나를 대수롭지 않은 인물로, 말 없는 육체로 보게 만드는 농간에 걸려들지 않았다. 나는 전선에서 싸우는 지도자였고, 내 뒤에는 보병대가 있었다. 그들은 내가 정의를 찾기를 기다리고 있었다. 이 승리는 내가 한 번도 가본 적 없는 주에 있는 마을의 방 안에서 조용히 박수갈채를 받을 것이다.

나는 오랫동안 메마르고 텅 빈 평야를 헤매는 상상을 하곤 했다. 이 카드는 웅덩이였다. 눈에 보이는 표면 바로 아래서, 물이 모여 개울이, 개울이 모여 강이, 강이 모여 바다가 되었다는 깨달음. 이것은 시작에 불과하다는 깨달음. 나는 혼자가 아니었다. 그들이 나를 찾아냈다.

9

나는 내 상담치료사에게 압승했다고 알려주기 위해, 붐비는 인
도를 따라 반은 걷고 반은 달려서, 아이홉[식당 체인]을 지나고 회
전문을 통과했다. 나는 감정의 메달을 원했다. 7개월 전만 해도
나는 법정에 가야 한다는 생각에 온몸이 굳은 채 소파에 앉아 있
었다. 이제는 아무것도 더 준비할 게 없었다. 우린 여름방학 직전
마지막 수업일처럼 수다를 떠는 두 사람일 뿐이었다.

좋은 소식 들으셨어요? 내가 두 손을 움켜쥐고 자리에 앉았다.
셋 다 이겼어요. 치료사가 축하 인사를 건넸다. 나는 잠시 말을 멈
췄다. 내 얼굴이 변하는 걸 느낄 수 있었다. 지난 시간 동안 너무
많은 일이 있었다. 내 안에 있는 어떤 뚜껑이 열렸고, 나는 방에
있는 모든 공기를 소진하며 문장들을 쏟아내기 시작했다. **그리고
나서 그리고 나서 그리고 나서.** 상담 시간이 끝났다. 강렬함이, 내

가 부려놓은 모든 것으로 오염된 방 안 공기가, 오래도록 남았다. 기쁨 대신 짜증이 밀려왔다. 상담사는 거의 말하지 않았다.

주머니에 손을 넣고, 풀이 죽어서 집으로 걸어갔다. 평결은 앞서 존재한 모든 혼돈을 말끔히 밀어내야 했다. 내가 뭘 더 원할 수 있을까? 나는 내가 아직 화가 나 있어서 화가 났다. 하지만 놀랍지는 않았다. 나는 《워싱턴 포스트》에서 평결에 대해 알리는 기사를 보았다. **비평가들은 배심원이 터너에게 가혹했고, 모호하고 술 때문에 촉발된 일을 흑백 논리로 재단한다고 주장했다. 이런 말도 있었다. 선고 공판이 6월 2일로 정해졌고 항소가 가능한 상황이라 한때 촉망받았던 터너의 미래가 어떻게 될지는 아직 불확실하다. 그러나 그의 비범하면서도 짧았던 수영 경력은 이제 녹슨 트로피처럼 더럽혀졌다.** 터너는 아직도 중대한 손실이었다.

선고 공판은 6월 2일에 열릴 예정이었고, 내가 가는 건 의무가 아니라 권고 사항이었다. 브록의 세 가지 중죄를 모두 더하면 최대 14년간 복역할 수도 있었다. 내 담당 검사는 6년을 제시했다. 그녀는 내게 피해자 의견 진술서를, 이 경험이 내게 어떤 영향을 미쳤는지를 두세 장 정도로 적어달라고 했다. 내가 그걸 낭독할 의사가 있으면 그들이 내 비행기 표를 사줄 것이었다. 낭독할 의사가 없으면 내 대변인이 대신 읽을 수 있었다. 판사가 충분한 시간을 가지고 미리 읽어볼 수 있도록 5월 말까지는 제출해야 했다. 티파니와 루카스도 의견 진술서를 쓸 수 있었다. 모두 선택사항이었고, 우린 생각할 시간이 있었다. 나는 생각해보겠다고 말하고 전화를 끊었고, 염두에 두지 않았다. 주어진 8주 가운데서

7주는 정상적인 생활만 할 계획이었다.

돌아온 지 5일 만에 나는 새 코미디 대본 하나를 썼고, 오디션을 보았고, 봄 공연 최종 명단에 들었다. 코미디에서는 내 멋대로 어처구니없이 굴어도 문제될 게 없었다. 언젠가 모임에서 대표인 빈스가 우리 팀 소개 글을 쓰고 있었다. 그는 나에 대해서는 **부디 그녀에게 따뜻한 박수갈채 부탁드립니다. 그녀 평생에 이런 기회는 이번뿐일 테니까요**라고 말했다. 코미디에서 상대역에게 하는 뻔한 말이었다. **너무 심한가?** 그가 물었다. 나는 거기 있는 사람 중에서 가장 크게 웃었다. **내가 무슨 일을 겪었는지 안다면 까무러치겠구나.**

재판이 끝난 지 2주 뒤, 나는 헬륨 코미디클럽 무대에 다시 올랐고, 박수갈채와 환호가 그치지 않았다. 찬사와 사랑이 나를 에워쌌다. 우리 팀은 티켓 판매로 돈을 많이 벌어서 필라델피아 바클레이프라임 스테이크 가게에서 뒷풀이를 했다. 이렇게 고급스러운 레스토랑은 처음이었다. 웨이터가 나이프가 든 벨벳 상자를 들고 돌아다니면서 한 명 한 명에게 주문을 받았다. 부드러운 안심 스테이크를 썰면서 나는 이 고기 조각을 현금으로 바꿔서 가질 수 있으면 좋겠다고 생각했다. 한 끼 가격이 내 은행 잔고보다 비쌌다.

나는 부끄러워서 루카스나 가족에게 은행 잔고가 거의 바닥났다는 말을 하지 못했다. 한 달 있으면 루카스는 졸업을 해서 샌프란시스코로 갈 예정이었다. 루카스 앞에는 취업 기회들이 줄을 서 있었다. 나는 외식하러도 못 나가고, 월세도 못 내는 실직자

신세이리라. 내 앞에는 마지막 법원 출석일 말고는 아무런 전망이 없었다. 나는 다시 부모님과 같이 살면서 저축을 할 계획이었다. 내 오래된 침실이라는 선택지가 있어서 고마운 마음도 들었지만 원점으로 돌아간다니 비참하기도 했다.

다른 사람들에게 알리지 않은 일은 그것만이 아니었다. 저녁 식사와 졸업 파티 사이사이에 나는 욕실에 들어가 문을 잠그고 어깨를 들썩이고 눈물을 흘렸다. 재판이 진행되는 동안에는 감각을 닫고 재판이 끝날 때까지 어떻게든 버텼다. 이제 감정이 분출되면서 파도처럼 휩쓰는 고통에 내 몸은 속수무책이었다. 그것은 매번 구역질처럼 내 안에서 올라왔고, 그러면 나는 화장실 안에서 문을 잠그고 숨을 헐떡였다. 눈이 쓰라렸다. 내 몸이 자꾸 이런 발작을 요구하다니 겁이 났다. 나는 소리를 감추려고 수도꼭지를 틀어놓고 세면대를 꽉 붙들었다. **왜 슬픈 거야.** 나는 계속 생각했다. **넌 이겼어.** 루카스가 내 소리를 듣지 못하기를, 내가 아직도 상처에서 헤어나지 못했고, 이 모든 걸 보낼 준비가 안 되었음을 알아차리지 못하기를 바랐다.

미셸 도버에게서 이메일이 왔다. 그녀는 스탠퍼드 교수이자 스탠퍼드가 캠퍼스 성폭력 근절을 위해 더 많은 조치를 취하도록 요구하는 활동가였다. 오래전 10대 시절에 본 적 있는, 우리 가족의 옛 친구이기도 했다. 중학교 때 같은 그룹에서 어울렸던 그녀의 딸과 나는 블록버스터[비디오 대여점]까지 함께 자전거를 타고 가서 공포 영화 〈캐리〉를 빌려 작은 게스트하우스의 침낭 안에 웅크리고 치토스를 먹으면서 같이 영화를 보았다.

내 이야기가 처음으로 보도되었을 때 나는 내 침대에서 뉴스 카메라가 미셸의 집 현관에서 미셸을 인터뷰하는 모습을 보았다. 중학교 시절 진흙투성이 스케처스 운동화를 신고 드나들던 바로 그 문이었다. 나는 미셸의 지혜를 빌리고 싶었지만 그녀와 상의를 하면 불순한 의도를 품고 있다는 의심을 받으리라는 사실을 알았다.《워싱턴 포스트》의 기사조차 **검사가 스탠퍼드 여성 활동가들의 요구에 장단을 맞추고 있다**라는 한 논평가의 말을 인용했다. 나는 미셸이 내가 에밀리라는 사실을 모르는 채 사건에 대한 의견을 피력하는 모습을 보았고, 우리가 얼마나 친밀하게 공존하고 있는지 감탄을 금치 못했다. 나는 얼마나 숱하게 **그게 저예요** 하고 밝히고 싶었던가.

미셸은 동생의 이름, 내 고등학교, 내 대학교를 반복해서 밝히고 있는 기사들을 먼저 나열했다. 그녀는 먼저 딸에게, 그다음에는 내가 어린 시절 가장 친하게 지낸 니콜에게 그게 사실이냐고 물었다고 했다. 나는 니콜에게 이야기할 수도 있었지만 니콜은 1년 내내 인도에서 우르두어를 공부하고 있었다. 미셸과 니콜 모두 내게 미안해서 어쩔 줄 몰라 했다. **알았더라면 도왔을 텐데.** 니콜은 선고 공판에 참석하기 위해 집에 오는 비행기 표를 끊었다. 미셸은 스탠퍼드의 학생대표들에게 학생들로부터 지지 서명을 받을 생각이 있는지 물었다. 학생대표들은 선례를 남기고 캠퍼스 성폭력을 근절할 필요를 언급하면서 최소 2년을 요구하는 편지를 썼다. 그녀는 일군의 학생들이 선고 공판에 연대의 의미로 리본을 달고 참석할 수 있다고 했지만, 나는 너무 신경이 곤두섰고 그 생각을 은근하게 거부했다. 내 세상은 작고, 보호막이 있고, 세심한 선택 속에 있는 편이 좋았다. 대학 시절 가장 친한 친구였던 멜에게 전화를 걸었고, 멜은 선고 공판을 위해 당장 LA에서 날아오는 비행기 표를 샀다. 미란다에게 전화를 걸었고, 그녀는 내가 긴장을 풀고 쉴 수 있도록 온천에 데려가주기로 했다. 카일라에게 말했더니 일을 미루고 샌프란시스코에서 차를 몰고 오기로 했다. 친구들이 내 곁을 지키기 위한 계획을 발 빠르게 세우는 모습에 나는 감동을 받았다. 지금도 나는 두 팔을 걷어붙이고 나선 친구가 누구였는지 모두 기억할 수 있다.

4월이 지났고, 5월 말이 다가오고 있었다. 나는 아직 피해자 의견 진술서에 손도 못 댄 상태였고, 계속 **조금만 있다가**라며 미루고 있었다. 검사가 메시지를 보냈다. 두어 주 내에 제가 판사님에게 뭔가를 보낼 수 있을까요?

지난 17개월 동안 사건과 관련된 생각이 떠오를 때마다 나는 핸드폰 메모장에 적어두곤 했고, 그 항목에 브록의 머릿글자를 넣어두었다. 결국 나는 책상에 앉아서 "B.T." 항목을 검색했다. 적어놓고 나서 한 번도 읽어보지 않았던 수십 개의 메모가 떴다. 모든 글을 복사해 워드 문서에 붙여넣었다. 아무렇게나 갈겨쓴 메모가 수십 장에 달했다. 앉은 자리에서 한달음에 모두 읽었다. 그러고 난 뒤 방에서 나왔고 사흘간 다시 책상에 앉지 않았다.

내가 들어본 모든 글쓰기 수업에서 선생님들은 주제가 너무 날 것일 때는 다음으로 미뤄두라고 말했다. 거리두기를 하라는 것이다. 하지만 나한테는 마감일이 있었다. 그리고 이런 숙제는 해본 적이 없었다. 정서적인 피해의 목록을 작성하라니. 글을 쓰라고 유도하는 조언들이 우울했다. 내가 어떤 식으로 돌이킬 수 없이 망가졌는지를 왜 기록해야 한단 말인가? 내가 가지고 있는 〈피해자 의견 진술서 작성법〉 안내책자에 실린 질문은 이런 식이었다. **아침에 일어날 때 기분이 어떤가요? 얼마나 자주 우나요? 하루 중 슬픔을 느끼는 시간은 어느 정도인가요? 자살에 대해 생각해본 적이 있나요?**

어느 오후 모르는 번호로 전화가 걸려왔다. 나는 음성메시지로 넘어가게 내버려두었다. 메시지를 들어보니 어떤 여자가 자기를 보호관찰관이라고 밝혔다. 나는 경계해야 한다는 사실을 배웠다. 검사에게 전화를 걸어서 내가 이 여성과 대화를 해도 되는지 물었다. 검사는 이 경찰이 다가올 선고 공판 때문에 내 의견을 듣고 싶어 하고, 그녀에게 전화를 걸어서 진술서를 작성 중이며 곧 제출하겠다고 말해야 한다고 했다.

보호관찰관이 내게 전화를 걸다니 놀라웠다. 나는 목소리가 없는 상태에 익숙했다. 이제까지 내 의견을 구한 적은 거의 없었다. 나는 중범죄는 각각 최소 형량이 있다고 생각했다. 나는 그녀가 이런 좋은 방법으로 내가 2센트[보호관찰관에게 다시 전화를 걸어야 하는 상황이므로 이때 드는 전화요금]를 기부하게 만드는 거라고 상상했고, 내가 전화를 걸어서 하게 될 말들이 말 그대로 돈값을 하리라고 기대했다. 소원을 빌며 분수에 던진 동전들처럼.

보호관찰관에게 의견 진술서를 작성 중이라고 말했다. 그녀는 내게 질문을 던지기 시작했다. 나는 상처를 받았다고, 가장 큰 상처는 가족이 힘들어하는 모습을 지켜보는 것이었다고 대답했다. 손바닥을 계속 이마에 대고 눈을 감은 채 집중을 하려고, 그녀의 질문을 따라가려고 애썼다. 질문은 계속 이어졌다. 나는 도움이 필요했지만 받지 못했던 어떤 남자가 저지른 학교 총격 사건에서 살아남은 경험이 있다고 말했다. 나는 브록이 선로에서 이탈해서 더 많은 여성에게 피해를 주지 않기를 바랐다. 그가 감옥에서 수업을 듣고 심리치료를 받는지 확인하고 싶었다. **그러면 1년 이상은 원치 않으시는 거로군요.** 그녀가 말했다. 난 혼란스러웠다. 그런 말은 입에 올리지도 않았다. 그녀는 내가 "감옥jail"이라고 말했다면서 카운티의 감옥은 1년이 최대라고 설명했다. 주나 연방에서 관리하는 교도소prison는 최대 복역 기간이 따로 없다. 아, 내가 말했다. **그럼 교도소에도 수업 같은 게 있죠?** 왜 아무도 내게 이런 걸 설명해주지 않았는지 이해할 수 없었다.

무엇보다 나는 브록이 자신이 저지른 일을 인정하기를 바랐다. 나는 그와 이야기해보았는지 물었고, 그녀는 아니라고, 하지만 다음 주에 만날 거라고 말했다. 나는 그가 뭐라고 했는지 들어보지 않고서는 그녀가 묻는 말에 다 답하기 어렵다고 말했다. **그가 인정하기를 바라는군요.** 그녀가 말했다. 이해한다고 했다. 대화는 짧았다. 나는 진술서를 작성 중이며 다 쓰면 메일로 보내는 게 더 편하다고 말했다. 하지만 그녀는 내 구두 진술이 낫다고, 몇 가지만 받아 적으면 되니까 그럴 필요는 없다고 말했다. **잘하셨어요.** 그녀가 말했다. 우리는 전화를 끊었다.

불안감이 쉬 가시지 않았다. 누군가 이야기를 나눌 사람이 있었으면 싶었다. 나는 내가 편집증 상태인 거라고, 그녀가 잘 알아서 할 거라고 나를 다독였다.

며칠 뒤 검사의 전화를 받았다. 목소리에 걱정이 가득했다. **그녀에게 뭐라고 말했는지 알려줄 수 있어요?** 나는 1년 내내 내가 뭘 잘 몰라서 일을 망치지는 않을지 늘 신경이 곤두서 있었다. 증인석에서 시간 순서를 헷갈린다든지, 법정에 적절치 못한 옷을 입고 간다든지, 잘못된 어조로 말을 한다든지. 검사의 설명에 따르면 보호관찰관은 관대한 형량을 제안하면서 내가 브록이 교도소에 갈 정도는 아니라는 암시를 주었고 투옥이 아니라 치료에만 관심을 가지더라고 말했다. 마침내 내가 내 목소리를 냈는데, 그게 내가 원하던 내용과 다르다니 어이가 없었다. **법이 엄존해.** 나는 생각했다. **내가 이 시점에서 그걸 날려버리는 게 어떻게 가능해?**

나는 보호관찰관에게 다시 전화하겠다고 말했지만 검사는 너무 늦었다고, 보고서가 이미 제출되었다고 말했다. 검사가 보호관찰관의 권고서와 브록의 진술서를 같이 보낼 테니 나는 내 의견서를 통해 거기에 대한 대응을 할 수 있었다. 나는 거의 제정신이 아닌 상태에서 보고서를 열었다.

보호관찰관은 내 말을 단 한 문단으로 적어놓았다. 내 단어들을 사용해서 자기 문장을 만들었고 모든 맥락은 잘려나갔다. 그저 **그가 더 나아지기를 원해요**라고 적혀 있었다. 그녀는 나를 순순히 용서하는 사람으로 만들어놓았다. 고통은 깔끔하게 지워졌다. 그녀는 내 어려움을 한 줄로 축소했다. **전 이 일이 즐겁지 않아**

요. 그녀가 내린 결론은 **그는 철창 신세를 질 필요가 없다**였다. 이 전투에 한 번도 참여한 적 없는 여자가 갑자기 나타나서 승리의 깃발을 치워버렸다. 나는 몇 달간 이 구멍에서 기어올라왔고, 내 손은 마침내 그 구멍의 가장자리를 쥐고 있었다. 그런데 내 손 아래 있던 흙이 진흙으로 바뀌고 나는 다시 미끄러져 내려가고 있었다.

보호관찰관은 **피해자가 피고의 행위의 심각함과 파문을 객관적으로 소화하는 능력에 감동을 받았다**고 적었다. 그 단어, 소화. 그녀는 내 강인함을 소화로 오해했다. 어쩌면 그녀는 히스테리를 부리는 피해자, 흐느껴 울고 가차 없는 피해자를 기대했는지 모른다. 그녀는 내 근육이 얼마나 긴장했는지 들을 수 없었고, 그 전화를 끊고 나서 기억이 되살아나 완전히 소진된 나를, 소파에 말없이 누워 있는 나를 루카스가 어떻게 찾아냈는지 알지 못했다.

나는 여성으로서, 너무 자기중심적이거나 너무 통제하는 듯한 인상을 주지 않고 내 의견을 피력하려 애썼다. 그래서 머리끝까지 화가 난 피해자를 억눌렀다. 이제는 내가 너무 우아하게 행동한 건지, 그래서 내 침착함이 그의 행위가 별로 큰 영향을 미치지 않았다는 의미로 읽힌 건지 의아했다. 내가 브록이 수업을 듣고 상담치료를 받았으면 좋겠다고 했을 때 그녀는 그걸 소극성과 점잖은 면죄 선언으로 오해했다. 내가 하고 싶었던 말은 그의 정신건강에 주의를 기울여야 한다는 말이었다. 내 경험상 남자들은 기분이 상하거나, 외롭거나, 무시당했을 때 우리를 죽음으로 몰아넣으니까.

온건한 수준의 카운티 감옥 구형, 공식적인 보호관찰, 성범죄자 치료를 정중하게 권고하는 바입니다. 이 문장이 나를 주저앉혔다. 온건하다는 표현은 그의 범죄가 경미하고 봐줄 만하다는 의미였다. 맥이 빠졌다. **본 사건은 유사한 다른 범죄와 비교했을 때, 피고의 음주 수준 때문에 심각도가 떨어진다고 판단할 수 있습니다.**

그녀는 브록을 인터뷰하고 나서 이렇게 밝혔다. **피고는 피해자에 대해 진지한 참회와 공감을 나타냈습니다.** 나는 혹시 브록이 결국 책임을 인정했기 때문에 그녀의 형량 제안이 가벼워진 것인지 의심스러웠다. 브록의 진술서 파일을 열었다.

저는 그녀가 원치 않았다면 이런 짓은 절대 하지 않았을 거라고 맹세합니다… 우린 그냥 충동적이었습니다. 언제고 그녀가 반응이 없다고 생각했으면 그 자리에서 멈췄을 겁니다… 그녀를 어떤 특별한 사람이 아닌 다른 무엇으로 다룰 의도는 전혀 없었습니다… 재판을 진행하는 동안 저는 절대 그녀를 괴롭히고 싶지 않았습니다. 그냥 제 변호사가 이번 사건에 접근하는 방식이 그랬던 것뿐입니다… 저는 모든 걸 희생해야 합니다… 즐거웠던 일들이 하룻밤 새에 망가질 수도 있습니다. 그는 어느 프로그램에 참여해서 대학교 캠퍼스의 음주 문화와 거기에 따르는 성적 문란함에 반대하는 **발언을 하고 있다고** 설명했다.

더는 읽지 않았다, 그럴 필요가 없었다. 스크롤을 내리다가 마지막 부분에 생활지도사, 교사, 오하이오의 코치들이 작성하고 서명한 약 40통에 달하는 탄원서가 있다는 사실을 알게 되었다. 첨부된 편지들을 훑다가 조부모가 제출한 편지에서 멈췄다. **브록**

은 다른 무책임한 성인들 가운데서 자기 행동에 책임을 지려는 유일한 사람입니다.

나와 통화했던 보호관찰관이 작성한 서류가 하나 더 있었다. 그녀는 피해자의 인종에 **백인**이라고 체크해놓았다. 나는 일생 동안 **백인** 하나에만 체크해본 적이 단 한 번도 없었다. 사람들은 보통 나에게 중국인의 피가 섞였을 거라고 생각하지 완전한 백인으로 보지는 않았다. 이 단 한 개의 체크 표시는 그녀가 나를 파악하는 데 얼마나 시간을 할애하지 않았는지를 보여주는 증거였다. 내가 백인일 거라고 넘겨짚고는 그저 통화를 하며 물어보지도 않은 것이다.

검사의 말을 무시하고 보호관찰관에게 전화를 걸었다. 내 똥을 소화해보시지, 소화해보라구. 수류탄에서 핀을 뽑고, 그녀가 기대했던 피해자를 선사하리라. 귀에 거슬리는 긴 신호음을 들으면서 머릿속으로 할 말들을 쌓아 올렸지만, 녹음된 목소리가 공손하게 메시지를 남겨달라고 했고, 삐 소리가 난 뒤 정적이 흘렀다. 전화를 끊고 손바닥을 펼쳐서 책상 위에 올렸다. 연필이 든 컵을, 벽에 걸린 해변 사진을 응시했다. 모든 것이 너무 침착했다. 내 기분에 어울리는 건 아무것도 없었다. 내 분노는 갈 곳이 없었다. 연필이 든 컵을 후려쳤다. 기다란 연필들이 바닥을 뒹굴었다. **난 중국인이라고.** 나는 비명을 지르며 주먹으로 책상을 내리치고 의자를 뒤로 밀쳤다. **나는 중국인이라고.**

거실로 걸어 나가자 루카스가 자리에서 일어나 손을 어깨에 얹고 나를 달랬다. **괜찮아, 괜찮아, 무슨 일이야.** 침착한 어조였다.

여기에 맞춰 나를 가라앉히려는. 루카스의 손을 밀어냈다. **넌 화를 내야 해. 네가 이걸 읽고 화내는 걸 보고 싶어.** 나는 그가 미칠 듯이 화가 나서 그의 몸이 통제할 수 없는 무언가가 되기를, 그게 어떤 기분인지 느끼기를 바랐다. 그가 끓어오르기를, 물건을 부수기를 바랐다.

온건한 성폭력이라니, 우리는 왜 격분하면 안 되는 건가. 어쩌면 그들이 내내 원했던 건 차분함이 아니라 억눌림, 침묵, 자제였는지도. 내 진술서는 이제 내 감정을 끄적인 슬픈 일기장이 되지 않으리라. 검사는 판사에게 말하는 방식으로 쓰라고 했지만 나는 직접 브록에게 말할 것이다. 검사에게 다시 전화를 걸었다. **제 진술서에 길이 제한이 있나요?** 엄밀히 말해서 그런 건 없다고, 그녀가 말했다.

손가락이 잘 펴지지 않을 때까지 맹렬히 자판을 두드렸다. 책상에서 벌떡 일어나 몇 바퀴를 돌고 난 다음 다시 자리에 앉았다. 분노는 행동을 촉발하지만 그중에 건질 만한 건 얼마 되지 않는다. **지금이야. 지금 해야 해.** 하지만 자꾸 동작을 멈추고 손등으로 볼을 문질렀다. 육체적으로 감당할 수 없었다. 내 분노를 쩨쩨하게 활자로 옮기는 건 불가능했다. 몸이 무너져내려 문법은 안중에도 없었다.

어찌할 바를 모르겠어서 친구 멜에게 전화를 걸었다. 멜이 말했다. **무슨 문제야?** 나는 끝없이 이어지는 장애물에 대해, 공허한 사과에 대해 설명했다. 내가 말을 마치자 멜이 말했다. **네가 말한 걸 전부 타이핑했어. 바로 너한테 이메일로 보낼게. 그걸 사용해.**

그날 밤 헬륨 코미디클럽에서는 마거릿 조가 공연을 하고 있었다. 2015년 그녀는 〈날 강간한 놈을 죽이고 싶어〉라는 뮤직비디오를 발표했다. 내가 어릴 때 주류 문화에서 성공한 몇 안 되는 아시아계 미국인 롤모델이었고, 당당했고, 정직했기 때문에 나는 그녀를 존경했다. 나는 청중석 가장자리에 앉아서 그녀가 내가 무대에 오를 때 지났던 바로 그 문에서 나오는 모습을 지켜보았다. 그녀는 빨간 구두에, 노란 〈킬 빌〉 바지를 입고, 위OUI라고 적힌 검은 티셔츠를 입고 있었다. 공연이 끝나고 청중이 빠져나갈 때 나는 공연자 대기실로 곧장 걸어가 문을 두드렸다. 바로 그 자리에서 경호원 두 명이 나를 막아섰다. **저도 여기서 공연했어요.** 내가 말했다. 거기서 일하는 여자가 내게 가라고 했다. 나는 원래는 다른 사람이 하라는 대로 하는 사람이었지만 발이 떨어지지 않았다. 직원 두 명이 더 다가와서 행주를 휘두르며 가라고 했다. 그때 갑자기 두 경호원의 어깨 사이로 마거릿의 얼굴이 나타났다. 나는 그녀의 이름을 불렀다. **저도 코미디언이에요.** 우리는 남자들의 어깨를 사이에 두고 이야기했고, 그녀는 미소를 지으며 내 눈을 똑바로 쳐다봤다. 내가 말했다. **그냥 당신 뮤직비디오 잘 봤다고 말하고 싶었어요.** 그녀는 고맙다고 말하고 나서 내 이름을 물었다. **샤넬이에요.** 내가 말했다. 그녀가 고개를 끄덕였다. **만나서 반가웠어요, 샤넬.** 우리는 남자들의 어깨 위로 서로의 손을 잡았고, 그러고 나서 그녀는 다른 사람들과 함께 사라졌다.

몸을 돌리는데 뭔가가 툭 부러졌다. 텅 빈 클럽에서 머리를 손으로 감싸고 나무 의자에 앉아서 흐느끼기 시작했다. 멈출 수가 없었다. 집으로 걸어가는 동안에는 대놓고 울었다. 길에서 사람을 놀라게 하고 싶지 않아 울면서도 웃으려고 애를 썼다. 내 분노가 터진 고무풍선처럼 쪼그라들면서 절망을 토해냈다. 마거릿은 어떤 사람이 내가 부서지기를 바란다는 것이 어떤 기분인지 이해했다. 발차기와 비명은 당신이 정신을 놓았다는 의미가 아니에요. 그건 당신이 당신 편에 섰다는 의미예요. 당신은 결국 반격하는 법을 배우게 될 거예요. 분노가 소심함을 모두 불태워버렸다.

하지만 그들이 어떻게 듣도록 만들지? 절규하는 피해자로 치부되고 싶지 않았다. 분노는 부차적인 감정이고 일차적인 감정은 고통에 가깝다는 사실을 배웠던 걸 기억했다. 나는 그들이 분노 밑에 있는 아픔에 귀 기울이게 만들 것이다. 마음을 진정시키기 위해 루카스가 첫 데이트를 하고 나서 사준 텅 빈 포스터 보드를 벽에 붙였다. 거기에 큰 도로와 순환도로를, 마차와 외발자전거를 타고 돌아다니는 생명체를 그려 넣었다. 바람에 나부끼는 스카프를 두른 민달팽이, 목이 매듭 모양으로 꼬인 플라밍고들, 스쿠터를 타고 가는 영양. 마음이 평화를 되찾을 때까지 계속 그렸다.

다음 날 나는 친구 맷에게 전화를 걸었다. 그는 아직 내가 에밀리라는 걸 몰랐다. 내 주위 모든 사람은 브록과 이 고장난 시스템으로부터 기대할 게 없다는 데 익숙해져 있었다. 나는 누군가의 충격을 통해 다시 신선한 감각을 얻고 싶었다. **어떻게 그런 일이 있을 수 있냐**며 분통 터뜨리는 말을 듣고 싶었다. 미칠 것 같았고, 미쳐 있었기 때문에, 그냥 **나도 미치겠다**라고 말해줄 사람이 필요했다. 맷에게 이야기했을 때 그의 슬픔과 좌절이 내 마음을 진정시켰다. 기독교인이었던 맷은 나를 위해 기도를 해도 되겠느냐 물었고, 바로 그 자리에서 전화기에 대고 기도를 했다. 그는 하느님에게 힘을 달라고 하지 않았다. 내가 이 모든 일을 헤쳐나갈 수 있을 정도로 강하다는 사실을 알고 있다고 신에게 전했다.

나는 내 이야기를 숱하게 했다. 하지만 사랑하는 사람이 있을 때는 이야기를 어느 정도 검열했다. 법정에서는 다른 사람의 질문을 통해서만 발언할 수 있었다. 대학 시절 내 길잡이가 되어준 손때 묻은 앤 라모트의 《쓰기의 감각Bird by Bird》을 꺼냈다. 그녀는 이렇게 말했다. "당신에게 일어난 일은 당신의 것이라는 사실을 기억하라… 다른 사람의 어두운 일을 가지고는 당신 글을 쓸 수 없다. 당신 글은 당신 것만으로 쓸 수 있다." 나는 처음으로 내 버전의 이야기를 하려고 한다. 내가, 브록에게 보내는, 편지의 형태로.

그날 밤 나는 나 자신에게 이렇게 말했다. 넌 자리에 앉아서, 그 모든 걸 다 느끼게 될 거야. 어둡고, 고약한 것들이 너에게서 슬금슬금 기어 나올 거야. 이미지가 다시 떠오를 거야. 모든 단계에서 느꼈던 불확실함과 고립감이 되살아날 거야. 속이 메슥거리고 슬플 거야. 이건 재밌지 않을 거야. 못하겠다는 기분도 느낄 거야. 하지만 해낼 거야. 해야만 해. 지금의 내가 길고 어두운 터널을 지나, 바퀴 달린 들것에서 깨어난 여자아이를 만나고, 그 아이가 서서히 진실을 알아가게 되는 동안 같이 손을 잡고 끔찍한 기억의 시간을 되짚어 가기 시작할 것이었다. 글을 쓰는 동안 얼

굴이 구겨졌고, 큰 소리로 떠들기도 했고, 어느 때는 목의 피부가
팽팽해졌고, 혼자 중얼거렸고, 고함을 쳤고, 눈물로 시야가 흐려
졌고, 부글부글 끓어올랐고, 벌떡 일어섰고, 자리에 털썩 앉았고,
원을 그리며 방 안을 걸어 다녔지만, 지금의 나는 계속 과거의 나
에게 멈추지 말라고, 움츠러들지 말라고, 그냥 걸어서 통과하면
된다고 다독였고, 내 머릿속의 두 자아는 계속 걷고 또 걸었다.
현시점까지 온 힘을 다해 글을 썼고, 그러고 나서 멈췄다. 과거의
나와 현재의 내가 서로 포옹했고, 그러고 난 뒤 과거의 나는 사라
졌다. 아침 7시였다. 나는 9시간에 걸쳐 두서없이 28쪽의 초고를
작성했다. 창밖을 내다보니 해가 떠오르고 있었다. 평화롭게 자
고 있는 루카스를 들여다보았다. 잠옷 바람으로 럭키참스 시리얼
을 먹으면서 정적 속에서 내 숟가락이 그릇에 부딪히는 소리에
귀를 기울였다. 옅은 노란 해가 건물을 물들이고 있었다. 저 아래
쪽에서 작은 직사각형 버스 한 대가 정류장에 멈추고, 사람들이
길을 건너는 모습이 보였다. 또 하루가 시작되고 있었다. 나는 무
사했다. 이야기가 나를 집어삼키지 않은 것이다.

  그다음 며칠 동안 나는 잠자리에서 일어나면 양치도 하지 않고
바로 의자에 앉았다. 루카스가 내 앞에 억지로 그릇을 들이밀 때
만 먹었다. 평소에 즐기던 긴 샤워가 재빨리 물 몇 번을 뒤집어쓰
는 정도로 바뀌었다. 낭비할 시간이 없었다. 단어를 제대로 썼는
지 확인하기 위해 진술서를 처음부터 끝까지 고함치듯 낭송했다.
**당신은 나를, 의도적으로, 강제로, 악의적인 의도를 가지고 성적으
로 범했기 때문에 유죄 선고를 받은 것입니다**라는 문장을 비명처

럼 내지를 때는 이웃 사람들이 경찰에 신고라도 할까 봐 걱정이
될 정도였다. 현관문에 연습 중이라고 적어서 붙여놓아야 하나
싶었다.

하루나 이틀만 더 달라고 마감일을 계속 연기했다. 더 이상 연
기가 불가능할 때 원고를 보냈다. 판사는 선고 공판 전까지 1주
일 동안 내 글을 읽을 시간을 가질 것이다.

거의 그와 동시에 몸이 아팠다. 목소리가 완전히 나오지 않았
다. 목이 쉰 게 아니라 완전히 잠겨서 호흡 사이사이에 마르고 건
조한 소리가 부스러기처럼 흘러나왔다. 레몬민트 기침약을 사러
라이트에이드[약국 체인]에 갔는데 카드가 승인 거부되었다. 사과
의 의미로 고개를 한 번 끄덕하면서 기침약을 재빨리 매대에 돌
려놓고 가게를 나왔다. 온라인으로 잔고를 확인해보니 2달러 83
센트였다. 1년 전 첫 직장을 잡았을 때 자랑스럽게 개설한 통장
이었다. 구입한 물건 중 환불 가능한 게 있는지 방을 샅샅이 뒤
졌다. 내가 샀던 책 한 권을 찾아냈다. 안에 아직 영수증이 끼어
있었다. 찰스 부코스키의 《위대한 작가가 되는 법》이었다. 제목
에 끌려서 산 책이었다[원제는 'You Get So Alone at Times That It Just
Makes Sense(매우 외로워질 때는 그만한 이유가 있다)'이다]. 서점으로 걸
어가서 16달러를 돌려받았다.

루카스의 졸업식이 있던 날 나는 그의 커다란 검은 코트를 입
고 말없이 혼자 졸업식장으로 걸어갔다. 루카스의 부모님이 졸업
을 축하해주려고 비행기를 타고 오셨다. 두 분은 우리를 브라질
식 스테이크집인 포고데차오에 데려가셨고, 한 사람 앞에 하나씩

한 면은 빨간색이고 다른 면은 녹색인 컵받침이 나왔다. 녹색 면이 위로 오게 해서 테이블에 올려두면 웨이터들이 고기 접시를 들고 몰려와서 접시에서 바로 고기를 썰어준다. 빨간 면은 지금은 괜찮으니 그냥 내버려두라는 의미였다. 이런 통제 방식이, 컵받침을 한 번 젖히기만 하면 내 주위에 있는 웨이터들을 움직일 수 있다는 사실이, 빨간색은 모든 걸 중단시킬 수 있다는 점이 아주 마음에 들었다.

루카스의 부모님은 아직 사건에 대해 몰랐다. 두 분은 선고 공판이 있는 6월 2일에 타호 호수로 가족여행을 갈 계획을 세워놓고 계셨지만, 루카스가 "친구를 돕기 위해" 팰로앨토에서 지내야 하니 다음 날 차를 몰고 부모님이 있는 곳으로 가겠다고 말씀드렸다. 나는 두 분을 신뢰했고 항상 따뜻하게 환대받는 기분이었지만 그런 건 별개의 문제였다. 성폭력은 대부분의 사람들과 나눌 수 있는 성질의 것이 아니었다. 사건의 공적인 성격 때문에 나는 묘한 상황에 놓였다. 두 분이 자기 아들이 엮여 있다는 사실도 모르는 채 신문에 실린 그 이야기를 읽고 있는 모습에 끔찍한 기분이 들었지만, 판단하기란 너무 어려웠다. 프라이버시를 지킬 권리가 중요할까, 아니면 두 분의 알 권리가 더 중요할까? 두 분이 나를 에밀리로 알게 되기 전에 샤넬로서 더 많이 알 기회가 있었으면 싶기도 했다.

우린 창턱에 늘어놓은 내 책을 상자에 담고 내가 1년간 모은 냄비와 프라이팬을 싸면서 필라델피아에서의 마지막 날들을 보냈다. 앤서니가 아침 근무 중에 발견하기를 기대하면서 핫코코아 기계 옆에 카드를 남겨두었다. 안내데스크의 여성들과는 작별의 의미로 포옹했고, 사진과 이야기를 통해 알게 된 그들의 딸들을 위해 매직펜과 책들을 건넸다. 루카스와 나는 황량한 아파트에 앉아 차가운 통조림 수프를 먹었다. 루카스에게 내가 그의 진술서를 읽어봐도 되겠느냐고 물었고, 그는 주저하면서 내게 상처가 될 것 같다고 걱정했다. 나는 괜찮을 거라고 루카스를 안심시켰다.

샤넬은 일을 당한 그날 밤에 대해 이야기하는 것을 무척 싫어합니다… 그는 사건 이야기가 나올 때마다 내가 얼마나 공격적인 표현을 남발하고, 짜증을 내고, 거칠어졌는지에 대해 썼다. 나는 부서진 핸드폰을, 고함지르기 대회에 나온 사람처럼 소리치던 순간들을 기억했다. 영화 중간에 강간 장면이 나오자 **꺼버려, 꺼버리라고, 망할 리모컨은 어디에 있는 거야** 하며 소리를 지르면서 벌떡 일어나 방에서 나오고 문을 쾅 닫았던 일을 기억했다. 그는 내가 혼자서는 잠들지 못한다고, 육체적인 불안을 느끼고, 전등을 켜놓아야 한다고 적었다. 루카스는 내가 혼자 있고 싶어서, 목적 없이 도시를 배회하려고 아파트를 나섰던 시간들에 주목했다. 이 과정이 우리의 예상보다 얼마나 더 침략적이고, 공개적이고, 길었는지. **샤넬은 자신의 몸에 공개적으로 범해진 일에서 비롯된 고통을 언뜻 볼 수 있는 기회를 비밀스럽게, 오직 우리가 가까운 사이이기 때문에 제게 몇 번 허락했습니다. 부디 의식이 없는 여성을 공개적으로 성폭행한 남성과, 그로 인해 1년간 언론의 과도한 관심에 시달리며 진행된 소송에서 비롯된 깊고 부정적이고 영구적**

인 영향과 그녀의 강인함을 혼동하지 말아주십시오. 우리가 이 추악한 사건을 우리 생활 속에서 품으려고 발버둥칠 때 이 사건이 우리 관계 속에서 어떤 식으로 고개를 쳐들었던가를 생각하니 가슴이 아팠다.

…샤넬은 우리 아파트 욕실에 숨어서 문을 잠그는 습관이 생겼습니다… 한 번에 몇 시간씩, 별다른 자극이 없는 것 같을 때 말입니다. 가까이 있을 때는 욕실 문을 통해 그녀가 우는 소리를 들을 수 있습니다. 나는 볼이 화끈 달아오르는 것을 느꼈다. 갑자기 정신이 번쩍 들었다. 내 행동, 내 고통을 숨기지 못했다는 사실에 당혹감이 밀려왔다. 샤넬은 용기 있는 여성이고 불굴의 용기는 칭찬받아 마땅합니다.

미안해. 그가 말했다. 이걸 써야만 한다고 생각했어. 네가 얼마나 강한지 너도 알지? 나는 고개를 끄덕였다. 눈물이 솟구쳤다. 조금 민망했지만 대체로 감동적이었다. 나의 변화를 어떻게 감지했는지에 대한 편지를 작성해달라는 부탁을 받았을 때 그는 글쎄, 난 모르는데. 난 그곳에 없었어라고 말하지 않았다. 그는 내 고통과 적당히 안전한 거리를 유지하거나 완전히 관계를 끊을 수도 있었다. 하지만 그 대신 그는 욕실 문 반대편에서 귀를 기울였고, 새로운 나를 어떻게 보살필지 생각해내려고 노력했다.

티파니가 자기 진술서를 엄마에게 보내자 엄마는 몇 마디 회신을 보냈다. 우리 티피 미안해. 엄마는 못 읽겠어. 눈물이 주체가 안 돼. 나는 마음을 단단히 먹고 동생의 진술서를 읽었다. 예상대로 힘들었지만 티파니의 진술서에는 또 다른 어조가 있었다.

당신이 언니를 공격했던 그 순간은 시작일 뿐이었습니다. 당신이 언니를 바닥에 쓰러뜨린 건 당신이 부족한 인간이었기 때문입니다. 술 취한 젊은 여자가 인사불성으로 혼자 있는 걸 보고서 어째서 친구를 찾아보려는 시도를 하지 않은 거죠? 나는 언니를 찾고 있었습니다. 당신은 언니의 정신을 거의 파멸시킬 뻔했지만 성공하지 못했습니다. 당신이 언니에게 끼친 피해를, 당신이 우리에게 심어놓은 어둠을 무효로 만들 수는 없지만, 이제 마침내 우리가 혼자서 치유의 시간을 가질 수 있게 내버려둘 수는 있겠죠. 내가 당신에게 느끼는 유일한 슬픔은 당신이 언니를 폭행하기 전에는 언니를 전혀 몰랐다는 점입니다. 언니는 이 세상에서 가장 멋진 사람입니다.

나는 동생이 이런 저항적인 어조로 말하는 걸 한 번도 들어본 적 없었다. **당신은 실패했습니다. 우리를 내버려두세요.** 나는 동생의 강인함에 충격을 받았다. 어쩌면 내 어린 동생은 내 생각만큼 어리지 않았는지 몰랐다. 어쩌면 내가 심리를 마치고 나서 동생의 학교로 같이 갔던 건 동생이 아니라 내가 혼자 있는 게 두려웠기 때문이었는지 몰랐다. 동생이 나를 돌봐주었으면 해서, 동생이 수업을 오가는 동안 동생의 침대에서 잠들고 싶어서. 이 시간 내내 나는 내가 누구에게도 의지하거나 굴하지 않고 능력을 발휘할 수 있다는 환상을 지키려고 노력했다. 하지만 다들 이미 꿰뚫어보고 있었다.

줄리아 역시 의견서를 제출했는데, 주로 티파니의 변화에 대해 적은 글이었다. 이 역시 충격이었다. 영향이 내가 상상할 수 있는 범위보다 더 널리 파문을 일으켰다. 나는 나의 고통을 개인적인 비구름이라고 생각했다. 그런데 이 진술서들을 읽다 보니 하늘 전체가 칠흑 같은 검은색으로 바뀌는 기분이었다. 모든 피해를 활자로 옮겨 늘어놓으니 어마어마했다. 모두가 이 범죄의 피해자였다. 모두에게 각자의 이야기가 있었고, 모두가 각자의 문 뒤에서 남몰래 힘들어했다. 하늘이 개게 할 방법을 찾아야 했다.

보호관찰관의 보고서는 도로에 솟아오른 장애물이었지만, 내 열두 장짜리 진술서와 사랑하는 이들이 쓴 몇 통의 의견서, 그리고 스탠퍼드 학생 200여 명에게서 받은 서명이 있으니 우리에게도 기회가 있었다. 제한시간이 있으니 진술서를 축약해 읽어야 한다는 말을 들었다. 나는 내가 브록에게 하고 싶은 말에 집중할 생각이었다. 나는 그가 최소 2년을 구형받을 거라고, 이번이 그의 배웅길이 될 거라고 예상했다. 검사는 내가 진술서를 읽고 난 뒤 우리는 법정에서 나가 있는 게 좋을 수도 있다고 했다. 브록이 수갑을 차고 끌려가면 그 가족들의 감정이 격앙될 테니까. 나는 발길질을, 울부짖음을 떠올렸다. 이런 승리에 따르는 비통함과 혼돈을 잊지 않았다. 나는 아무리 화가 났더라도 다른 사람이 고통스러워하는 모습이 즐거웠던 적은 한 번도 없었다.

돌아가는 비행기 안에서 나는 편집을 약간 더 하려고 컴퓨터를 꺼내 팔꿈치를 굽히고 손가락 두 개로 타자를 치고 있었다. 그런데 갑자기 같은 줄 왼쪽에 있던 한 여자가 소리를 질렀다. **남편이 이상해요, 누가 좀 도와주세요.** 그녀의 옆에 있는 남자가 목을 마치 고무 인형처럼 뒤로 젖히고 입을 크게 벌린 채 몸을 떨고 있

355

었다. 남자가 입은 티셔츠에는 남자의 가족사진이 프린트되어 있었다. 남자의 어린 아들이 남자를 올려다봤다. 10대 딸은 내 옆에 앉아 있었다. 두 남자가 자신이 의사라고 밝히며 나섰다. 엄마가 여전히 어쩔 줄 몰라 하면서 **어떻게 좀 해주세요**라고 하고 있을 때 나는 남동생에게 자기 무릎에 와서 앉으라고 하는 딸의 말 없는 몸짓을 보았다. 그리고 그 딸이 두 팔로 동생을 감싸 안은 뒤 의사들에게 아버지의 발작 병력을 차분하게 설명하는 모습을 보았다. 그녀가 복도 쪽으로 목을 길게 빼고 있는 사람들을 내려다보는 모습을 보았다. **사람들이 우리 사생활을 좀 지켜주면 좋겠어요.** 그녀가 말했다. 나는 대중이 구경 났다는 듯 행동할 때 내 고통을 감추고 싶은 기분이 어떤 건지 이해했다. 엄마는 감정이 극에 달했고 남동생은 입을 떡 벌리고 있었지만 그녀는 눈 하나 깜박하지 않았다. **소화란 이런 것이다.**

티파니는 선고 공판 전날 밤에 학교에서 집으로 차를 몰고 왔다. 하룻밤을 보내고 난 뒤 다시 기말시험을 보러 돌아가야 했다. 동생은 내 침대에 누워서 오하이오 사람들이 브록을 위해 보낸 응원의 편지를 읽고 있었다. 동생이 그걸 보고 마음이 상한 걸 알 수 있었다. 나는 내 책상에 앉아서 내 진술서를 마지막으로 손보았다. 동생에게 그만 읽고 걱정하지 말라고 했다. 나한테 더 좋은 게 있어.

그날 밤은 걱정이 물러가고 잘 잤다. 나는 여기에 마무리를 하러 온 것뿐이라고 스스로에게 상기시켰다. 그날 아침 연갈색 스웨터를 입었다. 이 옷을 입고 법정에 서는 세 번째이자 마지막 날이 되리라. 가방에 간식으로 먹을 팝타르트를 한 개 넣었다. 티파니는 법원에서 친구들을 만나려고 일찍 출발했다. 나는 열쇠를 챙기지 않은 채 인쇄한 내 진술서를 손에 들고 집 밖으로 나갔다가 다시 집 안으로 들어갈 수 없는 신세가 되는 바람에 차 시동을 걸 수가 없었다. 동생이 돌아와서 나를 태워가야 했다. 나는 차 조수석에 앉아서 문장을 수정했고 동생은 정신을 딴 데 팔고 차를 몰면서 나한테 말을 걸었다. 우리는 피해자 대기실에 앉았고, 나는 루카스에게 새로 추가한 문장을 읽어주었다. **이게 말이 되는 거 같아? 이 문장 괜찮아?**

친구가 몇 명 오리라는 건 알았지만 내 쪽 좌석에 아는 얼굴이 이렇게 많이 나타나는 게 어떤 기분일지는 몰랐다. 멜, 카일라, 애시나, 니콜, 미셸과 그녀의 딸, 앤 할머니, 줄리아의 엄마 앤과 줄리아, 마이어스, 티파니의 친구들, 엄마와 아빠. 모두가 주저하지 않고 자기 생활에서 빠져나와 이곳에 있었다. 내가 나만의 끔찍한 영역이라고만 생각했던 이 음울한 세상이 이제는 일상적인 방처럼 보였다. 나 자신에게 말했다. **이제 이해가 되니? 네가 사랑하는 사람들이 너를 도와주고 싶어 해. 넌 그들을 내버려두기만 하면 돼.**

마이크 김 수사관을 보고 미소를 지었다. 천군만마를 얻은 기분이었다. 흥이 날 정도였다. 하지만 몇 가지 일이 기분을 잡쳤다. 나는 내가 증언을 할 때처럼 증언대에 서서 청중을 바라보며 내 진술서를 읽을 거라고 생각했다. 그런데 법정에 있는 모든 사람에게 등을 돌리고 직접 판사를 바라보며 서야 했다. 검사가 어째서 판사에게 보내는 형식의 진술서를 쓰라고 했는지 이제야 이해가 되었다. 브록과 그의 변호사는 내 등 뒤에서 테이블에 앉아 있을 것이었다.

배심원들이 거기 없다는 사실, 그들의 자리가 비어 있다는 점역시 충격이었다. 그들이 거기서 내가 신원을 되찾는 모습을 보지 못한다는 게, 그들이 아는 유일한 내 모습을 수정하지 못한다는 게 슬펐다. 내 오른편에는 아라레의 상사 로젠 씨가 무릎에 종이 두 장을 올려놓고 앉았다. 결과가 좋을 때 읽을 연설문 한 장과, 결과가 나쁠 때 읽을 연설문 한 장. 로젠 씨는 두 연설문 사이에서 계속 갈팡질팡했다.

앉아서 기다리는 동안 나는 내 사건이 여러 사건 중 하나이고, 다른 줄에는 낯선 사람들이 가득하다는 사실을 깨달았다. 우리 가족은 어떤 남자가 음주운전으로 선고받는 모습을 지켜보았다. 다음에는 빨간색 블라우스를 입은 젊은 중국인 여성이 얇은 종이뭉치를 들고 일어섰다. 그녀의 목소리는 떨렸고, 영어가 모국어는 아닌 듯했다. 그녀는 전 약혼자에 대해, 그의 육체적 학대에 대해 이야기했다. 그녀는 판사에게 자신이 구타당한 뒤에 찍은 얼굴 사진을 보여줘도 되는지 물었다. 판사는 불편한 미소를 띠며 말했다. **그냥 보여주세요.** 그녀는 커다란 사진을 줄줄이 늘어놓았다. 얼굴의 아래쪽 절반에 케첩을 발라놓은 것 같았다. 숨을 헉하고 들이쉬는 소리가 들렸다. 그녀 오른쪽에서 느슨하게 뒷짐을 지고 겨우 몇 발짝 떨어진 곳에 서 있는 남자가 그녀에게 이런 짓을 했다는 사실을 서서히 깨달았다. 그녀는 피를 흘릴 때 입었던 바로 그 셔츠를 입고 있다고 말했다. 그녀가 말을 하고 있는데 판사가 손을 들고 얼마나 남았느냐고 물었다. 나는 충격을 받았다. 판사가 마음대로 말을 중단시킬 수도 있다는 사실을 몰랐던 것이다. 그녀는 거의 끝났다고 말하고는 영어로 좀 더 속도를 올리려 애쓰며 다시 진술을 이어갔다. 내 눈이 판사와 그녀 사이를 오갔고, 그녀가 끝을 맺지 못하자 점점 초조해졌다. 그녀가 들고 있는 페이지가 눈에 들어왔다. 마지막 문단이야, 거의 다 왔어. 판사가 다시 끼어들어 마무리를 해야 한다고 그녀에게 상기시켰다. 판사는 이미 서류를 정리하고 있었다. 그녀는 몇 줄 안 남았다고 판사를 달래려 했다. 그녀는 자신을 구타한 남자로부터 몇 발짝 떨어진 곳에 서서 낯선 나라의 낯선 언어로 자신의 인생을 위해 싸우고 있었지만, 너의 문제가 시간을 너무 많이 잡아먹고 있다는 지적을 에둘러 받았다. 심각한 육체적 피해를 입힌 구타로 기소된 남자는 경미한 처벌을 요청한 상태였다. 그녀는 말했다. **구타를 당한 제가 그 이상을 요구할 수 있나요?**

나는 잠시 내가 어디에 있는지를 잊어버렸다. 남자는 72일간의 주말 구금을 선고받을 것이고, 그러면 주중에는 일자리를 유지할 수 있었다. 나는 주말 구금이라는 게 있는 줄도 몰랐다. 토요일과 일요일에 투옥되었다가 월요일이면 다시 돌아가는 방식이었다. 나는 판사가 '서둘러, 서둘러' 하면서 그녀의 발밑에다 빗자루를 휘두르고 있는데 그녀의 얼굴에는 피가 말라붙어 있는 이미지가 떠올라서 속이 헛헛했다.

누군가 나를 쿡 찔렀다. **준비됐어요?** 나는 공황에 빠져서 내 꾸러미를 내려다봤다. 아니, 안 됐어요. 길이를 충분히 줄이지 못했고, 몇 문단을 더 잘라내야 했다. 펜이 어딨지. 앞으로 나오라는 말이 들렸다. 나는 기계처럼 일어나 줄지어 앉아 있는 사람들과 무릎을 부딪히며 헤치고 나갔다. 나는 나 자신에게 집중해야 한다고 말했다. 검사가 내 옆에 섰다. 구겨진 종이를 연단에 올려놓고 반듯하게 펴려고 했다. 그냥 단어만 봐, 그냥 읽어. 진술서를 읽기 시작하는데 줄로 된 다리 위를 비틀거리며 걷는 것처럼 내 목소리가 떨리는 게 느껴졌다. 힘내, 중심을 잡아, 1쪽도 마치지 못하고 제지당하려고 이 멀리까지 온 게 아니잖아. 울지 마, 넌 울 만큼 울었어.

그때 검사의 손이 내 등 한복판에 닿는 느낌, 나를 흔들리지 않게 잡아주는 느낌이 들었다. 손바닥의 부드러운 무게가 내 중심에 놓였고, **바로 여기 내가 있어** 하고 말했다. 얼마 안 가 사람들이 흐느끼는 소리가 들렸다. 사람들이 울고 있었다. **효과가 있어, 사람들이 듣고 있어.** 나는 생각했다. 힘이 회복되면서 내 발성이 부드러워졌다. 내가 얼마나 크게 말하고 있는지, 내 외침이 마이크에서 얼마나 크게 확대되고 있는지 깨달았다. 나는 바로잡지 않았다. 판사를 똑바로 바라보고 계속 눈을 마주치면서 아직 끝나지 않았음을 상기시켰다. 이번에는 그의 얼굴을 내 기억 속에 새겼다. 피고 측 변호인의 목화솜 같은 머리 뒤통수를 쏘아보았다. 그는 절대로 내 쪽을 쳐다보지 않았다. 나는 브록의 움직이지 않는 얼굴 옆면, 그의 냉정한 옆모습을 뚫어져라 쳐다봤다. 나는 그를 겨냥하며 붙박인 듯 서 있었다. 모두가 내 목소리에 사로잡히기를, 내 통제 아래 놓이기를 바랐다.

마지막 문장이 끝나자 침묵이 찾아왔다. 내 자리에 다시 앉았더니 마치 하늘에서 내려온 것처럼 모든 사람들의 손이 나를 향했다. 모든 손이 나를 잡아주었다. 사람들은 우느라 정신이 없었다. 몸을 숙이고 내게 귓속말을 하고, 내 팔을 꼭 잡고, 내 등을 문질러주었다. 나는 몸을 떨면서 사람들의 손길 속에 다시 나 자신으로 돌아갔다. 루카스와 티파니 사이에 자리를 잡고 있자니 긴장이 풀리는 기분이었다. 내가 해냈다. 바닥에 다 쏟아냈다. 이걸로 끝이다, 끝난 거다.

놀랍게도 브록의 아버지가 일어섰다. 나는 그가 아들 대신 사과를 하려는 줄 알고 고마운 마음이 일었다. 하지만 일어서면서 내 쪽은 처다보지도 않았다. 그는 바로 연단으로 걸어가서 허리띠를 매만지고 판사에게 시선을 고정시켰다. **브록은 시곗바늘을 되돌려 다시 그날로 갈 수만 있다면 무슨 일이든 할 것입니다.**

얼마 안 가 우리는 브록의 초등학교 시절 이야기, 매주 보던 철자 시험, 야구, 컵스카우트 이야기를 들으며 앉아 있었다. 나는 이게 무슨 일인가 싶어서 눈을 몇 번 깜빡였다. 피해자가 발언을 했는데 아무도 알은체하지 않으면 발언을 한 것이라고 볼 수 있나? 그는 브록이 운동으로 인정받기 전에 학업으로 인정받았고, 전미대학체육협회에서 가장 인정받는 디비전 1 소속 코치로부터 많은 관심을 받았다고 설명했다. 어떤 부분에서는 목이 메어 말을 멈췄고 판사는 인내심을 가지고 기다렸다. 브록은 수영 팀에 속한 모든 신입생 가운데서 학점이 제일 좋았다. 60퍼센트의 수영

장학금을 받았다. 스탠퍼드는 [입학] 합격률이 4퍼센트였다.

그는 이렇게 설명했다. (브록은) 사회적으로 잘 어울리려고 애썼습니다. 지금 와서 생각해보면 브록은 스탠퍼드에서 잘 어울리려고 필사적으로 노력하다가 음주와 파티 문화에 빠졌던 게 분명합니다. 이, 이런 문화는 수영 팀의 많은 상급생들이 주도했고, 2015년 1월 17일과 18일의 사건에서 분명 일정한 역할을 했습니다. 브록의 짧았던 스탠퍼드 경험을 돌아보면 솔직히 저는 브록에게 잘 안 맞았던 것 같습니다. 향수병을 변명으로 삼을 수 있다는 발상이 기상천외했다. 그는 말했다. **브록의 삶이 크게 바뀌었습니다… 브록은 다시는 느긋한 성격에 반가운 미소를 짓는 태평한 자아로 되돌아가지 못할 것입니다.**

우리는 브록의 장례식에 와 있었다. 저는 늘 즐거운 마음으로 **브록에게 커다란 립아이 스테이크를 사서 구워주거나 제일 좋아하는 과자를 사다주곤 했습니다… 이제 브록은 그저 살기 위해 먹습니다.** 우리 가족들이 심란해하는 소리가 들렸다.

이 평결은 그와 우리 가족을 온갖 방식으로 깨뜨리고 부숴놓았습니다. 그는 마치 평결이 자신들이 걸린 질병이라도 되는 것처럼 이야기했다. 무슨 평결인데? 유죄. 뭐 때문에 유죄인데? 폭행. 누가 저지른 폭행인데. 브록. 당신 아들이 당신 가족을 깨뜨리고 부숴놓은 거잖아. 하지만 그는 절대 그 말은 입에 담지 않았다.

그의 20년하고 얼마 안 되는 인생에서 20분의 행동에 대한 대가로는 너무 가혹합니다. 나는 동요하지 않았다. 그저 빨리 끝나기만을 바랐다.

브록은 전과가 전혀 없고, 1월 17일 밤의 행동을 포함해 그 누구에게도 폭력적이었던 적이 단 한 번도 없습니다. 이 말은 나를 겨냥한 직접적인 공격이자 메시지로 느껴졌다. 텅 빈 벽을 똑바로 바라보았다. 모든 줄에서 마치 싸움이 일어날 것처럼 긴장이 끓어오르는 느낌이었다. 브록의 태도가 갑자기 훨씬 이해되었다. 그는 평결을 절대 받아들이지 않는, 아무런 책임을 지지 않는, 지붕 아래 보호받는 삶을 살아온 것이다.

다음은 브록의 순서였다. 나는 그의 목소리를 들어본 적이 한 번도 없었다. 1년여 동안 그는 법정에 앉아 있는 말 없는 얼굴이었다. 이제 그가 반으로 접힌 종이 한 장을 들고 구부정하게 일어섰다. 그 종이를 비추는 빛에 드러난 문장은 타자로 친 몇 줄뿐이었다. 나는 그 종이의 무중력감을 응시했다. 내가 앉은 곳에서 훅 하고 불면 손에서 떨어져 내릴 것 같았다. 곳곳에 수정 부호가 있는, 스테이플러로 찍은 내 두툼한 진술서 꾸러미를 내려다보았다. 그의 목소리가 느리게 흘러나왔고 각각의 단어는 우물에서 끌어올린 무거운 양동이처럼, 자신 없는 모노톤으로 끌려나왔다. **모든 순간과 기간에, 대단히 죄송합니다… 저의 마음, 저의 심장, 저의 몸은 제가 샤넬, 티파니에게 야기한 괴로움과 고통 때문에 고뇌에 빠져 있습니다…**

나는 그의 입에서 우리 이름을 파내고 싶었다. 그가 읽은 진술서는 열 문장 길이의 뭉뚱그린 사과였고 학생들에게 **알코올의 위험에 대해** 교육하겠다는 계획으로, 1분도 걸리지 않았다. 그는 우리를 끌고 작은 원을 그린 것이다. 나는 불신을 느끼며 앉아 있었다. 우리는 이제껏 여기서, 평결의 반대편에서 이 모든 과정을 기다렸는데 아무런 변화가 없음을 다시 한번 확인할 뿐이었다.

판사가 잠시 정회를 선언했다. 다들 짜증이 한가득이었고, 폭풍 전야 같은 분위기였다. **이런 빌어먹을, 그게 뭐야.** 나는 불안했지만 그건 중요하지 않다고, 최후의 굴욕을 당하기 전 마지막 필사적인 몸부림 같은 거라고 나 자신을 달랬다.

재판이 다시 열리자 판사는 내 진술서 몇 문장을 인용하면서 말문을 열었다. 판사는 자신이 내 진술서를 소리 내어 읽은 것은 양형 결정과 관련이 있기 때문이라고 말했다. 희망이 보이는 것 같았다. 하지만 판사는 마치 우리가 도서관에 있고 자신은 아무도 방해하고 싶지 않다는 듯 목소리가 너무 나지막했다. 그는 서류를 앞뒤로 뒤적거리며 시선을 떼지 않았다. 형법전 몇 권을 살펴보더니 어느 순간 **6개월**이라는 단어를 내뱉었다. 나는 인내심 있게 앉아서 판사가 최종 선고를 발표하기를 기다렸다. 하지만 그는 바로 양형 사유를 설명하기 시작했다. 그는 **본 사건은 보호관찰이 금지된 경우**라고 말했다. 내가 '그래, 좋아' 하고 생각하는 순간 **이례적인 경우를 제외하고**라는 단서가 붙었다… 나는 내 사건이 이례적이라는 사실을 몰랐다.

자발적이긴 하지만 취한 상태의 피고와, 강간을 저지를 의도를 품고 폭행을 저지른 피고, 완전히 정신이 말짱한 피고 중에서, 합법적인 방식으로 취한 피고에게는 도덕적인 비난이 적게 부여된다는 사실을 어느 정도 중요하게 생각해야 합니다. 보호관찰관의 의견서에도 이런 정서가 똑같이 느껴졌었다. 브록은 술 덕분에 도덕

적 비난에서 자유로워진 것이었다.

　판사는 이유를 하나하나 열거했다. 그는 젊다, 전과도 무기도 없다, **피해자에게 유발한 금전적 손실의 정도는 사실상 해당 사항이 없다.** 판사는 본 사건에는 범죄적인 치밀함이 드러나지 않고, 브록은 이 범죄를 저지르기 위해 어떤 책임 또는 신뢰의 지위를 이용하지 않았으며, 성범죄자로 등록되는 것이 이미 무시할 수 없는 결과라고 말했다. **분명한 것은 징역형이 그에게 심각한 영향을 미치리라는 사실입니다.** 나는 도저히 무슨 말인지 이해할 수가 없어서 몸을 앞으로 내밀고 검사를 톡톡 쳐서 물어보고 싶었다. **뭐가 어떻게 되어가는 거예요?**

　판사는 **중범죄에서 유죄 판결을 받음으로서 피고의 삶이 받게 될 부수적인 악영향들**을 설명했다. 그리고 **이런 악영향들은 심각합니다.** 그는 주변인들이 작성한 인물평 탄원서를 보면 부수적인 피해가 막심하다는 점을 알 수 있다고 말했다. 우리가 그를 처벌하면 그의 지역사회 역시 상처를 입게 될 것이었다. **본 사건에 대한 미디어의 관심은 이 사건의 피해자뿐만 아니라 터너 씨에게도 영향을 미쳤습니다. 일부 사건의 경우 미디어의 관심이 전혀 없는 곳에서는 피고의 삶에 대한 부수적인 영향을 최소화할 수 있습니다.** 그는 미디어의 관심에 시달렸고, 사생활을 유지할 수 없었다. 판사의 말들을 머릿속에 넣고 아무리 굴려봐도 이해할 수 없었다. 그러자 판사가 의사를 분명히 드러냈다.

　일곱 번째는 피고가 후회를 하는가입니다. 그리고 이 부분은 아마 본 사건에서 가장 갈등이 많고 어려운 사안 중 하나일 것입니다.

오늘 터너 씨가 우리 앞에 와서 자신이 샤넬과 그녀의 가족에게 야기한 모든 고통에 대해 진심으로 미안하다고 말했기 때문입니다. 그리고 저는 그것이 진심 어린 후회의 감정이라고 생각합니다. 샤넬은 그가 자신의 행동에 정말로 책임을 지지 않았다고 말했습니다. 어느 시점에선가 샤넬이 기본적으로 "그가, 그가 그걸 인정하지 않는다"라고 글이나 말로 표현했었죠. 터너가 후회한다고 말했는데, 제 주관적인 생각입니다만, 그건 진심이었고, 샤넬은 그걸 진심 어린 후회라고 생각하지 않습니다. 그가 "제가 한 짓이에요. 당신이 얼마나 술 취했는지도 알았어요. 당신이 제정신이 아니라는 걸 알았는데, 개의치 않고 그런 짓을 했어요"라고는 절대로 말하지 않기 때문이죠. 그리고 그건, 아마 제가 생각하기엔 건널 수 없는 다리 같습니다.

"샤넬은 그렇게 생각하지 않습니다." 나였다, 문제는 나인 것이다. 내가 보지 못한 것을 판사는 보았던 것이다. 나는 우리 모두 어쩌다가 이 다리를 건너기 위해, 오늘 이곳에 오게 된 것인가 하는 생각에 빠져들었다. 판사가 허공에서 다리를 싹둑 자르자 다리가 무너져내리고, 나는 내 쪽에 남고 브록은 자기 쪽에서 응석받이로 지내는 모습이 눈에 보이는 것 같았다. 브록 주위의 모두가 그를 환상 속에서 살아갈 수 있도록 지켜주는 데 성공했다. 나는 그를 밖으로 끌어내려 했다. 판사는 그를 믿었다. 나는 결국 땅이 기울고, 모든 것이 그의 쪽으로 미끄러지는 것을 느꼈다.

그러니까 저는 그의 말을, 주관적인 관점입니다만, 사건에 대한 그의 견해를, 인정합니다. 배심원단은 사건이 그의 견해대로 흘러간 게 아니었다고 분명하게 생각합니다… 배심원이 평결을 내리고 나면 모든 사람이 그 평결에 구속됩니다. 터너 씨를 포함해서 모두가 그 평결을 받아들여야 합니다. 하지만 저는 터너 씨가 평결을 완전히 받아들이지 못한 것이 후회의 표현이라는 측면에서 그에게 불리할 수밖에 없는지는 확신이 서지 않습니다. 저는 그의 후회가 진심이라고 생각하기 때문입니다. 입장의 변화도 없는 사과가 타당하다는 건가? 미안하다고 말은 하지만 유죄가 아니라고 주장한다면 화해보다는 속임수에 더 가까운 것 아닌가? 나는 그가 물고기를 다시 물에 놓아주고, 물고기가 깊은 바다 속으로 헤엄쳐가버리는 모습을 지켜보고 있었다. 나는 줄곧 판사가 머리이고 배심원단이 몸통이라고 생각했다. 그들은 하나였다. 하지만 배심원단은 왔다가 가버렸고 이제는 머리 혼자 떠들고 있었다.

저는 그가 다른 사람들에게 위험 인물이 되지 않으리라고 생각합니다… 인물평 탄원서를 보면 지금까지 그는 법을 준수하는 평범한 사람들을 넘어서는 수준에서 사회적·법적 규범을 준수해왔습니다. 우리가 이 모든 상황에서 배운 점이 있다면 그건 브록이 실제로 평균적인 사람들을 넘어선다는 점이었다. 4퍼센트의 합격률. 이건 선고가 아니라 칭찬의 시간이었다.

그리고 마지막으로 양형 결정과 합리적으로 관련된 또 다른 요인은 인성 근거, 재판에서 그리고 이번 선고 심리와의 관련성 때문에 제출된 것인데요. 터너 씨의 과거부터 사건 시점까지의 인성 근거입니다.

사건. 불행한 결과. 20분의 행동. 수영에서는 100분의 1초가 승

패를 가른다. 하지만 그들은 20분은 대수롭지 않은 것으로 치부하고 싶어 했다. 20분은 그저 시작일 뿐이었다. 우리가 비행기를 타고 6시간씩 들여서 미국 대륙을 가로질러 오가는 데 들어간 시간은? 의사를 찾아가고, 상담치료에서 손을 비틀며 보냈던 시간, 뜬눈으로 지샌 밤들은? 콜스 백화점을 어슬렁거리며 이 블라우스는 너무 꽉 끼지 않을까 생각하던 시간은? 읽지도, 쓰지도, 무언가를 창작하지도 못하고 내가 아침에 일어나야 하는 이유는 무엇일까 골몰하던 날들은? 그런 걸 생각해주는 사람은 없는 건가?

판사가 이의제기 시간을 주었다. 내 담당 검사가 일어나서 틀린 걸 하나하나 속사포처럼 열거했다. 나는 한순간에 그렇게 많은 사항들을 한꺼번에 엮어낼 수 있다는 게 놀라웠다. 그녀는 카운티 감옥 6개월 구형은 사실상 3개월을 의미할 뿐이라고 지적했다. 하루를 모범적으로 보낼 때마다 하루씩 감형되기 때문이었다. 6월, 7월, 8월. 브록은 여름이 끝날 무렵이면, 추수감사절이 오기 훨씬 전에 집에 돌아오게 될 터였다. 검사는 말했다. **최소한, 카운티 감옥 1년은 받아 마땅합니다. 최소한으로요.** 우리가 어쩌다가 1년을 구걸하는 입장에 놓인 거지? 언제 권력이 바뀐 거지?

나는 내 편에 있는 사람들을 돌아보았다. 검사는 전세를 역전시키려 애쓰고 있었고, 모두들 초상집 같은 분위기였다. 브록 측 사람들 쪽으로 고개를 돌렸다. 턱을 들고, 팔짱을 끼고, 침착한 분위기였다. 비통해하며 무너져내리지도, 울부짖지도 않았다. 그 대신 공기는 가벼웠고 차분한 태도였다. 저 사람들은 쭉 알고 있었던 걸까? 피고 측 변호사가 의자를 뒤로 밀고 자리에서 일어나 판사의 정확함을 칭찬했고, 비정상적인 환경에서는 보호관찰 선고가 필요하다고, 카운티 감옥 6개월이면 괜찮을 거라고 판사가 한 말을 되풀이했다.

마지막 희망은 보호관찰 부서였다. 한 번도 본 적 없는 여자가 자리에서 일어섰다. 그녀는 이렇게 말했다. **오늘 피해자가 한 말을 듣고, 양측이 제출한 서류를 검토하고 난 뒤… 보호관찰부는 공정하고 완전한 권고를 했습니다.** 가슴이 죄어드는 기분이었지만 여전히 완벽한 정지 상태였다. 다 이걸 위한 거였다니. **당신에게 카운티 감옥 6개월 형을 선고합니다. 사실상 하루는 이미 복역한 것으로 인정됩니다.** 그는 이 선고에서 하루를 탕감받았다. 체포되었을 때 하룻밤을 감옥에서 보냈기 때문이다. 그건 온전한 하루도 아니었어, 라고 나는 생각했다. 마음대로 반올림이라니.

항소를 하고 싶으면 오늘부터 60일 이내에 이 법정 직원에게 서면 항소 청구서를 제출해야 합니다. 피고 측 변호사가 소리 높여 말했다. **항소에서 터너 씨를 대변할 변호사가 법정에 있습니다. 그가 잠시 발언을 해도 될까요?** 흰 턱수염을 기른 남자가 자리에서 일어나 오른편을 바라보았다. 가슴이 넓은 그는 서류가방을 들고 몸에 꼭 맞는 정장을 입고 있었다. 브록의 나이 든 변호사를 살짝 산뜻하게 가꿔놓은 모습이었다. 다음에는 이 사람과 싸워야 하는 건가? 나는 다시 앞을 바라보았다. 용을 죽였다고 생각했는데 이건 더 큰 용이었다. 너무 피곤해서 싸울 힘이 없었다. 싸움이 끝났으면 싶었다. 용의 입 안에 들어가 몸을 둥글게 말고 가만히 있고 싶었다. 그는 이미 항소 청구서를 준비했다고 밝혔고, 어디에 제출하면 되는지 물었다. 브록은 **진심으로 후회**를 했을지 모르겠지만, 나를 술 취한, 적극적인, 거짓말쟁이로 다시 몰아세우려 훨씬 힘 좋은 변호사를 고용해놓고 있었다.

판사는 고맙다고 말한 뒤 우리를 해산시켰다.

이건 연극이라고, 우리는 무대 위에 있고, 금방이라도 소도구들이 치워질 거라고, 다들 잘했어, 인사말이 이어질 거라고 상상했다. 당신에게 필요한 건 그게 다였어요. 와주셔서 감사합니다. **이게 끝이야?** 동생이 말했다. 속에서 불길이 일었고, 말을 할 수 없었다. 나는 모욕을 당했다. 아무도 오지 않았더라면 좋았을 거라는 생각이 들었다. 이래서 사람들을 오지 못하게 해야 하는 거야. 이래서 혼자 처리하는 게 더 낫다고. 이런 말도 안 되는 막장 연극을, 이런 빌어먹게 노골적인 독백을 사람들에게 보여준 나 자신에게 참을 수 없는 분노가 치밀었다. 나는 그 방을 제대로 파악하지 못했다. 이건 너무했다. 너무했을 뿐만 아니라 충분하지 않았다.

초등학교 때 우린 매일 노란 공책에 일기를 적어야 했다. 하루는 선생님이 뒤에서 우리의 노란색 일기장에 채점을 하는 동안 우린 조용히 책을 읽고 있었다. 내 이름을 부르는 소리를 듣고 고개를 돌리니 선생님이 내 일기장을 들고 있었다. 공책의 책장이 공중에서 펄럭였다. **샤넬, 1월 42일 같은 건 없어!** 내가 1월 31일을 지나, 1월 32일, 1월 33일, 그리고 1월 42일까지 쭉 적어나갔던 것이다. 반 전체가 웃음을 터뜨렸고, 나는 부끄러움으로 온몸이 달아올랐다. 이 세상에 존재하는 분명한 규칙을 내가 놓친 것이다. 내가 몰랐던 게 또 뭐가 있었던 걸까? 이제 판사는 내 진술서를 공중에서 흔들었고, 모두가 웃었고, 내 얼굴은 화끈거렸다. 1월은 31일까지이고, 강간범은 3개월을 받는다. 이 세상 모두가 다 아는 사실이었다. 나만 빼고.

금방 돌아올게. 나는 양해를 구하고 법정에서 재빨리 빠져나갔다. 내 가방, 피해자 대기실에서 가방을 가져와야 한다. 복도를 따라 걸어가서 손잡이를 돌렸는데 잠겨 있었다. 열쇠를 갖다줄 수 있는 사람이 없나 싶어 주위를 둘러보니 모두의 눈이 내게 쏠려 있었다. 내가 사랑하는 모든 사람들이 나를 걱정스러운 눈빛으로, 희망을 갈구하는 눈빛으로, 이제 어쩌니 하는 눈빛으로 나를 쳐다보고 있었고, 그보다 더 안타깝게도 나는 그들에게 아무것도 줄 게 없다는 기분이 들었다. 너무 미안했다. 내가 가진 게 그게 다여서, 그들을 구할 수 있다고 생각했지만 실패해서. 내 말은 아무런 가치가 없었다.

줄리아가 가장자리에서 서성이는 모습이 눈에 들어왔다. 줄리아는 팔을 위아래로 내저으면서 숨죽여 울고 있었다. **그 남자 진짜 싫어, 그 남자 진짜 싫어** 하면서. 우리가 불안함과 비탄에 젖어 멍하니 서 있는 동안 줄리아는 우리가 아직 느끼지 못한 것에 형체를 부여하고, 우리 모두를 위해 그것을 표현하고 있었다.

내 담당 검사가 열쇠를 가지고 나타났다. 나는 이제까지 그녀가 강인하다고, **항상 내가 다 준비해뒀어요** 같은 말만 하는 사람이라고 생각했는데 지금은 할 말을 잃은 채 창백해 보였다.

우리는 안쪽에 있는 기자회견실에 모였다. 아빠가 분노에 찬 목소리로 로젠 씨에게 **브록의 아버지는 샤넬을 쳐다보지도 않았어요. 어떻게 쳐다보지도 않을 수 있는 거죠** 하고 말하는 소리가 들렸다. 나는 다시 한번 보이지 않는 존재, 나를 위해 싸워주는 부모가 필요한 불쌍하고 무기력한 사람이었다. 로젠 씨는 내가 잘했다고 말했지만, 나는 그의 손에 어떤 연설문이 들려 있는지 알았다. 로젠 씨의 동료는 20년 동안 들어본 진술서 중 가장 훌륭했다고 말했다. 그는 내가 다수의 피해자가 느끼지만 제대로 표현하지 못하는 것을 말했다고 이야기했다. 나는 그가 모든 피해자에게 이런 말을 했으리라고, 이건 입에 발린 말이라고 생각하면서 고개를 끄덕였다. 수사관은 내가 없었더라면 여기까지 절대 오지 못했을 거라고 내게 한 번 더 강조했고, 내 대변인은 진짜라고 장담했다. 칭찬의 말들이 물처럼 쏟아졌다. 나는 그저 바라보기만 했다. 어깨의 긴장이 부드럽게 풀린 자세, 조심스럽게 내뻗은 팔, 섬세한 어조는 지겨울 정도로 익숙했다. 내가 원한 건 그런 것이, 동정이, 위로가 아니었다.

나는 내 사건이 길게 늘어선 사건들 중 하나, 일정표에 끼어든 사건 하나일 뿐이라는 사실을 미처 몰랐다. 여자를 때린 남자는 72일을 선고받았는데, 지금 생각해보니 그건 똑같은 규칙에 따라 그 절반인 36일을 의미했다. 내 눈에는 내 사건이 큰일이었지만, 아마 판사는 내내 이런 사건을 상대하고 있고, 나는 지나가는 사람일 뿐이었을 것이다. 갑자기 내가 1년 동안 뭘 한 건지, 내가 뭘 그렇게 원통해한 건지 의문이 고개를 쳐들었다. 왜 일을 그만두었는지, 왜 동부 해안에서 살고 있는 건지 기억이 나지 않았다.

나는 내 진술서를 사각형으로 접고 또 접어서 가방 안에 숨겼다.

로젠 씨와 아라레가 자신들이 내 진술서를 공개해도 되느냐고 물었다. 나는 도움이 된다고 생각하면 당연히 괜찮다고 말했다. 나는 내 진술서가 지역사회 공론장이나 지역 신문 웹사이트 같은 곳에 올라갈 거라고 생각했다. 미셸은 우리가 계속 싸울 거라고, 아마도 위로 삼아 그렇게 말했을 것이다. 나는 고개를 끄덕였지만 난 여기가 끝이었다. 아라레와 로젠 씨가 굶주린 카메라 앞에서 연설을 하기 위해 앞에 놓인 연단으로 올라갔다. 로젠 씨가 말했다. **처벌이 범죄 수준에 못 미칩니다. 이번 선고는 이 성폭력 사건의 진정한 심각함이나 피해자에게 지금도 이어지고 있는 트라우마를 감안하지 않았습니다. 캠퍼스 강간은 캠퍼스 바깥의 강간과 전혀 다르지 않습니다. 강간은 강간입니다.**

나는 가족들과 함께 뒤쪽 계단으로 내려갔다. 이번에는 서두르지 않았다. 이제 나 자신을 보호해야 한다는 위기감을 느끼지 않았다. 내 모든 전의가 사라졌다. 화창하고 조용한 날이었다. 자동차는 점심식사를 위해 캘리포니아 애비뉴로 향했다. 대부분의 사람들에게는 그냥 평범한 오후였다. 나는 '이제 넌 다시 일반인이 된 거야'라면서 나 자신을 위로하려 애썼다. 하지만 이건 자유의 느낌이 아니었다. 주차장에서 백 발자국 정도 떨어진 곳에서 브록의 가족과 변호사가 둥글게 서 있는 모습을 볼 수 있었다. 나는 이제는 보호벽이 사라졌으니 그쪽으로 걸어가 그들을 똑바로 쳐다보는 상상을 했다. 어떻게 당신들은 아직도 내가 안보여요? 우리 가족들은 계속 이야기를 하고 있었다. **집으로 가자. 우리가 여**

기서 뭘 해. 나는 우리가 1분만 더 기다리면 그들이 우리를 다시 불러들이고, 자기들이 실수했다고 말할 거라는 확신을 가지고 말없이 서 있었다. 사람들이 하나하나 떠나갔지만 나는 그 자리에 있었다.

친구들이 나를 데리고 요거트 아이스크림을 먹으러 갔다. 우리는 테이블에 둘러앉아 감옥과 교도소의 차이를 이해하기 위해 구글에서 찾아보았다. 카운티 감옥은 보통 경범죄를 저질렀을 때 가는 곳이다. 해변에 모닥불용 구덩이를 파거나, 드론을 날리거나, 소화기를 건드리거나, 공사장에 무단 침입하면 6개월 형을 받을 수 있다. 우리는 아무래도 내가 모래사장에 구멍을 판 다음 감옥에 끌려가서 직접 그를 상대해야 하는 건지도 모른다고 말했다. 우리는 브록의 아버지가 스테이크를 언급한 일에 대해, 브록의 철자 실력에 대해 이야기했다. 나는 주키니zucchini[호박의 일종]의 철자를 틀려서 맞춤법 대회에서 탈락한 적이 있다고 말했다. 그리고 보니 우리 중 절반은 아직도 주키니의 철자를 몰랐다. 우리는 텐트에서, 댄스파티에서, 우리 자신을 위해 더 많은 걸 요구하지 못해 아쉬운 순간들에 겪은 폭력과, 희롱과, 잃어버린 것이 아니라 강탈당한 처녀성과, 원치 않는 접촉에 대해 돌아가면서 이야기했다. 우리 모두에게 하나의 이야기가, 많은 이야기가 있었다. 나는 정의의 실현이라는 측면에서 이 중에서 가장 멀리까지 가보았다. 나는 정의는 이런 모습인지 모른다고, 녹아서 뚝뚝 떨어지는 요거트를 들고 진이 빠져 앉아 있는 것인지 모른다고 생각한다.

오후가 저물자 루카스가 자기 가족을 만나러 차를 몰고 타호호수로 떠났다. 티파니는 기말시험을 치르기 위해 서둘러 학교로 돌아갔다. 친구들도 직장으로 복귀했다. 부모님은 집에서 각자의 모퉁이에 다시 자리를 잡았다. 밤이 되자 나는 다시 완전히 혼자가 되었다. 기억할 수 있는 한 나는 이 순간을 애타게 기다렸다. 최소한 나는 끝을 보았다. 미셸에게서 이메일이 와 있었다. 미셸은 〈헌팅그라운드〉라는 다큐멘터리의 제작자인 에이미 지어링과 연락하는 사이였다. 에이미의 딸이 내 진술서를 케이티 J.M. 베이커라는 믿음직한 언론인이 운영하는 웹사이트 〈버즈피드 BuzzFeed〉에 발표하면 어떨지 제안했다고 했다. 나는 그렇게 해도 괜찮다고 생각했다. 〈크레이그리스트〉를 돌아다니면서 일자리와 여름철 임시직을 살펴보았다. 여름 캠프에서 미술을 가르치고 싶었다. 부담 없이 야외에 있는 피크닉 벤치에 앉아서 깃털을 막대에 붙이고, 갈색 종이봉투에서 땅콩버터 샌드위치를 꺼내 먹고 싶었다. 고등학교 때 쓰던 침실에서 생활하면서 시급 8달러를 받는다고 한들 상관없었다. 그다음에 무슨 일을 하든 그건 내가 선택할 문제였다. 나는 캠프 이름 몇 개를 적어놓았다. 이게 좋겠어. 눈물이 흘러내리기 시작했다. 나는 모든 창을 닫았다.

사람들은 당신이 폭행을 당하면 산 저 위에 정의를 찾을 수 있는 왕국이, 법원이 있다고 말한다. 대부분의 피해자들은 산 초입부터 여행을 할 수 있을 만큼 증거가 충분치 않다는 말을 듣고 거절당한다. 일부 피해자들은 모든 걸 희생하고 산을 오르지만 증거의 부담이 불가능할 정도로 높아서 중도에 목숨을 잃는다. 나는 내가 정상에, 피해자들이 도달해보지 못한 장소, 약속의 땅에 도달할 때까지 그 무게를 같이 짊어져줄 막강한 팀과 함께 길을 떠났다. 우린 구속을, 유죄 평결을 얻어냈다. 유죄 선고를 이뤄내는 그 작은 확률을. 이제 정의가 어떤 모습인지 확인할 때였다. 우리는 문을 열어젖혔고, 거기엔 아무것도 없었다. 그 모습에 나는 숨이 멎는 것 같았다. 산 아래를 내려다보면, 설상가상으로 기대에 찬 피해자들이 위를 올려다보며 손을 흔들고 환호성을 지르고 있었다. **뭐가 보여? 어떤 느낌이야? 거기 가보니까 무슨 일이 있어?** 내가 그들에게 뭐라고 말할 수 있을까? 당신들을 위한 시스템은 존재하지 않아요. 이 고통의 과정은 아무런 가치가 없어요. 이 범죄는 범죄가 아니라 불편이에요. 당신이 싸우는 건 가능한데 그 목적이 뭘까요? 폭행을 당하면 그냥 달아나요. 절대 되돌아보지 말고. 이건 나쁜 말이 아니었다. 이건 우리가 희망할 수 있는 최선이었다.

선고를 시작할 때 판사는 스스로에게 **주 교도소에 감금하는 것이 샤넬의 삶을 망가뜨린 행위에 대한 올바른 대답인지** 질문해야 했다고 말했다. 나는 판사의 표현이 이상하다고 생각했다. 그에게는 내 잃어버린 직장, 내 짓밟힌 고향, 내 얼마 안 되는 통장 잔고, 강탈당한 즐거움이 다 해봐야 카운티 감옥 90일짜리였던 것이다.

나는 그들의 눈에는 피해자가 그 20분이라는 시간 안에 영원히 살면서 정체된 삶을 사는 것처럼 보이는지 궁금했다. 브록은 점점 다면적인 인간으로 성장하고, 그의 이야기가 펼쳐지고, 삶과 추억의 스펙트럼이 그를 중심으로 펼쳐지는데, 그녀는 냉동되어 있었다. 그는 한 인격이 되었다. 그녀가 구원받은 이야기는 어디 있나? 누구도 그녀가 무엇을 해나가야 할지에 대해 말하지 않았다. 나는 내 고통을 다 드러내 보였지만 나에게는 핵심 요소가 없었다. 판사는 내게로는 전혀 확장되지 않을 무언가를 브록에게 선사했다. 그것은 바로 공감이었다. 내 고통은 그의 잠재력보다 결코 더 중요하지 않았다.

변하는 건 아무것도 없을 것이다. 철창 신세를 지든 말든, 판사는 이미 그를 풀어주었고, 자신은 절대 잘못을 저지를 수 없다고 생각하는 그의 마음속으로 되돌아가게 내버려두었다. 그렇다면 이 모든 것의 의미는 무엇일까? 목표는, 최후는 무엇인가? 그는 한 번도 자신의 행위를 받아들이는 쪽에 있는 인간의 삶을 상상해야 하는 상황에 놓이지 않았다. 그럴 기회가 있었다 해도 팽팽한 싸움이 브록을 왜곡된 인식 안에 가둬두었고, 자기 입장을 고수할 필요를 강화했다.

이미 남들은 다 알고 있는 진실을 내가 이제야 깨닫게 된 게 아닌가 싶었다. 내 안에서도 더 똑똑한 쪽에서는 이게 옳지 않다는 걸 알았지만 멋대로 잘난 척 굴 수는 없었다. 그 순간 할 수 있는 일은 굴복하는 것뿐이었다. 나는 이날이 내 인생에서 가장 고통스러운 밤 중 하나가 되리라는 사실을 받아들였다.

나는 아무런 내면의 저항 없이 무너져내렸다. 울음이 내 온몸에 파문을 일으켰다. 두 팔로 베개를 껴안고, 턱을 파묻고 정면을 응시했다. 기다려, 내가 말했다. 나는 부모님을 깨우지 않으려고 조심하면서 울음을 틀어막고 이빨로 베개를 꽉 깨물었다. 내 망가뜨려진 인생, 3개월.

하지만 이 감정이 무한하지 않으리라는 것도 알았다. 해가 떠오르는 동시에 최악의 날은 지나가리라. 해가 떠오르면 나는 새 삶을 시작하리라. 다시는 그 법정에 발을 들일 일 없는 삶을. 지금은 해가 어디 있을까, 나는 생각했다. 계속 바깥을, 끝없이 검은 세상을 바라보며 색이 바뀌기를 기다렸다. 검은색은 몇 시간이고 꼼짝하지 않았고 나는 해가 나에게 조금이라도 더 빨리 다가올 수 있도록 동쪽으로 달려가고 싶었다. 내 침대에서 눈을 감고 해가 움직인다고, 그 빛나는 힘이 나를 향해 조금씩 다가오고 있다고, 지구가 천천히 무겁게 돌고 있다고 상상했다. 이 밤이 지나고 나면 남아 있는 모든 날들을 잘 견딜 수 있다는 보장을 받으리라.

공책을 펼치고 빈 페이지를 응시했다. 그러다가 이렇게 적었다. **넌 3개월 이상의 가치가 있어.** 다시 한번. **너는 3개월 이상의 가치가 있어.** 얼굴이 구겨지고 비틀어졌다. 손이 내 마음보다 더 빨리 달리려고 했다. 네 몸이 너한테 하려고 하는 말을 들어. **너는 3개월 이상의 가치가 있어.** 내 머릿속에서 어떤 목소리가 말했다. 넌 뭐가 좋아? 내가 말했다. 그림 그리는 게 좋아. 넌 뭘 할 거야? 그림을 그릴 거야, 말을 할 거야. **넌 3개월 이상의 가치가 있어.** 난 짐이 아니다. 나는 제한당하지 않는다. 나는 끝없이 확장한다. 너의 고통에는 어떤 의미가 있다. **넌 3개월 이상의 가치가 있어.** 그들은 널 진실로 거부하지 못했어. 널 제대로 알지 못했으니까. **넌 3개월 이상의 가치가 있어.** 그 폭행이 내 전부가 결코 아니었다.

나는 내 자신이 싸우고 있는 것을, 펜을 공책에 휘갈기고 있는 것을 느낄 수 있었다. **넌 3개월 이상의 가치가 있어.** 손이 애쓰느라 팽팽하게 긴장했다가 부드러워졌다. 방 안의 빛이 회색이었다. 나는 블라인드를 젖히고 바깥을, 희미하게 드러나는 나무와 자동차의 윤곽을 살짝 엿보았다. 펜을 내려놓았고, 잠들었다.

10

아침이 되자 눈이 쓰라렸다. 바깥은 화창했다. 새로운 하루가 열렸다. 나는 그동안 나를 꽉 물고 있던 사건에서 벗어나게 된 것을 만끽하고 싶었다. 나의 금요일을 느긋함과 햇빛으로 채우고 싶었다. 염습지[바닷물이 드나드는 습지]까지 두부를 타고 가서 하얀 왜가리들을 볼 생각이었다. 유제품 공장에서 밀크셰이크를 사 먹어야지. 수영을 하러 가도 좋겠다. 드디어 이 순간을 온전히 내 삶의 계획들로 채울 수 있게 되었다.

그런데 핸드폰이 부재중 전화와 메시지로 가득했다. 에이미에 게서 온 이메일. 케이티 J.M. 베이커가 진술서를 〈버즈피드〉에 공개해도 된다는 당신의 허락을 기다리고 있어요. 내 사건에 대한 보도를 보면 기자들이 내 이익을 최우선으로 여긴다는 생각이 전혀 들지 않았다. 그런데 케이티는 전에 이런 사건을 다룬 적이 있었고, 나는 워낙 지친데다 진술서는 별로 중요하지 않았기 때문에 내 이름이 공개되지 않는 한 그게 어떻게 되든 개의치 않았다. 나는 침대에 앉아서 **안녕하세요오오오오** 하고 잠긴 목청을 가다듬은 뒤 케이티에게 전화를 걸었다. 그녀는 신이 난 것 같았고, 야단스럽고 친절했다. 나는 그녀에게 마음껏 잘라 써도 된다고 말했다. 그녀는 편집자는 손을 대지 않을 거라고 말했다. 이상하다는 생각이 들었다. 쪽수가 너무 많았고, 문장이 너무 길었고, 잘못 찍힌 콤마가 있다는 걸 알고 있었기 때문이다. 대신 그녀는 내가 덧붙이고 싶은 게 있는지 물었다. 나는 그녀에게 말했다. **판사가 자기가 작은 모닥불을 지폈다는 사실을 알았으면 좋겠어요.**

진술서는 그날 오후 4시에 올라갔다. 기사 상단에는 진술서에서 발췌한 문장이 흰 글씨로 빨간 직사각형에 담겨 있었다. 강렬한 편집 방식이었다. 하지만 그걸 들여다보는 건 마치 형형색색의 색종이로 장식한 텅 빈 강당에 서서 아무도 안 올까 봐 걱정하는 것 같았다. 견딜 수가 없었다. 컴퓨터를 끄고 주방으로 갔다. 냉동고에서 플라스틱 얼음 틀을 꺼내 얼음을 컵에 담았다. 힘들이지 않아도 얼음이 떨어지는 장치가 달린 은빛 냉장고가 있었으면 싶었다. 남은 인생은 그런 세속적인 물건들에 대해 생각하면서 보내고 싶었다.

다시 기사를 살펴봤다. 왼쪽 상단에 조회수가 있었다. 20분 만에 조회수가 1만 5000이 되어 있었다. 케이티가 독자들의 이메일을 나에게 전달하기 시작했다.

저는 책상에 앉아서 울고 있어요. 근무 중이라 많은 말을 할 수

는 없지만 이 말은 하고 싶어요…

　당신의 고통을 위해 울었고 당신의 승리를 위해 울었습니다. 저는 잘 우는 사람이 아니에요…

　당신의 기사를 읽고 속이 메슥거리지만 저는…

　읽기 힘들었어요. 여러 번 중단했다가 다시 돌아와야 했어요. 힘들게 읽긴 했지만 다 읽어내서 기뻐요…

　제가 그 글의 많은 내용에 공감할 수 있다는 점을 감안하면 근무 중에 구토를 했을 수도 있을 것 같지만, 위안이 됐어요. 잠시 동안은…

　내가 받은 거의 모든 메시지는 누군가가 자신이 어디서 울고 있는지를 밝히는 말로 시작되었다. 그들은 격분했고, 그다음에는 비통해했고, 그다음에는 고맙다고, 모두가 이 글을 읽어야 한다고 말했다. 너무 복잡해서 분류하기 힘든 반응이었지만, 글을 다 읽고 나서 자신이 어디에 있는지가 더 분명해졌다는 말처럼 들렸다. 나는 이런 집단적인 웅얼거림에 깜짝 놀랐고, 내가 이들을 울렸다는 생각에 조금 걱정스러워졌다.

　나는 숫자가 늘어나는 것을 지켜보았다. 몇 시간 뒤 조회수가 80만에 달했을 때 아빠에게 전화를 걸어서 인터넷에 들어가보라고 했다. **버즈비? 어떻게 찾지? 링크를 보내줄래?** 루카스는 숲속 자전거 여행 중이었다. 루카스가 헬멧을 쓴 자기 사진을 문자로 보냈을 때 나는 **뭔가가 벌어지고 있어**라고 답장을 썼다. 티파니는 기말고사 공부 중이었다. 이 일로 동생의 정신을 뺏고 싶지 않았다. **계속 공부해, 인터넷 들어가지 말고!**

조회수가 100만이 되었을 때 엄마에게 문자를 보냈고, 그때 엄마는 과일가게에 있었다. **내 이야기가 무섭게 번져나갔어.** 엄마의 답장은 **엄마가 너 주려고 아이스크림을 네 가지 샀어!**였다. 폭죽 이모티콘 세 개. 그때까지만 해도 일이 어떻게 커질지 우리 가족은 아무도 몰랐던 것 같다. 이메일이 꾸준히 들어왔다. 기사의 댓글을 보기가 무서웠다. 판사처럼 피해자의 입장을 최대한 무시하는 말들을 접할까 봐. 하지만 막상 댓글을 보니 응원의 말들이었다. **그녀는 태양을 똑바로 쳐다보고 우리를 위해 그걸 모두 펼쳐놓았다. 당신은 이 세상에 큰 의미가 있는 사람이에요. 이 글을 전파하자.** 김 수사관이 문자를 보냈다. **당신 대스타예요.** 티파니의 문자는 이랬다. **언니의 목소리가 피해자를 비난하는 그 모든 모호하고 고약한 댓글을 사라지게 만들었어.**

집에 돌아온 아빠는 댓글 일부를 인쇄하기 시작했다. 아빠는 거기에 밑줄을 치면서 앉아 있는 걸 좋아했다. 나 역시 사람들이 사용하는 단어에 황홀한 기분을 느꼈다. **이렇게 유창할 수가. 활활 타오르는 것 같아. 속을 다 헤집어놓는군. 가슴으로 쓴 글 같군. 용감해. 설득력이 있는걸. 새로운 영웅이야.** 에밀리는 영웅이었다. 용감하고 명석했고, 저항적이고 당당했으며, 진실과 권력을 거머쥔 인물이었다. 이 사람 안에서 나는 아직 나 자신을 보지 못했다.

이 글을 몇 년 전에 읽었더라면 자책감과 멍청이라는 기분에 덜 시달리고 더 많은 용기와 자신감, 그리고 내가 인간으로서 더 가치 있는 존재라고 느꼈을 것 같다.

금요일이 저물어가는 동안 나는 밝게 빛나는 화면을 응시했다. 아빠가 미소를 띠며 잘 자라는 인사를 하러 들어왔다. **어쩌면 다음에는 백악관에서 전화가 오겠어!** 터무니없는 일을 기대할 때 아빠가 습관처럼 하는 말이었다. 토요일 아침, 조회수가 계속 올라갔다. 우리 집은 짜릿하면서도 달콤했고, 자신감이 무르익었다. 케이티가 수백 통의 이메일을 내게 전달해주고 있었다. 엄마가 쌀죽을 가지고 들어왔다. 엄마는 컴퓨터 화면에 그렇게 바짝 몸을 기울이지 말라고 말했다. **눈에 안 좋아.** 하지만 나는 끝없이 들어오는 메일에 중독되어 있었고, 이 순간이 지나기 전에 그 메일로 배를 불릴 필요를 느꼈다. 지난 1년 반 동안 내 사건이 뉴스에 등장할 때마다 더 큰 뉴스에 밀려나는 모습을 보곤 했다. 일요일 저녁, 나는 나의 축하연이 이제 막을 내리리라고 생각했다. 새로운 한 주가 시작되면 세상은 관심을 다른 데로 돌리리라. 잠들기 전에 조회수를 세어보았다.

6월 5일 일요일 오후 11:00 4,432,947

얼마 안 가서 내 진술서가 《가디언》, 《워싱턴 포스트》, 《로스앤젤레스 타임스》, 《뉴욕 타임스》에 실렸다. 트위터 트렌드가 되었고, 내 피드에 빨간 직사각형이 선명한 칼럼이 올라왔다. 미셸은 애슐리 밴필드[캐나다계 미국인 저널리스트]가 CNN에서 내 글을 읽을 거라고 알려주었다. 내 첫 번째 반응은 그녀에게 그 글을 다 읽을 필요는 없다고 알려주고 싶다는 거였다. 하지만 그녀는 자기에게 할당된 시간을 내 글로 다 채웠다. 내 진술서는 전 세계로 뻗어나가고 있었고, 자기 길을 분명하게 만들어냈다. 나는 마치 경로를 지도에 나타낼 수 있다는 듯이 나 자신에게 문자로 숫자를 보내기 시작했다.

　6월 6일 월요일 오후 8:50 6,845,577

　6월 7일 화요일 오후 8:40 10,163,254

　6월 8일 수요일 오후 5:04 12,253,134

　6월 9일 목요일 오후 11:30 14,523,874

　6월 10일 금요일 오후 12:40 15,250,000

　진술서 전체를 낭독하는 사람들의 동영상이 등장했다. 강간 긴급상담 전화가 울리고, 통화량과 자원 활동가가 늘어났다. 뉴욕시장 빌 더블라지오가 아내 셜레인 맥크레이와 함께 낭독회를 열었다. 캘리포니아의 여성 의원 재키 스파이어는 국회에서 한 시간짜리 낭독회를 진행했다. 텍사스의 남성 의원 테드 포는 **그녀가 쓴 글은 성폭력 피해자에게 무슨 일이 벌어지는지를 다룬 바이블**이라고 말했다. 〈걸스〉[HBO의 드라마]의 등장인물들은 〈그녀는 중요한 사람〉이라는 동영상을 헌정했다. 범죄 코미디 팟캐스트 〈내가 가장 좋아하는 살인〉이 내 진술서를 다뤘다. 여성지 《글래머》는 나중에 에밀리 도를 2016년 올해의 여성 중 한 명으로 선정할 것이었다. 내 진술서는 프랑스어, 독일어, 포르투갈어, 스페인어, 일본어로 번역되었다. 김영기라는 한국의 학부생이 내 진술서를 한국어로 번역해도 되는지 허락을 구했다. 진술서는 수어로도 만들어졌는데, 이 영상을 제작한 크리스틴은 알고 보니 같은 고등학교를 나온 사이였다. 중국의 한 페미니스트 집단은 이런 글씨를 들고 있는 여성들의 사진을 올렸다. **그 누구에게도 강**

간의 권리는 없다. 아무리 훌륭한 수영선수라도 강간은 강간이다. 전 세계로부터 이메일을 받았다. 태평양 저 멀리에 있긴 하지만 그녀와 그녀의 고통이 나에게는 아주 가깝고, 그녀에게 도움을 준 모두에게 큰 고마움을 느낀다. 이런 글도 있었다. 당신은 이곳 인도의 하품 나는 마을에 사는 누군가에게 당신의 고통과, 당신의 인내와, 당신의 의지로 손을 내밀었습니다. 오스트레일리아의 한 남자는 새벽 세 시에 현관에서 흐느껴 울고 있다고 했다. 나는 며칠 동안 내 방 안 말라붙은 죽 그릇 옆에서 노트북을 끼고 눈물을 흘리며 앉아 있었다. 모든 메시지가 나 자신을 더 분명하게 볼 수 있는 장소로 다가가도록 나를 밀어주고 있었다.

브록의 고등학교 동창인 AJ는 이런 포스트를 남겼다. 비로소 나는 나 자신을 위한 진술서를 작성하고 싶다. 이 모든 일이 있기 전, 나는 너를 절대 잊지 못하리라는 걸 알았다. 8년 전 넌 나를 호모라고 불렀고, 내가 나 자신에 대해 알기도 전에 나에 대한 여론을 만들었다. 이제 우리가 지금 어떤 위치인지를 봐라. '호모'인 나는 젠더 스펙트럼 중 어디에 속하는 사람이든 존중하는 법을 알고, 너는 미국에서 성폭력의 얼굴이다.

차를 몰고 법원으로 아라레를 만나러 갔다. 그녀의 사무실 문에는 '#스웨덴인이되자'#BeTheSwede[이 해시태그에서 스웨덴인은 브록 터너 사건의 신고자들을 지칭하는 것으로, '무언가를 봤으면 말을 하라'라는 의미로 성폭력 운동의 중요한 구호가 되었다]라는 글씨가 붙어 있었다. 이 작은 법원에 알록달록한 직사각형 봉투들이 넘쳐났고 우편함을 가득 채웠다. 그녀는 내게 묵직한 가방을 건넸고 나는 양팔로 안았다. 우린 둘 다 아직 충격에서 헤어나지 못했고, 우리에게 주어진 이 새로운 대단원을 어떻게 활용해야 할지 몰랐다. 내 전리품을 차로 들고 가는데 작은 보물들이 그 안에서 달그락거렸다. 나를 보호해줄 가네샤[코끼리 모습을 한 인도의 신] 목걸이. 달랑거리는 자전거 귀걸이. 뉴질랜드의 교사와 애리조나의 소프트볼 팀에서 보낸 편지들. 어떤 여성은 나쁜 기억들을 아름다움으로 밀어내라며 숨이 멎을 듯한 소나무 사진을 찍어서 보내주었다. 등대를 그린 수채화. 한 아일랜드 여성이 보내준 자줏빛 초콜릿 두 덩이는 앤 할머니가 주시던 보급품을 다시 채웠다.

들것에 실려 있던 그날 누군가 내게 1년 반 뒤면 어떤 여자가 아일랜드에서 내게 사탕이 가득 든 소포를 보내려 우표에 침을 바르게 될 거라고 이야기해주었다면 나는 웃었을 것이다. 엄마가 옳았다. **기다려. 네 삶이 어떻게 펼쳐지는지를 봐야지.**

어느 날 백악관에서 연락을 받았다. 조 바이든이 내게 편지를 쓴 것이다. 믿을 수가 없었다. 나는 아직 내적으로 나를 보호하기 위해 경계를 풀지 않은 상태였고, 벌어지는 모든 상황을 완전히 받아들이기가 두려웠다. 나는 잠시 내부의 차단 장치를 밀쳐두고 진심으로 귀를 기울여보자고 나를 타일렀다.

그는 편지에 **저는 당신을 봅니다**라고 적었다. 미합중국 부통령이 하고 있던 온갖 중요한 일들을 제치고 **저는 당신을 봅니다**라는 글을 적는다는 건 어떤 의미일까.

폭력은 자아를 파묻어버린다. 우리는 우리가 공간을 언제 어떤 식으로 차지해도 되는지 잊어버린다. 우리는 우리의 능력을 의심하게 되고 발언을 할 때는 스스로를 폄하하게 된다. 내 진술서는 활활 타올랐고 폭발했고 굴하지 않았다. 하지만 내게는 이 길에는 한계가, 끝이 있을 거라는, 그래서 충분히 이루었으니 이제는 이 길로 나가면 된다는 말을 들을 순간이 있을 거라는 남모르는 두려움이 있었다. 나는 한 대 얻어맞고 주제를 파악할 순간을, 내가 속한다고 생각하는 작은 장소로 돌아갈 시간을 기다리고 있었다. 나는 변두리에서 성장기를 보냈다. 미디어에서 아시아계 미국인들은 곁다리 역할을, 고분고분하고 조용히 말하는 부차적인 인물을 맡았다. 나는 남들의 눈에 띄지 않는 데, 절대 완전히 알려지지 않는 데 익숙했다. 내가 주인공이 된다는 건 가능할 것 같지 않았다. 인정을 받으면 받을수록 이 엄청난 인심을 받을 사람이 내가 아니라는 느낌이 더 강해졌다. 하지만 사람들은 나를 계속해서 치켜세웠고, 결국 우리나라에서 가장 높은 곳에서 연락이 왔다. 부통령은 내 수준에 맞추느라 몸을 낮추는 게 아니라, 감사를 담아 절을 하려고 나를 추켜올렸다.

그가 일을 멈추고 내 진술서를 읽었다는 것은, 수백만의 사람들이 하던 일을 멈추고 내 글에 빠져들었다는 것은 어떤 의미일까? **나는 믿을 수 없을 정도로 큰 재능을 가진, 가능성으로 가득한 젊은 여성의 무한한 잠재력을 봅니다. 우리 미래의 꿈이 의지하고 있는 어깨를 봅니다.** 나는 처음으로 아빠가 내가 자랑스럽다고 했던 말이 무슨 의미인지 이해하기 시작했다. 내가 용감하고 중요한 사람이라는 사실을 알았던 수백만 명을 통해 나는 마지막으로 그 사실을 알게 되었다.

바이든은 말했다. **당신은 그들에게 싸울 때 필요한 용기를 주었습니다. 그래서 나는 믿습니다. 당신이 생명을 구한 것이라고.** 나는 생명을 구하기 위해 고용된 두툼한 검은 재킷 차림의 남자가 접이식 의자를 놓고 기차선로 옆에 앉아 있던 모습을 떠올렸다. 열일곱 살 이후로 내가 원했던 일이 바로 그것이었음을 깨달았다. 차이가 있다면 나는 당신이 그 자리를 지키고, 당신의 가치를 보고, 당신의 아름다운 삶을 볼 수 있게 하는 글을 쓰면서 집에 있는 의자에 앉아 있다는 것뿐이다. 그래서 당신이 인생에서 최악의 하루를 맞았을 때 당신을 붙들고, 되돌아가는 길을 부드럽게 알려주고 싶다.

●

99퍼센트는 긍정적이었지만 1퍼센트는 여전히 내 최악의 두려움을 자극했다. 집 전화기가 울렸을 때 안전이라는 환상이 부서졌다. 아침 토크쇼의 앵커였다. 그녀는 말했다. **저도 반은 아시아인이니까 우린 친구가 될 수 있어요.** 나한테는 **넌 자고 있을 때 예뻐 보여** 같은 말처럼 들렸다. 그녀가 날 어떻게 안 거지? 루카스의 핸드폰이 쉬지 않고 울려댔고, 티파니의 링크드인 조회수는 수백 단위로 늘어났다. 어떤 기자는 줄리아의 조부모님에게 연락해 줄리아의 연락처를 알아냈고, 줄리아를 통해 내게 연락해왔다. 미디어는 내 얼굴을 지우고 목소리를 변조하겠다고 하면서, **나를 보호하기 위해서라고** 말했다. 낯선 사람들이 심란한 편지를 우리 집으로 보내기 시작했다. 나는 지문을 확인하기 위해 그런 편지들을 감식반으로 보냈다. 기자들이 찾아와서 문을 두드리면 아빠는 **당신이 누구를 얘기하는 건지 모르겠군요**라고 말하고는 문을 닫아버렸고, 그동안 나는 이불 속에 숨어 있었다.

진술서는 〈버즈피드〉에서만 1800만 번 조회되었다. 인터넷에서는 사실상 못 찾는 게 없지만 내 신원은 아직 밝혀지지 않았다. 나는 이것을 하늘이 내린 은총의 증거라고 생각한다. 그들은 더 많은 걸 원한다고 말하면서 나를 밝은 조명으로, 마이크 앞으로 밀치지 않았다. 그들은 자격 증명서를 요구하지 않았고, **그러니까, 당신이 정말 누구냐**고 말하지 않았다.

어떤 여성은 편지 말미에 **진심을 담아, 지난날의 에밀리 도에게**라고 적었다. 많은 사람들이 전에 나 같은 상황에 놓인 적이 있다고 편지에 적어 보냈고, 그 생존자가 지금은 어떻게 되었는지 보여주고 싶어 했고, 자신의 사회생활에 대해, 아이들에 대해, 사랑하는 파트너에 대해 이야기했다. 10년, 20년이 지나면 당신의 삶은 이런 모습이 될 수도 있어요. 그들은 내게 가능한 천 가지의 미래를 보여주었다. 나는 익명을 유지한 채 그들의 삶에 내 삶을 대입해보았고, 그들이 내 삶을 자신에게 대입하는 모습을 지켜보았다. 그들은 다시 젊은 시절로 돌아가서 마침내 그들이 무엇을 받아 마땅했던가를 선언했고, 빼앗긴 모든 것을 되찾았다. 그 텅 빈 공간에서 치유가 가능했다.

나의 진술서는 하나의 방을, 생존자들이 들어와서 자신들의 가장 무거운 진실을 큰 소리로 털어놓고, 건드려본 적 없는 과거의 일부를 돌아보는 장소를 만들어냈다. 만일 내가 신원을 드러냈더라면 그 방은 내 전력, 인종, 가족 같은 중요하지 않은 사실에 지붕이 눌려 무너져내렸으리라. 내 신원을 알아낸 소수의 사람들이 오래전에 촬영한 내 구어 수업용 동영상 스크린샷을 찍어서 캡션과 함께 유포했던 적이 있다. **브록 터너는 황열병**yellow fever[아시아계 여자에게 성적인 환상을 가진 남자를 이르는 말]**이군. 내 거시기는 그여자한테 쑤셔 박지 않을 거야. 미친 동양인. 아시아 여자들은 자기주량도 몰라. 아시아의 홍등, 빨간 얼굴에 가볍게 놀아나는 잡년.**

그 대신 나는 파란 머리의 숙녀가 되었고, 코걸이를 한 사람이, 예순두 살이, 라틴계가, 턱수염을 기른 남자가 되었다. 내가 우리 모두라면 나를 어떻게 추적할 것인가? 피해자에게 닥칠 수 있는 가장 큰 위험 중 하나는 지목당하는 것이다. 모든 속성과 일화가 비난의 구실이 되기 때문이다. 법정에서 그들은 당신이 다른 사람들과 다르다고, 차이가 있다고, 예외라고 믿게 만들려고 애쓸 것이다. 넌 더 더러워, 더 멍청해, 더 문란해. 하지만 그건 잔꾀다. 폭행은 결코 사적이지 않음에도 비난은 사적이다.

내 사진은 한 장도 공개되지 않았기 때문에 기사에 어떤 사진이 들어가는지가 궁금했다. 창밖을 바라보는 여자아이의 실루엣, 뺨 위를 타고 흐르는 눈물 한 방울, 입을 막고 있는 테이프. 고독이라는 측면에서, 침묵을 강요당한다는 측면에서 이 모든 이미지는 정확했다. 하지만 믿을 수 없게도 피해자는 녹색 앞치마를 두르고 미소를 지으며 당신의 커피를 만드는 소녀이기도 하고, 당신에게 무심히 거스름돈을 건네기도 했다. 그녀는 1학년짜리들을 가르쳤다. 헤드폰을 끼고 지하철에서 발로 박자를 맞춘다. 피해자는 당신 주위의 모든 사람이다.

그해 여름을 돌아보면, 그것은 식료품 가방에 담긴 수천 통의 편지를 통해 검사에게서 전해 받은 장면들로 기억된다. 폭력적인 전 남편에게서 달아날 준비를 하느라 상자에 둘러싸여 딸과 함께 소파에 앉아 있다고 말한 어떤 여성은 그들이 더 이상 혼자가 아니라는 사실을 알게 되었다고 내게 말했다. 한 아이 엄마는 자신의 칸막이 공간 안쪽에 붙어 있던 젖먹이 아이 사진이 들어간 연말카드를 떼어서 뒷면에다 **당신이 이 아이를 구한 거예요**라고 휘갈겨 적었다. 어떤 아내는 측면 조명을 켜고 남편을 깨워서 자신의 이야기를 남편에게 들려주었다. 나는 2년 만에 처음으로 드디어 아침에 침대에서 나올 수 있게 되었다고 말한 열여섯 살짜리의 이메일을 받았다. 나에게 남겨진 이미지는 바로 이것, 지금은 텅 빈 침대 같은 것이다.

재판이 있던 해에는 줄곧 밤만 되면 내가 살고 있는 삶과 나란한 저편의 삶을, 이런 일이 전혀 일어나지 않은 삶을 감추고 있는 커튼을 남몰래 젖혀보면서 시간을 보냈다고 말해도 될까. 나는 내가 무엇을 하고 있었을지, 어떤 사람이 되어 있었을지 상상했다. 9시부터 5시까지 이어질 직장생활을, 화창한 날들을, 건강한 몸을, 공휴일의 파티를. 그러고 난 뒤 커튼을 닫고 다시 내 현실 속에 주저앉았다. 이제 나는 그녀의 비어 있는 침대를 보고, 어째서 내가 이 여행을 이어왔는지 이해한다. 그녀에게 닿을 수 있는 유일한 방법이었던 것이다. 마침내 나는 그 끝에 무엇이 놓여 있는지를 의식하고, 내게 일어난 일을 받아들였다. 어느 날 아침 열여섯 살짜리가 침대에서 다리를 휙 하고 움직여서 자신의 삶으로 부드럽게 되돌아갔음을 알았기에, 다시는 커튼을 건드리지 않았다.

공교롭게도 내 스물네 번째 생일은 스탠퍼드의 졸업식이기도 했다. 학사모를 쓴 일부 학생들이 손피켓을 들었고, 햇살이 빨간색의 굵은 글씨가 적힌 그 종이를 뚫고 부서졌다. 스탠퍼드가 강간범들을 싸고 돈다. 브록 터너는 예외가 아니다. 당신은 전사입니다. 그들의 용기가 생일선물처럼 느껴졌다. 나는 한 손에 카메라를 든 어떤 엄마가 다른 한 손을 냅다 휘두르면서 **제이슨, 그 피켓 잠깐만 내려놓고 그냥 웃으렴** 하고 말하면 제이슨이 **엄마! 이건 중요한 거라고요!** 하고 대답하는 상상을 했다. 흥겨운 축하의 날에 불편한 진실을 들고 온 그들의 행동은 내게 많은 것을 의미했다. 나는 스탠퍼드가 깔개 속에 그 많은 사람들을 숨겨 주려다간 얼마 못 가 깔개 속이 미어터지리라는 사실을 알게 되기를 바랐다. 졸업식 연설자이자 다큐멘터리 영화제작자 켄 번스는 이렇게 말했다. **누군가가 당신에게 자신이 성폭행을 당했다고 말하면 존나게 진지한 태도로 귀를 기울이세요. 어쩌면 언젠가 우리는 생존자의 유창한 진술서를 킹 목사가 버밍엄 감옥에서 보낸 편지만큼 중요하게 여기게 될지 모릅니다.** 이런 인심 좋은 비교가 다 있나.

로젠 씨는 의식이 없거나 술에 취한 사람을 상대로 한 성폭행 유죄 확정자에게 새로운 의무적인 징역형을 내릴 것과, 캘리포니아주가 강간에 대한 정의를 확대할 것을 제안했다. 두 법안은 캘리포니아 주지사 제리 브라운의 서명으로 법적 효력을 갖게 되었다. 아라레는 주지사의 서명이 들어간 서류의 사본을 내게 우편으로 보내주었다. 마치 이런 어이없는 구형이 다시는 되풀이되지 않으리라는 사실을 알고, 안심하고 잘 수 있는 권리를 하사한 자격증처럼. 나는 다시 정의를 믿기 시작했다.

미셸 도버는 퍼스키 판사를 파면하기 위한 캠페인에 들어갔다. 들어본 적 없는 일이었다. 캘리포니아에서는 1932년 이후로 판사가 파면된 적이 한 번도 없었다. 미셸은 2년 뒤에 있을 다음 선거를 위해 투표용지에 파면 문제를 끼워 넣고 싶어 했다. 니콜은 현장 운영의 공동 책임자이자 공동 의장이 되었다. 니콜은 몇 시간씩 소식지에 글을 쓰고 빈틈을 보이지 않는 등 자원 활동가들에게 큰 인상을 심어주었다. 그녀는 퍼스키의 이름을 6월의 투표용지에 올리려면 산타클라라 카운티에서 최소한 5만 8634건의 서명을 받아야 한다고 설명했다. 투표용지에 이름이 올라가면 투표자 50퍼센트 이상의 찬성이 있어야 그를 파면할 수 있었다.

사람들이 **이거 한 번 읽어봐** 하면서 내 진술서를 내게 전달하는 일이 흔하게 벌어졌다. 나는 **그거 내가 쓴 거야**라고 대답하고 싶었다. 한번은 어떤 친구가, **우리가 아는 사람이라고 하던데**라고 말했다. 나는 얼어붙은 채 그 친구가 나를 테스트하고 있는 건가 싶어 친구의 얼굴을 살폈지만 그런 기색은 전혀 없었다. 나는 짐짓 무심한 척 어깨를 으쓱했다. **난 아무 얘기 못 들었는데.** 동생은 이웃에서 브로콜리라는 이름의 개를 가진 한 남자를 만났는데, 그 남자가 이렇게 설명했다고 한다. **사실 처음엔 이 녀석 이름이 브록이었어요. 근데 그 브록 터너 얘기 들었죠?** 동생이 고개를 끄덕였다. **그 일로 우리 개의 명예가 더럽혀졌어요. 그래서 바꿨죠.** 나는 샌프란시스코에서 새로운 상담치료사를 얻었지만 여러 달에 걸쳐 여러 차례의 만남이 있고 난 뒤에야 내가 에밀리 도라고 밝힐 수 있었다. 그전까지는 그냥 성폭력을 당한 적이 있다고만 얘기했는데, 그때 상담사가 이렇게 말했다. **스탠퍼드 피해자 진술서 읽어봤어요?** 그녀는 내게 내가 쓴 글을 추천했고, 깊이 있는 사고와 힘에 대해, 전세를 역전시키는 방법에 대해 이야기했다. 나는 고개를 끄덕이고 나서 다른 주제로 넘어갔다. 반항적이고 용감하고, 모든 문제에 대한 대답을 갖고 있는 것처럼 보이는 에밀리로 알려지기 전에, 일상생활을 어설프게 꾸려가고 혼란 덩어리인 샤넬로 알려지고 싶었다.

나는 더 부드러운 여과지로 세상을 투과해서 보기 시작했다. 누군가가 신호등에서 내게 빵빵거리면 백미러를 들여다보면서 **당신이 나를 위해 울어줬을지도 모르겠네요** 하고 생각했다. 북적이는 식료품점에 줄을 서서 내 앞에 있는 여자가 편지를 쓰지는 않았을까, 그녀가 자신의 숨겨뒀던 슬픔을 나와 공유하지는 않았을까 생각했다.

6월의 그날, 진술서를 읽고 나서 법정을 나설 때 용기는 내 마음에서 가장 멀리 도망가 있었다. 이제는 내게 주어진 이 삶에서 내가 뭔가 좋은 일을 했고, 고통에서 힘을 빚어냈고, 피해자 앞에 놓인 어려움에 대해 정직한 태도를 유지하면서도 위안을 심어주었다는 사실을 이해했다. 역으로 사람들은 내가 어떤 사람인지를 알려주었다. 이제는 어떻게 감사 인사를 할지 생각해내는 문제만 남아 있었다.

케이티를 통해 소설가 앤 라모트와 연락이 되었다. 나는 그녀에게 길잡이를 부탁했다. 그녀의 답은 이랬다.

저는 당신이 걷어붙였던 소매를 다시 풀어 내릴 거라고, 그러면 깊고 깊은 내면에서 무언가가 당신에게로 돌아가서 당신이 무엇을 추구하거나 도전하는 것이 합리적일지 알려줄 거라고 생각합니다… 당신 위에서 부서져 내리려고 하는 파도 아래로 잠수하는 방법을 알지요? 글쓰기는 그런 면에서 당신에게 도움이 될 거예요. 혼란과 임박한 소용돌이에서 물러나고, 그 과정에서 한 조각 안식처를 찾기 위해, 기억을, 상상을, 사색을 휘갈겨 적는 행위…

오랫동안 이 사건에서 멀어지기 위해 애썼는데 다시 거기에 몰두한다는 것은 직관에 반하는 행위처럼 느껴졌다. 하지만 나는 뚫고 지나가는 것도 다음으로 넘어가는 하나의 방법임을, 다시 앞으로 나아가기 전에 뒤로 돌아갈 필요가 있음을 이해했다. 이제 내게는 나의 지침이 있었다. 진술서는 파도였다. 훨씬 더 깊이 잠수해서, 처음으로 돌아갈 시간이었다.

11

그 여름 나는 최악의 상황은 끝났고, 이제 정상적인 생활을 시작할 수 있다고 스스로를 다독였다. 하지만 정상이란 뭘까? 밤이면 심한 악몽을 꿨다. 안도감과 가슴 벅참은 일시적인 것 같았다. 브록의 고통이 나 때문이라는 비난이 시작되고 누군가는 응징을 위해 나를 괴롭히고 싶어 할 거라는 확신을 느꼈다. 엘리엇 로저의 우주에서는 그것이 규칙이었다. **나는 여자애들을 원했지만 여자애들은 나를 전혀 원하지 않았어… 이건 처벌하지 않을 수 없는 부정의야.** 나는 편지가 든 가방을 침대 옆에 두고 그 감동을 최대한 오래 끌기 위해 편지를 천천히 읽어나갔다. 매일 밤 두세 통씩 읽었다. 편지들은 내가 잠을 잘 수 있게 도와주었다. 위스콘신에 사는 어떤 엄마의 따뜻한 생각이 내게 이불을 덮어주었다.

루카스와 나는 처음에 원했던 몇 곳에서 고배를 마신 뒤 아파트를 찾아 샌프란시스코의 언덕 위로 무거운 발걸음을 옮겼다. 내 신용점수, 근무지, 이전 집주인의 추천란은 모두 비어 있었다. **나는 감성 지능이 훌륭함, 자기반성에 탁월함, 이루 말할 수 없는 개똥 같은 온갖 일들을 겪어냄**이라고 적고 싶었다. 마침내 우리는 작은 사각형 집을 발견했고 휴지 상자라는 이름을 붙였다. 집 뒤편에는 옥색 다육 식물을 심었고, 울타리에는 새 모이를 뿌렸고, 주방 창틀에는 바질을 올려두었는데 하루 만에 누렇게 떠버렸다. 나는 체크무늬 핸드 타월, 샐러드 스피너[채소의 물기를 제거해주는 기구] 같은 가정적인 성인이라면 사는 것들을 구입했다. 집은 내 은신처이므로 어디에도 내 새 주소를 알리지 않으려고 신경을 썼다. 나는 이곳에서 인생을 다시 쌓아 올리고, 글쓰기를 시작할 계획이었다.

사우스베이로 통근하지? 한 친구가 물었다. **뭐라고?** 내가 말했다. 나는 내가 일했던 예전 사무실이 남쪽으로 30분 거리라는 사실을, 사람들은 내가 아직도 거기서 일하는 줄 안다는 사실을 깜빡했다. **아, 괜찮아. 가끔은 힘들지만 괜찮아. 팟캐스트가 있잖아.** 나는 내 통근은 침대에서 책상까지 12초 거리라고, 가끔은 잠옷 바람으로 커피를 끓이느라 이 경로에서 이탈할 때도 있다고 말하고 싶었다.

경영대학원을 갓 졸업한 루카스는 직장을 놓고 협상 중이었다. 경영대학원에 다니기 전에는 일주일에 나흘 동안 비행기를 타고 출장을 다니는 컨설턴트였는데, 다시 돌아오라는 적극적인 제안을 받았다. 루카스가 다른 곳으로 가버린다는 생각만으로도 나는 공황에 빠졌다. 내 상황이 억눌려 있다고 해서 루카스까지 억압하고 싶지 않았다. **마음대로 해. 난 독립적인 여자잖아!** 하고 말하고 싶었다. 하지만 그건 불가능했다.

누군가 내게 **혼자 잘 수 있어요?** 하고 물어본다면 짧은 대답은 '네'였다. 긴 대답은 이렇다. 먼저 오후 4시쯤 금속 코트걸이를 앞문에 기대놓았다. 해가 떨어지면 집 안의 불이란 불은 다 켰다. 아래층에 있는 보일러에 불이 들어와 있는지 확인했다. 그래야 밤이 어두워지고 나서 아래로 내려가볼 일이 없기 때문이다. 티파니는 어릴 때 산타를 잡으려고 굴뚝을 의자로 한 바퀴 포위하고 의자에는 종과 비닐봉지를 매달곤 했다. 나는 문 앞에 의자를 쌓았다. 분사할 때 잘못된 방향으로 나가지 않게 하려고 호신용 페퍼 스프레이의 노즐에 매직으로 점을 찍어두었다. 잘 때는 큰 가위를 챙겼다. 칼은 손에서 미끄러질 수 있지만 가위는 손잡이가 있고 놈의 경정맥에 구멍을 낼 수도 있기 때문이다. 그러고 난 뒤 침실이 아니라 소파에 누워서 어둠이 집을 집어삼키는 모습을, 온 세상의 불이 꺼지고 내가 나 자신을 지켜야 하는 상황에 놓이는 것을 지켜보았다.

정확히 뭐가 무서운 거예요? 궁금한 사람이 있을지도 모르겠다. **집에서 강간을 당한 것도 아니고 침입은 없었잖아요.** 내가 무서워했던 것은 잠 그 자체, 무슨 일이든 일어날 수 있는 무의식의 취약한 상태였다. 폭행을 당한 그날 밤 나는 맞서 싸울 기회를 놓쳤다. 나는 한 눈은 뜨고 다른 한 눈은 감고 잠을 자면서, 의식의 수면 위아래를 오가면서, 시스템보다 한발 앞서려고 노력했다.

어쩌다가 잠이 들면 가슴에서 요란하게 울리는 알람 소리와 함께 깨어났다. **내가 뭘 놓쳤을까.** 아침 5시, 여명이 분명해지면 나는 신문 던지는 소리, 첫 버스가 덜컹대는 소리, 새소리와 함께 잠에 빠졌다.

다음 날이면 나는 언제나 세상의 정기적인 순환에서 뒤처진 채 온몸이 물에 젖은 듯 무거웠다. 우체부가 초인종을 누르면 나는 반쯤 감긴 눈꺼풀로 내 보안 장치들을 모두 해체하고, 쌓아 올린 의자를 원위치로 돌리면서 우체부에게 잠깐만 기다리라고 소리 쳤다. 낮 동안에는 이런 보호 조치들이 어리석게만 느껴졌다. 문 을 막는 가구들과 페퍼 스프레이, 내 머릿속에 있는 이상한 상상 의 현실을 보여주는 증거, 나만의 전투. 지난 몇 년간 나는 사흘 이상 혼자 자본 적이 없었다.

잠을 자는 능력이 자부심이던 시절도 있었다. 대학 시절 중국 에서 유학을 할 때 다들 관리인이 침대 위에 있는 에어컨을 고친 다며 잠을 깨웠다면서 투덜거렸다. 내가 말했다. **내 건 안 고쳐주 던데.** 하지만 내 룸메이트는 내가 밑에서 코를 골며 자는 동안 민 트색 운동복을 입은 남자들이 내 침대 옆 탁자에서 힘들게 균형 을 잡으며 작업을 했다고 알려주었다. 그땐 그게 웃겼는데 지금 은 겁이 난다.

여자인 친구들이 원룸형 아파트에 산다고 하면 나는 깜짝 놀란 다. **목격자가 되어줄 만한 사람은 누구야? 일어날 수 있는 모든 상 황에서 누가 너를 지켜줄 수 있어? 혼자일 때는 사람들이 너를 절 대 믿지 않을 거야.** 나는 집에 혼자 들어와서 리즐링[화이트와인의 일종]을 한 잔 마시며 파스타를 요리하고, 텔레비전을 보고, 하품을 하고, 양치를 하고, 하루를 마무리하는 그런 종류의 삶을 상상해본다. 나는 경계심 없이 생활하는 사람들이 부럽다.

대학 시절 아무것도 걸치지 않고 수영을 해본 적이 있다. 그 당시 나의 제일 큰 두려움은 물이 너무 차가워지지 않을까 하는 것이었다. 남녀가 섞인 우리 일행 대여섯 명은 어깨에 목욕 타월을 걸치고, 절벽 쪽 아파트에서 벌어지는 파티에서 빠져나와 나무 계단을 타고 울퉁불퉁한 돌멩이가 섞여 있는 모래사장으로 내려가곤 했다. 우리는 셔츠에서 머리를, 소매에서 팔을 빼내고, 태어날 때의 모습으로 돌아갔다. 이끼 낀 바위에 옷을 던져놓고 유리 같은 바닷물을 향해 헤엄쳐 갔다. 멜과 나는 머리를 뒤로 젖히고 소리를 지르고 웃음을 터뜨렸다. 해초가 우리 발목을 붙들며 간질였고 우리는 그걸 뜯어서 서로의 어깨에 화려한 스카프처럼 둘러주었다. 우린 수면 위아래로 머리를 움직이며 물이 고요하고 깊은 곳까지, 달빛이 은박지에 반사되듯 어른거리는 곳까지 첨벙거리며 나아갔다.

아무것도 입지 않고 수영을 할 때는 넓은 하늘과 탁 트인 바다와 순백의 둥근 달밖에 없었다. 조명은 은은했고, 풍경은 끝이 없었다. 페니스는 국수 형태일 뿐이었고, 가슴은 고무찰흙 틀 같았다. 우리 모두 우스꽝스럽고 자연스럽고 자유로워 보였다.

그때가 최고의 밤이었다. 번갈아 뜨거운 샤워기 밑에서 샤워를 했고, 배수구 주위에는 모래가 쌓였다. 케사디야를 만들고, 오래된 티셔츠를 입고, 낡은 담요를 두르고, 굴 하나에 모여 사는 곰들처럼 침대 하나에서 세 명이 한 덩어리가 되었다. 옷은 소금기에 딱딱해지고 귓바퀴에는 모래가 쌓이고 축축한 머리칼 때문에 베개까지 젖은 상태로 우리는 새벽 4시에 잠들었다. 이 모든 걸 기억할 때면 가슴이 훈훈해지지만 어떻게 해야 다시 그렇게 할 수 있는지는 모르겠다.

어느 날 밤 루카스와 나는 캘리포니아 남부에서 차를 몰고 샌타바버라를 지나서 집으로 가고 있었다. 나는 루카스에게 고속도로에서 빠져나가달라고 부탁했다. 3년 만에 처음 나가는 출구였다. 차를 세운 뒤 나는 루카스를 데리고 나무 계단을 내려가서 물가에 섰다. 기억대로 여전히 아름다웠지만 더 이상 내 것이 아니었다. 끝이 보이지 않는 어둡고 긴 해안의 이쪽과 저쪽을 바라보면서 어떻게 그렇게 옷을 벗고서 시끄럽게 굴었을까 싶었다. 누가 보기라도 하면 어쩌려고. 맨피부는 위험하다. 나를 해치기는 아주 쉬웠을 것이고, 저항할 시간도 없었으리라. 옷을 벗길 필요가 없으니. 무슨 일이 벌어졌더라면 아무도 나를 믿지 않았으리라. **그런데 당신은 이미 알몸이 아니었나요? 밤에 해변에서 술에 취한 상태였고? 무슨 일이 벌어질 거라고 생각했어요? 전 그냥 제 자신이, 친구들이, 바다가 되고 싶었던 것뿐이에요**라는 말로는 충분치 않았으리라.

폭행이 일어난 그 밤은 내게서 어떤 속 편한 감정을 앗아갔다. 즉흥성과 무모함은 어떻게 다를까? 알몸 상태가 문란함과 같은 의미가 아니라는 걸 어떻게 증명할까? 조심성과 피해망상의 경계는 어디일까? 나는 이 점이 애통하다. 어떻게 해야 다시 예전으로 되돌아갈 수 있을지 모르겠다. 하지만 나에게는 소중한 기억들이고, 나는 남자들 속에서, 알몸이 되고, 그러고도 나쁜 일을 당하지 않는 게 가능하다는 사실을 기억한다. 두 팔을 펼치고 바다를 향해 달리는 소녀는 사라졌다. 그녀가 있던 자리에는 코트 두 개를 껴입고 검은 물을 응시하며, 해초 덩어리를 움직임 없는 시신으로, 바위를 웅크린 남자들로 착각하는 여자가 있다. 루카스는 내 손을 잡더니 걷고 싶은지 물었고, 나는 고개를 저은 뒤 다시 나무 계단을 총총 오른다.

나는 녹취록을 살펴보다가 의도치 않게 어떤 목록을 발견했다. 세 쪽에 걸친, 증거로 제출된 사진에 대한 설명이었다. **머리칼에 식물이 붙어 있는 도 양의 머리 왼쪽 사진. 오른쪽 쇄골 아래에 있는 찰과상 사진. 목 아래쪽과 등 위쪽에 있는 찰과상 사진. 다수의 찰과상이 있는 엉덩이 근접 촬영 사진. 피부의 찰과상 크기를 보여주기 위해 병원 가운 옆에 놓인 자 사진. 여성 생식기 사진. 소음순 안에 부스러기가 들어 있는 여성 생식기 사진.**

사각으로 나뉜 내 몸이 커다란 프로젝터를 통해 확대되었다. 내 엉덩이, 내 가슴, 내 질이 화면에 나타났다. 4피트 높이의 음순을, 판사와 브록과 그의 형과 그의 아버지와 그 방에 있던 모든 기자와 낯선 사람들이 볼 수 있도록. 그리고 그 일이 진행되는 동안 나는 화장실 거울을 보며 내 블라우스의 주름을 펴고, 머리카락에 물을 묻히고, 봐줄 만한 모습이 되려고 애쓰면서 복도 안쪽에 있어야 했다. 아무것도 모르고 미소를 지으며 걸어 들어갔던 사실이, 이제는 모욕으로 느껴진다.

이 사실을 깨닫고 나니 성냥을 집어삼켜 내 내장에 불을 켜고 싶어졌다. 내 위는 물이 뚝뚝 떨어지는 시뻘건 동굴이 되고, 내 귀와 코와 눈에서는 연기가 뿜어져 나오고, 그러다가 결국 나는 딱딱하게 굳고 텅 비어버리고 싶다. 텅 빈 검은 껍질.

섹스는 법정에 들어서는 순간 죽어버린다. 나는 피고 측 변호사의 입을, 나이 든 혀와 나이 든 호흡을, 오래된 후무스 색의 입술을 지켜보았다. 샤넬의 질. 그것을 앞뒤로 문지르기. 그것은 나를 역겹게 만들기에, 그의 목구멍에서 혀를 잘라내고 싶도록 만들기에 충분했다. **그거, 섹스 같은 거 필요 없어.** 나는 생각했다. **섹스 없이도 평생을 살 수 있어.**

섹스에 보살핌이 빠져 있었다. 섹스는 A를 B에 집어넣는다는 의미였고, 신체 부위는 따로따로 꼬리표가 붙었다. 내 **왼쪽** 볼기살에는 **증거품 43**이라는 꼬리표가 붙었다. 섹스는 손가락이나 페니스의 삽입을, 그것이 얼마나 깊이 들어갔는지 또는 내 밖에 머물러 있었는지를 의미했다. 그의 무엇이 그녀의 어디에 있는 무엇을 건드렸다. 섹스는 손바닥에서 파낸 단단한 자갈이다. 섹스에 구멍이 뚫리고, 당신의 공기가 빠져나간다. 멍이 없어지고 상담치료를 위해 소파에 앉아 몇 시간을 보낸 뒤에도 나는 내 몸을 어떻게 해야 할지 자신이 없었다. 섹스가 나를 해치는 어떤 것이라면, 어떻게 즐거움이나 안전을 줄 수 있을까? 나는 내 구멍을 막고, 그 장소 전체를 봉쇄하고 싶었다. 내 안에 있는 기계들을, 녹이 슬고 점점 말이 없어지는 장치들을 멈춰세우고 싶었다.

엄밀히 말해서 피해자의 성적인 이력을 법정에서 들먹이는 것은 불법이다. 하지만 결코 노골적으로 말하지는 않아도 은근하게 암시를 주었다. **남자친구가 있나요. 관계가 독점적이었나요. 성적으로 활동적인가요.** 내가 계속 내 몸에 관심을 기울였다간, 다시 공개적으로 섹스를 원했다간 피고 측이 맞다는 걸 입증하는 꼴이 될 것 같았다. 그는 마치 내 성생활을 내가 숨기고 있다는 듯, 성생활을 공개하면 브룩에게 자기가 하고 싶은 걸 할 수 있는 권리가 주어진다는 듯이 이야기했다. 나는 성적인 선택이 신중하지 못해서 존중받을 가치가 없는 피해자였다.

섹스를 하는 동안 내 몸이 마음에게 질문을 하기 시작했다. **무슨 일이야? 넌 어디에 있어? 누구랑 같이 있니?** 나는 익숙한 신호들로 나 자신을 안심시켰다. 내 이불의 색깔, 루카스의 머리카락 질감. 안도. 하지만 내 안의 무언가가 계속 접속선을 잡아당겼고, 배선을 바꿔서 엉뚱한 기구에 플러그를 꽂았다. 내 몸은 계속 허락을 구했다. **이거 괜찮을까? 우리 욕먹지 않을까?** 나는 얼굴이, 조명이 필요했다. 깜짝 놀랄 일 없이 한 단계 한 단계 밟아야 했다. **나는 내 집에 있고 이걸 즐겨도 괜찮아.** 그것은 숨죽인 절제였고, 종마 타기, 화려하게 만개하기, 수탉처럼 시끄럽게 울어대기, 현란한 기술을 동원한 열정적인 사랑의 행위는 허용되지 않았다. 그 대신 내게는 까탈을 부리는 작은 비서가 있어서 수시로 보고를 해야 했다. **무슨 일이야? 넌 어디에 있어? 누구랑 같이 있니?**

섹스에 관한sexual 폭행[영어로 성폭행은 'sexual assault']이라는 표현은 조금 문제가 있다. 그것은 섹스보다는 강탈에 더 가까워 보이기 때문이다. 성폭행은 절도이다. 일방적인 욕구, 상대방을 유린하는 기분. 실제 섹스는 권력이 앞뒤로 움직이고, 반응하고 부드럽고 유희적인 교환이어야 한다. 관심을 기울이고, 파트너와 적극적으로 관계를 맺는 즐거움.

피고 측 그럼 제 질문에 대한 대답은 '피고는 그녀에 대해 생각하지 않았다'는 것인가요?

브록 제가 그녀에 대해 생각하는 건 불가능했다고 봅니다.

재판 내내 중요한 문제는 동의가 있었는가였다. 좋다고 했는가 싫다고 했는가. 우리는 신호등이 단 하나인 것처럼, 빨강이 아니면 초록이라는 듯이 행동한다. 하지만 섹스는 교차로가 늘어선 도로와도 같다. 갈 수 있는 길은 많고, 언제 속도를 늦출지, 양보할지, 멈출지, 속도를 높일지는 가변적이다.

말로 하는 동의는 분위기를 깬다며 조롱받을 때가 있다. 하지만 우리가 생활 속에서 유기적인 의사소통을 얼마나 많이 하는지 생각해보라. 식료품점 시식 테이블에서 당신이 과자를 집어 들고, 점원과 눈을 마주치며 **이거?**라고 하면 그들은 고개를 끄덕인다. **마음껏.** 절묘하고 신속하다.

나는 강간을 당하고 나면 뚫을 수 없는 단단한 나무가 되고 싶어진다고 생각하지는 않는다. 연하고 투과할 수 있고 부드러워야 하는 몸의 정반대 상태. 때로 나는 강간 이야기를 읽고 나서 너무 화가 나서 씩씩거리기도 한다. **거시기를 잘라버려야 해.** 때로 내 욕망은 등락을 거듭하고, 밑바닥으로 곤두박질치기도 한다. 내게 파트너가 없었다면 알아차리지 못했겠지만, 애정의 손길을 너무 지속적으로 떨쳐내면 무언가가 틀어진다. 때로 그는 자기 가슴에 머리를 기대라는 이야기를 몸으로 전할 수도 있고, 아직 우리가 연결되어 있음을 확인하기 위해 그냥 접촉이, 단순한 접촉이 필요할 때도 있다.

내 몸과의 이런 거리두기가 그 성폭행과 함께 시작된 것은 아니었다. 하지만 젊은 여성에게는 자신감을 허락하지 않는 세상에서, 법정에서 내가 의지할 수 있는 자원은 빠르게 줄어들었다. 나는 습진 때문에 청소년기 내내 오트밀로 목욕을 했다. 어떤 남자애가 나를 치타라고 불러서 샐리핸슨 선탠 스프레이로 내 얼룩덜룩하고 변색된 피부를 가렸다. 고등학교 때는 살구색 팬티스타킹을 입었다. 피부색을 돈 주고 산 것이다. 대학에 들어간 뒤 처음으로 원피스를 입기 시작했다. 그런데도 여전히 내 몸과의 관계는 마뜩잖았다.

나는 모든 여자들이 인생에서 돌멩이를 삼키는 기분을 느끼는 때가 있는지 궁금하다. 왜 생리가 늦는지 걱정할 수도 있고, 눈을 떠보니 처음 보는 침대일 수도 있고, 숫자로 깔끔하게 나뉜 자신의 신체 부위 목록을 맞닥뜨리게 될 수도 있다. 이런 일을 겪으면 돌멩이를 삼키고 싶어질까? 크고 부드러운 돌멩이를 꿀꺽꿀꺽. 나는 그 돌멩이들이 내 위에 자리를 잡고 무더기를 이룬 다음, 연못으로 걸어 들어가, 죽지는 않고 몸을 가라앉히기만 하고 내 정신은 물 밖으로 나오는 상상을 한다. 나는 훨씬 깨끗하게, 방해받지 않고 다시 시작할 수 있으리라.

호숫가에 있는 작은 서점에서 나는 우연히 디팩 초프라의 글을 발견했다. **몸을 새로운 틀로 사고해야 한다. 의미 있는 삶을 살려면 몸을 이용해야 한다. 몸이 없으면 아무것도 경험할 수 없다. 그러므로 당신의 몸 역시 의미 있어야 한다.** 공원에서 비둘기들을 보았다. 가슴을 부풀리고 서로에게 올라타고 있는 비둘기들을. 비둘기조차 섹스를 했고, 그것이 수치스러운 행위가 아니라 자연스럽다는 사실을 이해했다. 너는 20대 중반이야. 어떻게 너의 부드러운 이마를, 예쁜 쇄골을, 성숙한 붉은 심장을 예찬하지 않을 수 있어. 내 옆에는, 매일, 사랑하는 남자가 있다. 나는 샤워를 마치고 몸에서 김을 뿜어내며 등장한 그 남자 역시 예찬해야 한다. 기뻐하라! 섹스는 그저 인내하기만 하는 것이 아니라 기쁨을 주는 것이어야 한다.

나한테 아쉬운 게 뭔지를 깨달은 건 하필이면 롤러스케이트를 탈 때였다. 루카스와 나는 디스코 불빛이 점점이 무늬를 그리는 텅 빈 교회에서 롤러스케이트를 신고 뒤뚱거리며 달리다가 걷다가 하고 있었다. 나는 벽에 붙은 신도석에서 잠시 휴식을 취했다. 팔을 늘어뜨리고 배꼽을 내놓은 채 엉덩이를 흔드는 소녀들이 눈에 들어왔다. 자신의 세계에 빠져서 현재에 충실한 그들의 동작 속에 깃든 편안함을, 이 모든 우아함과 근육과 부드러움을 나는 갈망했다. 저건 어떤 느낌일까? 위해나 시선에 대한 두려움 없이, 어디에도 방해받지 않고 우아하게 내 몸을 드러낸다는 것은.

한때 나는 요가란 규칙적으로 피부 관리를 받고 자세가 바른 사람들이 하는 운동이라고 생각했다. 요가를 처음 시작했을 때는 어설픈 동작을 취하며 남의 눈을 의식했고, 내가 잘하고 있는 건가 싶어 주위를 두리번거렸다. 그러자 선생님이 이렇게 말했다. **동작이 아무리 엉망이라도 다른 사람들은 무슨 일인지 아무 관심 없어요.** 나는 매트 위에서 보내는 한 시간 반이, 바닥에 딱 달라붙은 내 살구색 직사각형이, 바깥에서 밀려드는 잡생각을 물리쳐주는 작은 경계가 좋았다. 나는 천천히 내 내면을 응시하는 법을, 아킬레스건부터 손가락 끝까지 몸을 늘이는 법을 배웠다. 나는 내 안에 웅크리고 있던 세포들이 기지개를 펴는 상상을 했다.

안내데스크에는 흰색 토큰이 든 상자가 있다. 이 토큰을 매트 위에 올려두면 **건드리지 말라**는 의미이다. 나는 민감한 희망사항을 이런 식으로 전달하는 것이 좋다. 사람들 앞에서 내 이마에 그걸 붙이고 다닐 수 있으면 싶기도 했다. 전에는 상자에서 토큰을 하나 꺼내곤 했다. 이제는 그러지 않는다. 그러면 선생님은 내 등에 가끔씩 손을 얹을 것이고, 그러면 그 무게감, 단단한 압력 때문에 눈물이 핑 돈다. 우는 것과는 다르다. 그것은 손바닥의 부드러움, 그 손길 아래 살아 있는 내 맥박, 연결됨, 무언가가 내 속에서 보글보글 끓어오르는 기분, 눈물방울 형태의 발산이다. 내 몸 내부의 충만한 존재감은 내게 아름다움과 강렬함을 느끼게 하고, 무언가에 사로잡히고 싶게, 내 모든 작은 부분들을 공유하고 싶게 만든다.

당신의 몸에서 사랑을, 아름다움을, 창조력을, 영감을 박탈할 이유는 전혀 없다고 초프라는 말했다. 어릴 때부터 남아 있는 감각적인 기억들이 얼마나 영양가 있고 마음을 진정시키는지 떠올리면서 하나하나 글로 적어보았다. 김이 오르는 쌀밥. 밖에서 내리는 비. 커다란 온열기에 데운 수건에 감싸인 채 서 있기, 단단한 나무 바닥에 닿는 발. 아스팔트 위로 내리쬐는 태양의 냄새. 아침에 내 얼굴에 닿는 찬물. 한밤중에 시리얼 한 그릇 먹기. 다른 사람이 내게 책을 읽어줄 때 책장이 넘어가는 소리. 복숭아가 쿵 하고 떨어지는 소리. 칙칙한 모래 냄새. 코코아를 마시고 남은 검은 얼룩, 녹은 마시멜로의 끈적한 막. 토마토와 보드카 소스를 스펀지처럼 빨아들인 빵의 안쪽. 나는 내게 어떤 감각이 가능한지를 복기한다. 내가, 느긋하게, 마음껏 수용하기 위해 열려 있는 내 감각을 소진하는 방식을.

도시에서 보낸 첫해에 어둠이 무서웠던 나는 어둠을 새로운 틀로 바라보려고 노력했다. 칠흑 같은 언덕의 실루엣을, 레몬그라스 방향제와 함께 잠든 이웃들을, 공원을 가로지르는 코요테들을 동경해야 한다고 자신에게 타일렀다. 섹스의 경우는 크게 욕심내지 않고 작은 것을 음미하는 것부터 시작했다. 서로의 옆에서 잠을 자는 소박함. 이 친밀함, 이 고요함. 섹스의 알맹이는 이런 감정이다. 나는 섹스의 언어에 대해 생각했다. 나는 **사랑을 만든다**라는 표현이 좋았다. 몸과 몸의 역동적인 움직임으로 땀과 열을 빚어내고, 종국에는 실제로 사랑이 만들어지는 것. **삐그덕 삐그덕 삐그덕.** 그것은 마치 피부가 번들거리는 상태로 누워 있는데 침대 위에 분홍색 등이 반짝이며 둥둥 떠다니는 것 같다.

아직도 나는 집과 친밀한 손들의 경계 밖에서 전투를 벌인다. 나는 자궁경부암 검사 기일을 놓쳐버렸다. '팹 스미어'라고 하는 이 검사의 이름은 펭귄 똥에서 확인된 질병 같은 느낌이다. 나는 검사 신청서에 **폭행당한 적 있음. 조심해서 진행해주세요**라는 메모를 적을 계획이었지만 공간이 없었다. 나는 심문을 자초하고 싶지 않았다. 용감하게 주도적으로 해내고 싶었다. 보통 사람처럼 들어갔다가 나오고 싶었다. 검사 속도를 늦추기 위해 의사에게 질문 세례를 퍼붓기로 결심했다. 하지만 젊은 말총머리 간호사가 들어와서 내 몸을 살폈고, 역학 관계가 바뀌었다. 간호사가 내 속을 뚫어져라 응시하는 것을 보고 분노가 소리 없이, 걷잡을 수 없이 끓어오르는 게 느껴졌다. **뭘 들여다보는 거예요. 난 표본이 아니라고요. 날 내버려둬요. 그만해요.** 내 위가 단단해졌고, 욕지기가 파도처럼 밀려왔다. 천정에 범선이 나타났다. **다 끝났어요! 옷 입을 시간 드릴게요.**

그들이 나갔다. 시간이 얼마나 지났는지는 모르겠다. 아무런 생각이 없다. 신발에 발을 넣을 수가 없다. 누군가를 데려왔어야 했다. 소매에 팔을 집어넣으라고 말해줄 수 있는 누군가를. 병원 가운에 있는 작은 파란색 별들을 눈으로 좇는다. 문이 열리고, 말총머리 간호사가 고개를 내민다, **어머!** 그녀는 내가 아직 옷을 갈아입지 않은 걸 보고 재빨리 사과한다. **가지 말아요**라는 말을 입밖에 낼 수 있을 정도로 머리가 빠르게 돌아가지 않는다. 지금 일어서려고 하다간 쓰러질 것이다. 몇 분이 흐르고 그녀가 다시 들어와서 내가 아직 그대로라는 걸 확인한다. 나는 그녀에게 과자 같은 게 있는지 묻고, 그녀는 초콜릿 음료를 가지고 돌아온다. 나는 떨리는 손으로 단숨에 들이킨다. **제가 이런 걸 잘 못해요.** 이렇게 말하는 내 목소리가 불안정하다. 간호사는 무언가를 알아챈다. **괜찮아요, 천천히 하세요.** 그녀가 말한다. 그녀는 내가 마음을 추스르고 그 방을 나설 때까지 나와 함께 앉아 있는다. 나는 녹초가 되어 자동차 핸들에 이마를 기댄다. 흰색 토큰이 있었으면 좋겠다.

어떤 선생님은 인간의 자궁 안에는 우리 인간을 빚어내는 보이지 않는 설계도 같은 게 있다고 설명했다. 인간의 뼈와 결합 조직과 심장이 중배엽에서 발생했다. **우린 우리의 존재를 만들어내는 법을 알아요.** 선생님이 말했다. **우리에겐 아직 그 정보가 있어요. 그 정보가 지금도 우리에게 영향을 미쳐요.** 나는 내 육체적 자아의 구성 요소들이 위축되더라도 다시 복원될 수 있다고 믿었다. 내가 내 몸에 사랑을, 부드러운 손길을, 스트레칭을, 햇빛을, 강인함을, 섹스를 공급할 때 잃어버린 것들이 새로운 형태로 다시 자라나리라고 믿었다.

어린 시절 우리 뒷마당에 있던 연못을 생각한다. 집으로 들고 가는 길 비닐봉지 안에서 수면 위아래로 깐딱거리던 금붕어들을. 아빠는 연못에 풀어주기 전에 수온에 적응할 시간이 필요하다고 설명했다. 이런 작은 생명체에게 그런 보살핌이 필요하다면 피해자가 일상생활로 다시 돌아가기 위해서는 얼마나 복잡한 과정을 거쳐야 하겠는가. 정답은 없다. 그저 당신의 몸이 좋아하고 편하다고 느끼는 것에 귀를 기울일 뿐. 어쩌면 당신은 지금도 겁을 먹고 당신 주위의 투명한 비닐용기 안에서 **난 갇혀 있어. 이러면 안 되는 건데** 하고 생각할지 모른다. 기억하라. 수온이 천천히 바꿔고 있고, 당신은 적응 중이다. 당신은 연못으로 가게 될 것이다. 시간이 조금만 더 흐르면 당신은 자유로워질 것이다.

●

　루카스는 시내에 있는 직장을 얻었다. 나는 평화롭게 잠을 잤다. 그래도 나와 함께 집에 있어줄 반려가 있었으면 했다. 핏불이나 셰퍼드처럼 어깨가 떡 벌어지고 눈매가 날카롭고 코가 널찍한 씩씩한 개가 있었으면 했다. 우리는 차를 몰고 보호소로 가서 철책 안쪽을 들여다보았다. 다시 차가 있는 쪽으로 걸어가다가 인도에 세워진 노란 나무 팻말을 지나쳤다. **멋빌 노견 구조대.** 우리는 노란 화살표를 따라 계단을 올라갔다. 햇볕과 작은 쿠션 침대가 들어찬 커다란 방에 재즈 음악이 흐르고 있었다. 40마리의 작은 개들이 어슬렁거리며 돌아다녔다. 벽에 걸린 화이트보드에는 이름이 가득했다. 월넛, 에설, 에그롤, 툿시, 캐슈, 플럼 교수, 범블비, 자비에. 입양 프로그램에 대한 설명을 들었다. 우린 개가 평생의 주인을 찾을 때까지 개를 집에서 보호할 수 있었다. 아래턱이 돌출된 눈 먼 라사압소[작은 테리어종 개] 한 마리가 내 발목에 부딪혔다. 녀석은 꼭두각시 줄에 묶여 있는 것처럼 발을 허우적댔다. 기다란 앞머리가 녀석의 부연 눈을 가리고 있었다. 이름은 푸핀이었다.

　루카스는 푸핀이 우리 집 나무 바닥에서 미끄러지지 않도록 특수한 녹색 양말을 사주었다. 나는 푸핀에게 죽을 만들어줬다. 녀석은 대부분의 시간을 녹색 양말을 신고 고개를 쳐든 채 냉장고를 바라보며 보냈다. 녀석은 소리를 들을 수 없고 앞이 보이지 않았기 때문에 내가 살해를 당하면 내 시체 옆에 앉아 아침밥을 기다릴 터였다. 루카스가 가족을 만나러 가느라 집을 비운 어느 날 밤 나는 가스로 동력을 얻는 작은 배처럼 털털거리는 이상한 소리를 들었다. 녀석의 배가 아래위로 오르락내리락하는 것을 보고 내가 녀석에게 잠을 자도 괜찮을 정도로 안전하게 느껴지는 장소를 제공했음을 깨달았다. 치유는 늙은 개가 코 고는 소리로 왔다.

그해 1년 동안 우리는 한 번에 한 마리씩 여섯 마리의 개를 임시로 보호했다. 나는 몇 시간에 걸쳐 똬리처럼 말린 전선에서 오줌을 닦아내고, 말라붙은 똥으로 이루어진 다도해를 항해했다. 내가 종이 타월을 얼마나 많이 썼는지 알려지면 잡혀갈지 모른다. 내 장모 러그는 더럽혀지고 둘둘 말려 버려진 뒤 새로 샀지만 다시 버려졌다. 버치라는 개는 우리 욕실에 들어와서 변기에 오줌을 쌌다. 레미라는 개는 계속 이 방 저 방 돌아다녀서 우리는 녀석이 금속탐지기를 들고 다닌다고 상상하기를 좋아했다. 닥스훈트인 스쿼드는 노래를 할 줄 알았다. 살바도르는 불고기를 좋아했다. 잠깐 눈을 돌리고 있으면 침대에서 굴러떨어지거나 울타리의 틈새로 빠져나오거나, 계단에서 굴러떨어지는 게 꼭 젖먹이 같았다. 대부분의 개가 다양한 약을 먹었고, 나는 녀석들의 밥에 코카인 봉지처럼 생긴 걸 뿌려주었다. 남들에게 없는 부족함이 있다고 해서 너무 힘들거나 너무 많은 시간을 허비하게 되는 게 아니라, 연민과 사랑을 받을 조건이 형성된다는 사실을 다시 한 번 떠올리게 되었다.

개들은 나를 밖으로 데리고 나가서 걸었고, 뒷다리가 불안할 때는 나한테 안기기도 했다. 나는 개들이 밥을 먹을 때 밥을 먹었다. 간단한 자기 관리 훈련. 나의 작은 집은 회복과 이행의 장소, 녀석들을 씻기고, 발톱을 자르고, 털을 빗고, 평생의 집으로 갈 채비를 하는 곳이 되었다. 나는 녀석들이 점점 편안해져서 자기 자신이 되어갈 때 드러나는 자신감과 개성을 지켜보는 게 좋았다.

집에 남을 개를 지목한 건 티파니였다. 갈색과 흰색이 섞인 열 살짜리 포메라니안. 작은 치아가 듬성듬성한 3킬로그램짜리 털북숭이. 녀석은 새크라멘토 인근에서 버려진 채 발견되었다. 디즈니랜드에 갈 거라는 말이라도 막 들은 것처럼 항상 웃고 있는 작은 기쁨의 화신. 입양 요청이 밀려들었지만 하나도 응답하지 않았다. 나는 오랫동안 녀석을 응시했다.

이건 원래 계획이 아니었다. 위탁 양육은 우리가 크고 호방한 개를 얻기 전까지만 할 생각이었다. 폭행을 당하고 나면 세상은 경계를 늦추지 말라고, 맞서 싸우라고, 조심해야 한다고 호통친다. 주먹을 풀고, 어슬렁거리며 산책을 해도 된다고, 살아남는 법을 생각해내는 데 모든 시간을 쓸 필요는 없다고 알려주지 않는다. 누구도 **그 포메라니안을 입양해** 하고 말하지 않는다. 나는 더 높은 문과 날카로운 이빨로 내 주위를 둘러쌀 계획이었지만 어쩌면 필요한 건 그게 아닌지도 몰랐다. 어쩌면 마음을 놓을 수 있는 예방 조치를 나의 내부에 해둘 수 있을지도 몰랐다.

우리는 개에게 모구(버섯을 의미하는 중국어)라는 이름을 지어주었다. 모구를 보면 매일 멋빌의 슬로건이 생각난다. **새로운 시작**

을 하기에 너무 늦은 때는 없다. 그것은 모구를 향한 약속이자 나를 향한 약속이었다. 너의 과거가 어떤 것이었든 돌아갈 필요는 없어.

작은 개들이 돌아가면서 내 방에서 편안하게 숨을 뿜어내며 내 무릎에서 잠을 청하는 그 일련의 과정을 거치는 동안 나는 글을 썼다. 처음으로 자리에 앉아 녹취록을 들여다보았다. 내가 법정에 출석하지 않은 날에 발화된 모든 내용이 담긴 수백 쪽. 결국 내 출근은 매일 과거로 돌아가는 여행을 해야 한다는 점에서 머나먼 여정이었다. 골백번 사실로 입증되긴 했지만, 하늘을 찌를 듯한 노여움이 마치 처음처럼 되살아난다는 사실에 나는 충격을 받았다. 속기록에 빨간 펜으로 주석을 달았다. **멍청이 똥구멍 말미잘 같은 새끼.** 진술서는 명쾌하고 카타르시스를 안겼지만 난 여전히 싸워야 했다. 우리는 피해자의 적이 가해자와 변호사라는 건 이해하지만 피해자 자신 역시 적이 될 수 있음을 간과한다. 나라는 사람에 대한 해묵은 생각들이 다시 떠올랐고, 너는 망가졌다고, 쓸모없다고 비난했다. 일말의 수치심이 딱딱하게 굳어서, 좋은 말도 아무 영향을 미치지 못했다.

어느 날은 아무 일도 하지 않고, 마치 내가 감히 들어갈 수 없는 타임머신을 봉인하듯 내가 일하는 방 문을 닫아두었다. 가장 안 좋은 날에는 모든 걸 작파하고 검은 다운재킷을 입고 반미 가게까지 달려가 건조하고 충혈된 눈으로 고수 잎을 입술에 붙여가며 샌드위치를 먹고, 도서관 어린이책 코너의 카펫에 앉아 있곤 했다. 더 밝고 달콤한 세상에 대한 갈망이 끓어올랐다. 루카스는 내가 용과 팬케이크에 대한 아동용 책을 한아름 안고 바람에 시달린 모습으로 늦은 시각에 돌아오는 모습을 보곤 신중하게 머뭇대며, **오늘은 뭐에 대해 썼어?** 하고 묻곤 했다. 그것은 내 머릿속에 어떤 목소리가 들끓고 있는지 알아내기 위한 루카스 식 방법이었다.

오랜 시간이 걸려서 마침내 내가 마지막으로 법정에 서던 날에 이르렀지만, 나는 증언대에 영원히 갇히게 될까 봐 겁이 난다. 내 마음은 전에 있던 곳에서 한 발짝 뒤처져 있다. 나는 그것을 시차라고 부른다. 내가 현실의 시간 속에서 살기 전. 이제 나는 그 속으로 들어가기 전의 순간을 평가한다. 나는 항상 허락을 구하고, 나 자신을 보이지 않는 배심원들에게 드러내 보여야 한다고, 피고 측 앞에서 질문에 답을 하고 있다고 생각한다. 옷을 고를 때는 **이걸 입으면 그 사람들이 뭐라고 생각할까?** 하고 제일 먼저 생각한다. 어디든 갈 데가 있으면 **내가 거기에 왜 가는지 설명할 수 있을까?** 생각한다. 사진 한 장을 포스팅 하면 **만약 이 사진이 증거로 제출되면 내가 너무 멍청해 보이진 않을까, 어깨가 너무 드러난 건 아닐까** 생각한다. 내가 뭘 하고 있는 거지 의심하고, 이리저리 머리를 굴리고, 정상성으로 돌아가라고 스스로를 타이르는 데 들어간 시간이 족쇄가 되었다.

어느 날 저녁 나는 파티에 가져갈 진을 골라야 했다. 나는 카트와 함께 서서 파란 유리병을 쳐다보며 생각했다. **이 안에는 어떤 경험이 들어 있을까? 누가 이걸 마시게 될까? 누군가가 상처를 받을까? 그들은 내게 어느 브랜드인지 물어볼까?** 나는 파티에 가면 온갖 걸 헤아린다. 유리잔이 없으면 나는 내 강박적인 수법을 들키지 않으려고 구부정하게 몸을 웅크리고 병뚜껑을 사용한다. 사람들이 병째 술을 마시면 나는 그냥 구경한다. **술을 저렇게 그냥 들이켜다니. 넌 저렇게 하면 안 돼.** 그들이 몇 잔이냐고, 몇 온스냐고, 3분의 1컵인지 반 컵인지, 어떤 종류의 컵인지 물어볼 거야 하고 생각한다. 누군가 어슬렁대다가 화장실에 가거나, 어떤 남자와 함께 사라지면 나는 긴장한다. **그녀가 가버렸다는 건 어떤 의미지? 그녀는 어디에 간 걸까? 같이 나간 사람은 누구지?** 나는 모두가 안전하게 집에 가리라는 걸 확인해야 한다. 친구에게 문자를 보내면 아침에 답장이 온다. **아! 미안. 어젠 그냥 잠들었어.** 친구들은 내가 밤새 걱정을 했고, 내 마음은 최악의 시나리오 속에서 롤러코스터를 탔다는 사실을 알지 못한다.

내가 상담사에게 술 마신 일이나 과거의 성적 경험에 대해 이야기하면, 상담사는 **음, 그 일에 대해 어떤 감정이 드나요** 하고 말하곤 한다. 그러면 나는 이렇게 말한다. **아, 내 감정은 중요하지 않아요. 그들이 어떻게 생각할지가 중요하죠.** 나는 마치 사실을 진술하듯 말했다. **그런 식으로 매 순간을 심문의 기준에 따라 사는 건 불가능해요.** 그녀가 말했다.

나는 브록의 증언을 읽으면서 우리의 저녁이 얼마나 다른 틀 속에 끼워져 있는지를 알게 되었다. 피고 측 변호사가 브록에게 처음으로 던진 질문은 이랬다. **당신이 보기에 이런 파티에서는 (부비부비가) 일반적인가요? 사람들이 테이블 위에서 춤을 췄나요? 그것도 흔한 일이었나요? 음주는 어떤가요? 이런 파티에서는 음주**

가 중요한 일부처럼 보이던가요? 그곳에 있었던 거의 모든 사람들한테 말이에요? 그곳에 있던 거의 모든 사람들이 술을 마시고 있었죠, 맞나요?

모든 줄에서 나는 일반적, 일반적, 일부, 모든 사람, 모든 사람이라는 단어를 발견했다. 이 패턴은 우연이 아니었다. 그는 브록을 무리들이 있는 곳으로, 그가 공동체의 위안 속에 섞여들 수 있는 곳으로 이끌었다. 그 질문들을 내게 했던 질문과 비교해보라. **당신은 파티를 많이 다녔군요. 당신은 전에도 필름이 끊긴 적이 있군요. 당신, 또 당신.** 렌즈를 워낙 바짝 들이밀어서 내 주위의 배경은 모두 사라져버렸다. 변호사의 목표는 브록의 경우 섞여들게 하는 것이고, 내 경우는 고립시키는 것이었다.

나는 피고 측 변호사가 프롬 박사에게 이메일을 보냈음을 알게 되었다. **저는 그녀를 밸리메디컬로 이송한 앰뷸런스 인력의 기록을 소환할 수 있습니다. 그게 우리 사건에 도움이 될지 해가 될지 알고 싶습니다.** 프롬 박사는 이렇게 답했다. **의료 기록이 도움이 될지 해가 될지는 분명하지 않습니다… 우리에게 역효과가 날 수 있습니다.**

프롬 박사는 증언 내내 이런 식의 표현을 사용했다. **이 문제에 대해 저를 압박하지 마세요. 아, 이런, 전 법적인 문제에 별로 밝지 않아요. 전 엑셀 마법사가 아니랍니다. 이렇게 말할 수 있겠네요.** 내 몸이 짓이겨졌는데도 이런 실수는 별일 아니라는 듯한 태도를 견딜 수 없었다.

프롬은 앞뒤가 안 맞는 말을 했다고 해서 내가 자발적인 행위를 할 수 없을 정도로 상태가 안 좋았다고 추론할 수는 없다고 증언했다. 그녀는 그것을 치과에서 하는 국부마취와 비교했다. **말을 아주 잘할 수는 없지만 여전히 사고에는 문제가 없습니다. 발음이 정확하지 않다고 해서 예를 들어 이베이에서 엉뚱한 물건을 구매할 수 없게 되는 건 아니잖아요.** 하나 마나 한 소리였다. 강간을 당하는 건 온라인 쇼핑이 아니고, 술은 국부마취제가 아니니까. 내 행동이 자발적이었다면 어째서 그를 자발적으로 밀쳐내는 건 가능성에서 배제되는가? 대체 누가 내가 순순히 따랐을 거라고 넘겨짚는 건가?

나는 늘 그들은 자기 일을 하는 것뿐이라고 되새겼다. 이제 나는 깨닫는다. 그래, 이게 당신 일이었겠지, 그렇지만 이런 일을 모든 사람이 다 할 수 있는 건 아니지. 재판은 끔찍하고 갈피를 잡을 수 없는 현실을 드러냈고, 사람들이 어디까지 악랄해질 수 있는지 그 한계를 시험했다. 나는 냉소적인 사람이 되었다. 고난은 당신을 미치게, 광포해지게 만든다. 사람들이 내 아킬레스건을 난도질하기 시작할 때 나는 되갚아주고 싶었다. 더 큰 사람이 되고 싶지 않았다. 그들이 스스로를 부끄럽게 여기게, 콕콕 찔러주고 싶었다.

하지만 스스로를 타일렀다. 똑같은 사람이 되진 마. 네가 어떤 사람이 되고 싶은지 그것만 생각해. 나는 이 책의 원고를 퇴고하면서 빈정거리는 수위를 낮추려고, 개인적인 공격은 삼가려고 힘들게 싸웠다. 나는 비하하거나 인간성을 잃지 않겠다고 맹세했다. 목표가 모욕을 주는 것이어서는 절대로 안 되었다. 우리가 무언가를 배울 수 있도록 더 큰 문제를 드러내는 것, 알려주는 것만이 목표여야 했다. 그래서 나는 되받아치지 않고 절제된 목소리를 내는 데 내 힘을 사용한다. 자전거를 탄 두 사람. 나를 해치려는 사람이 한 명이라면, 도움을 주려는 사람은 그보다 더 많다. 나는 배심원단이 더 나은 교육을 받을 수 있도록 약탈자 전문가, 피해자 전문가, 동의 전문가가 있었더라면 좋았으리라고 생각한다. 우리는 성적 약탈자의 행위 패턴을 검토하는 대신 피해자의 행동을 샅샅이 파헤쳤다. 술이 어떻게 약탈자에게 유리하게 이용되고, 저항의 수위를 낮추고, 사지를 무력하게 만드는가.

브록 그녀가 미끄러졌어요.

피고 측 그리고 그날 밤에 그녀가 옷을 어떻게 입었는지 기억납니까? 뭘 입고 있었죠?

브록 원피스를 입었어요.

피고 좋습니다. 그러면 그녀가 미끄러졌을 때 그녀의 몸은 어떻게 되었습니까?

어째서 아무 망설임 없이 내 옷을 시시콜콜 들먹인 것인가? 내 원피스가 그의 행위를 유발했나? 나는 사법 체계가 질서정연하고, 정중하고, 건설적이리라 기대하고 그 속에 발을 들였다. 이젠 법정 안에서 누구의 목소리가 증폭되고, 누구의 목소리가 지워지는지 알게 되었다. 판사는 판결문에서 브록의 친구가 쓴 편지를 인용했다. 나는 그녀가 자신이 저지른 실수에서 배운 바가 있었으리라 믿고 이름은 삭제할 것이다. 그녀는 편지에서 이렇게 밝혔다. 자기가 마신 술의 양을 제외하곤 아무것도 기억하지 못하는 여자아이가 브록을 고발하겠다는 결심을 근거로 향후 그의 인생 10여 년의 향방을 정하는 것은 공평하지 않다고 생각합니다. 이걸로 그녀를 직접 비난하는 건 아닙니다. 그건 옳지 않으니까요. 하지만 어디에 선을 그어야 하루의 매 순간순간 정치적 올바름을 지켜야 한다는 걱정을 멈추고, 캠퍼스 강간이 항상 사람들이 강간범이라서 일어나는 건 아니라는 걸 이해하게 될까요… 이건 주차장에서 자기 차로 걸어가던 여성이 납치 강간을 당하는 것과는 완전히 다릅니다. 그런 사람이 강간범입니다. 이런 경우는 강간범이 아닙니다. 이들은 과음 때문에 주변 환경도 파악하지 못하고 판단력이 흐려진 천치 같은 남자아이들과 여자아이들입니다.

내 진술서가 사람들에게 알려지기 시작했을 때 그녀의 편지가 공개되었다. 그해 여름 그녀는 여성 삼인조와 함께 순회공연을 할 예정이었지만, 공연 장소들이 자신들은 강간 문화를 용인하지 않는다는 입장과 함께 그녀가 속한 밴드의 공연을 하나둘 취소했다. 밴드는 음반사와 관계가 끊어지고, 순회 공연은 흐지부지되고, 그녀는 공개 사과문을 발표했다. 하지만 그보다 훨씬 심란한 사실은, 제출된 편지가 39통이었지만 판사가 판결문에서 인용한 건 그녀의 편지뿐이었다는 점이다. 그녀의 그릇된 판단은 예견된 것이었지만 판사의 경우는 그렇지 않았다.

판사는 그녀의 편지를 근거로 인용하면서 그녀의 케케묵고 왜곡된 강간의 정의를 승인했다. 우리는 지인에 의한 강간이 생면

부지에 의한 강간보다 훨씬 흔하다는 사실을 알고 있다. 우리가 지인에 의한 강간이나 파티에서 일어나는 취중 강간의 심각성을 무시할 때 치유는 전반적으로 지연되고, 회복 과정은 난자당하며, 약탈자는 단념하지 않는다.

브록의 어머니는 이렇게 적었다. **매일 아침 일어나자마자 드는 첫 번째 생각은 "이건 현실이 아니야, 이게 현실일 리 없어. 어째서 우리 아들이? 어째서 우리 아들이? 어째서? 어째서?"입니다.** 나는 왜 나인가 한 번도 의아해하지 않았다. 그날 아침 동생이 나를 태우러 왔을 때 내 머리에서 돌아다닌 유일한 생각은 이거였다. 나여서 다행이다. 동생이 아니고, 줄리아가 아니고, 학교를 그만둬야 했을지 모르는 열여덟 살짜리가 아니고 **나여서 다행이다.** 나는 교육을 모두 끝내고 안정된 환경에서 지내는 혜택을 누렸다. 법원에서 그렇게 멀지 않은 곳에 집도 있었고, 모든 절차가 다 끝나고 나면 그곳에서 원기를 회복할 수 있었다. 내가 잠들면 불을 끄고 담요를 덮어주는 부모가 있었다. 저축해둔 돈이 있었다. 이상한 소리처럼 들리지만 나는 이 여정에 들어설 준비가 되어 있었다.

지금은 내 이야기를 아는 사람이 수백만 명이지만, 폭행이 발생한 그해에 나는 가족 외에는 단 두 사람에게만 이야기했다. 그다음 해에는 몇 명에게 더 이야기했다. 그다음 해에는 세 명에게 이야기했다. 이상하게도 모르는 사람에게 털어놓는 건 쉽다. 아는 사람에게 털어놓는 게 훨씬 어렵다. 어쩌면 그들에게는 내 과거, 그러니까 내가 어떤 사람이었는지를, 내가 어떤 사람이라고 믿었는지를 담아두는 기억의 주머니가 있기 때문일 것이다. 그런 생각들이 해체되고 이 새로운 정체성을 중심으로 재편성되는 걸 지켜보는 일은 고통스럽다. 나는 사랑하는 사람에게 이야기할 때는 눈을 바라본다. 그들의 눈은 마치 그게 사실이 아니라고 말해주기를 기대하는 듯 탐색을 한다. 아빠가 앤 할머니에게 내가 피해자라고 이야기했을 때 할머니는 계속, **뭐라고? 뭐라고?**라고 되뇌었다. 할머니는 몇 달간 신문을 통해 내 사건의 진행 상황을 파악하고 있었다. 할머니가 할 수 있는 말은 **그건 사실이 아니야, 그게 샤넬일 리가 없어**뿐이었다. 내가 얼마나 치유되었든 폭행 그 자체는 언제나 슬픈 일일 것이다. 나는 거기에 익숙해야 한다. 나는 사랑하는 사람들이 탄원서가 쇄도하는 곳으로 서둘러 달려가지 못하게 막아야 한다. 나는 슬픔을 위한 자리를 마련해둬야 한다.

나는 피해자에게 적대적인 말들이 얼마나 많이 쌓여 있는가를 끝없이 되새기느라, 힘을 얻기 위해 애쓰기보다는 몸을 둥글게 만 채 더 많은 날을 보낸다. 하지만 절망이든 기진맥진이든, 나는 더 나은 사회에 대한 바람, 그리고 그것을 눈으로 확인하기 위해 이 자리를 지키고자 하는 바람은 절대 사라지지 않으리라고 믿는다. 그런 바람이면 충분하다.

엄마가 제일 좋아하는 농담은 차를 마시는 거미와 지네에 대한 이야기다. 지네가 일어나서 먹을 걸 사러 다녀오겠다고 한다. 지네가 문밖을 나서고 여러 시간이 흐른다. 너무 배가 고파진 거미가 어떻게 된 건지 궁금해서 문을 열었더니 지네가 현관 매트에 앉아서 아직 신발을 신고 있더란다. 나는 내가 백 개쯤 되는 작은 신발을 하나하나 동여매려 땀을 뻘뻘 흘리고 있는 지네라고 상상한다. 나는 대부분의 사람들에 비해 밖으로 나가는 데 시간이 더 걸리는 거라고. 하지만 나는 신발을 한 켤레 한 켤레 신을 것이고, 결국 일어나서 다시 나갈 수 있다.

12

법정에서 진술서를 읽고 나서 5개월 만에 트럼프가 대통령으로 당선되었다. 판사가 6개월이라고 말했을 때 느꼈던 것과 똑같은 감정이 나를 덮쳤다. 뒤통수를 맞은 기분. 실망감. 만신창이.

●

트럼프의 〈액세스 할리우드〉 테이프가 공개되었을 때 평균적인 사람들은 트럼프의 언행이 천박하고, 외설적이고, 상스럽다고 여겼다. 앤더슨 쿠퍼[CNN의 앵커]는 트럼프에게 당신이 성폭행에 대해 이야기한 거라는 사실을 아느냐고 대놓고 물었고, 온 국민은 그가 어깨를 으쓱하며 **탈의실에서 하는 남자들 농담**일 뿐이라고 일축하는 모습을 지켜보았다. 대중들은 점점 피로감을 느꼈다. 그 테이프는 수백 번 재생되었고, '보지 보지 보지'라고 읊어대는 논쟁이 지면과 방송에서 수천 번 반복되었다. 민주당과 공화당은 **너희는 부적절해, 아니 너희가 부적절해**라며 손가락질을 해댔고, 그러다 청각이 둔해져버렸다. 우리는 방향 전환, 방어, 희석이라는 동일한 패턴에 익숙해졌다. **그 테이프는 2005년 거잖아요. 남자들이 남자처럼 얘기하는 게 어때서.** 그들은 우리가 개똥을 적당히 주물러대다가 다른 데로 관심을 돌리기를 바랐다.

그의 말도 말이었지만, 날 더 심란하게 만든 건 그 맥락이었다. **다리밖에 안 보이네. 아, 그림 좋네.** 트럼프와 빌리 부시는 한 여성을 그냥 지나가는 말로, 또는 옛일을 회상하며 평가한 게 아니었다. 그들은 당사자에게 다가가는 버스 안에서 그 여성을 평가하고 있었다. 그녀는 그 자리에 있었고, 눈에 보이는 존재였지만 배제되었다. 나는 그녀가 미소를 짓고 참을성 있게 기다리면서 바깥에 서 있는 모습을 상상한다. 그녀는 사슴이고, 우리는 퓨마가 수풀 속에 도사리고 있다는 사실을 알게 된다. 나는 그녀에게 귀를 쫑긋 세우라고 속삭인다. 도망쳐. 두 남자가 버스에서 내려설 때 그들의 상스러운 대화는 중단되고 그들은 공적인 자아로 전환된다. **도널드를 살짝 안아주면 어때요.** 두 남자 사이에 서서 팔짱을 끼고 그들을 따뜻하게 맞이하는 그녀를 지켜보면서 나는 우리가 인지하지 못하는 온갖 성희롱을 떠올리고 두려움에 가득 찼다.

이건 탈의실 농담이었어요. 오래전의 사적인 대화였다고요. 그는 사과 대신 그 대화를 버스에서 탈의실로, 여성들이 접근할 수 없는 또 다른 장소로 끌고 갔다. 그는 절대 그 대화가 그런 식이

어서는 안 되었다고 말하지 않고, 사적이었다고만 말했다. 그는 우리를 안에 들이지 않을 의도였고, 우리는 그 대화를 절대 들을 수 없어야 했다. 그는 자신이 한 말에 미안해하지 않았고, 재수 없게 걸렸다고 생각했다. 트럼프의 말은 내가 아는 누군가의 말과 비슷했다.

난 그냥 그 여자들한테 키스부터 해. 그냥 키스한다고. 뜸을 들이지도 않아. "저는 그녀에게 키스를 했어요." 브록이 말했다. "그리고 당신은 그녀에게 키스하기 전에 허락을 구하지 않았고요." 내 담당 검사가 말했다. "네." 브록이 말했다. **난 잡놈처럼 그녀에게 들이댔어.** "전 그녀의 빰과 귀에 키스를 했어요." 브록이 말했다. "저는 그녀의 가슴을 만졌어요. 원피스를 아래로 끌어내렸어요." **보지를 움켜쥐고.** "속옷을 벗기고… 그다음에 손가락으로 더듬었어요." **그 여자하고 떡을 치려고 했어.** 우린 대통령의 말과 열아홉 살짜리 성폭행범의 말을 구분하기 힘든 시대에 살고 있다.

사회는 여성들에게 무해함과 위험을 구분하라는 거의 불가능한 과업을, 일부 남자들이 어디까지 할 수 있는지 파악하는 예지력을 요구한다. 우리가 그 말들을 듣고 성폭행이라고 소리치자 트럼트는 당신이 잘못 이해한 거라고 말한다. 그냥 말일 뿐인걸요. 과민반응이군요. 필요 이상으로 화를 내고, 히스테리를 부리고, 무례하게 굴고 있어요. 긴장 풀어요!!! 그래서 우리는 우리의 피해망상에 대해 사과하고, 험악한 성명서와 경고 표지를 깨끗이 잊어버린다. 그건 그냥 파티나 모임일 뿐이라고 생각하면서 파티나 모임에 간다. 하지만 우리가 허를 찔리고 피해를 당해서 다시 움츠러들면 그들은 말한다. **어쩌면 그렇게 순진할 수가 있어, 방심하고 위험을 감지하지 못하다니, 무슨 일이 일어날지 생각도 안 해본 거야?** 트럼프는 게임은 조작되었고, 규칙은 계속 바뀐다는 사실을 분명히 천명했다. 당신이 성폭행이라고 생각하는지는 중요하지 않다. 최종적인 판단을 하는 건 그이므로.

〈액세스 할리우드〉 테이프의 1분 10초 지점에서 작은 틱택 상자를 미는 소리가 들린다. **그녀랑 키스를 하게 될 수 있으니 틱택을 먹어두는 게 좋겠어.** 누군가는 이렇게 말할 것이다. **그는 그냥 남자일 뿐이야! 버스에서 민트를 먹는 거라고!** 하지만 이 장면은 어떤 남자가 당신이 들어온 뒤에 문을 딸깍하고 잠글 때 당신의 몸이 긴장하게 되듯 내 신경을 도발했다. 여자들은 미세한 움직임을 감지하도록, 험악한 표현이 현실이 될 가능성을 꾸준히 가늠하며 모든 일련의 행동을 살피고 예상하도록 교육을 받는다. 우리는 모든 상상 가능한 시나리오에서 자신을 방어하고, 퇴로를 계획하고, 반복되는 일상에서 손가락 사이에 열쇠를 끼고 걷는 것을 타고난 본능처럼 실행하라는 요구에 시달린다.

●

2016년 7월 6일, 내 진술서가 공개된 지 한 달 되었을 때, 필랜도 캐스틸이라고 하는 젊은 흑인 남자가 식료품점에서 차를 몰고 집으로 가는데 한 경찰이 미등이 깨졌다는 이유로 그의 차를 세웠고, 그에게 총을 일곱 발 쐈다. 조수석에 있던 그의 약혼자는 뒷좌석에 네 살된 여자아이가 앉아 있는 상황에서 그가 쓰러지고 그의 흰 셔츠가 일장기처럼 빨갛게 물드는 모습을 영상에 담았다. 나는 생각했다. **증거가 있네, 이거면 된 거야. 평결이 쉽게 나올 사건이야.** 그 자리에서 찍은 영상이니 모르는 척할 수도, 되는대로 우길 수도 없다.

하지만 2017년 6월 16일, 배심원단은 유죄가 아니라는 평결을 들고 돌아왔다. 오클랜드에서는 사람들이 고속도로를 급습했다. 어떤 사람들은 그걸 두고 혼돈이라고 했지만 나는 이성이라고 생각했다. 필름이 끊겼기 때문에 내 증언은 부정확했다. 필랜도는 죽었기 때문에, 그래서 자기 재판에 참석할 수도 없었기 때문에 증언을 못 했다. 나는 검사가 필랜도를 증언대에 세우고, 배심원단이 텅 빈 증인석을 바라볼 수밖에 없도록 만들었더라면, 그의 이름이 침묵 속에 메아리치게 만들었더라면 좋았을 거라고 생각한다. **꼬마 숙녀 분의 별명은 무엇이었나요? 그녀를 안을 때 팔이 아팠나요? 그날 옷을 입으면서 그 옷을 입고 죽게 될 거라는 사실을 알았나요? 결혼식에는 어떤 케이크를 주문하고 싶었나요?**

경찰관은 자신이 겁을 먹었고, 필랜도가 총에 손을 뻗는다고 믿을 만한 이유가 있었다고 주장했다. 이 시나리오가 정말 사실일 수 있을까? 차 트렁크에는 녹고 있는 식료품이 가득하고, 뒷자리에는 어린 여자아이를 태운 얇은 면 옷을 입은 한 남자가, 불쑥 총을 꺼내서, 총알로 경찰의 방탄조끼를 뚫고, 도주범이 되려 했다고? 필랜도가 어째서 만난 지 40초 만에 무고한 남자를 쏘려 했을까? 경찰은 왜 그랬을까?

다시 에르난데스 선생님의 영화 문학 수업으로 돌아가서 〈죠스〉를 생각해보자. 에르난데스 선생님은 영화가 시작되고 80분 정도가 지날 때까지 사실 상어는 한 번도 등장하지 않는다고 지적했다. 그 대신 우린 무서운 이야기를 들었고, 그 사악한 지느러미를 얼핏 보았다. 이것으로 겁을 먹을 준비는 모두 끝났고, 그래서 상어가 당당하게 모습을 드러냈을 때, 우리는 보게 되리라고 학습한 모든 것, 그 무자비하고 피에 굶주린 죠스를 보게 되었다. 필랜도의 차를 길가에 세우기 전 경찰은 코가 넓게 퍼진 그 남자가 강도 용의자와 닮았다는 보고를 받았다. 경찰은 창문으로 다가갔고, 필랜도를 보지는 못했지만, 넓은 코에 대해, 검은 피부에 대해, 총에 대해, 자신이 안다고 생각한 모든 것을 보았고, 이 모든 것이 더해지면서 머릿속에서 그를 위협했다. 문제는 우리가 누구인지가 아니라, 당신이 생각하는 우리의 모습이다. 당신이 우리에게 뒤집어씌운 현실. 필랜도는 폭력적일 것이라고, 내가 쓰레기통 뒤에서 섹스를 하자고 했을 거라는 당신의 생각.

필랜도를 쏜 경찰은 이렇게 증언했다. **저는 생각했어요, 이제 죽었구나. 그리고 생각했어요. 그 남자는, 그 남자는 다섯 살짜리 여자아이 앞에서 마리화나를 피우고, 간접흡연으로 아이의 폐와 아이의 생명을 위협할 배짱과 대담함이 있는데, 그리고 앞자리 조수석에서도 똑같이 그러고 있는데, 그러면 대체 나한테는 어쩔까?** 그의 증언을 듣다 보면 피해자가 목숨을 부지하려면 흠잡을 데가 없어야 한다는 익숙한 기대를 다시 한번 접하게 된다. 마리화나를 피울 배짱은 죽어 마땅한 이유가 되었다. 피고 측 변호사가 나를 파티광이라고 부른 건 나 역시 강간을 당해 마땅하다는 의미였다.

브록은 자신의 진술서에 이렇게 적었다. **오하이오의 작은 마을 출신인 저는 정말 한 번도 술이 관련된 파티나 축하 행사를 경험해 본 적이 없었습니다.** 브록의 핸드폰에 대한 수색 영장이 발부되었고, 대학에 입학하기 전 여름에 주고받은 문자들과, 그가 독주를 마시는 사진들, 파이프로, 물담뱃대로 마리화나를 피우는 모습이 드러났다. **우리가 댑 좀 하고 싶은데, 어디서 왁스를 좀 살 수 있을까?** 댑은 고농축 대마초를 말한다. **나 지난주에 크리스티안이랑 애시드**[강력한 환각제인 LSD를 말함] **했어.** 친구들에게서 온 문자들, **나 애시드 해보고 싶어. 진짜 할 거야.** LSD와 MDMA[엑스터시]의 혼합물을 뜻하는 **캔디플리핀**에 대한 문자들. **그거 존나 해보고 싶어. 끝내준다더라.**

나는 신경 쓰지 않았다. 이런 건 그가 나쁜 인간이라는 증거가 아니고, 내가 그의 약물 복용에 대해 심판하려고 여기 있는 것도 아니다. 그 마리화나는 마음껏 즐기렴, 소년. 넌 삼시세끼 버섯을 먹어도 돼. 네 손으로 네 심장을 주물럭거리든 말든 내 알 바 아니야. 왜 그런지 아니? 그건 네 인생이고, 네가 뭘 먹든 마시든 네 자유니까. 하지만 이따위 진술서를 들고 내 법정에 들어오는 건 안 되는 거야. **저는 음주도 파티도 미숙했고, 그래서 (수영 팀 사람들이) 저한테 별 거 아니라는 듯이 보여준 이런 것들을 그냥 받아들였습니다… 저는 학교에서 4개월간 잠시 경험한 파티 문화와 위험한 행동에 의해 산산이 부서지고 말았습니다.**

내 사건의 판결문이 낭독되던 그날 《워싱턴 포스트》의 한 기사는 외과의 레지던트 과정에 들어가기를 10년간 희망했다는 브록의 말을 인용했다. 그의 누나는 **올림픽이여, 안녕. 정형외과 의사의 꿈이여, 안녕**이라고 적었다. 다른 사람이 쓴 편지에서는, **여러분이 아셨을 수도 있지만 브록은 의생물공학을 공부할 생각으로 대학에 갔고… 그의 성격은 전형적인 공대생에 상당히 가까웠습니다. 공손하고, 야단스럽지 않고, 잘난 체하지 않았죠…** 나는 보호관찰관의 보고서에서 그의 이력서를 발견했다. 폭행이 있었을 때, 그는 2년간 인명구조원으로 일했고 그 뒤에는 스피디피트라고 하는 가게에서 일했다. 하지만 이런 사실은 어디에도 보도되지 않았다. 그는 자신의 현재 사실들을 인정하라는 압력을 받지 않았다. 그에 대한 이야기는 유실된 잠재력이라는 측면에서, 그러니까 지금의 그가 어떤 사람인지보다는 앞으로 어떤 사람이 결코 될 수 없는가라는 측면에서 이루어졌다. 사람들은 그의 미래가 마치 그가 그 안으로 들어오기만을 인내심 있게 기다리고 있다는 듯이 이야기했다. 우리 대부분은 미래가 보장되어 있지 않다는 사실을 안다. 그것은 우리가 내리는 선택을 통해 하루하루 만들어진다. 미래는 노력과 행동을 통해 조금씩 획득된다. 거기에 맞게 행동하지 않으면 그 꿈은 흩어지고 만다.

처벌이 잠재력을 근거로 삼을 경우, 특권적인 지위에 있는 사람들은 상대적으로 가벼운 형을 받게 될 것이다. 브록은 자신 같은 사람들이 자라서 무엇이 될지, 또는 무엇이 되어야 하는지라는 기대 안에서 보호를 받았다. **정형외과 의사. 의생물공학자. 미국 대표 운동선수. 올림픽 출전자.** 판사는 그가 이미 많은 것을 잃었다고, 아주 많은 기회를 포기했다고 주장했다. 그렇다면 처음부터 잃을 게 거의 없는 사람은 어떻게 되는가? 19세의 스탠퍼드 재학 중인 운동선수가 아니라, 남학생 사교클럽의 주방에서 일하는 19세 히스패닉 남자가 같은 범죄를 저질렀다고 상상해보자. 이 이야기의 결말이 달라질까? 《워싱턴 포스트》는 그를 외과의라고 부를까?

내 요지는 브록이 쓴 문장 하나로 압축될 수 있다. **저는 어떤 일도 틀어질 리가 없고, 그 누구도 제가 하고 있는 일이 잘못이라고 생각할 수 없는 세상에서 살았습니다.** 밝은 피부색을 가진 사람에게는 특권이 따르고, 이 특권은 브록이 인과응보가 자신에게는 적용되지 않는다는 믿음을 유지하는 데 한몫했다. 이 시스템에서 건드릴 수 없는 사람은 누구인가? 쓰고 버릴 수 있는 사람은 누구인가? 우리는 누구의 목숨을 지켜주는 데 열중하는가? 아무런 해명도 듣지 못하는 사람은 누구인가? 진짜 혼란 유발자, 총을 쏘는 자, 손가락으로 더듬는 자, 아무런 문제가 없던 곳에 문제를 유발하는 자는 누구인가? 브록은 처음 체포되었을 때 수사관에게 많은 중요한 사항들을 자세히 말하지 못했던 것이… **제 마음이 시속 백만 마일의 속도로 움직이고 있었고, 그래서 벌어진 상황에 대해 분명하게 생각하는 게 불가능했기** 때문이라고 말했다. 반면 피해자는 언제나 분명하게 사고하라는 요구에 직면하고, 두려움을 변명거리로 사용하지도 못한다. 그것으로는 충분하지 않다고, 다시 설명하라고 우리를 호통치며 더 많은 증거를 요구하는 동안 무분별한 폭력은 계속 판을 친다.

아무리 경찰서에 가서 성폭력 신고를 해도 검사에게 받아들여지는 건 소수에 불과하다. 그건 검사가 피해자를 믿지 않아서가 아니라, 성폭력이 합리적인 의심의 여지없이 일어났음을 증명해야 하기 때문에 증거의 부담이 극도로 크다는 걸 검사들도 알고 있어서다. 일단 증거가 부족하고 가능성이 낮으면 검사들은 피해자를 그 모든 과정에 끌어들이지 않을 것이다. 피해자가 아무리 진행하고 싶다 해도 피해자의 의지로 항상 모든 문제가 해결되는 건 아니기 때문이다.

그러면 사건은 상대적으로 낮은 증거 수준, 증거의 우세함을 요구하는 민사법원으로 넘어가게 된다. 하지만 여기서도 피해자는 자신의 사건을 맡아줄 변호사를 찾고, 설득하고, 고용해야 한다. 민사 소송에서는 피해자의 이름을 익명으로 보호해주지 않고, 돈 때문에 소송을 한다는 비난을 받을 가능성이 높다. 이 과정은 2~3년이 걸릴 수 있다.

대학 캠퍼스에서 성폭행 사건이 일어났을 때, 피해자의 요구사항은 피해자 자신의 안전을 보장받고 가해자가 다시는 범행을 되풀이하지 않아야 한다는 확인이 전부인 경우가 적지 않다. 대학들은 징계 제도를 그때그때 바꾸느라 계속되는 혼란 때문에 이런 사건을 처리하는 데 필요한 정교함이 부족하다는 비난을 받고 있고, 따라서 피해자들은 여기서도 경찰에 신고하라는 조언에 맞닥뜨리게 된다. 심각한 범죄는 심각한 제도로 처리해야 한다는 입장에 대해서는 나도 동의한다. 하지만 피해 학생은 사법제도 안에서 수년간 싸우느라 자신의 학업을 희생하게 될 것이다.

학교는 완벽한 재판을 지휘할 준비는 갖추지 못했더라도, 안전한 환경을 조성하고 가해자를 캠퍼스에서 퇴출함으로써 제한적으로나마 처벌을 이행할 힘이 있다. 모든 사람에게는 적절한 절차를 밟을 자격이 있다는 점은 절대적으로 옳고 부정할 수 없다. 그 결과가 엄중할 때는 더욱더. 학생들을 감옥에 보낼 권한이 대학에 있다면 그건 불합리한 일일 것이다. 하지만 우리가 요구하는 건 그런 게 아니다. 학교가 할 수 있는 일이라고는 '넌 이제 여기서 공부 못 해. 넌 이제 우리 도서관이나 식당을 쓸 수 없어. 다른 도서관과 식당을 알아봐'라고 말하는 것뿐이다. 표절이나 마약 거래에 연루된 학생이 지체 없이 학교에서 쫓겨날 수 있다면, 다른 사람에게 위협을 가한 증거가 충분할 때도 똑같은 처벌을 내려야 한다. **이런, 하지만 그의 명성은 어쩐담! 명성을 잃다니 얼마나 힘들까.** 자신의 명성을 걱정한다면 더는 강간을 하지 말라는 게 나의 조언이다.

●

브록은 이 일이 있기 전, **저는 법 집행에 관해서는 전혀 문제가 없었고 계속 준수할 계획입니다**라고 적었다. 2014년 11월 15일, 나를 폭행하기 3개월 전 경찰관 쇼는 스탠퍼드 캠퍼스에서 젊은 남자 몇 명이 맥주캔을 들고 걷는 모습을 발견했다. 이들은 체포되었다가 도주했다. 한 남성이 붙잡혀서 구금되었고, 도망친 사람은 브록이라고 털어났다. 브록은 경찰서로 소환되었다. 경찰은 이렇게 기록해놓았다. **그는 밝은 오렌지색 턱시도를 입고 돌아왔**

고 경찰관 쇼는 그에게서 알코올 냄새를 맡았다… 그가 메고 있던 검은 배낭에는 쿠어스라이트 맥주가 있었고, 손에도 맥주가 들려 있었다. 그는 맥주를 숨기려 했다고 인정했고 자신은 아직 21세가 되지 않았기 때문에 맥주를 마시면 안 된다는 것도 알고 있었다. 그는 경찰관이 다가오는 걸 보았을 때 도망치기로 마음먹었다고 진술했다. 도망치는 동안 그는 멈추라는 명령을 들었지만 계속 도망쳤다. 그는 그건 순간적인 결정이었고, 그 결정을 후회한다고 말했다. 경찰관 쇼는 이 사건이 있고 나서 3개월 뒤에 내 몸을 사진 촬영했다.

내가 폭행을 당하고 나서 6개월 뒤에 젊은 여성 두 명이 김 수사관을 찾아와 내가 폭행을 당하기 일주일 전 주말에 남학생 사교클럽에서 브록을 마주쳤다고 진술했다. 경찰 보고서에는 이렇게 적혀 있다. 그가 자기 모자를 그녀에게 씌웠고 그녀는 모자를 벗었다. 그러고 나서 그는 그녀 뒤에서 춤을 추기 시작했고 그녀가 몸을 돌려 자기를 쳐다보게 만들려고 했다. 그녀는 불편함을 느꼈고 그가 자기 바로 "뒤에" 있지 못하게 하려고 몸을 돌렸다. 그는 너무 "부담스러워"졌고 자기 손을 그녀의 허리와 배에 올렸다. 그녀의 허벅지에 손을 올리기도 했다. 그녀는 점점 도가 지나치다 싶어서 테이블 아래로 내려왔다. 그녀는 피고의 집요함 때문에 "소름이 끼쳤다"고 말했다.

일주일 전, 똑같은 장소였다. 나는 시간을 따로 내서 내 담당 수사관을 찾아와준 그들이 고마웠다. 뉴스를 보곤 그냥 **와, 저 남자 파티에서 봤던 그 남자네** 하고 말기가 쉽다는 걸 알기 때문이다. 하지만 그들은 자신들의 이야기를 알렸고, 그러고 나서 자신들의 일상으로 조용히 돌아갔다.

2015년 1월 18일 이른 아침 시간에 피고를 체포한 직후, 수사관들은 피고의 화면에 떠 있던 '그룹미'라는 앱에서 문자 메시지를 보았다. 그 문자에는 "그거 누구 젖통이야?"라고 적혀 있었다. 이미지는 그 그룹 내에 있는 제3자에 의해 삭제된 상태였다. 브록이 내 가슴을 사진으로 찍어서 전송했으리라는 추측이 가능했다. 그게 정말이라면 나는 알고 싶지 않다.

브록이 맥주가 가득 든 배낭을 메고 경찰에게서 도망치고, 여자들에게 집적대고, 마리화나를 피우고, 애시드를 하고, 여자 가슴 사진을 찍은 이야기들은 그가 사랑하는 사람들과 미디어가 투사한 이미지에는 모두 빠져 있었다. 《워싱턴 포스트》는 그를 **흠잡을 데 없고 아기 얼굴에** 뺨이 장밋빛인 천사 같은 소년이라고 불렀다. 탄원서를 작성한 사람들은 그가 **범죄자라는 오해를 받고 있다**고 주장했다. 그들은 그를 **자신의 자유를 위해 싸우는, 무고한 사람**이라고 불렀다. **재미를 추구하고, 유전자에 악의라고는 전혀 없는, 툭하면 얼굴이 빨개지는 아이. 내가 한 단어를 고를 수 있다면 그것은 '순하다'일 것입니다… 제가 래브라도레트리버와 똑같다고 생각하는 사람들이 있습니다… 우아하고, 배려심이 있고, 재능이 있는 사람. 겸손하고, 책임감이 있고, 신뢰할 만한 사람. 파리한 마리도 해치지 못할 겁니다.**

유죄가 선고된 뒤에도 이들은 여전히 브록이 처벌을 받지 않을 거라고 믿었다. 이들의 지지는 확고했고, 이들은 그 사건을 폭행이라고 부르지 않았다. **지독한 혼란, 이 불행한 상황**이라고만 했다. 그리고 그들은 여전히 말했다. **브록은 자신이 법 위에 있거나 특별한 특권이 있다고 믿을 만한 사람이 아닙니다… 저는 여성으로서 브록에게 어떤 식으로든 위협당한다고 느낀 적이 한 번도 없었습니다.** 브록의 엄마가 행간 여백 없이 쓴 세 쪽 반짜리 탄원서에서는 내가 한 번도 언급되지 않았다. 삭제는 억압의 한 형태, 보지 않겠다는 거부이다.

2017년 1월 20일, 〈액세스 할리우드〉 테이프가 공개된 지 4개월 뒤 온 국민은 트럼프가 손을 올리고 미국 대통령으로서 선서를 하면서 미소 짓는 모습을 지켜보았다. 나는 몸을 부들부들 떨었다. 그것은 덜컹거림, 틱택을 수천 번 밀어내는 소리였다. **당신은 뭐든 할 수 있어.**

●

그 뉴스는 눈 속에 있는 나를 찾아냈다. 형이 선고된 지 1년 하고도 6개월이 지난, 2017년 12월 2일이었다. 루카스와 나는 친구의 오두막을 방문하던 중이었다. 나는 잠에서 덜 깬 상태에서 스키 바지를 입은 루카스가 걸을 때마다 내는 쉭쉭 소리를, 주방에 있는 냄비 소리를, 싱크대에서 물 내려가는 소리를, 환기구를 통해 열기가 빠져나가는 소리를 들었다. 침대에서 핸드폰을 집어 들고 늘상 하던 대로 눈을 제대로 뜨지도 못하고 확인했다. 부재중 전화가 있었고, 브록이 항소를 신청했다는 뉴스가 떴다. 불충분한 증거를 들먹이며, 부당한 재판이라는 호소. 변론 취지서는

172쪽이었다. 《뉴욕 타임스》는 그중 약 60쪽이 내 만취 상태에 대한 내용이라고 말했다. 눈 내린 풍경이, 전나무들이 시야에서 흐려졌다. 돌아가서 이게 무슨 의미인지 확인해야 했다. 담당 검사에게, 부모님에게 전화를 해서, **네, 뉴스 들었어요, 네 전 괜찮을 거예요** 하고 말해야 했다.

항소는 믿을 수 없을 정도로 흔하고 항소권은 누구에게나 있지만, 사건이 완전히 종결되지 않았다는 생각, 아무리 작더라도 재심이 진행될 가능성이 있다는 생각은 내 속을 뒤집어놓았다. 검사는 할 일이 아무것도 없다고 말했다. 주 검찰총장이 답변서를 작성하는 데 앞으로 몇 달이 걸릴 것이었다. 그것이 제출되고 나면 브록의 항소 변호사인 물타우프 씨가 판사 세 명으로 이루어진 심사위원단 앞에서 구두 변론을 하게 되는데, 그건 내년 언제쯤이고, 정확히 언제인지는 알 수 없었다. 선고 공판 날 보았던 은발의 항소 변호사는 이마의 머리선이 원숭이 같은 이 변호사로 바뀌어 있었다.

티파니에게서 전화가 왔다. 동생은 친구들과 둘러앉아 브런치를 먹다가 빠져 나와서 전화를 걸었다. **이게 무슨 일이야. 우리는 괜찮은 거야?** 동생은 길가에 혼자 서 있었고 나는 우리가 함께 있었으면 좋았을 거라고 생각하면서 설경이 보이는 방에 앉아 있었다. 오두막에 있는 모든 사람이 토스트를 다 먹고 머리에 고글을 쓰고, 더 이상 내가 속할 수 없는 현실에 열중하고 있었다. 루카스가 방으로 돌아와서, 내가 다른 데 정신이 팔려 옷도 입지 않고 핸드폰만 붙들고 있는 걸 알아차리고는 무슨 일이냐고 물었다.

내가 이야기를 하자 루카스는 그 뉴스가 우리의 하루를 앗아가도록 내버려두지 않겠다는 단호한 의지를 보였다. 우린 스키 타러 가는 거야. 나는 고개를 저었다.

루카스는 전에도 이런 일을 숱하게 보았다. 그는 항소 자체에 화가 난 것 이상으로 내가 거기에 휘둘리는 걸 보기 힘들어했다. 그는 나를 붙든 그 손아귀를 털어내고, 나를 데리고 내가 타기로 했던 스키 리프트에 오르고 싶어 했다. 하지만 나는 다른 사람들을 위해 행복하려고 애쓰거나 행복한 척하고 싶지 않았다. 결국 루카스는 내게 나만의 시간을 주겠다고, 핸드폰을 가져갈 테니 내가 준비되면 언제든 만나면 된다고 말했다. 나는 모두가 문밖으로 빠져나가고 마침내 집 안에는 정적만 남는 소리를 들었다.

172쪽. 나는 목차를 보았고, **도 양의 동생, 도 양의 남자친구, 줄리아**에 할애된 절이 있다는 걸 알게 되었다. 내가 사랑하는 사람들이 다시 해체되는 모습을, 전보다 더 매섭고 모욕적인 새로운 주장들을 통해 난자되는 모습을 보았다. 나는 그 페이지에서 그들의 이름을 잡아 뜯고 싶었다. 변호사의 손아귀에서 그들을 잡아채 내 곁으로 바짝 끌어당기고 싶었다.

내가 진술서를 작성했던 것은 그만두라고 말하기 위해서였다. 나를 그만 짓뭉개라고, 내 진실을 그만 부인하라고, 변명을 그만두라고. 나는 할 만큼 했고, 너무 많은 걸 쏟아부었고, 더는 못하겠다고. 여기서 끝내자고. 그런데 그들은 이런 방법을 통해 싫다고 말했다. **자, 싫다는 말을 172쪽에 걸쳐 해봤어**라고 하고 있는 것이다. 그들은 방음 상자 안에서 살았고, 나를 그 안에서 그들과 함께 계속 질식시킬 계획이었다.

피해자에게 경찰에 신고하라고 이야기할 때, 그녀에게 어떤 미래 속으로 걸어 들어가라고 말하고 있는 건지 당신은 아는가? **그여자는 왜 경찰한테 안 간 거야?** 나에게는 검사와 수사관과 구급대원들이 있었고, 경찰차와 앰뷸런스가 있었다. 그들은 그에게 수갑을 채웠고, 내 사진을 찍었고, 증인 진술을 기록했고, 내 목에 감긴 얇은 사슬부터 운동화 끈까지 내 몸의 모든 시시콜콜한 사항들을 기록했고, 내 옷과 그의 옷을 수거했다. 나는 폭행이 벌어진 지 24시간 안에 고발했다. 그런데 3년이 지나 내가 어째서 **쓰레기통 "뒤"**가 아니라 **그 앞에 있었던 게 분명한지**를 밝히는 항소 변호사의 진술서를 읽고 있었다. 그것이 어째서 내 **"생식구"**를 **"단순히 밖에서 마사지한 것"**인지, 어째서 우리가 **서로에게 홀딱 빠져서 각자의 성적 충동을 표출한 젊은 사람들**이었는지. 경찰서에 가라고 말할 때 당신은 무엇을 상상하는가? 나는 우리 팀에 고마움을 느꼈다. 하지만 경찰은 피해자가 고통스럽고 지난한 사법 제도 속에 남아서 의문을 품게 되는 동안, 다른 사건으로 넘어가서 그녀가 누구인지 잊을 것이다. 그냥 육체적인 공격만 받았다고? 수년간 이어질 악담 세례로 진입하는 방법에 대한 약간의 정보가 여기 있다. 도움을 구하다가 난도질당하느니 차라리 강간만으로 괴로워하는 게 더 속편해 보이는 경우도 있다.

피해자가 도움을 얻고 싶어서 나설 때 사람들은 보통 폭행범을 공격하려 한다고 생각한다. 이건 별개다. 도움을 구하는 것이 그녀의 일차 동기이고, 가해자에게 악영향이 미치는 것은 부차적인 효과다. 하지만 네가 떠들어대면 그에게 나쁜 일이 벌어진다는 훈계를 듣는다. 당신은 그가 얻지 못한 모든 직장에 대해, 그가 뛰지 못한 모든 경기에 대해 비난을 뒤집어쓰게 된다. 그의 가족, 친구, 공동체, 팀이 당신에게 지옥을 풀어놓을 텐데 당신은 그걸 원하는 게 확실한가? 가해자는 자신의 행동이 그녀의 인생에 어떤 결과를 초래할지 전혀 고민하지 않는데도, 사람들은 피해자에게 너의 행동이 그의 인생에 어떤 의미일지 치열하게 생각해보라고 강요한다. 당연히 피해자는 수적으로 열세다. 가해자의 성적 공격을 혼자서 감당해야 했던 그녀는, 사람들이 수년간 호감 가는 이야기를 근거 삼아 들이미는 온갖 견고한 믿음을 혈혈단신으로 해제해야 한다. 그들은 이렇게 말할 것이다. **우린 한 번도 그가 그런 식으로 행동하는 걸 본 적이 없어. 네가 거짓말을 하는 게 분명해.** 이런 정서는 브록의 누나가 작성한 탄원서에서도 똑같이 느껴졌다. **재판 과정에서 제시된 증거와 그의 성격에 대해 내려진 결론은 그의 일생에서 단 하룻밤을, 그를 알지 못하는 낯선 사람들을 근거로 삼았습니다. 그건 브록이라는 존재의 빙산의 일각일 뿐입니다.** 피해자는 빙산의 일각이 아니다. 우리는 빙산 전체다.

　사회가 피해자가 신고를 꺼리는 현상을 문제 삼을 때, 나는 그건 우리의 제정신을 희생해가면서 우리를 주저앉히도록 설계된 케케묵은 구조에 맞서서 싸우라고 요구하는 것과 같다고 다시 한번 짚어줄 것이다. 피해자들은 그럴 시간이 없다. 피해자들은 학생이기도 하고, 교사이기도 하고, 부모이기도 하다. 우리는 일이나 학업을 포기할 수 없다. 평균적인 성인은 교통국에 가서 운전면허를 갱신할 시간을 내기도 힘들다. 피해자에게 삶을 제쳐두고 이들이 애당초 초래한 적 없는 무언가를 뒤쫓는 데 더 많은 시간을 내라고 태평하게 요구하는 것은 불합리하다. 문제는 피해자의 노력 부족이 아니다. 피해자가 2차 가해를 당하고, 공개적인 망신에 속수무책으로 노출되고, 심리적인 고문과 악담에 시달리는 대신 안전과 정의와 회복을 성취할 가능성이 상당하다고 느낄 수 있는 시스템을 갖추지 못한 사회의 실책이 문제다. 우리가 해야 하는 진짜 질문은 **그녀는 왜 신고를 안 했어?**가 아니라 **너라면 왜 할 건데?**이다.

앞으로 브록은 항상 **한때 수영선수였던 강간범**일 것이다. 그는 훌륭했고 그러다가 추락했다. 나에게는 앞으로 무슨 일을 하든 **책을 쓴 피해자**라는 꼬리표가 따라붙을 것이다. 그의 재능은 이 비극이 있기 전부터 존재했다. 그녀는 어쩌면 그 비극 속에서 태어났다. 그가 나를 해할 때 나는 존재하지 않았다. **그녀가 자기 목소리를 찾았어!** 나에게는 목소리가 있었다. 그가 내 목소리를 빼앗았고 잠시 앞이 보이지 않아서 주위를 더듬댔지만, 사실 나에게는 항상 목소리가 있었다. 다만 전에는 그것을 사용해야 하는 상황이 한 번도 없었던 것처럼 사용했다. 나의 성공, 나의 성장은 그에게 전혀 빚지지 않았다. 그는 나를 빚어내지 않았다. 브록의 유일한 공은 나를 폭행한 것이고, 그는 그 사실을 절대 인정조차 하지 못한다.

●

2017년 6월 17일, 빌 코스비의 첫 재판이 교착 상태로 막을 내렸다. 여섯 명의 배심원단은 자신감 없이 머리를 긁적였다. 그 알약 두 개는 신경 쓰지 말아요. 네, 그치만 전 그냥, 전 잘 모르겠네요. 우린 정보가 좀 더 필요해요. 당신은 진 빠지는 오판 이후 앤드리아 컨스탠드[빌 코스비에게 성폭행을 당한 여성]가 꺾이리라고, 포기하리라고 생각할 것이다. 다시 증거를 가져와요. **당신은 뭐든 할 수 있어.** 하지만 2018년 4월 26일 두 번째 재판의 판결문이 큰 소리로 낭독되었고, 등 뒤로 꺾인 코스비의 팔에는 쇠고랑이 채워졌다. 50명 넘는 여성들이 "아니, 코스비, 당신은 할 수 없어"라고 말하며, 앤드리아 컨스탠드에게 힘을 보탰다.

당신은 물어보지 않고 키스할 수 없어. 보지를 움켜쥘 수 없어. 당신이 하는 일을 감출 수 없어. 마이크를 끌 수 없어. 손을 저어서 쫓아낼 수 없어. 우리를 망각에 빠지게 할 수 없어. 우린 [미투라고 하는] 두 단어짜리 약속의 박자에 맞춰서 걷고 있으니까. 남자들은 너무 오랫동안 인과응보라는 걸 모르고 지냈다. 그들은 책임을 면했지만 그들이 한 행위는 결코 사라지지 않았다. 우리의 마음이 아무리 그것을 잊고 싶어 해도 그것은 육체에 새겨진 기억이 되었기 때문이다. 우리의 뇌가 그 기억을 아무리 숱하게 쓰레기통에 갖다 버려도, 지난 일은 잊고, 잘못에 대한 책임을 지고, 철이 들라는 말이 우리에게 아무리 숱하게 쏟아져도, 아무리 긴 세월이 지나도, 우리 몸은 그 기억을 꼭꼭 저장해두었다. 우리가 가정을 꾸리고, 아이를 가지고, 우리 아이들이 아이를 가져도, 우리의 몸은 여전히 기억했다. 그리고 우리의 마음이 그것을 완전히 버리려고 해도, 늦은 밤, 홀로 잠들지 못하고 누워서, 우리의 몸은 저항했다. **당신은 할 수 없어.**

2017년 10월, 애슐리 주드와 로즈 맥고완이 최전선에 섰고 와인스타인은 추락했다. 높은 자리에 있는 남성들이 하나둘 무너져 내렸다. 아니 여성들이 앞으로 전진했고, 그 결과 이런 남성들이 추락했다. 하지만 이것은 절대 눈에는 눈이 아니었고, 눈 수십 개에 눈 하나였다. 이런 남자들은 그 숱한 세월 동안 자신들이 여자를 한 명 한 명 약탈하면서 숱한 증인을, 한 명 이상의 후원자를 양산했음을 깨닫지 못했고, 이건 정말 하느님께 감사할 일이다. 증인은 한 명으로는 결코 충분하지 않은 게 분명하니까. 빌 코스비 60명. 하비 와인스타인 87명. 래리 나사르[미국 올림픽 국가대표 팀 전담 의사로 아동 성추행 파문을 일으킨 인물] 169명. 뉴스에서는 **고발의 눈사태, 이야기들의 쓰나미, 지각변동** 같은 표현을 사용했다. 파괴적인 재난과 같은 상황이라는 점에서 이런 은유는 정확했다. 하지만 그것을 자연재해에 비교하는 건 잘못이었다. 그건 절대로 자연스럽지 않았고, 오롯이 인간 남성이 만들어낸 일이었기 때문이다. 그걸 쓰나미라 부르더라도, 각각의 삶은 단 한 방울이고, 하나의 파도를 일으키기 위해 엄청나게 많은 한 방울들이 필요했다는 사실을 놓치지 말자. 이 쓰나미의 피해자들은 이해의 범위를 넘어서고, 충격적이고, 공분을 자아낸다. 우리는 그것이 한 방울을 넘기 전에 잡아냈어야 했다. 그 대신 이 사회에는 남자 한 명당 수십 명씩, 앞으로 나서는 생존자들로 넘쳐난다. 그래서 그는 노년의 어느 날이 되어서야, 생존자들이 내내 어떤 기분으로 살아왔는지 그 맛을 느낄 수 있을지 모르겠다.

타라나 버크가 시작한 미투 운동 덕분에 성폭력과 성희롱이 셀 수 없이 많은 상황에서 일어나고 폭력이 우리 일상에 촘촘히 박혀 있음이 드러났고, 우리가 대수롭지 않게 넘기라고 배워온 숱한 대화와 몸짓에 내포된 문제들이 지적되었다. **미투**는 상대방의 말을 받아서, **거기에 더해서**라는 의미로 맨 뒤에 덧붙이는 표현이다. 그것은 더 큰 무리와 분리할 수 없고, 애당초 고립은 발붙일 자리가 없다. 이 말을 덧붙임으로써 당신은 당신의 이야기 전말을 시시콜콜 생생하게 끄집어낼 필요가 없었다. 그저 고개를 끄덕였고, 손을 들어 올렸다. 지지 선언을 한다고 해서 원치 않는 집중 조명을 받지 않았고, 오직 환하게 타오르는 무수한 전체에 기여할 뿐이었다. 미투 운동은 그 이야기를 내려놓을 수 있는 기회가, 그 이야기를 짊어지지 않고 걸어 다니고, 숨을 쉬고, 팔을 내밀어 흔드는 기분이 어떤지를 느낄 수 있는 기회가 마침내 주어지는 안도감을 선사했다.

어떤 사람들은 그것이 마녀사냥이라고, **그녀가 그를 작정하고 쫓는다**라고 했다. 나는 묻는다, 언제부터냐고. 그 날짜를 짚어보라고. 시간을 되짚어서 추적해보라고. 나는 폭행 뒤 그녀가 자기 인생을 살기 위해 애썼다고 장담할 수 있다. 그녀에게 그다음 날 뭘 했는지 물어보라. 그러면 그녀는 말할 것이다. 음, 일하러 갔지. 그녀는 쇠스랑을 집어들지 않고 변호사를 고용했다. 침대를 정리했고, 셔츠의 단추를 채웠고, 샤워를 하고 또 했다. 자신은 바뀐 게 없다고 믿으려고, 다리에 힘이 빠질 때까지 움직이려고 노력했다. 피해 사실을 공개한 모든 여자들이 그렇게 했다. 자신이 만들고자 했던 삶 속에서 더 이상 또 다른 하루를 살 수 없는 지점에 부딪혔기 때문이다. 그래서 그녀는 천천히, 뒤로 돌아, 그것을 직시했다. 사회는 우리가 그를 쫓아다니기 위해 살아간다고 생각한다. 사실 우리는 살기 위해 살아간다. 그게 다다. 그가 그 삶을 뒤집어버렸고, 우리는 계속 앞으로 나가려고 노력했지만 할 수 없었다. 생존자들이 다시 부상할 때마다 사람들은 그녀가 원하는 게 뭐냐고, 어째서 이렇게 오래 걸린 거냐고, 왜 지금이냐고, 왜 그때는 말하지 않았느냐고, 왜 더 빨리 말하지 못했느냐고 단숨에 질문을 쏟아냈다. 하지만 피해에 마감일 같은 건 없다. 이제 그녀가 나타나면, 어째서 그런 상처를 안고 그렇게 오래 살 수 있었냐고, 절대 그 일을 발설하지 말라고 지시한 사람은 누구냐고 묻는 것이 어떤가?

피해자는 복수를 하려는 거라는 비난을 받기도 하지만 복수란 대단히 미약한 동기이다. 나는 재판관이 망치를 내려칠 때, 수갑이 철컥 채워질 때 내게 평화가 찾아온다고 생각할 정도로 멍청하지 않다. 그는 감방에 앉아 있을지는 몰라도, 자기 몸에서 내쫓긴 기분이 어떤 건지 절대로 모를 것이다. 우리는 각자의 행복한 결말을 위해 싸우는 게 아니다. **당신은 그렇게 할 수 없다**고 말하기 위해 싸운다. 책임이라는 게 뭔지를 보여주기 위해 싸운다. 선례를 남기기 위해 싸운다. 이런 고통을 느끼는 건 우리가 마지막이기를 기도하는 심정으로 싸운다.

힐러리 클린턴의 책《무슨 일이 있었나》가 나왔을 때 나는 그녀가 내 마지막 단락을 인용했음을 알게 되었다. **당신이 혼자라고 느끼는 밤, 제가 당신과 함께 있겠습니다**… 그리고 그녀는 이렇게 적었다. 11월 9일 이른 아침 선거 결과 승복 연설에서 무슨 말을 할지 결정할 때가 되었을 때 나는 그 말들을 기억했다. 거기서 영감을 받아 나는 이렇게 적었다. "이 장면을 보고 있는 모든 어린 소녀 여러분, 당신이 소중하고 힘이 있다는 사실을, 당신의 꿈을 좇고 성취하기 위한 이 세상의 모든 가능성과 기회를 누릴 자격이 있음을 절대로 의심하지 마세요." 에밀리 도가 어디에 있든 그녀의 말과 강인함이 얼마나 많은 사람들에게 큰 울림을 주었는지 알아주었으면 좋겠다.

엄청난 상실의 순간에 그녀는 희망을 얻으려고 그 진술서를 참고했다. 앞길을 밝히기 위해 나의 가장 어두운 장소로 돌아온 것이었다.

13

2018년 1월, 운동용 비닐 매트에서 맨발로 뛰어야 할 160여 명의 어린 체조선수들이 래리 나사르 앞에서 자신의 진술서를 낭독하기 위해 연단에 한 명 한 명 차례로 섰다. 나사르의 얼굴은 흙 속에 집어넣었다가 뺀 것처럼 꺼끌꺼끌한 수염으로 덮여 있었다. 뉴스가 보도될 때 나는 텔레비전은 그냥 켜놓은 채 당근과 두부를 잘게 잘라서 모구에게 먹이고 있었다. 이 어린 여성들의 목소리가 방 안에 흘러들자 나는 최면에 걸린 듯 앉아서 그들을 지켜보았고, 모든 것이 불타오르도록, 증기가 뿜어져 오르도록 내버려두었다. 그들의 말은 강철처럼 단단했다. 목소리가 떨릴 때마저 눈은 굳건히 고정되어 있었다. 나는 만일 내가 생존자로서 그들과 똑같은 섬유로 구성되어 있다면, 우리가 비슷한 실로 만들어진 게 맞다면, 나는 천하무적일 거라고 생각했다. 그날 내 가슴속에서 무언가가 치밀어 올랐고, 자동차를 들어올리고 높은 산을 등반할 수 있을 것 같은 기분이 들었다. 생존자가 된다는 것의 의미에 나 역시 포함된다는 것이 자랑스러웠다. 그들은 힘을 한껏 뿜어냈다. **어린 소녀는 영원히 어리지 않다**고 카일 스티븐스는 말했다. **그들은 강인한 여자가 되어 돌아와 당신의 세계를 파괴한다.**

어쩌면 래리는 세월이 문제없이 흘러가는 동안 자기 수법을 완전히 통달하고서 시간이 자신의 편이라고 생각했을 것이다. 하지만 그동안 그들은 안전하게 등장할 수 있는 최적의 온도를 찾으면서 점점 강인해졌다. 그 힘의 원천은 아직 내게도 스러지지 않았다. 감내할 수 없을 정도의 고통을 견뎌내고 난 뒤에야 도달할 수 있는 그런 어조.

하지만 뭔가가 달랐다. 나의 초점은 딸이 낭독하는 동안 옆에 서 있는 엄마에게로 계속 옮겨갔다. 텅 빈 얼굴로 말없이 배경을 차지하는 칙칙한 그림자. 침통하게 가라앉은 분위기로 방청석에 줄지어 앉은 부모들. 사람들의 눈에는 그 사건이 일으킨 파문의 두 번째 고리가, 강력하고 단호한 딸들과 그들의 사랑하는 사람들이 일으키는 더 슬픈 공명, 헤집어진 내부의 극명한 대비가 잘 들어오지 않는다. 그 장면이 뇌리에서 떠나지 않았다. 뒤바뀐 역할. 어른들은 뒤로 물러나 열다섯 살짜리 자녀들이 앞에 나가 개선을 요구하는 모습을 지켜보았고, 그러면서 무력한 방관자로 전락했다. 기백 넘치는 연설의 뒤편에서 부모의 눈에는 또 다른 생각의 층이, 어쩌면 밀도 높고 육중한 자책의 말들이 어리는 것 같았다. **넌 이런 걸 배우기엔 너무 어렸어** 하며 가슴 아파하는 말, 그리고 **내가 뭘 했더라면 이 일을 막을 수 있었을까** 하며 질문하는 말.

앤 할머니가 엄마에게 **샤넬이 너에게 이야기를 털어놓았을 때 어떤 기분이었어?** 하고 물었을 때 엄마는 네 문장으로 말했다.

기억하지 않으려고 노력해요.

무릎이 후들거렸어요.

샤넬을 차로 데려다준 건 저였어요.

차를 돌렸어야 했는데, 우리 아기들을 데리고 집으로 갔어야 했는데.

줄리아는 말한다. **언니를 파티에 초대한 건 나였어.**

티파니는 말한다. **언니를 혼자 내버려둔 건 나였어.**

루카스는 말한다. **전화로 너랑 마지막으로 이야기한 건 나였어.**

당신은 내가 상처받은 이유가 아니라, 내가 아직 여기에 있는 이유라고, 나는 그들에게 얼마나 많이 이야기했던가. 그런데도 나는 아직 부모님의 표정에서 그것을, 사건 이야기가 나오면 마치 구름이 순식간에 해를 가리듯 부모님의 얼굴이 어떻게 심각해지는지를 본다.

체조 선수들이 발언하는 장면이 나오기 전까지 나는 화면으로 법정 안 풍경을 절대로 보지 않았다. 지난 몇 년간 나는 텔레비전에서, 드라마에서, 영화에서, 심지어는 소송과 관련된 만화에서도 법정 장면을 피했다. 핼러윈에 판사복을 입은 아기를 보았다. 작은 검은색 법복과 망치. 나는 그 아기가 미웠고, 그게 웃기다고 생각한 그 부모들이 미웠다. 그리고 내가 제정신이 아니라는 걸 알았다.

나는 사법 시스템이 너무 야만적이라고, 너무 시간을 잡아먹는다고 생각해왔다. 내 믿음이 희미해지고 있었다. 우리는 어디로 가야 했을까? 어째서 피해자의 마음을 헤아리고, 정의가 제대로 실현되었다는 이야기를 듣기가 이렇게 힘든 걸까? 그런데 아킬리나 판사가 있었다. 나는 내 진술서를 읽는 데 주어진, 짧게 제한된 시간을 전혀 의심해보지 못했다. [나사르 사건 재판의] 아킬리나 판사가 169개의 진술서를 위한 시간을 만들기 전까지는. 그녀는 진술서 하나하나가 중요하다는 사실을 분명히 했다. 그녀는 내가 오직 고문만을 연상하는 공간에 회복과 공감을 불러들였다. **죄책감은 여기 내려놓으세요. 거기에 당신 가족들의 시간을 더 이상 뺏겨서는 안 됩니다.** 부정적인 기운도 몰아냈다. **부모에게 수치심과 책임을 더는 떠넘기지 마세요.** 그녀는 말했다. **저를 믿으세요, 당신은 몰랐을 거예요. 그리고 당신은 달리 어떻게 해볼 도리가 없었을 거예요.** 그녀는 그 여성에게 말했다. **고통은 여기 내려놓고 밖으로 나가서 당신의 장엄한 일을 하세요.** 나는 이런 지시가 가능하다는 걸 몰랐다. 법정에서 판사는 배의 선장 같은 사람이다. 내 선장은 우리를 침몰시켰다. 그녀는 그들의 배를 돌려서 사람들에게 수평선을 보여주었다. 스탠퍼드가 생존자를 보호하는 데 기꺼이 앞장서서 그런 부류의 기관이 될 수 있으리라는 것이 나의 희망이었다.

나는 스탠퍼드 대학병원에서 태어났다. 그래서 어릴 땐 그것 때문에 내가 자동적으로 똑똑한 사람이 될 거라고 믿었다. 나는 빨간 타일 지붕 아래, 야자 나무와 유칼립투스 나무 사이에서 자전거를 탔다. 아직도 건물 이름은 거의 모르지만 나만의 추억 여행을 할 수 있고, 캠퍼스 어디든 가리키면서 **여기서는 말야…** 하고 말할 수 있다. 여기서는 접이식 테이블에 앉아서 걸스카우트 과자를 팔았지. 중학교 때 내가 내 키를 너무 의식했더니 앤 할머니가 나를 데리고 스탠퍼드 여자농구단 팬미팅에 가서 키 큰 여자는 어떤 사람이 되는지 보여주었다. 나는 경기를 볼 때마다 할아버지의 쌍안경을 썼고, 작은 수건을 흔들면서 응원했다. 튀어나온 눈에 늘어진 잎사귀가 달린, 거대한 화장실 휴지처럼 생긴 춤추는 나무 마스코트가 너무 좋았다. 스탠퍼드는 내가 분수 옆에서 중국어 수업을 듣고, 컴퓨터 수업에서 타자 치는 법과 동영상 편집법을 배운 곳이었다. 내가 만든 첫 동영상은 비상한 힘을 가진 포크에 대한 것이었다(**포크 마스터 3000**, 그것은 구멍을 파고 반려동물의 털을 빗을 수 있었다). 티파니와 나는 스탠퍼드 골프 코스 옆에 있는 잔디밭에서 골프공을 찾아 그게 특별한 알이라고 상상했고, 부화시키려고 집으로 가져갔다.

내가 나온 고등학교에서 20명 정도가 스탠퍼드에 들어갔다. 스탠퍼드에서 친구를 만나 침묵의 디스코 파티에 가거나, 휴일에 애플투애플 카드놀이를 하는 것이 일상이었다. 스탠퍼드는 친구와, 우상과, 선생님들로 이루어진 곳이었다. 나는 한 번도 그곳의 학생인 적은 없었지만, 그곳이 대학이라는 사실을 알기도 전에 그곳은 나의 동네였다. 집이었다.

폭행을 당하고 난 뒤 나는 열흘 동안 침묵 속에 방치되었다. 스탠퍼드의 학생처장이 내 이름을 알아 갔지만, 아무도 내게 연락하지 않았다. 아무도 **어떻게 지내요. 집에는 잘 들어갔나요**라고 말하지 않았다. 나는 내가 학생이 아니어서 지원을 받을 자격이 없는 거라고 생각했다. 하지만 그 중요했던 시기에 어떤 손길이 뻗어 나오기를 바랐다. 나는 아직 도움을 구하는 방법을 배우지 못한 상태였지만, 도움의 손길이 있었더라면 상황이 달라졌을지 모른다. 밴 안에 앉아 긴급전화를 거느라 그렇게 많은 시간을 보내지 않았을지 모른다. 내가 하려는 말은, 약간의 관심이 표현되었더라면, 내게 의지처를 조금만 알려주었더라면, 벌어진 일에 대해 어느 정도 알은체라도 했더라면 좋았을 거라는 거다.

펠로앨토 주위에서 차를 운전하는 동안 스탠퍼드의 부재는 계속해서 명확한 존재감으로 다가왔다. 폭행은 나에게 육체적인 상해를 입혔지만, 그보다 더 큰 것이 부서져버렸다. 제도에 대한 부서진 신뢰. 나를 보호해줄 거라고 생각한 장소에 대한 부서진 믿음. 그들의 무관심과 사과하지 않는 태도는 견딜 수 있었다. 나를 가장 힘들게 한 것은 가장 중요한 질문 한 가지마저 하지 않았다는 사실이었다. **이런 일이 다시 일어나지 않으려면 우리가 어떻게 해야 할까요?** 그들은 나의 폭행 사건을 특이하고 고립된 사건처럼 취급했다. 브록이 자기 발로 자퇴하고 난 뒤 그들은 나에게 딱 한 번 연락해서, 이제 다시는 그가 캠퍼스에 발을 들이지 못한다고 알려주었다. 그 이상은 거의 움직임이 없었다. 내 폭행은 일어났다가 가버렸다. 하지만 그 어느 것도 그렇게 단순하지 않다.

브록은 나쁜 사과 한 개가 아니었고, 캠퍼스 성폭력과 관련된 더 크고 근본적인 문제들이 드러날 징후였다. 스탠퍼드는 그 기회를 이용해 절차와 정책을 전반적으로 검토했어야 했다. 피해자가 나쁜 일을 겪었을 때 즉각 조치를 취할 수 있는 서비스가 똑바로 갖춰지도록. 캠퍼스의 안전을 재평가하도록. 생존자들이 지원을 받는다고 느낄 수 있도록. 그들은 **당신에게 일어난 그 일은 중요한 문제입니다**라고 말했어야 했다.

내 진술서가 여기저기 퍼지기 며칠 전 스탠퍼드는 자체 성명서를 발표했다. **스탠퍼드의 역할에 대한 상당량의 잘못된 정보가 돌고 있습니다. 이 사건에서 스탠퍼드대학교와 그 학생, 경찰, 직원은 할 수 있는 모든 일을 했습니다.** 그들은 내 신원을 파악했을 때 **대학이 그녀를 지원하기 위해 은밀하게 연락을 취했다**고 말했다. **스탠퍼드는 성폭력 문제를 극도로 엄중하게 받아들이고, 전국에서 선도적으로 구체적인 조치를 취하고 있습니다**…라는, 미안한 기색은커녕 자부심이 느껴지는 그들의 성명서를 읽을 때는 상처에 소금을 치는 기분이었다.

스탠퍼드 졸업생이자 심리학 교수인 제니퍼 프리드는 학교 당국에 공개 서한을 보냈다. 그녀는 당국의 **자기만족적**이고 **방어적인 입장**을 규탄했다. 그녀는 **제도의 배신**이라고 하는, 나로서는 처음 들어보는 단어를 거론했다. 그것은 **성폭력 그 자체가 야기한 것 이상의 상처**를 피해자에게 안길 수 있다. **아이러니하게도 제도의 배신은 그 제도에 의지하는 사람들에게만 나쁜 것이 아니라, 제도 그 자체를 계속 좀먹는다.**

그 여름 미셸은 뉴스에 나와서 스탠퍼드가 아무런 사과도 하지 않았다는 사실을 지적했다. 그녀는 내가 당한 폭행이 **예측 불가능하지 않았다고, 돌출적이지 않았다고, 그들이 그럴 만한 여건을 조성한 거**라고 말했다. 미셸은 종신 교수직이 보장되어 있었고, 덕분에 그들의 관행을 공개적으로 비판할 수 있었다. 나는 그게 소용없을 줄 알았다.

내 진술서 뉴스가 부풀어 올랐다가 사라졌고, 여름이 왔다가 갔다. 2016년 8월 31일, 브록이 출소하기 이틀 전 나는 미셸에게서 전화를 받았다. **좋은 소식이야.** 힘 있는 자리에 있는 한 여성이 스탠퍼드가 내게 사과를 하고 상담치료 비용을 주고 싶어 한다고 미셸에게 알려왔다. 나는 이 여성을 사과씨앗이라고 부를 것이다. 사과씨앗 하나를 먹는 건 아무런 해가 없다. 하지만 오랜 시간에 걸쳐 많은 양을 먹으면 독이 있어서 미묘한 부식을 일으키고, 해독이 불가능할 수 있다. 사과씨앗은 내게 서류를 이메일로 보내겠다고 말했다. 나는 거기에 서명만 하면 돈을 받을 수 있었다. 나는 그들이 나를 직접 만나서 내 폭행 사건을 어떻게 처리했는지 이야기하고, 앞으로 그들이 무엇을 더 잘할 수 있을지 생각하는 자리를 만들겠다는 데 합의하지 않으면 돈은 한 푼도 받지 않겠다고 말했다. 미셸은 스탠퍼드가 마음을 바꾸기 전에 제안을 받아들이는 게 좋겠다는 입장이었다.

나는 이런 통화가 브록이 출소하기 이틀 전에 이루어졌다는 데 화가 났다. 나는 그들의 동기가 의심스러웠고, 언론이 다시 내 사건을 시끄럽게 떠들기 전에 자신들의 이름을 치워놓고 비난을 피하려는 게 아닌가 싶었다. 나는 루카스에게 갔다. **어쩔까.** 루카스가 말했다. **그 사람들이 정말로 진지하면 며칠 내에 그 제안을 받아들일 거야.** 루카스는 요구 조건이 무엇인지도 물었다. 그래서 나는 요구 조건에 대해 물었다. **당신이 소송을 하지 않겠다고 약속해야 해요.**

결국 그들의 눈에 비친 나는 한 인간이 아니라 법적인 위협, 심각한 골칫거리였다.

스탠퍼드 따위는 필요 없다고 퇴짜를 놓고 싶었다. **스탠퍼드는 사람이 아니야.** 미셸이 말했다. **스탠퍼드는 수십억 달러짜리 법인 트러스트라는 사실을 잊으면 안 돼. 복잡한 조직을 인간처럼 대할 순 없어.** 그것은 그들이 사람들에게 판매하는 경험이자 상표였다. 미키마우스가 두꺼운 흰 장갑에 검은 털옷을 껴입고, 숨 막히는 단단한 껍데기 안에서 묵묵히 서 있는 걸로 돈을 받는 성인 남자인 것처럼. 미셸은 스탠퍼드는 일사분란한 단일체가 아니라, 다양한 동기를 가진 다양한 사람들로 구성된 곳이라고 말했다. **네가 충분히 미워할 만한 사람들도 있고, 너를 도우려는 사람들도 있어. 너를 도우려는 사람들의 목소리에 귀를 기울이렴.** 미셸은 사과 씨앗을, 개혁의 잠재력을 믿었다. 미셸에게는 그 쓰레기통이 있던 자리에 정원을 조성하고 거기에 내가 선택한 문구를 새긴 동판을 만들자는 아이디어가 있었다. 나는 그게 근사하다고 생각했고 그 아이디어에 동의했다.

2016년 9월 2일, 핸드폰으로 뉴스에 접속했더니 버튼다운 셔츠를 입은 브록이 둥근 플래시와 꽃봉오리 같은 마이크 세례 속에 카운티 감옥의 유리문 밖으로 걸어 나와 SUV에 맵시 있게 쏙 들어가는 모습이 눈에 들어왔다. 나는 이날이 오리라는 것을 알았다. 그 여름, 눈을 한 번 깜빡하고 났더니 그가 다시 나와 있는 기분이었다. 온라인에서 사람들이 올린 '그의 형기보다 더 긴 것들'의 목록을 발견했다. **씨몽키**[바닷물에서 사는 새우]**의 평균 수명. 마카레나가 상위 100곡 안에 들어 있었던 기간**(오디세이). **겨울철 내 다리털**(허캠퍼스). **내가 문자를 보내고 답장을 기다리는 시간**(코니더고트). **엄마가 친구를 우연히 만났을 때 나누는 대화**(에이미).

나는 카메라맨들이 구름떼처럼 몰려든 가운데, 부모님과 함께 호텔로 들어가는 브록의 모습이 담긴 또 다른 동영상을 클릭했다. **피해자에게 할 말은 없으신가요?** 나는 1초 동안 숨을 멈추고 귀를 기울였다. 그는 선글라스를 쓰고 다시 발을 내려다보며 엘리베이터 앞에 서 있었다. 입술은 얇은 선 같았고, 부모들은 헛기침을 했다. 내가 아직 뭘 기대하고 있었다니.

집에서 나왔다. 달려서 저녁을 먹으러 갔다. 카운터에 앉아 있던 남자가 미소를 지으면서 말했다. **콜로라도 출신이에요?** 내가 콜로라도라고 적힌 운동복 상의를 입고 있다는 사실을 깨달았다. **아름다운 주죠, 당신처럼요. 저는 북쪽에 있는 작은 마을 출신이에요…** 나는 뒤편 테라스 쪽으로 걸어 나가서 블루베리 팬케이크를 여섯 개 주문했다. 다시 실내로 들어와서 그 남자를 지나칠 때는 그를 빤히 쳐다보았고, 파우더슈거와 메이플 시럽통을 움켜쥐고 구석에 있는 내 자리로 돌아갔다. 난 내 세상을 손에 잡히는 몇 가지 고정된 사실들로 걸러내는 식으로, 나 자신을 다시 현실에 붙들어매는 법을 배웠다. **난 맛있는 팬케이크를 먹고 있다. 밖에는 해가 있다. 나는 따뜻하다. 나는 분홍색 베고니아를 본다.**

브록은 출소했고 삶은 계속 돌아갔고 나는 스탠퍼드와 일종의 협상 같은 것을 진행하게 되었다. 나는 돈을 완전히 거절하고 싶은 유혹을 느꼈다. 내 자존심이 너무 컸다. 액수가 얼마든 모든 피해자가 돈을 받을 때 느끼게 되는 죄책감과 수치심과 낙인이 두려웠다. 하지만 만일 동생이 상담치료를 원한다면 그걸 선택할 수 있기를 바랐다. 내가 그 돈을 거절했는데 동생이 내게 도움을 청하면 뭐라고 말해야 할까? 아빠한테 가봐? 아빠가 더 장시간 노동을 하게 만들어야 하나? 나는 내게 이들을 돌볼 능력이 있었으면, 이번 한 번만은 이들에게 좋은 걸 선사할 수 있었으면 했다. 내가 돈을 받으면 캠퍼스의 다른 모든 피해자들을 저버리는 걸까?

1년 반에 걸친 소송 절차가 끝난 뒤 나는 사법 시스템으로부터 한 푼도 받은 적이 없었다. 이제 모든 절차가 끝났으므로 나는 병원 영수증과 치료 영수증을 제출해서 배상을 신청해야 했다. 그러면 법원 명령에 따라 브록이 그 비용을 지불할 것이었다. 하지만 그는 무직 상태였으므로 지불 계획을 수립해 몇 년에 걸쳐 조금씩 돈을 낼 거라고 했다. 나는 그와의 모든 관계가 끊어지기를 바랐다. 게다가 그는 이미 자신을 피해자라고 생각했고, 그래서 우편으로 청구서를 받으면 항소 변호사가 나를 더 괴롭힐 동기를 얻게 될까 봐 두려웠다.

미셸의 소개로 만난 변호사는 우리에게 가능한 선택지를 보여주었고, 모든 선택지가 결국은 2~3년의 법정 공방으로 귀결되었다. 변호사가 증인 진술이 어떻게 이루어지는지, 내 공소시효가 어째서 거의 만료되었는지를 설명하는 동안 내 머릿속에서 실행 계획은 점점 뒤죽박죽이 되었다. 내게 그런 계획이 없었다. 스탠퍼드가 제안한 금액은 총 15만 달러였고, 그거면 몇 년간 동생과 나의 상담치료비를 충당할 수 있을 터였다. 피해자는 그게 얼마든 돈을 받으면 욕을 먹는다. 치유에 돈이 많이 든다는 걸 인정하는 사람은 별로 없다. 피해자를 위해 상담치료, 추가적인 보안, 잠재적인 이동 비용, 다시 자립하기 위한 비용, 법원에 출석할 때 입을 옷 같은 단순한 물건을 사는 비용을 위해 더 많은 재원을 할당해야 한다고 주장하는 사람도. 미셸의 지적처럼, **폭행을 예방하는 것이 사후에 그것을 해결하려는 것보다 훨씬 싸게 먹힌다.**

나는 피해자에게 꾸준히 정보를 주고, 피해자가 적절한 지원을 받고 있는지 확인하는 등 전적으로 피해자에게 필요한 것을 제공하는 사건 관리자를 두어야 한다고 요구했다. 내가 겪었던 지원의 부재가 또다시 일어나지 않도록. 나는 그들이 강간 피해자와 연락하는 방식에 대해 정해놓은 정책을 재검토할 필요가 있다고 생각했다. 특히 소송까지 갈 경우 공공안전국 사람들이 피해자에게 법원 절차와 피해자의 선택지에 대한 정보를 더 잘 전달할 수 있도록, 공공안전국을 위한 캠퍼스 연수를 원했다. 그리고 제발 남학생 사교클럽의 어두운 뒤쪽 구석에 조명을 추가해달라.

미셸은 야외와 고위험 지역에 조명과 비디오 감시카메라를 추가할 것을 요구했다. 그녀는 **운동선수 프로그램 내 성폭력 문화 평**

가, 남학생 사교클럽 시스템 내 관행 검토, 데이터의 포용성과 개방성을 증진하는 데이터 투명성 작업 등 훨씬 체계적인 치유책을 내세웠다.

모임은 브록이 출소한 날로부터 나흘이 지난 2016년 9월 6일에 이루어졌다. 나는 화를 억누르고 강한 신념을 밀어붙일 생각이었다. 들어가서 요구해! 나는 들어가서 악수를 했다. 내 얼굴이 얼마나 순식간에 구겨지던지. 나는 들어가서 하려고 했던 말을 잊기 전에 몇 마디를 던졌다. 아무도 위협하지 않았고 아무것도 주장하지 않았다. 누군가의 도움을 받았더라면 좋았을 거라고 속삭일 때는 내 가슴에 작은 공기주머니가 들어 있는 기분이었다. 미셸은 사과씨앗을 당당히 마주보고 폭행 이후 연락을 하지 않은 스탠퍼드를 준열히 꾸짖었다. 그들은 내 연락처와 이름을 갖고 있었고, 나를 찾는 법을 알았다. 사과씨앗은 사과했다.

사과씨앗은 그때는 **학교 당국에 학생이 아닌 사람들에게 학교의 자원을 제공하는 방법에 대한 분명한 규정이 없었다**고 말했다. 그들이 나의 **대리권과 익명성**을 존중하고 싶어 했다고, 나를 도우려고 노력했고, 나에게 정신건강 관련 자원을 제공하겠다고 제안한 기록이 있지만 내가 전혀 응하지 않았다고 했다.

나는 옛 기억을 뒤졌다. 그들이 언제, 이런 일을 언제 했다는 거지? 이케아 주차장에 차를 잠가놓고 앉아 있던 그 늦은 밤을 말하는 건가? 나는 가방을 뒤져서 스탠퍼드 긴급전화 번호를 찾아냈다. 그 상담원에게 그냥 나와 같이 있어달라고 말했다. 내가 혼자가 아니라는 걸 알고 싶었다. 결국 내가 진정되었을 때 전화속 상담원은 학생이 아닌 사람에 대한 규정은 모르지만 내가 와도 된다고, 다음 날 사무실에 와서 그냥 당신이 누군지 이야기만 하라고 했다. 통화가 끝났을 때 그 얼굴 없는 상담원은 다시 공허함 속에 집어삼켜졌고 내게는 질문들이 남았다. 내가 거기 가면 누구를 만나게 되는 거지, 안내데스크에 있는 사람한테 얘기해야 하는 건가? 상담치료사가 임의로 할당될까? 긴급전화로는 다시 걸 수가 없었다. 다시 전화를 걸면 새로운 상담원에게 연결될 테니. 내가 도움을 구하지 않은 데는 내 소속에 대한 자의식, **보통은 이렇게 하지 않지만**···이라고 말하는 그 상담원의 목소리에서 느낀 망설임이 한몫했다.

나는 긴급전화가 기밀이라고 생각했다. 이 모든 시간 동안 다 내가 잘못한 거였다는 생각, 찾아오지 않은 건 나였다는 생각에 갑자기 당혹감이 밀려왔다. 게다가 난 학생도 아니었고 규정도 없는데, 그들이 어떻게 할 수 있었겠는가? 갓 인쇄된 종이는 서명을 할 때까지도 따뜻했다. 사과씨앗은 무언가에 늦었다. 그리고 문이 닫혔을 때 나는 이제 끝이라는 사실을 이해했다. 그녀에게 필요한 것에다 내가 서명을 한 것이다. 미셸은 낙관적이었고, 이건 *꾸준한 대화*로 이어질 거라고 했지만, 난 돈과 관련된 약속은 망한 거라는 걱정이 밀려왔다.

그날 밤 집으로 돌아가서도 이리저리 생각해보았다. 내가 전화한 날 밤 나는 이미 위험 수위에 도달했고 절박한 상태에서 연락을 취했다. 그녀는 핵심을 놓쳤다. 긴급전화 응대는 주도적으로 나서는 것, 피해자에게 더 빨리 자원을 연결해주는 것, 피해자가 무너져내리기 전에 개입하는 것과는 성격이 다르다. **난 노력했 어요**라고 받아쳤어야 했다. **당신들이 아니라 내가 했다고요. 내가 당신들에게 전화를 했어요.** 나는 반격했어야 했다. 이미 법원에서 이와 비슷한 상황에 놓이지 않았던가? **샤넬은 그렇게 생각하지 않았습니다.** 그 미묘한 가스라이팅, 피해자에게 비난과 책임을 떠넘기는 행위.

나는 상황 개선과 합리적인 요구에 대한 사적이고 개방된 대화를 나누고 해법을 논의할 생각으로 그 자리에 나갔다. 법적인 관점에서 그들이 자기 실수를 인정할 동기가 없음을 깨달았어야 했다. 사과씨앗 역시 이해 당사자와 변호사를 대신해 이야기하고, 대학의 대변인 노릇을 하느라 압박을 받았다.

그날 밤 몸이 좋지 않아서 일찍 잠자리에 들었다. 새벽 두 시에 잠에서 깨어 새로 산 고리버들 바구니에 대고 구토를 했다. 걸쭉한 액체가 서로 얽힌 버드나무 틈새로 흘러나왔다. 나는 옷을 벗고 화장실 매트 위에 몸을 웅크리고 누워서는 변기와 샤워기 사이를 기어갔다. 뺨이 배수구에 눌렸다. 누가 내 위 안쪽을 저미는 느낌이었다. 화장실 안이 시큼한 냄새로 가득했다. 나는 거기 아홉 시간 동안 누워 있었다.

어떻게 내가 식중독에 걸릴 수 있는지 믿기지 않았다. 중국에서는 익숙지 않은 기름으로 요리한 고기를 먹었고, 남자들이 맨발로 물속에 들어가서 물고기를 잡은 뒤 나무 그루터기에서 내장을 발라내고 내 앞에서 스튜로 만들어준 것도 먹었다. 분홍색 포스트잇에 내가 먹은 음식 목록을 적었다. **목요일, 페스토 파스타.**

금요일, 닭고기. 경련이 계속 이어졌다. 일주일 뒤 부모님이 나를 만나러 왔다가 아무것도 먹지 못하고 있는 모습을 보더니 병원에 가보라고 했다.

어떤 일로 오셨나요? 나는 분홍색 포스트잇 메모지를 들고 앉아서 의사에게 그 쪼글쪼글한 종이를 내밀었다. **목요일, 페스토 파스타. 금요일, 닭고기.** 그리고 또, 그리고 또. 그러자 의사가 말했다. **바이러스 때문인 것 같네요.** 의사는 펩토비스몰[제산제의 일종]을 먹어보라고 권했다. 나는 고개를 저었다. **이미 저한테 있는 건 다 먹었어요. 근데 그냥 토사물 색깔이 분홍색으로 바뀔 뿐이에 요.** 의사는 액체 말고 씹을 수 있는 알약을 시도해보고, 바이러스가 지나가기를 기다리라고 말했다. 그때 어떤 생각이 번뜩 스치고 지나갔다. 나는 목록을 잘못 만들었다. **목요일, 스탠퍼드와의 대화. 금요일, 강간범 출소.** 공황 발작, 실패로 돌아간 만남, 돈에 대한 죄책감, 협상의 스트레스 등 모든 것이 내장 안에 꽉 눌려 있었다. 이런 걸 어떤 식으로 설명해야 할지 알 수 없었다. **요즘 걱정거리도 있었어요.** 의사가 물었다. **상담치료를 해본 적 있나요?** 고개를 끄덕였다. **좋아요, 아마 다음번엔 그 방법을 시도해볼 수 있을 거예요. 하지만 걱정은 다들 하는 거고, 그러니까 일단 두어 달 정도 시간을 두고…** 나는 바닥을 응시했다.

내 진술서가 공개되고 지지가 봇물처럼 밀려들고 난 뒤 나는 내가 순항 중인 줄 알았다. 최악의 나날은 지나갔다. 내게 힘이 있다고 느꼈다. 한껏 신이 났고, 어떤 사람들은 내가 **상황을 바꿔 놓았다**고 말했다. 내가 상황을 바꿔놓을 수 있다면 완전히 흐름을 바꾸고, 하룻밤 새에 이 세상을 바꿀 수 있을 것이었다. 나는 순진하게도 내가 한 시간 만에 캠퍼스 성폭력을 끝장낼 거라고 생각하면서 그 자리에 나갔다.

하지만 미셸은 얼마나 많은 시간이 들어갈지 이해했다. 그녀는 10년 넘게 스탠퍼드와 싸움을 벌이고 있었다. **사회 변화는 마라톤이야.** 미셸이 말했다. **단거리 경기가 아니라. 네가 가진 시간 안에서 할 수 있는 걸 다하면 돼.** 미셸이 말한 시간은 일생이었고, 우리가 살아가는 동안 고쳐지기를 원하는 모든 것이 고쳐지지 않을 수도 있지만 그래도 우리는 여전히 싸운다. 나는 실질적인 변화의 과정이 얼마나 고통스러울 정도로 지난한지, 시스템은 얼마나 거대하고 뿌리가 깊은지, 그들을 흔들어놓는 것이 얼마나 불가능한지, 나는 얼마나 작디작은지를 깨닫고 있었다.

일주일 뒤 나는 변호사에게 사과했다. 내가 할 일을 다하지 못해서 미안했다. 나는 아직도 우리가 힘을 합쳐서 스탠퍼드에 변화를 일으킬 수 있기를 바랐다. 변호사가 말했다. **우리 두 사람 모두 이게 당신을 위해 정말로 긍정적인 진전이었으면 해요… 우린 당신의 엄청난 강인함을 존경해요… 당신에겐 반짝이는 빛이 있어요. 그리고 그건 터너도 어떻게 하지 못했어요.**

그의 법률 파트너가 말했다. **할 일을 다하지 못했다는 걱정이 빨리 사라지면 좋겠네요. 당신은 이미 많은 일을 했으니까요.** 하지만 수치심이 내 머릿속에서 **멍청이, 변변찮은 놈, 이기적이야** 하면서 시끄럽게 울려댔고, 그들의 응원의 목소리를 무력하게 만들었다.

수표는 우편으로 도착했다. 나는 새 은행으로 차를 몰고 가서 계좌를 개설하고, 급한 가족사에 쓸 수 있도록 아빠에게 비밀번호를 알려주었다. 나는 돈을 동생의 은퇴 준비 계좌에 넣었다.

어느 날 나는 부모님이 재정적 스트레스에 대해 이야기하는 것을 우연히 듣고 얼굴이 화끈거렸다. 나는 그 돈으로 만사를 해결할 수 있기를 바랐다. 이제는 모두가 행복해야 했다. 더 이상은 힘든 일도, 몸부림도 없어야 했다. 나는 우리의 슬픔을 종식시켰다. 나는 이 한 가지 일을 했다.

사건 장소가 곧 정원으로 바뀔 예정이었기 때문에 미셸은 폭행 이후 처음으로 내가 그곳을 대낮에 볼 수 있도록 데려갔다. 위경련이 도졌다.

나는 거기가 얼마나 시시하고 초라한 곳인지를 보고 충격받았다. 흙이 드러난 패치워크 식 잔디밭, 활기 없이 늘어진 나무들, 죽은 솔잎 더미, 똥과 맥주 캔들, 플라스틱 숟가락과 깨진 유리, 케첩 봉지와 검은 쓰레기통 두 개. 여기야? 여기가 거기야? 여기는 내 일생이 규정된 곳, 인간관계를 희생하고, 실업자가 되고, 정체성을 잃어버리게 된 진원지였다. 이 한심하고 형편없는 남학생 사교클럽 마당이 모든 것을 빼앗고 몰락의 길로 밀어 넣었다. 어떻게 몇 년이 흘렀는데도 여전히 나는 이 장소에서 자유롭지 못하고, 빌어먹을 전등 같은 단순한 것을 놓고 스탠퍼드와 협상을 하고 있는 것인가. 전등이라니! 거기 서서 보니 내 모든 인생과 모든 고통이 농담 같았다. 웃고 싶었다. 주먹으로 땅을 파고, 흙덩어리를 끄집어내고, 내가 올라가서 춤을 추었던 나무 의자들로 테라스의 유리문을 박살 내고 싶었다. 하지만 나는 아무 말 하지 않고 햇빛 속에 눈을 깜빡이며 서 있었고, 몇 분 뒤 돌아서서 미셸의 차로 걸어갔다.

반년이 흘렀다. 사과씨앗이 보낸 메시지가 변호사를 통해 내게 전해졌다. **앞날이 번창하기를 바랍니다.** 앞으로는 사건 관리자가 생기고, 조명이 추가될 것이었다. 그녀는 담당 검사 사무실에서 내 폭행 사건에 대한 정보를 줬어야 했다고, 그러니 절대 자기들 책임은 아니었다고 말했다. 그들은 **우리가 당신을 보호했어야 했는데 그렇게 하지 못했어요. 우리가 더 알아봤어야 했는데, 그렇게 하지 못했어요. 우리가 당신에게 더 빨리 다가갔어야 했는데, 다음에는 그렇게 할게요**라는 말은 절대 하지 않을 것이었다.

나는 캠퍼스 성폭력 및 관계폭력 생존자들을 위한 미술치료 프로그램에 참여했다. 어느 날 저녁 나는 샌프란시스코에서 차를 몰고 어느 큰 식당 뒤편에 있는 작은 방에 도착했다. 워크숍 진행자는 두 여성이었다. 한 명은 기밀 지원 요원이었고, 다른 한 명은 아니었다. 프로그램에 참여하겠다고 알리면서 나는 두 진행자가 내가 거기에 참여했다고 표시해두었다가 사과씨앗에게 그 메모를 전달해서, 만일 내가 스탠퍼드가 더 많은 조치를 취했어야 했다고 발언하기라도 하면 그들이 **우리에겐 샤넬이 색색의 파이프 청소 도구**[미술교구로도 활용됨]**와 매직을 엄청나게 유용하게 활용하는 혜택을 입었다고 적힌 메모가 있어요**라고 말할지도 모른다는 망상에 사로잡혔다.

구석에는 물이 든 금속 물병과 젤리가 놓여 있었다. 비가 대차

468

게 쏟아졌다. 워크숍에는 토론 시간이 따로 없었기 때문에 우리는 침묵 속에서 찰흙을 빚는 작업을 했다. 이야기를 하고 싶을 때는 책상 위에 작은 카드를 뒤집어서 올려두었다. 카드를 뒤집으면 기밀 지원 여성이 다가와서 속삭이는 목소리로 말을 건다. 다른 생존자들 옆에 앉아 있는 것만으로도 마음이 편안해졌다. 말을 하거나 신난 척해야 한다는 스트레스가 전혀 없었다. 나의 일부는 아팠고, 내 주위에서 묵묵히 작업 중인 사람들의 치유를 남몰래 빌고 있는 나 자신을 발견했고, 그러다가 언젠가부터 그 기원이 나 자신을 향하기 시작했다. 나는 과제도 많을 이 학생들이 이곳에 와서 두 시간 동안 작은 조각상을 만들고 있다는 것은 어떤 의미일까 생각했다. 그 갈망은 무엇일까. 무엇이 그들을 여기로 데려왔을까. 무엇에 양분이 필요했을까. 그리고 우리를 여기에 데려다놓은 가해자들은 어디에 있을까? 어째서 그들은 자기 삶을 이어가는데, 우리는 이 비 오는 밤에 말없이 모여 있는 걸까?

나는 상황이 허락할 때면 그 프로그램에 참석하려고 노력했다. **분노의 가면 벗기기**라는 제목의 모임이 있었다. 마분지로 분노를 인격화한 가면을 만드는 시간이었다. 가면은 감정의 존재를 확인하는 동시에, 그것에 완전히 잡아먹히지 않도록 충분한 거리를 만드는 방편이었다. 나는 커다란 엉덩이 가면을 만들 작정이었다. 모임 장소에 갔더니 그날은 참가자가 나 하나였다. 나와 두 진행자, 그리고 여기저기 흩어진 빈 의자들. 기밀 지원자가 내게 남아서 이야기를 하고 싶으냐고 물었고, 내가 그렇다고 하자 기밀 유지 의무가 없는 여자 분이 내가 마음껏 이야기할 수 있도록 자리를 비켜주었다. 어쩌면 내가 사과씨앗에게 할 수 없었던 말을 뱉을 수 있는 기회인지 몰랐다. 하지만 다시 울음이 터져나왔다. 버려진 기분, 희석된 사과, 감정의 상흔, 배려의 부재를 인정하지 않는 태도가 되살아났다. 내가 유년기 때부터 소중하게 여기던 이 장소에 대한 신뢰를 누군가가 회복시켜주기를 기다리는 건 얼마나 무력한 일인가.

당신은 이곳에 속해요. 그녀가 말했다. **그리고 분노는 몸을 가질 수 있어요.** 가해자, 방관자, 사회에 대한 분노는 건강하고 정상적인 반응이었다. **자기 자신을 겨냥한 내부의 직접적인 분노, 이것만이 안전하게 화를 낼 수 있는 유일한 방법이라는 감정.** 이것은 부정적인 독백으로, 트라우마를 자신의 탓으로 돌리고, 정의와 의미 시스템에 대한 과거의 믿음들과 타협하려 애쓰는 결과로 귀결될 수 있었다.

질문이 다시 고개를 쳐들었다. **스탠퍼드가 누구지?** 그녀가 스탠퍼드면, 그러면 스탠퍼드는 친절하고 용납 가능하다. **스탠퍼드가 누구지?** 밖에서는 한 남자아이가 튜바로 〈펠리스나비다드〉를 연주하고 있었다. 저 아이가 스탠퍼드인가? 사과씨앗이 스탠퍼드인가? 나는 그 뒤로 두 시간 동안 마분지를 잘라서 구불구불한 뿔과 주둥이가 달린, 크고 평평한 마스크를 만들었다. 녹초가 된 몸으로 집까지 한 시간 동안 운전을 해서 돌아간 뒤 그 가면을 벽에 세워놓고 바닥으로 미끄러지는 모습을 지켜보았다.

내가 사람들에게 스탠퍼드는 한 사람을 돌보는 일보다는 자기 보호에 더 신경을 많이 썼다는 이야기를 하면 사람들은 최대한 부드러운 방식으로 **그게 놀랄 일인가요**라는 반응을 보인다. 하지만 왜 그럴까? 어째서 놀랄 일이 아닐까? 우리는 왜 대학으로부터 별로 기대하는 게 없는 걸까? 대학이 올바르게 대처했고 피해자와 협력해 캠퍼스 안전을 향상시켰다는 이야기는 왜 가끔이라도 듣기 힘든 걸까? 미술치료를 받는 몇 안 되는 우리는 그저 표본일 뿐이었다. 전국에는 어떤 형태로든 도움의 손길을 찾고 있는 생존자들이 가득하니까.

피해자들은 때로 학교를 그만두거나 전학을 간다. 그녀가 소리 없이 존재하는 동안 학교는 개의치 않고 계속 굴러간다. 나는 그 이상을 기대할 정도로 순진하지 않다. 그 이상을 원할 정도로 망상에 사로잡힌 것도 아니다. 나는 투명함이 어떤 식으로 치유에 기여하는지를 배웠다. 책임지는 태도에는 치유력이 있다. 사과씨앗은 말했다. **그렇게 조용한 폭력이 우리의 전원적인 캠퍼스에서 자행될 수도 있었습니다… 제가 전혀 마음을 쓰지 않는 게 아닙니다.** 그 문장에서 나는 불신을 감지한다. 그런 일이 어떻게 여기서 일어날 수가 있어? 사과씨앗은 마치 이 일이 이제까지 한 치의 오점도 없었던 캠퍼스에 생긴 검은 얼룩이었다는 듯이 말한다. 하지만 우리는 통계를, 그 모든 확연한 빨간색 몸들을, 그녀와 그녀와 그녀를 알고 있다. 그 일을 겪는 사람들에게 그것은 흔해빠지고, 어디에나 있는 일이다.

나는 다시 미술치료에 참여했다. 진행자가 진화에 대한 이야기로 말문을 열었다. 뭐가 진화하는지 생각나는 게 있나요? 우리가 아무 말도 하지 않자 그녀는 개구리를 예로 들어서 발달 단계를 설명했다. 다시 한번 어린 학생들을 둘러보면서 잠시 생각해보았다. 이 학생들이 언젠가 개구리가 되고 싶어서 여기에 있는 건가? 그럼 나는 정의상 개구리가 아닐까? 법 체계를 모두 거쳤고, 다리가 자라났고, 내 가해자를 똑바로 쳐다보았고, 내 진실을 모두 밝혔다. 그런데도 나는 그들과 전혀 다르지 않다고 느꼈다.

아무리 만만찮거나 자신감에 넘치더라도 나는 언제나 올챙이일 것이다. 나는 피해자가 된다는 건 그런 거라고, 당신 안에 그 작고 까탈스럽고 빠르게 움직이는 것을 품고 사는 거라고 믿는다. 대부분의 사람들은 발달이 선형이라고 말하지만, 생존자들에게 발달은 순환이다. 사람들은 위로 성장하고, 피해자는 돌면서 성장한다. 우리는 상처의 장소를 돌면서 강해지고, 나이가 들고 더 옹골차지지만, 취약한 핵심은 결코 사라지지 않는다. 나는 생존은 개구리가 되는 것이라기보다는 이 바들바들 떠는 올챙이와 함께 영원히 살아가는 법을 배우는 거라고 믿는다.

사과씨앗이 그 정원 위에 세울 청동 판에 어떤 인용구를 넣을지 문의했다. 나는 진술서 중에서 내 가치를 다시 배우게 되었다는 부분을 제안했다. 이렇게 시작되는 문장이었다. **당신은 나를 피해자로 만들었습니다. … 나는 내 진짜 이름을, 내 정체성을 다시 배우려고 애써야 했습니다. 이것이 나라는 사람의 전부가 아니라는 사실을 다시 배우기 위해 … 나는 돌이킬 수 없는 상처를 받았고, 내가 쓸모 있는 인간인지 생각해내느라 내 인생은 1년 넘게 보류되었습니다.** 사과씨앗은 이 인용구에 퇴짜를 놓았다. 내 변호사

472

가 반발했다. **아무도 신경 쓰지 않는 말랑말랑한 메시지가 적힌 예쁜 정원은 전에 있던 쓰레기통보다도 쓸모가 없습니다.** 사과씨앗은 굴복했고, 모형을 제작하기로 합의했다. 몇 달에 걸쳐 정원의 복잡한 세부 계획과 관련된 새로운 정보가 숱하게 전달되었다. **얇은 돌을 쌓아 올린 좌석을 갖춘 벽, 어두운 색의 하천 자갈, 표토, 팔걸이가 없는 나무 벤치, 돌 색깔은 힐스버러와 윌로우크릭(각 색깔을 50퍼센트씩), 판석 사이에 들어갈 모르타르 색은 추후 결정, 돌숲 옆 소용돌이 분수, 벤치의 정확한 위치 추후 결정, 경사는 벽의 바깥쪽에만, 샘플은 조경사가 검토할 예정.** 하지만 아직 타이틀 나인Title IX[교육계 성차별 및 성폭력을 금지하는 연방의 법]이나 정책에 대한 검토는 없었다. 동판 얘기도 전혀 없었다.

어느 날 저녁 나는 행사 일정을 알리는 이메일을 받았다. 교무처장의 인사말(5분)로 시작해서 지원 서비스에 대한 설명(5분), 에밀리 도의 연설이나 편지(5분), 맺는 말, 성폭력 생존자를 응원하는 침묵의 시간(5분)으로 마무리될 예정이었다. 20분 동안 진행될 예정인 당신의 강간 정원 기념행사에 초대받으면 당신은 무엇을 하겠는가? **나는 돌들에게 감사의 마음을 전합니다**라고 연설하고 싶었다. 그들은 내 대리권에 너무도 신경을 쓴 나머지 자기네들끼리 알아서 카메라를 부르고, 깔끔하게 일정표를 정리하고, 화려한 리본을 자르면서 피해자를 지원한다는 생색을 낼 계획이었다. 그들은 내게 날짜 세 개를 주고 선택하라고 했다. 그 현장을 깔끔하게 정리하고, 학생들이 그 안에서 위안을 얻을 수도 있다는 점에 대해서는 고마운 마음이었지만 아직도 동판 얘기가 없는 건 의아했다. 나는 내 변호사에게 축하 행사는 없을 거라고 정중하게 전해달라고 말했다.

나는 분노에 대해 내가 창작하게 될 예술작품을 더 많이 생각했다. **건축**이라는 이름의 작품으로, 더 어울리는 헌물이다. 피해자가 자신에게 벌어진 일을 품고 하루를 살 때마다 한 개의 못을 지급받는다. 캠퍼스 한복판에는 나무가 되는대로 쌓여 있다. 피해자들은 아무 때나 와서 못을 나무에 박을 수 있다. 사람들은 하루 종일 탕탕대는 소리를, 그 모든 구멍 뚫는 소리와 일상을 방해하는 소음을 듣는다. 생존이란 이와 상당히 비슷하다. 당신의 과거가 당신을 탕탕 내려치고, 당신의 집중을 방해하고, 일상을 불가능하게 만들지만 삶을 계속 이어가고 일을 마무리하기 위해 노력하는 것. 결국 아무렇게나 못질을 해서 연결한, 어마어마하게 거대한 나무 구조물이 만들어진다. 모든 것의 한가운데 자리 잡은 거대하고, 쓸모없고, 뾰족하고, 위험한 이 구조물을 사람들은 어쩔 수 없이 돌아서 다녀야 하고, 나무가 보이던 예쁜 풍경이 어그러진다. 이것은 폭행이 안기는 느낌이기도 하다. 이것을 가지고 무엇을 할 것인가, 그것을 어디에 둘 것인가, 그것은 무엇인가.

아니면 조명 설치물도 괜찮을 것 같다. 나는 밤에 가서 캠퍼스 곳곳에 연장선으로 거실용 조명을 설치한다. 나무에서 늘어뜨려진 커다란 종이 랜턴들, 모든 어두운 모퉁이가 환하게 빛날 때까지 밝은 전구를 캠퍼스 여기저기에 매단다. 이 작품은 **내가 원했던 모든 것**이라고 부를 것이다.

아니면 좀 더 신경을 긁는 것도 있다. 나무 막대 끝에 검고 긴

털을 붙여서 막대걸레를 만든 다음 질질 끌고 다니면서 솔잎과 나뭇잎이 쌓인 곳을 통과한다. 모든 식물과 부스러기를 걸레로 쓸고 다니면서 캠퍼스 곳곳에 족적을 남기는 피해자 출신의 청소부. 이 퍼포먼스 작품은 **우리는 당신의 대리권을, 익명성을 존중하고 싶었어요**라고 불러야지.

그 만남이 있은 지 1년, 정원이 조성된 지 한 달이 지났지만 동판은 아직도 설치되지 않았다. 내 변호사가 이 문제에 대해 문의했더니 사과씨앗은 그 공간은 영감을 주기 위한 곳이고, **한 개인을 표적으로 삼거나 비난하는 것**은 좋지 못하다고 답장을 보냈다. 그녀는 학교 당국이 우리 학생 모두의 행복을 최우선으로 여겨야 하기 때문에 동판에 그 문구를 넣지 않을 것이라고 말했다. 그 대신 사과씨앗은 다음 인용구를 제안했다.

나 여기 있어, 난 괜찮아, 다 괜찮아, 나 여기 있어.

이건 보기에 따라 웃음거리가 될 수 있었다. 아이러니와 부조리가 너무 명백했다. 이건 내가 가장 괜찮지 않았던 순간에 병원에서 나온 직후 동생을 안심시키기 위해 했던 말이었다. 어떤 면에서 이 말은 내 경험을 압축하고 있었고, 나는 거의 승인할 뻔했지만 당연히 그렇게 할 수 없었다. 터무니없게도 맥락이 완전히 지워져버렸기 때문이었다. 나는 그들이 스탠퍼드에서 성폭행당한 사람 한 명당 정원을 한 개씩 조성하면 어떻게 될까 생각하기 시작했다. 굽이굽이 몇 천 제곱미터에 걸친 정원이 조성되지 않을까? 조경 작업 예약이 영원히 이어지지 않을까? 건조한 산비탈에 벤치가 흩어지고, 포장 재료들이 쌓이지 않을까? 모든 정원에는 이 동판이, 우리가 스스로에게 했던 이 거짓말이 새겨지겠지. **난 괜찮아, 다 괜찮아.**

사과씨앗이 제안한 다른 두 인용구는 내 진술서 마지막 단락에 있는 문장이었다. **당신이 혼자라고 느끼는 밤, 제가 당신과 함께 있겠습니다.** 그건 내가 희망 말고는 그 무엇에도 의지할 수 없던 때, 필라델피아의 고층 아파트에서 혼자 길러낸 깊은 희망의 장소에서 써내려간 말들이었다. 나는 살아남기 위해 이 말들을 썼다. 어떻게 지난 2년 동안 나를 내팽개쳐놓고는 다시 나타나서 이 말들을 가져갈 수 있단 말인가. 피해를 숨기기 위해, 그리고 이제는 빛나는 광채를 내세우기 위해. 나는 학생들에게 연대의 마음을 드러내고 싶었지만, 내게 희망을 느낄 이유를 한 번도 제공하지 않았던 스탠퍼드에 희망의 말들을 내줄 수는 없었다. 나는 피해자들에게 거짓된 꿈을, 평온하고 눈이 반짝이는 존재를 팔아먹을 수 없었다. 당신이 혼자인 밤, 당신은 혼자다. **이 가운데서 어느 인용구가 좋은지 저희에게 알려주세요.**

'그때 손을 뗐어야 했는데'라는 말은 할 만큼 했다. 그 대신 나는 새로운 인용구를 보냈다. **당신은 나의 가치를, 나의 프라이버시를, 나의 에너지를, 나의 시간을, 나의 안전을, 나의 친밀함을, 나의 자신감을, 나의 목소리를 앗아갔습니다. 오늘 이 순간까지.** 사과씨앗은 이 인용구를 기밀 지원팀과 공유했다고 말했고, 그다음 문장은 **감사하게 생각하지만**이라는 말로 시작되었고, 그다음 단어는 이번에도 **우려된다**였다.

　그녀는 이 인용구가 치유를 하기보다는 **자극적이고 속을 뒤집어놓을 수 있다**고 설명했다. 그들은 자신들이 선택한 것 가운데서 고르거나, 아니면 좀 더 **희망적이고 긍정적인** 문구를 찾아달라고 말했다.

　나는 생존자로서 회복의 복잡함에 대한 현실적인 관점을 제시할 의무를 느낀다. 내가 여기 있는 건 그가 캠퍼스에서 어질러놓은 난장판을 다시 꾸미기 위해서가 아니다. 그가 저지른 일을 사회가 소화할 수 있는 치유의 말들로 마법처럼 바꿔놓는 것은 나의 의무가 아니다. 나는 영원히 꺼지지 않는 불, 등대, 당신의 정원에 만개한 꽃이 되려고 존재하는 게 아니다. 나는 내 변호사에게 이메일을 보냈다. **기회가 될 때 언제든 (사과씨앗에게) 내가 인용구를 제공하지 않기로 결정했다고 알려주세요.**

　나는 내가 생존자로서 어떻게 살아야 하는지, 나의 이야기와 나 자신을 이 세상에 어떻게 전달할지, 얼마나 많이 또는 얼마나 조금 공개할지를 놓고 고심을 거듭한다. 누구도 속상하게 하고 싶지 않아서, 또는 분위기를 망치고 싶지 않아서 내 이야기를 꺼내지 않은 경우가 숱하게 많았다. 당신의 평안함을 지켜주고 싶어서. 내가 해야 하는 말이 너무 어둡고, 너무 심란하고, 너무 **표적이 분명하고**, 너무 **자극적이니까** 어조를 누그러뜨리자는 말을 들었기 때문에. 당신은 사회가 당신에게 행복한 결말을 요구하고 있음을, 당신이 더 나아졌을 때, 당신의 이야기가 우리를 기분 좋게 할 수 있을 때, 당신에게 더 **희망적이고 긍정적인** 것이 있을 때

돌아오라고 말한다는 것을 알게 될 것이다. 나는 한 번도 이 추함을 요청한 적 없었다. 그것은 내 위로 그냥 떨어졌고, 나는 오랫동안 그것이 나 역시 추하게 만들까 봐 걱정했다. 그것은 나를 아무도 듣고 싶지 않은 슬프고 환대받지 못하는 이야기로 만들어버렸다.

하지만 내가 추하고 고통스러운 부분들을 가지고 진술서를 작성했을 때, 믿을 수 없는 일이 벌어졌다. 세상은 귀를 막지 않았고, 나를 향해 자신을 활짝 열어 보였다. 나는 피해자들을 자극하려고 글을 쓰는 게 아니다. 그들을 위로하려고 쓰는 것이다. 그리고 내가 확인한 바에 따르면 피해자들은 하나 마나 한 이야기보다는 고통을 자기 이야기로 받아들인다. 무력함에 대해, 어떻게 이 일에서 벗어나지 못하고 있는지에 대해 글을 쓸 때, 나는 그것이 그들이 살고 있는 진실에 가깝기 때문에 그들이 더 나은 기분을 느끼기를 바란다. 내가 치유되었다고 구원받았다고 한다면 피해자들이 마치 존재하지도 않는 어떤 결승선을 넘을 정도로 충분히 열심히 노력하지 않았다는 듯, 자신이 부족한 사람이라는 기분을 느끼게 될까 봐 걱정된다. 나는 그들의 고통 속에서 그들의 옆에 서기 위해 글을 쓴다. 내게 가장 위로가 되었던 말이 **괜찮지 않아도 괜찮아**였기 때문에 글을 쓴다. 모든 게 허물어져도 괜찮다. 다쳤을 때는 그런 일이 벌어지는 법이니까. 하지만 나는 피해자들이 자신들이 그냥 거기에 내버려지지 않을 것임을, 그들이 다시 일어설 때 그 옆에 우리가 있을 것임을 알았으면 좋겠다.

사과씨앗에게는 그 인용구 마지막 부분의 **오늘 이 순간까지**라는 말에 숨겨진 비밀이 들리지 않았다. 나는 당신의 여행이 유쾌하리라고 보증할 수 없다. 실은 그렇지 않으리라고 장담한다. 영광의 날들, 빛나는 구원은 약속할 수 없다. 내가 여기에 있는 것은 정반대를 보장하기 위해서다. 당신은 인생에서 가장 힘겨운 날들을 맞게 될 것이라고. 아픔은 끝이 없고, 물러설 줄도 모르지만, 당신이 이제 모든 게 물러갔다고 느끼는 지점에 도달했을 때 작은 전환이, 화염이, 소박한 변화가 있다. 그것은 알 듯 말 듯 미묘하고, 당신이 가장 기대하지 않았던 순간에 찾아온다. 그것을 기다려라. 이것은 우주의 법칙이다, 내가 인생에서 진리라고 알고 있는 한 가지이다. 당신의 여정이 끔찍하고 지루해도, 당신에게 반환점을 약속할 수 있다. 어느 날 그것이 불쑥 솟아오를 것이다.

피해자들이 몸담고 있는 사회는 우리의 목적이 고무적인 이야기가 되는 것이라고 말한다. 하지만 때로 우리가 할 수 있는 최선은 우리가 아직 여기에 있다고 당신에게 알려주는 것이고, 그것이면 충분해야 한다. 어둠을 부정한다고 해서 누구도 빛에 더 가까워지지 않는다. 당신이 강간에 대한 이야기를 들을 때, 그 모든 생생하고 심란한 세부사항들을 접할 때, 외면하고 싶은 본능에 저항하라. 그 대신 더 깊이 들여다보라. 선혈과 경찰 보고서 너머에, 다시 이 세상에 존재할 방법을 찾는 아름답고 완전한 사람이 있으니까.

미셸과 사과씨앗의 대화는 더 이상 이어지지 않았다. 너무 많은 배신과 불신. 미셸은 서슬 퍼렇게 화를 냈고, 사과씨앗은 요지

부동이었다. 첫 만남 이후 1년이 넘는 시간이 흘렀다. 약속은 확정되지 않았고, 연구는 마무리되지 않았다. 익명의 학생 간행물 《파운틴호퍼》가 거부당한 인용구에 대한 뉴스를 폭로했고, 〈스탠퍼드가 브록 터너의 피해자에게 날리는 최후의 '빅 엿'〉이라는 제목으로 캠퍼스 전체에 그 소식이 퍼졌다.

사과씨앗의 표현을 빌리면, **나는 내가 출발했던 곳에서 끝을 맺는다.** 브록이 풀려난 지 1년, 나는 약간의 돈을 받았고, 구토를 했고, 미술 수업을 몇 개 들었고, 식물을 받았지만 동판은 받지 못했고, 지절대는 분수가 생겼다. 조명이 설치되었고, 그건 좋은 일이고 고맙게 생각한다. 쓰레기통은 앞쪽으로 옮겨졌고, 그 주위에는 삼나무가 담벼락처럼 둘러쳐졌다. 나는 오랫동안 내가 할 만큼 하지 않았다는 생각에 나 자신을 모질게 대했다. 하지만 나는 배우고 있다.

나는 스탠퍼드가 이걸 공격이자 흠집 내기라고 생각하고, 자신들의 직원에게 독이 있는 씨앗 이름을 붙이지 말라고 요구하는 성명을 보낼까 봐 걱정이 된다. 하지만 수세에 몰려 방어에 급급해지기 전에, 나는 그들이 귀 기울이기를 희망한다. 이상할지도 모르지만 이건 연서이기 때문이다. 내가 성장기를 보냈던 세상과 화해하고, 그것을 복원하려는 나의 영원한 시도. 나는 학교들이 피해자에게 도움을 주거나 상처 입힐 수 있는 권력을 얼마나 많이 쥐고 있는지 깨닫기를 희망하면서 글을 쓴다. 생존자들이 당신들에게 찾아왔을 때 귀를 기울여라. 그들이 주저할 때 도움의 손길을 내밀어라. 당신들이 얼마나 최선을 다했는지, 사실 그건 어째서 당신들 일이 아닌지 따위가 적힌 공손한 이메일을 보내지 말라. 그냥 그들을 도우라. 만일 내가 스탠퍼드가 피해자를 지원하지 않았다고 고발할 경우, 그들이 피해자에게 신경을 쓰고 있다는 말로 내가 틀렸음을 입증하고 온 세상에 그 방법을 보여주기를 희망한다.

나는 당신들이 그 정원에 앉아보았으면 좋겠다. 정원에 앉아서 눈을 감아야 한다. 그러면 나는 진짜 정원, 신성한 장소 이야기를 들려줄 것이다. 당신이 앉아 있는 곳에서 30미터쯤 떨어진 곳, 브록이 흙바닥에 무릎을 꿇었던 곳, 스웨덴인들이 **당신 뭐하는 짓이야? 이게 괜찮다고 생각해?** 하고 소리치며 그와 땅바닥에서 맞붙은 곳. 그들의 말을 동판에 집어넣자. 그 장소를 표시해두자. 내 마음속에서는 이미 기념탑을 세웠으니까. 기억해야 할 곳은 내가 폭행을 당한 곳이 아니라 그가 쓰러진 곳, 내가 구조된 곳, 두 남자가 멈추라고, 더는 안 된다고, 여기서는 안 된다고, 지금은 안 된다고, 영원히 안 된다고 선언한 곳이다.

그들은 그를 제압했고, 그때 나는 풀려났다. 그들이 없었다면 애당초 내가 발언할 수 있는 기회가, 심리가, 재판이, 진술서가, 책이 없었을 것이다. 내가 지금 여기 있는 것은 그들 덕분이다. 성장하고, 싸우고, 다시 나 자신으로 존재할 수 있는 기회를 그들이 줬다. 오랜 시간이 걸렸고, 아직 힘든 과정이지만 그 기회가 없었더라면 나는 아무것도 되지 못했을 것이다.

나는 지금도 종종 발언에 대해, 나보다 더 크고 잘 갖춰진 기관과 변호사를 상대하는 일에 대해 두려움을 느끼지만, 그럴 때면 이 두 사람을 생각한다. 내가 그들의 호의를 어떻게 갚고 싶은지 생각한다. 당신에게서 무거움을 벗겨내고, 그건 괜찮지 않다고 소리치며 당신의 악마를 흙바닥에 때려눕히고, 갑자기 당신을 자유의 몸으로 만들고 싶다. 당신의 여행을 시작하고, 스스로 성장하고, 당신의 목소리를 회복하고, 다시 돌아오는 길을 찾을 기회를 선사하고 싶다. 당신이 당신의 길을 가는 동안, 나는 남아서 싸우고 싶다.

14

글쓰기는 내가 이 세상을 가공하는 방식이다. 내게 이 책을 쓸 기회가 주어졌을 때 저 위에 어떤 신이 있는지는 모르겠지만 어쨌든 그 신이 말했다. **네 꿈이 네 손에 들어왔구나.** 나는 말했다, **사실 전 이보단 좀 더 가벼운 주제를 원했어요.** 그랬더니 신은 **하하! 네가 선택할 수 있다고 생각했다니**라고 하는 것 같았다. 이건 내게 주어진 주제였다. 내게 다른 일이 벌어졌다면 나는 그 일에 대해서 썼으리라. 벌어진 사건에 대해 감정이 솟구칠 때 나는 혼 잣말을 한다. 넌 한 쌍의 눈이야. 나는 사법 시스템에 자유롭게 드나들 출입증을 사용할 수 있도록 선택된 일반인이다. 감정에는 침범당한 느낌, 수치심, 고립감, 잔인함 같은 것들이 포함될 것이다. 나의 일은 관찰하고, 느끼고, 기록하고, 보고하는 것이다. 나는 다른 사람들이 볼 수 없는 어떤 것을 보고, 무엇을 배우고 있는가? 나의 고통은 어떤 문으로 연결되는가? 사람들은 때로 **난 상상도 못하겠어**라고 말한다. 내가 어떻게 하면 그들이 상상할 수 있을까? 나는 이 순간 피해자가 어떤 대우를 받는지 보여주기 위해, 우리 문화의 온도를 기록하기 위해 글을 쓴다. 이것은 현 위치를 기록해두는 눈금이고, 20년 뒤에는 피해자들이 겪는 이 진 빠지는 후유증이 낯설게 느껴지기를 희망한다.

재판을 진행하는 동안 판사는 마치 방 중앙의 가장 높은 자리에 보호막을 치고 앉은 검은 봉우리처럼 보였다. 우리는 그를 **존경하는 재판장님**이라는 말로만 지칭하면서 그를 바라보며 일어섰다가 앉았다. 나는 상황을 바꿀 수 있을지 모른다는 생각은 한 번도 해보지 못했다.

내가 심란해하거나 상심에 빠지면 엄마는 항상 **가서 역사책을 읽어**라고 말하곤 한다. 만사에 대한 엄마의 해결책. 나는 아주 오랫동안 역사는 배낭에 넣어 다니는 두꺼운 책이지 내가 만들어낼 수 있는 무언가라고 생각하지 않았다. 역사란 점심시간이 끝나고 난 뒤 에어컨이 나오는 이동식 강의실에서 남북전쟁 재연물을 시청하는 한 시간이었다. 우리 선생님은 우리가 제2차 세계대전 참전 병사의 식사를 마음으로 느껴볼 수 있도록 유통기한이 지난 건빵을 먹어보게 했다. 역사는 지금 이 순간에도 진행되고 있고, 우리가 그 일부라는 사실을 깨닫기까지는 오랜 시간이 걸렸다.

역사는 당신이 겪고 있는 일을 먼저 통과한 사람들을 찾아내는 장소이다. 그저 그곳에 있기만 했던 게 아니라 거기서 살아남은 사람들. 그저 살아남기만 한 게 아니라 그것을 바꿔낸 사람들.

투쟁을 통해 영향력을 행사한 사람들. 역사는 당신보다 먼저 사람들이 무엇을 감내했는지를 보여준다. 내가 태어나기 1년 전 애니타 힐[대법관 후보자의 성희롱을 폭로한 미국 변호사]이 상원에서 증언을 했다. 2018년 그녀는 판사가 강간을 진지하게 여기도록 압박한 미셸에게 감사와 응원의 메시지를 보냈고, 마지막에는 **내 온 마음을 담아, 애니타**라고 서명했다. 역사는 당신이 소수였다고 해서, 누구도 당신을 믿지 않았다고 해서, 그게 당신이 틀렸다는 의미는 아니라는 사실을 보여준다. 그보다 그건 사회가 굼떠서 당신을 따라가지 못한다는 의미였다. 그리고 만일 소수에 속한 사람들이 무너지지 않으면, 자신들의 진실을 포기하지 않으면 세상은 그들의 행보에 발걸음을 맞추게 되리라.

《샌프란시스코 크로니클》은 **나를 희화화하는 말이 아무런 제재 없이 돌아다니고 있다**고 한 판사의 말을 보도했다. 그는 자신의 새로운 정체성이 일차원적이라는 데 항의를 표했다. 나는 이해했다. 피해자로서 나 역시 그런 감정을 느꼈으니까. 내 모든 성격 특성들은 사라지고, 내 정체성은 한마디로 좁혀졌다. 술 취한 피해자.

판사를 투표를 통해 파면하자는 서명 운동은 아직 진행 중이었다. 니콜은 내게 자원 활동가들에 대한 이야기를 전해주었다. 은퇴한 부부가 주말마다 한 시간씩 차를 몰고 와서 팰로앨토 농부 시장에서 테이블을 지킨다는 이야기. 어떤 소녀가 서명 판을 들고 서서 서명을 받고 있는데, 어떤 남자가 다가와서 그녀에게 폭언을 하자 그녀는 주저앉아 눈물을 흘렸고, 눈물을 닦은 뒤 다시 계속 서명을 받았다는 이야기. 그러니까 많은 자원 활동가들이, 서명을 받는 동안 낯선 사람들의 알 수 없는 행동에 노출된 취약한 생존자들이었다.

낯선 사람들이 자원 활동가들에게 **그 피해자가 정신을 잃을 정도로 술을 마신 게 잘못**이라고 주장하는 일도 많았고, 이런 경우 대처법을 알려주는 것도 니콜의 일 중 하나였다. 퍼스키 판사의 변호인인 짐 맥매니스는 **이 여성은 공격을 당하지 않았다**라고 말했다. 피해자를 위축시키려는 의도가 빤한 이런 모욕은 자원 활동가들의 투지에 불을 지필 뿐이었다.

공공 할아버지는 크리스마스가 올 때마다 나와 티파니를 위해 월마트에서 무언가를 고르시는데, 나는 매년 할아버지가 **여덟 살짜리는 뭘 좋아할까? 아홉 살짜리는?** 하면서 복도를 서성이는 모습을 상상한다. 우리는 슬리퍼를, 줄무늬 꽃병을, 유니콘 인형을, 자주색 서류철을, 매니큐어 세트를, 머리카락에 붙이는 색실을, 모기를 쫓아주는 초를 받았다. 할아버지는 이제 연로해지셔서, 내가 모는 차에 처음으로 할아버지를 태웠다. 구름 낀 화요일 오후였고, 할아버지와 내가 주차장을 가로질러 걸어가는데 앞문 옆에 놓인 테이블에 매달린 브록과 판사의 편평한 머리가 눈에 들어왔다. 가까이 다가가자 그 테이블 뒤편에 어떤 나이 든 남성이 앉아 있는 것이 보였다. 나는 야생에서 사슴을 본 것처럼 숨을 멈췄다. 사람들이 오른쪽으로 왼쪽으로 그를 지나쳐갔고, 그 오후는 바람이 불고 쌀쌀했고, 서명 용지가 바람에 나부껴서 그가 손으로 한 장 한 장 누르고 있었다. 그는 조금이라도 더 많은 서명을 받겠다는 희망을 품고, 바람이 심한 그늘에서 자신의 오후 시간을 보내고 있었다. 나는 그에게 다가가 말했다. **여기 계셔주셔서 감사해요.** 그는 **아, 중요한 일이잖아요** 하고 말하고는 좋은 하루를 보내라고 인사했다. 할아버지가 중국어로 왜 그 사람에게 말을 걸었느냐고 물었다. 나는 **내가 쓴 편지가 들판에 불을 지폈고 그래서 이제는 우리 동네가 내 악몽 같은 재판을 주재했던 남자를 파면하기 위한 운동을 벌이고 있다**는 말을 할 수가 없어서, 그냥 친구의 아빠라고 둘러댔다. 할아버지는 고개를 끄덕였다. 우리는 가게 안으로 들어갔고, 할아버지는 신중하게 물건을 둘러보셨다. 이번 해에 우리는 초콜릿 오렌지와 머그잔을 받았다.

나는 내 고향 마을 잔디밭 곳곳에 표지판이 세워지는 모습을 보았다. 브록과 눈을 마주치지 않고서는 이제 몇 블록도 운전할 수가 없다. 나는 이웃에 있는 집들과 함께 **그들이 나를 사랑한다, 사랑하지 않는다** 놀이를 하고 있었다. 파면에는 반대하더라도 여전히 나를 지지할 수 있다는 사실을 깨닫는 데 오랜 시간이 걸렸다. 많은 변호사, 판사, 법학교수들이 그 선고가 지나치게 관대하다는 데 동의하면서도 퍼스키 판사가 법 규정 안에서 판단을 한 것이라고 주장하며 그를 지지했다. 나는 서서히 반대의견을 개인적인 일로 받아들이지 않기 시작했다.

2018년 1월 지역 주민 약 9만 5000명의 서명이 모였고, 첩첩이 쌓인 흰 상자에 담겨 제출되었다. 나는 뉴스에 나온 상자들을 바라보면서 거기에 얼마나 많은 시간이 들어갔을까, 얼마나 많은 사람들이 그늘에 앉아 있었을까, 얼마나 많은 행인들이 발걸음을 멈추고 자기 이름을 적었을까 생각했다. 아마 내가 그 상자더미를 바라보면서 눈물을 흘린 건 그 때문이었을 것이다.

선거가 점점 가까워지면서 나는 심란한 편지들을 받았다. 내 집은 경계의 대상이 되었다. 키가 크고 회색 정장을 입은, 성범죄 수사대의 한 수사관이 찾아왔다. 그는 내 창문 아래 있는 덤불을 잘라내야 할 거라고, 그 안에 사람 너댓 명이 숨을 수 있다고 말했다. 나는 항상 그 덤불이 무성하고 싱싱하다고만 생각했지 너댓 명이 숨을 수 있는 장소라고는 생각해보지 못했다. 내가 글을 쓰는 책상은 바로 창문을 바라보고 있어서 길가에서 볼 수 있었기 때문에 책상의 위치도 옮겨야 했다. 우리는 비디오카메라를 설치하고 뒷문에는 이중 잠금 장치를 해야 했다. 이웃들도 경계의 대상이었다. 나는 방심하지 말고 혼자서는 걸어 다니지 말라는 조언을 들었다. 내 담당 검사 사무실은 내 안전을 놓고 회의를 진행했고, 내게 호텔에서 지내라고 제안했다.

나는 계속 글을 썼다. 샌프란시스코 경찰서 전화번호를 냉장고의 가족사진 옆에 붙였다. 나는 계속 작업 공간으로 쓰는 방의 블라인드를 닫아놓았고, 어둠을 무시하고 인공 조명을 밝힐 수 있을 만큼 밝힌 채, 계속 글을 썼다. 음악 재생을 중단하고 침묵 속에 나를 가둔 채, 항상 한쪽 귀를 열어놓고 계속 글을 썼다. 마음을 흔들어놓는 새로운 편지가 올 때마다 그 새로운 수사관에게 문자를 보냈고, 그러면 그는 집에 들러서 점점 묵직해지는 증거철에 그 편지를 추가했다. 경찰차들이 내 집 주위에서 순찰을 돌았다. 위협이 점점 늘면서 나는 모구를 데리고 산책 나가는 걸 중단했다. 밤새 주먹을 꼭 쥐고 있느라 아침이 되면 팔이 아팠다. 어느 날 나는 글쓰기를 중단했다.

그날 나는 원예용 가위를 들고 둥근 생울타리 앞에 서 있었다. 가지를 분지르고, 손가락 굵기의 줄기를 자르면서 생울타리를 다듬었다. 부러진 줄기에서 흰 수액이 배어나왔고, 쪼개진 나무가 내 종아리를 긁었다. 땅거죽에서 잡초를 잡아당겼고, 반투명한 주머니 안에 싸인 말벌들을, 흙에 있던 구멍에서 쏟아져 나오는 작은 집게가 달린 사슴벌레들을 발견했다. 내 달아오른 피부에는 흙이 들러붙었고, 무릎에는 포장석의 문양이 분홍색으로 찍혔다. 태양이 낮아졌고, 나는 장갑을 벗다가 시멘트로 된 진입로에 떨어진 줄기들, 단단히 입을 다물고 있는 작은 자홍색 봉오리들에 시선이 꽂혔다. 너무 열중한 나머지 그걸 다 잘라내버린 것이었다. 그 봉오리들은 내 꽃이 되어야 했다. 내 창문 아래서 꽃을 피웠어야 했다. 그러므로 많은 생존은 희생이었다. 내일에 도달하는 데 필요한 일을 하기 위해 짧게 잘라내고, 생명을 억압하는 것이었다. 나는 이 밝은 꽃잎들이 활짝 펴지기를 바랐다. 녹색 줄기를 한아름 안고 위층으로 뛰어 올라가 물속에 부드럽게 미끄러뜨렸다.

파면 싸움은 점점 치열해졌다. 잔디밭에 세워두었던 간판들이 도난당했고, 논쟁은 어둡고 개인적인 공방으로 급선회했다. 6월 1일《허핑턴 포스트》에 실린 줄리아 아이오페의 글은 이렇게 밝혔다. **에밀리 도의 진술서 역시 파면 반대 집단 내에서는 과열된 억측의 대상이었다.** "증명은 할 수 없지만, 전 (미셸) 도버가 피해자 진술서를 작성했다고 생각해요." 코델은 이렇게 말했다. 밥콕 역시 같은 의심을 했다. "그렇게 어린 사람이 쓰기엔 너무 세련됐어요." 그녀는 이렇게 말했다. 퍼스키의 변호인이자 스탠퍼드 졸업생이기도 한 짐 맥매니스 역시 에밀리가 그 진술서를 작성하지 않았을 거라고 확신했다. "신원을 밝힐 수 없는 어떤 사람이 그건 구타당한 여성의 전문 대변인이 작성한 글이라고 말하고 있습니다." 맥매니스는 이렇게 설명했다. "제가 입증할 수는 없지만, 저는 저에게 이 이야기를 해준 사람의 판단력을 존중합니다."

어떤 면에서 그건 찬사였다. 나는 믿을 수 없을 정도로 너무 "세련"됐다. 작성자가 대변인이라는 주장도 신경 쓰지 않았다. 내가 겪었던 대변인들은 사려 깊고, 적극적이고, 지적인 사람들이었다. 하지만 이런 주장은 피해자가 사기꾼, 거짓말쟁이, 신뢰할 수 없는 사람이라는 의미를 깔고 있었으므로 가만히 있을 수 없었다. 내가 열두 장짜리 일인칭 서사를 써달라고 누구한테 의뢰하겠는가? 그런 대화는 어떤 식일까? **이봐, 내 인생의 가장 내밀한 사적인 고통을 7000단어짜리 글로 좀 써줄래?**

그들이 진짜로 하고 있는 말은, '피해자는 글을 쓸 수 없다'이다. 피해자는 똑똑하거나, 유능하거나, 독립적이지 않다. 그들이 자기 생각을, 필요를, 요구를 표현하려면 외부의 도움이 필요하다. 그들은 너무 감정적이어서 조리 있는 건 무슨 글이든 쓰지 못한다. 이 글의 저자가 의식 없는 상태로 발견된 그 술 취한 여자아이일 리 없다, 미디어가 증언이 진행되는 내내 **통제할 수 없을 정도로 흐느꼈다**고 묘사한 그 사람일 리 없다. 의식 깊은 곳에서 그들은 나의 글을 빼앗고 싶어 했지만 나는 그렇게 쉽게 포기할 생각이 없었다. 또 다른 역사 이야기가 있다.

엄마는 스물여섯 살 때 〈북경에서 구걸하기〉라는 다큐멘터리 영화에 출연했다. 영화는 중국의 공산주의 체제 안에서 순응하기를 거부하면서 가난하게 살아가는 반문화 예술가 집단을 좇았다. 그 집단 안에서 엄마는 작가였다. 엄마가 말했다. **미국에 간다는 생각을 하는 건, 마치 자궁으로 돌아가는 거랑 비슷해. 아주 어둡고, 미래가 얼마나 밝을지 알 수 없지. 미국에 도착하면 먼저 일거리를 찾아야 할 것 같아.**

내가 어렸을 때 엄마는 줄곧 세탁소에서, 에어로빅 강사로, 건널목 안전요원으로, 꽃가게에서, 액자 가게에서, 지역 신문사에서, 부동산 중개업자로 일했지만 나는 매일 밤 어깨에 담요를 두른 엄마가 환한 컴퓨터 화면을 앞에 두고 어두운 거실에 앉아 글을 쓰는 모습을 보았다. 매일 아침 아빠가 우리를 학교에 데려다줄 때 나는 방문 앞을 지나면서 잠들어 있는 엄마의 모습을 보았다. 한번은 엄마가 울고 있는 모습을 보았다. 엄마의 글이 게재된 엄마의 중국어 웹사이트가 금지되어 폐쇄되었을 때였다. 나는 자유롭게 발언하지 못할 수 있다는 사실을 몰랐다.

스물네 번째 생일이 지나고 나서 나는 기차를 타고 뉴욕에 가 내 첫 책 계약서에 서명했고, 디저트로 구운 복숭아를 먹으면서 자축했다. 나는 엄마에게 커다란 은빛 건물 사이로 넘어가는 해를 찍은 사진을 보냈다. 엄마가 답장을 보냈다. **넌 엄마의 꿈이란다.**

내 글이 세련된 이유는 내가 좋은 위치에서 출발했기 때문이었고, 수년간 형성기를 거치고 있기 때문이고, 내가 곧 우리 엄마이자 엄마의 엄마이기 때문이다. 글을 쓸 때 나는 엄마가 일생 동안 이해하려 씨름해야 했던 언어를 구사한다는 특권을 누린다. 나는 무언가에 반대하는 발언을 할 때 내 목소리가 검열당하지 않는다는 사실에 고마운 마음을 갖는다. 나는 발언의 자유를, 넘치는 책들을, 나의 교육 기회를, 내가 수월하게 구사하는 모국어를 당연하게 여기지 않는다. 엄마는 작가이다. 차이가 있다면 엄마는 인생에서 초반 20년을 살아남기 위해 썼다는 점이다. 나는 작가이다. 내 인생 20년은 집과 교실에서 먹고 사랑받으며 보냈다.

어떤 면에서 그들이 옳았다. 나는 인정을 받을 자격이 없다. 인정은 내 손을 잡고 작가 사인회에 줄을 섰던 우리 엄마, 코듀로이 소파에 앉아 내게 책을 읽어준 앤 할머니, 우리가 만든 표지에 비닐을 입히고 책을 제본해서 교실을 출판사로 바꿔놓은 2학년 때의 토머스 선생님 몫이다. 나는 공립학교의 영어 선생님들에게, 던랩 선생님, 윌슨 선생님, 오언 선생님, 캐롤라인 선생님, 엘렌 선생님, 테디 선생님, 킵 선생님에게 빚을 졌다. 밤 할머니에게 빚을 졌다. 벽돌만큼 두꺼운 책을 읽지만, 사무실에서 내가 손으로 쓴 시들을 옆에 놓고 앉아 절대 잃어버릴 일이 없도록 그걸 하나하나 타자로 쳐주신 키가 190센티미터나 되는 2차 대전 참전용사 로빅 할아버지에게 빚을 졌다. 이 진술서가 나오기까지 도움을 준 사람은 많다. 내게 이 세상을 보는 법, 관심을 기울이는 법, 목소리를 높이는 법을 알려준 모든 사람들. 내 의견은 가치가 있다고, 나는 경청과 주목의 대상이 될 자격이 있다고 말해준 사람들.

2018년 6월 5일, 판사가 파면되었다. 《샌프란시스코 크로니클》에는 그가 한 말이 인용되었다. **여성들은 사회가 그들을 다루는 방식에, 사법 시스템이 그들을 다루는 방식에 좌절감을 느끼고 있습니다. 그 열정에는 진심이 있습니다. 그것은 표현될 필요가 있습니다.** 표현이라니 틀린 단어였다. 우리 피해자들은 표현에 진력이 난다. 나는 그의 법정에서 숱하게 표현했다. 우리 피해자들에게 필요한 단어는 '인정한다', '고려한다', '진지하게 여긴다'이다.

법정에서 진술서를 낭독했던 날, 나는 실패했다고 믿고 집으로 돌아갔다. 얼마나 많은 피해자들이 그 믿음에 맞서는 다른 목소리가 없어서 모욕을 당하고 작아졌던가. 얼마나 많은 우리가 뛰어나고 용감하다는 느낌 대신 굴욕감과 신파 드라마 같다는 기분을 떠안아야 했던가. 한 남자가 내가 수백만 명을 각성시키지 못하게 막을 수도 있었다. 당신의 현실이 누구에 의해 쓰이고 있는지 질문해보라. 누가 그것을 호령하는지 다시 생각해보라. 당신이 중요한 사람이라는 결정은 누가 하는지. 판사는 신이 아니었다. 그는 그랜트 애비뉴에 있는 방 한 칸짜리 왕국의 통치자, 작은 영역의 수령, 검은 법복을 걸친 한 남자였다. 그는 진실의 유일한 발언자도, 규칙을 만드는 사람도, 최후 결정권자도 아니었다. 그는 선출직 공무원이었고, 투표자의 62퍼센트에 의해 자기 자리에서 쫓겨났다.

그가 파면되었을 때 공식 행사는 없었다. 나는 그가 어느 날 아침에 눈을 떴는데 그 검은 법복을 입을 필요가 없는 상황을, 생기를 잃은 채 옷장에 걸린 상태로 그냥 놔둬야 한다는 사실을 의식하는 상황을 상상한다. 《로스앤젤레스 타임스》는 선고 이후에 판사가 이렇게 말했다고 전했다. **어느 정도 부정적인 반응은 예상했습니다. 하지만 이건 생각하지 못했습니다.** 판사는 내가 선고에 불만이 있다는 사실을 알았다. 하지만 1800만 명이 분개하리라고는, 지역 카운티에서 20만 명이 그를 몰아내는 데 찬성표를 던지리라는 사실은 몰랐다. 누군가가 파면에 찬성하든 그렇지 않든, 자원 활동가들은 남은 일생 동안 내가 가슴에 새기게 될 사실을 가르쳐주었다. 이 세상이 고정되어 있지 않다는 사실을.

2018년 7월 25일, 브록의 항소 변호사들이 세 명의 판사로 구성된 심사위원단 앞에 출석해 브록은 간접 성교만 할 생각이었다는 주장을 펼쳤다. 《머큐리 뉴스》는 프랭클린 일리아 판사가 **당신이 무슨 말을 하는 건지 전혀 이해가 안 된다**고 반응했다고 전했다. 판사의 말은 내가 할 수 있는 모든 말을 압축하고 있었다.

2018년 8월 8일, 담당 검사가 내게 문자를 보냈다. **판결이 확정됐어요!** 항소는 거부되었다. 그건 마지막 숨, 박동 소리, 새가 전선에서 가볍게 날아오르는 몸짓과 비슷했다. 1월의 그날 밤 이후 3년 하고도 8개월이 지나서야 사건이 종결되었다. 하피즈[중세 페르시아의 서정시인]의 시 한 편이 생각났다.

그러고 나서, 그 모든 **그러고 나서**들이 멈추었다.
마무리해야 할 것은 **아무것도 남지 않았다.**

494

시간의 질서 속에서, 모든 것이 고요할 때.

더 이상의 통화도, 더 이상의 최신 정보도, 더 이상의 다음 일도, 더 이상의 예측 불가도 없었다. 나는 그가 없이도 존재할 수 있다는 사실을, 그와 엮이지 않은 삶이 있다는 사실을 잊고 있었다. 그날 밤 나는 오레오를 사서, 우유가 담긴 그릇에 부어 넣고, 가라앉기를 기다렸다가, 남은 것을 떠먹으면서 자축의 시간을 보냈다. 정말 끝난 건지 의심스러워서 그날, 아니 그다음 날에도 검사에게 답장을 보내지 않았다. 그 좋은 소식에 얼떨떨해하면서, 나는 마침내 자유가 되었다는 게 사실인지 의아해하면서 몇 주를 흘려보냈다.

나는 치유가 무엇인지, 어떤 모습인지, 그것이 어떤 형태로 찾아오는지, 어떤 느낌이어야 하는지 정확히 알지 못한다. 네 살이었을 때는 1갤런짜리 우유를 못 들었고, 그게 왜 그렇게 무거운지 이해하지 못했다. 그야말로 출렁거리는 흰색 바위 같았다. 나는 조리대와 높이를 맞추기 위해 나무의자 위에 올라서서 떨리는 팔로 우유를 따르고, 시리얼을 적시고, 우유를 흘렸다. 지금 와서는 내가 언제 그 우유통을 쉽게 들어 올리게 되었는지 기억나지 않는다. 내가 아는 건 이젠 아무 생각 없이 우유통을 들어 올리고, 한 손으로 전화를 받으며 급히 서두르면서도 할 수 있다는 사실뿐이다. 방법은 같을 거라고 믿는다. 어느 날 저 밑바닥까지 흔들리지 않고도 그 이야기를 할 수 있으리라고. 매번 사달이 나고, 엎지르고, 이마에서 땀이 나고, 엉망진창이 되어 정리를 하고, 종이 타월을 적시는 일은 없을 것이다. 그것은 그냥 내 삶의 일부가 될 것이고, 매일 전보다 더 가볍게 들어 올릴 수 있을 것이다.

램 다스[미국의 심리학자]는 말했다. **이 순간 당신이 당신의 삶에서 잘못된 장소에 있는 게 아니라는 사실을 인정하라. 게임에서 오류가 없었을 가능성을 고려하라. 그냥 고려하라. 오류는 없다고 생각하라. 그러면 당신의 그릇에 놓인 모든 것이 그 모습으로 존재하고 우리는 여기에 존재한다.** 나는 내 운명이 강간당하는 것이라고 믿지 않는다. 하지만 우리가 여기에 존재한다는 사실이 우리가 가진 전부라고는 믿는다. 오랫동안, 여기에 존재하는 것이 너무 힘들었다. 내 마음은 여기 있기보다는 분리되고 싶어 했다. 목표는 망각이라고 믿곤 했다.

치유는 나아감이 아니라고, 무언가를 찾아다니면서 재차 되돌아가는 것이라는 사실을 배우기까지 오랜 시간이 걸렸다. 이 책을 쓰느라 나는 그 장소로 다시 돌아갈 수 있었다. 상처 속에 머물러 있는 법을, 떠나고 싶은 마음을 억누르는 법을 배웠다. 법정 안 풍경 속에 갇혀버렸을 때는 모구를 내려다보며 생각했다. 내가 정말로 과거에 있는 거라면 어떻게 이 눈을 깜빡이는 생명이 내 집에 들어왔겠어? 나는 본 것과 느낀 것을 묘사하기 위해 글씨를 조합하고 또 조합했다. 그 풍경을 다시 찾았을 때는 통제할 수 있는 힘이 더 생겼고, 필요할 때 드나들 수 있게 되었다. 언젠가 나는 더 이상 수합할 게 남아 있지 않음을 알게 되었다.

한때 나를 집어삼켰던 녹취록은 이제 한낱 종잇조각들일 뿐이었다. 나는 과거보다 현재에서 더 많은 시간을 보내기 시작했다.

더는 어딘가에 도달하려고 노력하지 않았고, 그저 **너 나아지고 있지?**라고 자문할 뿐이었다. 때로 **오늘은 아니야**라는 대답이 돌아왔다. 때로 나는 퇴행했다. 하지만 머릿속 목소리는 이제 더 부드럽다. 질문이 무엇이든 나는 인내심과 이해심을 발휘했다.

슬픔이 지나가고 나니, 내가 무엇을 견뎌냈는지 기억이 떠오르며 자신감이 성장했다. 분노가 지나가고 나니, 목적이 생겼다. 슬픔과 분노 같은 것들을 끼고 지낸다는 것은 이 경험이 내게 선사한 가장 가치 있는 도구들을 무시한다는 의미가 될 것이다. 내가 그를 용서했는지 궁금하다면, 그저 증오는 가지고 다니기에는 무거운 것이라고, 내 안에서 너무 많은 자리를 차지한다는 말밖에 할 수가 없다. 그가 배움을 얻기를 앞으로도 꾸준히 희망하리라는 것은 사실이다. 배움을 얻지 못한다면 삶은 무엇을 위한 것인가? 내가 그를 용서했다면 그건 내가 성인군자라서가 아니다. 내 안을 좀 비워내고 힘든 감정을 내려놓을 수 있는 자리를 마련했기 때문이다.

우리 중 많은 사람이 우리에게 주어진 것 아래서 기어 나오기 위해, 우리에게 할당된 작은 의미를 넘어서서 우리 자신을 우뚝 세우기 위해 투쟁을 벌인다. 때로 나는 상상력을 잃을까 봐 두려웠다. 피해자라는 내 역할에 갇힌 기분이었기 때문이다. 내가 갇혔을 때는 아직 안으로 움직일 수 있다는 사실을 배웠다. 우울한 기분이 들 때는 글을 썼고, 커피콩, 내가 일러스트 작업을 하게 될 어린이용 도서, 내가 마당에서 키울 닭들, 부드러운 면 리넨, 조리대 위에 놓인 소스 묻은 나무 숟가락들로 이루어진 내 미래를 상상했다. 계획에 따라 꿈을 실현할 필요 같은 건 중요하지 않았다. 중요한 것은 상상이라는 그 행위였다.

내가 이 책을 쓴 것은 세상이 힘들고 끔찍하고 때로는 가차 없을 수 있기 때문이다. 살아 있다는 기분을 느낄 수 없었던 시절이 있었기 때문이다. 사법 시스템은 굼벵이처럼 느리고, 피해자들은 창작을 하고 그림을 그리고 요리를 하며 자기 생활을 하기보다는 그 많은 시간을 몸부림치며 보낼 수밖에 없기 때문이다. 내가 글을 쓴 것은 이 사회에 존재하는 권리 부여의, 젠더 폭력의, 계급 특권의 야만성을 폭로하기 위해서다. 하지만 만일 당신이 인간성의 손길을 전혀 느끼지 못하고, 내가 본 것을 보지 못하고 이 책을 덮게 된다면 나는 실패하게 될 것이다. 손으로 쓴 수천 통의 편지들, 큰 바다 밑바닥에 있는 초록 입 물고기, 윙크를 날리는 법원 속기사. 나를 지탱해준 그 모든 작은 기적들. 우리는 우리에게 주어진 시간의 절반을 서성거리고, 우리가 여기서 뭘 하고 있는지, 이게 어째서 노력할 가치가 있는지 회의하며 보내버릴 수도 있다. 하지만 살아 있다는 건 믿을 수 없는 일이고, 그냥 여기에 존재하는 것, 아무리 찰나 같다 해도 다른 이의 공감의 양과 깊이를 느끼는 것이다. 내가 글을 쓴 것은 무엇보다, 이 세상이 얼마나 멋진 곳일 수 있는지 알게 되었다고 당신에게 말해주기 위해서다.

나는 대학을 마치고 나서 7개월 내에 성폭행을 당하고, 프로비던스에서, 그다음에는 필라델피아에서 살고, 스쿠버다이빙을 하고, 법정 증언을 하다가 흐느껴 울고, 열두 장짜리 글을 써서 전

세계의 반향을 얻고, 키 큰 남자와 작은 개와 같은 집에서 살고, 2년 반을 글을 쓰면서 보내게 되리라는 건 전혀 알지 못했다. 나는 고통 속에서 자아를 만들어냈다. 지금 와서 생각해보면 폭행은 이제 그 큰 이야기에서 떼어놓을 수가 없다. 그건 내 인생을 이루는 사실의 일부였다. 내가 6월에 태어난 것처럼 나는 1월에 강간을 당했다. 끔찍한 기억은 전과 다름없을 수도 있지만, 그것을 다루는 능력이 성장했다. 내가 아직 더 살아보지 못했으므로 앞으로 무슨 일이 일어날지는 이야기해줄 수 없다. 이 책에는 행복한 결말이 없다. 행복한 부분은, 결말 같은 건 없다는 점이다. 나는 언제나 삶을 이어갈 방법을 찾을 것이기에.

2018년 9월 23일, 크리스틴 포드[트럼프 대통령이 대법관 후보로 지명한 브렛 캐버노가 고교 시절 자신을 성폭행하려 했다고 주장한 팰로앨토 대학 교수]가 상원 법사위원회에서 증언하기로 확정되자 팰로앨토에서 그녀를 위한 촛불 기도회가 열렸다. 기도회라고 부르려니 기분이 이상했다. 어쩌면 그녀가 무엇을 상대하게 될지 알기에, 그녀를 전쟁터에 내보내기 전 함께 힘을 모으기 위한 행사였으리라. 거대한 흰색 달이 하늘에 걸렸다. 나는 샌프란시스코에서 차를 몰고 나와 익숙한 도로들을 달렸다. 기도회 장소에 가까워지자 도로를 따라 늘어선 환하게 빛나는 사람들, 흔들리는 랜턴들이 중심가를 향해, 우리 부모님의 집과 가까운 엘카미노와 갈베스 교차로에 집결하기 위해 움직이고 있는 모습이 눈에 들어왔다. 자동차들이 지지의 경적을 울리는 소리를 들었다. 갓길에 차를 세우자 백미러 안에 환한 빛들이 들어찼다. 반짝이는 점들로 가득한 길쭉한 직사각형. 나는 밖으로 나가려고 했지만, 문을 열고 발을 연석에 올린 채 거기 앉아 흐느꼈다. 경적 소리들, 쉴 새 없이 울어대는 빵빵 소리들, 아름다운 분노, 지지로 가득한 내 고향 마을의 밤공기에, 어릴 때 뛰놀던 인도를, 티파니와 함께 레몬 사탕을 빨면서 킥보드를 타던 이 길들을 가득 메운 사람들에게 귀를 기울였다. 그들이 **우리가 그녀다, 그녀가 우리다** 하고 연호하는 소리가 들렸다. 몇 년 전의 나는 오랫동안 이런 장면에 굶주려 있었다.

엄마가 도착해 주머니에서 팥이 든 월병을 꺼내 내게 건넸고, 우리는 앤 할머니가 계신 군중을 향해 걸어갔다. 할머니는 **우리는 당신을 믿어요**라고 연호하며 기다리고 계셨다. 중추절인 다음 날, 중국에서 엄마의 엄마가 돌아가셨다. 내가 찾아갈 때마다 할머니가 하던 두 가지 말이 생각났다. **보조개가 예쁘구나! 그리고 발이 엄청 크네!** 할머니의 할머니 발은 전족 때문에 묶여 있었다. 10센티미터의 발, 그런데 지금의 내 발은 24센티미터다. 세대가 바뀔 때마다 우리는 조금씩 자유로워진다.

며칠 뒤, 포드가 증언대에 섰다. 아침에 일어나, 눈을 감고 펼친 손을 들어 올린 포드의 사진을 보았다. 그걸 보면서 숨을 멈췄다. 그게 어떤 기분인지를, 그 굴복의 상징을, 당신의 상처 속으로 들어가는 것에 대해 나는 알았다. 아침 내내 집중을 할 수가 없었다. 밖에 나가서 도시의 유칼립투스 숲속을 걸었다. 그 아침에는 비가 내렸고 나는 몇 시간 동안 민트와 젖은 뿌리덮개에 둘러싸여 숨을 쉬었다.

다시 뉴스에 접속했더니 캐버노가 증언을 하고 있었다. 격분하고, 홀쩍대고, 비난하고, 빈정거리고, 번들거리는 눈을 굴리며 흥분하고. 에이미 클로버샤 상원의원이 기억이 안 날 정도로 술을 마신 적이 있는지 묻자 그는 이렇게 말했다. **필름이 끊기는 것에 대해서 말씀하시는 거 같은데, 모르겠어요. 의원님은요? 의원님이 그래본 적이 있는지 궁금하네요.** 나도 완전히 똑같은 질문을 받은 적이 있었다. 나는 절제하면서 앉아 있었고, 절대 목소리를 높이지 않았고, 절대 보복하지 않았다. 어째서 이 나라 최고 법원의 자리에 앉게 될 남자는 품행을 관리하지 못하고, 이 모든 게 불공정하다고 원통해하면서 쏘아붙이는 대답밖에 하지 못하는지 의아했다.

린지 그레이엄 상원의원이 비트처럼 빨간 얼굴로 손가락질을 하며 입에서 불길을 뿜어내는 모습을 보았다. 전에는 그렇게 공격적인 어조 앞에서 위축되었고, 겁이 났었다. 적개심은 아무런 노력 없이 표출할 수 있다는 사실을 배우게 되기까지는. 아무런 노력 없이. 소리치는 사람이 되기란, 상처를 주려는 의도로 석탄처럼 빨갛게 불타는 말들을 던지기란 식은 죽 먹기다. 나는 내가 물이라는 사실을 배웠다. 석탄이 내게 손을 내밀면 그들은 치칙 소리를 내면서 꺼진다. 이제 나는 안다. 그 맹렬한 석탄은 바닥으로 가라앉는 검은 돌일 뿐이라는 사실을.

긴 시간 성폭행이라는 범죄는 우리의 침묵에 의지했다. 우리가 발설하면 어떤 일이 벌어질지 아는 데서 오는 두려움. 사회는 우리에게 천 가지 이유를 댔다. 증거가 없으면, 너무 오래전에 일어난 일이면, 당신이 술에 취했으면, 남자가 힘 있는 자이면, 역풍을 맞을 것 같으면, 당신의 안전이 위협받으면 발설 말라고. 포드는 이 모든 규칙을 깼다. 그녀에게는 감히 입을 열기 전에 우리에게 필요하다고 사회가 말하는 요구 사항이 하나도 없었다. 그녀는 감추고 있을 이유가 충분했지만, 상상할 수 있는 가장 공적이고, 예측할 수 없고, 호전적인 환경을 향해 곧장 발을 내딛었다. 자신에게 필요한 단 한 가지, 진실이 그녀에게는 있었기 때문이다.

우리를 내리누르던 바리케이드는 더 이상 힘쓰지 못할 것이다. 그리고 침묵과 수치심이 사라질 때, 그 무엇도 우리를 막지 못할 것이다. 우리는 입이 막히고 몸이 침입당했을 때 가만있지 않을 것이다. 우리는 발언할 것이다, 발언할 것이다, 발언할 것이다. 생존자는 절대 넘어서는 안 된다고 배운 선이 있었다. 손을 들어 올린 순간, 그녀는 그 선을 넘었다.

그날의 많은 일들이 형언 가능한 범위 밖이었고, 그래서 귀로 들을 수는 없었지만 느낄 수 있었다. 캐버노와 그레이엄의 말은, 비열하고 요망한, 신경질적이고 별난 그 말들은 온 방 안을 날아다녔다. 침과 폭발이, 찡그리고 갈라진 얼굴이, 파리 떼 같은, 모욕적이고 불명확한 공격들이 있었다. 그 방에서 위엄을 지킨 사람은 누구였나? 그녀였다. 포드의 말들은 존재의 중심에서 우러나왔고, 온 나라에 울려 퍼졌다. 그녀는 큰 산이었고, 그들의 말이 덧없는 바람과 거친 비처럼 퍼부어질 때 그녀는 꿈쩍도 하지 않았다. 그녀가 발언을 할 때는 정신이 번쩍 들었고, 슬픔이 모래와 함께 우리 안을 가득 메워 모든 사람이 앉은 자리에서 가라앉았다. 진실은 묵직하다.

트럼프가 며칠 뒤 미시시피의 집회에서 그녀를 모욕했다. **당신은 집에 갔습니까? 기억나지 않아요. 어떻게 거기까지 갔나요? 기억나지 않아요. 장소는 어디인가요? 기억나지 않아요. 그게 몇 년 전이었나요? 모르겠어요. 그건 어느 동네였나요? 모르겠어요. 그 집은 어디인가요? 모르겠어요. 위층, 아래층, 어디였나요? 모르겠어요. 하지만 전 맥주를 한 잔 마셨어요. 그게 기억나는 전부예요.** 사람들은 손뼉을 치면서 대놓고 웃었다. 하지만 내가 보기에 트럼프는 석탄을 던지고 있었고, 우린 여전히 물이었다.

이 이야기를 시작할 때 나는 반라의 상태로 혼자였다. 아무것도 기억하지 못했다. 모르는 게 너무 많았다. 이해하지 못하는 사법 시스템 안에서, 검은 법복을 입은 대머리 판사와, 좁다란 안경을 쓴 피고 측 변호사와 싸워야 했다. 고개를 숙인 브록과, 웃지 않는 그의 아버지와, 항소 변호사와도. 장애물은 더 단단해졌고, 나보다 더 많이 배우고 권력이 많은 남자들을 상대해야 했고, 게임은 더 거칠고 적나라하고 심각해졌다. 내 고통을 비웃는 댓글을 읽었다. 무력하고 두렵고 치욕스러운 기분을 기억한다. 한 번도 울어본 적 없는 사람처럼 울었다. 하지만 유죄라는 선언이 내려지던 순간 변호사의 멈춰선 어깨를 기억한다. 브록이 감방의 딱딱한 침상에서 90일간 잤다는 사실을 안다. 판사는 이제 다시 법원에 발을 붙이지 못할 것이다. 항소 변호사의 주장은 차단당했다. 그들은 하나하나 힘을 잃고 무너졌고, 소동이 진정되었을 때 나는 누가 남았는지 확인하려고 주위를 둘러보았다.

에밀리 도뿐이었다. 나는 계속 부드러웠기 때문에, 귀 기울였기 때문에, 글을 썼기 때문에 살아남았다. 내 진실 옆에 웅크리고 있었기 때문에, 끔찍한 폭풍 속의 작은 화염처럼 그것을 지켰기 때문에. 눈물이 날 때, 당신이 조롱과 모욕을 당할 때, 의심과 위협을 당할 때, 그들이 너는 아무것도 아니라고 말할 때, 당신의 몸이 구멍으로 전락할 때, 고개를 당당히 들라. 여행은 당신의 상상보다 더 길 것이고, 트라우마는 당신을 찾아내고 또 찾아낼 것이다. 당신에게 상처를 준 그 사람들처럼 되지 말라. 당신의 힘과 함께 부드러움을 포기하지 말라. 결코 상처를 주기 위해 싸우지 말고 희망을 주기 위해 싸우라. 이번 생에서 당신이 안전을, 즐거움을, 자유를 누릴 자격이 있음을 알기에 싸우는 것이어야 한다. 그것이 다른 누구의 것도 아닌 당신의 인생이기에 싸우는 것이어야 한다. 나는 그렇게 했고, 지금 여기에 있다. 돌아보면 나를 의심했거나, 내게 상처를 줬거나, 나를 거의 짓밟았던 모든 사람이 서서히 사라졌고, 서 있는 사람은 나 하나뿐이다. 그리고 이제 시간이 됐다. 나는 이제 먼지를 툭툭 털고, 가던 길을 간다.

| 감사의 말 |

　인생에는 언제나 균형이 필요하다. 당신이 끔찍한 하루를 보내고 있다고 생각해보자. 누군가가 다가와서 당신에게 과즙이 많은 작은 비파를 건네고, 그러면 갑자기 그날에 약간의 좋은 일이 더해지면서 균형이 생긴다. 이런 사람들은 나를 위해, 꾸준히 하루하루의 균형을 잡아주었고, 그래서 나는 과도하게 나쁜 감정에 한 번도 시달리지 않았다.

　병원에서 나는 좋은 사람들을 발견했다. 법원에는 좋은 사람들이 더 많았다. 내게는 일생 동안 무거운 분위기에서 나를 띄워주는 좋은 사람들이 있었다. 말로는 여러분 한 명 한 명에게 적절한 감사 인사를 전할 수가 없다. 그저 내게 당신이 있다는 사실을 알기에, 꾸준히 최선을 다할 것임을 알아주기를 바란다. 당신에게 감사의 마음을 전한다.

아빠, 신선한 토마토를 기르고, 나와 티피가 우리가 원하는 사람이 될 수 있는 용기를 불어넣어줘서 고마워요. 엄마, 나는 엄마의 방향을 따라 자라고 있어요. 티피, 내가 항상 우러러볼 어린 동생. 루카스, 내가 글을 쓰다가 늦은 시간에 침대에 기어들어갈 때 내 차가운 발을 당신에게 대도록 허락해줘서 고마워. 당신은 가장 어려운 부분들을 정면으로 마주할 수 있게 도움을 줬어. 모구, 단 한 통의 이메일도 보내지 않는 3.6킬로그램짜리 사무실 관리자. 네가 내 회전의자 옆에서 잠을 자서 난 항상 너를 밟지 않으려고 무진 노력했단다.

앤 할머니와 뉴먼. LCM. BAM. 공공. 푸오 푸오. 우리 밀러 가족. 장 씨네 집 사람들. 여러분의 무한한 사랑에 감사합니다.

커다란 심장과 명석함을 가진 줄리아. 매일 우리를 위해 자리를 지켜준 앤. 걸출한 지방검사 아라레 키아너시, 딸들이 커서 당신처럼 되기를 바라요. 마이크 김 수사관, 당신의 친절함에, 내가 가장 힘들었을 때 편견 없는 공간을 만들어준 것에 감사합니다. YWCA의 대변인 브리 반 네스와 클레어 마이어스, 내 증언대의 동반자, 화장실 친구들, 당신들의 존재는 생명수 같았어요. 성폭력대응팀 간호사 분들, 여러분의 부드러운 보살핌과 가벼움에 감사의 말을 전합니다. 나를 돌봐준 모든 경찰관들. 미디어를 막아준 션.

니콜, 우리가 어릴 때 놀던 과수원에게 고마운 마음이 들어. 너의 어린 것에게 밝은 생명이 있기를 바랄게. 클레어, 우리가 이 거지 같은 롤러코스터에서 잘 빠져나오면 좋겠어. 애시나, 항상 다시 중심으로 돌아가는 길을 찾아줘서 고마워. 멜 로젠버그, 너와 함께했던 모든 산책과 모든 통화가 힘이 되었어. 넌 나보다 나를 더 잘 알아. 카일라, 샌프란시스코에서 함께한 우리의 모든 밤들, 쌀국수들, 차를 마시던 시간들. 미란다, 너와 함께 있으면 가장 슬픈 일들이 재밌어져. 시나몬 번과 커피를 놓고 나를 치유해준 T.J. 터먼과 캘리포니아 폴리테크에 있는 티파니의 친구들에게 사랑을 전한다. 루카스의 가족 여러분, 함께했던 모든 식사에 대해 감사의 마음을 전합니다.

내 이야기를 세계에 전하고 나를 보호해준 케이티 J.M. 베이커. 회복력이, 불굴의 정신이 무엇인지를 보여준 미셸 도버. 나를 지켜준 존 C.. 내게 용기를 심어준 존 크라카우어.

모든 수학 선생님들께는 내가 수학을 잘 못해서 죄송하지만, 후버, 터먼, 건, UCSB의 선생님 등 영어 선생님들은 행복하셨으면 좋겠어요. 필라델피아에서 안전한 방을 구해준 뎁, 고마워요. 이 책을 통해 나를 들여다보게 해준 내 상담치료사에게도 감사의 마음을 전합니다. C&S, 내가 제일 좋아하는 자매들. 뱀부와 함께했던 오후. 월넛가의 여성 수위들. 색스비 리텐하우스의 온기. 아름다운 편지를 보내준 체시. 모든 긴급전화 상담원들. 부피스.

멋빌. YWCA. 그레이트풀가먼츠. 산타클라라 카운티의 피해자 지원 프로그램.

이즐라비스타에서 스러진 생명들에게. 웨이한 "데이비드" 왕. 쳉 유안 "제임스" 홍. 조지 첸. 베로니카 바이스. 케이티 쿠퍼. 크리스토퍼 마이클스-마르티네스. 당신들의 이름은 우리의 집단적 기억 속에 간직되어 있어요. 리처드 마르티네스, 연설 고마워요. 우리는 당신의 뒤를 따르겠어요.

바이킹 출판사의 내 담당 편집자 앤드리아 슐츠, 내가 분별력을 유지하고, 불가능한 일을 즐길 수 있게 해주고, 가장 울퉁불퉁한 영역에서 환한 길잡이가 되어주어서 고마워요. 당신 덕분에 겁이 나지 않았어요. 필립 브로피, 빵 푸딩, 나보다 먼저 내가 그걸 해낼 수 있다는 걸 알아봐줘서 고마워요. 에밀리 분더리히, 내가 다음번 껍질에 닿을 수 있게 해줘서 고마워요. 내 교열 담당자인 제인 카볼리나, 당신은 내 문법이 꼬였을 때 질서를 회복해주었어요. 에밀리 누버거. 아일린 보일. 린지 프리베트. 케이트 스타크. 메리 스톤. 브라이언 타트. 제이슨 라미레스. 테스 에스피노자와 바이킹 출판사의 편집제작팀 전원. 라라 버그톨드. 힐러리 그로스 모글런. 스질비아 몰나르. 스털링 로드 리터리스틱에 있는 녹색 케이크 팀원들에게도 감사의 말을 전한다.

스웨덴인들에게. 당신들은 우리 모두가 목청을 높이고, 힘을 겨뤄 제압하고, 안전과 희망을 선사하고, 실천할 책임이 있음을 가르쳐주었어요. 스웨덴인이 되기 위해 나쁜 일이 벌어지기를 기다릴 필요는 없다. 스웨덴인이 되는 것은 육체의 자율성을, 우리가 선택한 언어를, 동의는 절대 넘겨짚거나 무시될 수 없다는 이해를 존중하는 데서 출발한다. 우리는 취약한 사람들을 보호하고, 서로를 책임질 수 있어야 한다. 이 세상이 더 많은 칼과 페테르로 가득 차기를.

이름을 모두 알지는 못하지만, 서명 판을 들고 있던 사람들, 올챙이와 함께 살고 있는 사람들, 내게 장문의 편지를 보낸 사람들에게도 감사의 말을 전한다. 나는 이 책을 쓰는 동안 책상 옆에 그 편지 상자를 놔두었다. 동기가 줄어들 때 나는 그 편지들을 읽었다. 여러분은 내게 자기연민을 가르쳐주었고, 내가 계속 앞으로 나아갈 수 있도록 용기를 불어넣어주었다. 당신들 자신이 싸워서 지킬 가치가 있는 존재라는 사실을 이해하면 좋겠다. 당신의 인물됨 때문에 당신이 상처를 받게 된 것이 아니다. 당신은 통계 수치도, 틀에 박힌 인물도 아니므로 그들이 당신을 최소한으로 축소시킬 때, 당신에게서 인간성을 지워버릴 때 일생의 경험을 총동원해서 온 힘을 다해 되밀어내야 한다. 얼굴 없는 사람들, 익명으로 남아 있는 사람들에게. 우리에게는 각자 이름이 있다. 당신들은 내게 내 이름을 자랑스러워하는 법을 가르쳐주었다.

에밀리 도의 피해자 의견 진술서

2016년 6월 3일 〈버즈피드〉 뉴스에
'여기 스탠퍼드 피해자가 가해자에게 낭독한 강력한 편지가 있다'
라는 제목으로 케이티 J.M. 베이커에 의해 발표됨.

존경하는 재판장님, 괜찮다면 이 진술서의 대부분은 피고에게
직접 말하는 형식으로 전달하고 싶습니다.

당신은 나를 모릅니다. 하지만 당신은 내 안에 들어온 적이 있
었고, 오늘 우리가 이 자리에 있는 것은 그 때문입니다.

2015년 1월 17일 조용한 토요일 저녁, 나는 집에 있었습니다.
아빠가 저녁을 만들어주셨고, 나는 주말을 맞아 집에 온 동생과

함께 식탁에 앉았습니다. 나는 전일제 직장에 다니고 있었고, 잠자리에 들 시간이 다가오고 있었죠. 동생이 친구들과 함께 파티에 가 있는 동안 저는 혼자 집에서 텔레비전을 보고 책을 읽을 생각이었습니다. 그러다가 동생과 보낼 수 있는 유일한 밤, 집에서 10분 거리에 바보 같은 파티가 있으니 같이 파티에 가서, 바보처럼 춤을 추고, 동생이 민망해할 행동을 하는 것보다 더 좋은 건 없다는 결정을 내렸습니다. 파티에 가는 길에 나는 학부생 남자애들은 치아 교정기를 하고 있을 거라고 농담을 했습니다. 동생은 남학생 사교클럽 파티에 베이지색 카디건을 입고 가다니 도서관 사서 같다고 나를 놀렸습니다. 나는 나를 '큰 엄마'라고 불렀습니다. 내가 거기서 가장 나이가 많으리라는 걸 알았으니까요. 나는 우스꽝스러운 표정을 지었고, 경계심을 내려놓았고, 술을 너무 빨리 마셔서 내 주량이 대학 이후로 상당히 줄어들었다는 사실을 감안하지 못했습니다.

그다음에 기억나는 건 내가 복도의 간이 침상에 있었다는 사실입니다. 손등과 팔꿈치에 말라붙은 피와 붕대가 있었습니다. 내가 추락해서 캠퍼스에 있는 행정 사무실 같은 데 있는 건가 보다 생각했습니다. 나는 매우 차분했고 동생이 어디 있는지 궁금했습니다. 경찰관이 내가 폭행을 당했다고 설명하더군요. 그래도 여전히 동요하지 않았고, 그 남자가 사람을 잘못 짚었다고 확신했습니다. 난 이 파티에서 아는 사람이 아무도 없었으니까요. 결국 화장실을 써도 된다고 허락을 받았을 때 사람들이 내게 입힌 병원복을 끌어내렸고, 속옷을 내리려고 하는데 아무것도 만져지지 않았습니다. 난 아직도 내 손이 내 피부에 닿던 느낌, 아무것도 쥐어지지 않던 그 느낌을 기억합니다. 아래를 내려다보니 아무것도 없었습니다. 얇은 천 조각, 내 질과 다른 무언가 사이에 있는 유일한 그것이 사라졌고, 내 안의 모든 것이 말을 잃었습니다. 나는 아직도 그 감정을 표현할 단어를 찾지 못했습니다. 계속 숨을 쉬기 위해서, 어쩌면 경찰이 증거로 쓰려고 그걸 가위로 잘라낸 건지 모른다고 생각했습니다.

그다음에는 솔잎이 내 목 뒤를 긁는 느낌이 들었고, 내 머리칼에서 솔잎을 떼어내기 시작했습니다. 나는 어쩌면 솔잎들이 나무에서 내 머리로 떨어진 건지 모른다고 생각했습니다. 내 뇌가 직관에게 무너지지 말라고 이야기하고 있었습니다. 내 직관은 '도와주세요, 도와주세요' 하고 있었으니까요.

담요를 몸에 두르고, 솔잎을 흘리면서 이 방 저 방 옮겨다녔습니다. 내가 앉았던 모든 방에 작은 솔잎 무더기가 쌓였죠. "강간 피해자"라고 적힌 서류에 사인을 하라는 요청을 받았고, 정말로 무슨 일이 있긴 있었나 보다 생각했습니다. 내 옷은 압수되었고, 나는 간호사들이 내 몸에 생긴 다채로운 찰과상에 자를 대고 사진을 찍는 동안 벌거벗고 서 있었습니다. 우리 셋은 내 머리칼을 빗질해서 솔잎을 제거했고 여섯 개의 손이 종이가방 하나를 가득 채웠습니다. 그들은 나를 진정시키기 위해 이건 그냥 식물, 식물일 뿐이라고 말했습니다. 내 질과 항문에 면봉 여러 개가 삽입되었고, 여러 대의 주사를 맞고 알약을 먹었고, 니콘 카메라가 내 펼쳐진 다리 사이를 정면으로 향했습니다. 내 안에는 길고 뾰족한 부리 같은 장비들이 드나들었고, 찰과상을 확인하기 위해 내 질에는 차가운 파란색 페인트가 칠해졌습니다.

몇 시간 이렇게 하고 나서 그들은 내게 샤워를 하라고 했습니다. 흐르는 물 아래 서서 내 몸을 살펴보았고, 나는 내 몸을 더 이상 원하지 않는다라는 결론에 도달했습니다. 나는 내 몸이 무서웠고, 내 몸 안에 뭐가 들어왔었는지, 내 몸이 오염된 것인지, 누가 내 몸을 만졌는지 알지 못했습니다. 나는 마치 옷을 벗듯 내 몸을 벗어버리고, 다른 모든 것과 함께 병원에 남겨두고 오고 싶었습니다.

그날 아침 내가 들은 말은 내가 쓰레기통 뒤에서 낯선 사람에게 삽입 당했을 가능성을 가지고 발견되었다는 것과, 검사 결과가 항상 바로 나오는 것이 아니니 에이즈 바이러스 검사를 다시 받아야 한다는 게 전부였습니다. 하지만 이제는 집에 가서 일상생활을 다시 시작해야 했습니다. 그런 정보만 가지고 다시 세상에 발을 내딛는다고 상상해보세요. 그들은 나를 꼭 안아주었고, 그들이 제공한 운동복 상하의를 입고 병원을 나와서 주차장으로 걸어갔습니다. 그들이 내게 가져가도 좋다고 허락한 건 목걸이와 신발밖에 없었기 때문입니다.

동생이 고통으로 일그러지고 눈물로 범벅된 얼굴로 나를 데리러 왔습니다. 본능적으로 그 자리에서 나는 동생의 고통을 덜어주고 싶었습니다. 나는 동생에게 미소를 지어 보였고, 나를 보라고, 나 여기 있다고, 괜찮다고, 모든 게 괜찮다고, 내가 여기 있다고, 동생에게 말했습니다. 머리를 감아서 깨끗해. 그 사람들이 나한테 정말 이상한 샴푸를 줬지 뭐야. 진정해, 그리고 나를 봐. 이웃긴 새 운동복 바지와 상의 좀 봐. 나 무슨 체육 선생님 같아. 집에 가자. 뭐 좀 먹자. 동생은 운동복 속 내 피부에 찰과상과 붕대가 있다는 걸, 내 질이 따끔거리고 그 모든 삽입 기구들 때문에 이상한 어두운 색을 띠게 되었고, 속옷이 없어졌고, 나는 너무 공허한 기분이라서 말을 계속하기 힘들다는 걸 알지 못했습니다. 나 역시 두렵다는 것도, 나 역시 엄청난 충격에 빠져 있다는 것도.

남자친구는 무슨 일이 벌어졌는지 몰랐지만 그날 전화를 걸어서 이렇게 말했습니다. "어젯밤에 정말 걱정했어. 겁이 났다고. 집에는 잘 들어갔어?" 나는 가슴이 내려앉았습니다. 그제야 내가 그날 밤 필름이 끊긴 상태에서 남자친구에게 전화를 걸었고, 알아듣기 힘든 음성메시지를 남겼다는 사실을, 그리고 우리가 전화통화도 했지만 내 혀가 너무 심하게 꼬여서 남자친구가 불안해했고, 나한테 동생을 찾아가라고 여러 번 이야기했음을 알게 되었습니다. 남자친구가 또 물었습니다. "어젯밤에 무슨 일 있었어? 집에 잘 들어갔지?" 난 그렇다고 말했고, 울음이 터지려고 해서 전화를 끊었습니다.

　나는 남자친구나 부모님에게 사실 쓰레기통 뒤에서 강간당했을지 모르는데, 그게 누군지, 언제, 어떻게인지는 모른다는 이야기를 털어놓을 준비가 되어 있지 않았습니다. 내가 이야기를 한다면 그들의 얼굴에 번지는 공포를 보게 될 것이고, 나의 공포는 열 배로 증폭될 테니까요. 그래서 그 대신 모든 게 현실이 아닌 척 행동했습니다.

　그걸 내 마음 밖으로 밀어내려고 노력했지만 너무 무거워서 말을 하지 못했고, 먹지 못했고, 잠을 자지 못했고, 다른 누구와도 교류하지 못했습니다. 퇴근 후면 인적이 없는 장소로 차를 몰고 가서 비명을 지르곤 했습니다. 말을 하지 못했고, 먹지 못했고, 잠을 자지 못했고, 다른 누구와도 교류하지 못했고, 내가 가장 사랑하는 사람들로부터 고립되기 시작했습니다. 그 사건 이후 1주일 이상 나는 그날 밤 또는 나에게 일어난 일에 대한 전화나 정보를 전혀 받지 못했습니다. 그것이 그냥 악몽은 아니었음을 증명하는 유일한 상징은 내 서랍 안에 든 병원에서 얻은 운동복뿐이었습니다.

　어느 날 직장에서 핸드폰으로 뉴스를 검색하다가 어떤 기사를 발견했습니다. 그 기사를 읽고 나는 처음으로 내가 어떻게 의식도 없이, 머리칼이 헝클어지고, 긴 목걸이가 내 목에 말려 있고, 브래지어가 원피스 밖으로 빠져나가 있고, 원피스가 어깨 아래로 끌어내려지고, 아래쪽은 허리 위로 끌어올려진 채, 엉덩이부터 내 부츠까지는 완전히 드러나 있고, 두 다리는 벌려지고, 내가 알지 못하는 어떤 사람에 의해 이물질이 삽입된 상태로 발견되었는지 알게 되었습니다. 나는 이런 식으로 직장에 있는 내 책상에 앉아 뉴스를 읽으면서 나에게 일어난 일에 대해 알게 되었습니다. 나는 이 세상에 있는 다른 모든 사람들이 내게 일어난 일에 대해 알게 된 것과 똑같은 방식으로, 내게 무슨 일이 일어났는지를 알게 되었습니다. 그제야 머리칼에 엉켜 있던 솔잎들이 이해가 되었습니다. 솔잎은 나무에서 떨어진 게 아니었습니다. 그는 내 속옷을 벗겼고, 그의 손가락이 내 안으로 들어왔습니다. 심지어 나는 이 사람을 몰랐고, 지금도 모릅니다. 이런 식으로 나에 대한 기사를 읽게 되었을 때 나는 이렇게 말했습니다. 이게 나일 리가 없다고, 이게 나일 리가 없다고. 이 정보를 조금도 소화하거나 받아들일 수 없었습니다. 내 가족이 온라인에서 이런 기사를 읽어야 하는 상황을 상상할 수 없었습니다. 나는 계속 기사를 읽었습니다. 다음 단락에서 나는 절대로 용서하지 못할 글을 읽었습니다. 그 사람의 말에 따르면 나는 그것을 좋아했습니다. 내가 그것을 좋아했다니요. 이번에도 역시, 나는 이런 감정을 표현할 단어를 아직 찾지 못했습니다.

그건 마치 자동차가 충돌했고, 찌그러진 채 배수로에서 발견되었다는 기사를 읽는 것과 비슷합니다. 하지만 어쩌면 그 자동차가 충돌을 즐겼을지 모른다고 주장하는 거죠. 어쩌면 다른 자동차는 충돌까지는 의도하지 않았고, 그저 살짝 닿는 정도에서 그치려 했다고. 자동차는 항상 사고가 나고, 사람들은 항상 주의를 기울이지 않으니, 실제로 누구 잘못이라고 말할 수 있겠냐고.

그러고 난 뒤 기사 마지막에서, 내가 나의 성폭력에 대한 생생한 세부사항을 알게 된 다음에 기사는 그의 수영 기록을 열거했습니다. 그녀는 태아처럼 웅크린 자세로 의식은 없지만 호흡은 하는 상태로 발견되었고, 속옷이 그녀의 벌거벗은 배에서 15센티미터 떨어진 곳에 놓여 있었습니다. 그런데 그는 정말로 수영을 잘합니다. 내 마일당 달리기 기록은 왜 넣지 않은 거죠. 나는 요리를 잘합니다. 거기에 그것도 넣으세요. 나는 마지막 부분은 벌어진 모든 역겨운 일들을 덮으려고 당신이 자기 과외 활동을 열거한 거라고 생각합니다.

기사가 나온 날 밤 나는 부모님을 앉혀놓고 내가 폭행을 당했다고, 뉴스를 보면 속상할 테니 보지 말라고, 그냥 나는 괜찮다고, 내가 여기 있고 나는 괜찮다고만 알고 있으면 된다고 털어놓았습니다. 하지만 이야기를 반쯤 했을 때 엄마는 나를 붙들어야 했습니다. 내가 더 이상 서 있지 못했기 때문에요.

그 일이 있은 다음 날 밤, 그는 자기가 내 이름을 모른다고, 줄을 세워봐도 내 얼굴을 알아보지 못할 거라고 말했고, 우리 둘 사이에 있었던 그 어떤 대화도, 단 한 단어도 언급하지 않았습니다.

춤과 키스 외에는요. 춤은 귀여운 단어입니다. 그 춤이라는 게 손가락을 튕겨서 주의를 집중시킨 뒤 뱅글뱅글 도는 건가요, 아니면 복작복작한 방에서 몸을 서로에게 밀착시키고 비벼대는 건가요? 키스라는 건 그냥 얼굴을 서로 적당히 붙이고 있는 걸 말한 건지 궁금합니다. 수사관이 나를 자기 기숙사로 데려갈 계획이었는지 묻자 그는 아니라고 대답했습니다. 수사관이 어쩌다가 쓰레기통 뒤에서 발견된 거냐고 묻자 그는 모르겠다고 대답했습니다. 그는 그 파티에서 다른 여자애들에게 키스를 했다고 인정했고, 그중 한 명은 그를 밀쳐낸 내 동생이었습니다. 그는 누군가와 즐거운 시간을 보내고 싶었다고 인정했습니다. 나는 영양 무리 가운데서 부상을 당한 채 물리적으로 자신을 보호할 능력을 상실한 상태로 완전히 홀로 위험에 노출된 취약한 개체였고, 그래서 그는 나를 선택했습니다. 때로 나는 생각합니다, 내가 거기 가지 않았더라면 이런 일이 벌어지지 않았을 거라고. 하지만 그다음 순간 나는 깨달았습니다, 그럼 다른 누군가에게 일어났으리라고. 당신은 4년간 술 취한 여자아이들과 파티에 접근할 수 있는 환경에 막 진입했고, 만일 이런 식으로 첫발을 뗀 거라면 더는 발걸음을 옮기지 않는 것이 맞습니다. 그 일이 있은 다음 날 밤, 그는 내가 자기 등을 문질러서 내가 그걸 좋아한다고 생각했다 말했습니다. 등을 문질러서.

내가 내 목소리로 동의를 표했다는 말은 한마디도 하지 않았습니다, 우리가 대화 같은 걸 했다는 말도 전혀 없었습니다, 등을 문질렀다고 했을 뿐. 나는 공개된 뉴스를 통해 한 번 더, 내 엉덩이와 질이 외부에 완전히 노출되었다는 사실을, 내 가슴이 희롱당했음을, 손가락이 솔잎과 부스러기들과 함께 내 안을 찌르고 들어왔음을, 내 맨살과 머리가 쓰레기통 뒤편의 땅에 비벼졌음을, 그리고 그동안 발기된 신입생 남자애가 내 의식 없는 반라의 몸을 상대로 성행위를 하려 했음을 알게 되었습니다. 하지만 나는 기억이 없는데, 내가 그걸 좋아하지 않았다는 걸 어떻게 증명할까요.

나는 이게 재판으로 갈 리가 없다고 생각했습니다. 증인이 있었고, 내 몸 안에 흙이 있었고, 그 남자는 도망쳤지만 붙잡혔으니까요. 그는 합의를 하고, 공식적으로 사과하고, 우린 둘 다 각자의 길을 갈 거라고요. 그런데 그게 아니라 그가 힘 있는 변호사를, 전문가 증인을, 나에게 불리하게 사용하기 위해 내 사생활을 캐고 다닐 민간 조사원을 고용했다는 이야기를 들었습니다. 내 이야기에서 허점을 잡아 나와 내 동생이 틀렸음을 입증하고, 결과적으로 이 성폭행이 실은 오해였음을 보여주려 한다고요. 자긴 그저 혼란에 빠졌던 거라고 온 세상을 설득하기 위해 갈 데까지 가려 한다고요.

나는 내가 폭행을 당했다는 이야기뿐만 아니라, 내가 기억이 없기 때문에 그게 원치 않는 상황이었음을 기술적으로 증명할 수 없다는 말도 들었습니다. 그리고 그것은 나를 왜곡시켰고, 내게 상처를 줬고, 나를 거의 무너뜨렸습니다. 내가 폭행을 당했고 뻔뻔하게도, 야외에서, 강간 직전까지 갔지만, 그게 폭행으로 받아들여질지 알 수 없다는 이야기는 이 세상에서 가장 슬픈 부류의 혼란입니다. 나는 1년 내내 이 상황에 뭔가 잘못된 점이 있음을 분명히 드러내기 위해 싸워야 했습니다.

우리가 이기지 못할 상황에 대비하라는 말을 들었을 때, 나는 그건 대비가 불가능한 일이라고 말했습니다. 그는 내가 깨어나는 그 순간 유죄였습니다. 누가 무슨 말을 한들 그가 내게 안긴 상처에서 벗어나게 하지는 못합니다. 무엇보다 최악은 이제 그는 내가 기억하지 못한다는 사실을 알고 있기 때문에 대본을 쓰려 할 거라는 경고를 받은 것이었습니다. 그는 원하는 말은 뭐든 할 수 있고, 거기에 토를 달 수 있는 사람은 아무도 없습니다. 내게는 힘이 없었고, 목소리가 없었고, 무방비 상태였습니다. 내 기억상실은 내게 불리하게 사용될 것이었습니다. 내 증언은 약했고, 불완전했고, 나는 어쩌면 여기서 승소하지 못할 수도 있다고 믿게 되었습니다. 그의 변호사는 배심원들에게, 그녀는 기억이 없으므로, 우리가 믿을 수 있는 건 브록뿐이라고, 꾸준히 상기시켰습니다. 그 무력감은 트라우마를 남겼습니다.

나는 시간을 들여 치유하는 대신, 무례하고 공격적이고, 나를 구렁텅이로 몰고 가려고, 나를, 동생을 모순에 빠뜨리려고 내 대답을 조작하는 방식으로 구성된 변호사의 질문에 대비하기 위해 고통스러울 정도로 세세하게 그날 밤을 회상하는 데 시간을 들였습니다. 변호사는 '당신은 찰과상이 생겼다는 걸 알아차렸나요?' 하고 묻는 대신, '당신은 찰과상을 알아차리지 못했어요, 그렇죠?' 하고 말했습니다. 이건 마치 내가 사기를 당해서 내 가치를 잃을 수도 있는 전략 게임 같았습니다. 성폭행은 너무나도 명백했지만, 그럼에도 불구하고 나는 이곳에서 이런 질문에 대답을 하면서 재판을 벌였습니다.

몇 살인가요? 몸무게가 얼마인가요? 그날 뭘 먹었나요? 그럼 저녁으로는 뭘 먹었죠? 저녁은 누가 만들었나요? 저녁을 먹으면서 술을 마셨나요? 아니, 물도 안 마셨나요? 언제 마셨죠? 얼마나 마셨나요? 어떤 용기에 담아서 마셨나요? 누가 당신에게 그 술을 줬죠? 보통 술을 얼마나 마시나요? 이 파티에 태워다준 사람은 누구였나요? 몇 시였죠? 하지만 정확히 어디서? 뭘 입고 있었나요? 이 파티에는 왜 갔나요? 거기 가서 뭘 했죠? 그걸 한 게 확실한가요? 그렇다면 몇 시에 했나요? 이 문자는 무슨 의미죠? 당신은 누구에게 문자를 보낸 거였나요? 언제 소변을 보았나요? 어디서 소변을 보았나요? 밖에 나가서 누구와 함께 소변을 보았나요? 동생이 전화했을 때 핸드폰이 무음이었나요? 그걸 무음으로 전환한 기억이 있나요? 사실 53쪽을 보면 당신이 벨소리로 설정해놓았다고 말했다는 점을 지적하고 싶거든요. 대학 때 술을 마셨나요? 당신이 파티광이라고 말한 적 있죠? 이제까지 필름은 몇 번이 끊겼나요? 남학생 사교클럽 파티에 참석한 적이 있나요? 남자친구와 독점적인 관계인가요? 남자친구와 성적으로 활동적인 상태인가요? 언제부터 만나기 시작했죠? 바람을 피운 적이 있나요? 예전에라도 바람을 피워본 전력이 있나요? 그에게 보상을 해주고 싶다고 말했는데 그건 무슨 의미인가요? 몇 시에 깨어났는지 기억나나요? 카디건을 입고 있었나요? 당신 카디건은 무슨 색이었죠? 그날 밤에 대해서 더 기억나는 게 있나요? 없나요? 좋습니다, 그러면 브록이 그 빈자리를 채우도록 해보죠.

나는 내 사생활을, 연애를, 과거를, 가족을 난자하는 불쾌하고 날 선 질문들, 내 이름을 물어보는 노력조차 하지 않고 나를 반라의 상태로 만들어놓은 이 남자를 위한 변명거리를 찾으려고, 시시콜콜 쓸데없는 사실들을 쌓아 올리고 있는 무의미한 질문들로 두들겨 맞았습니다. 육체적인 폭행 이후 나는 나를 공격하도록 설계된 질문에 공격을 당했습니다. 보세요, 그 여자가 사실이라고 하는 말들이 앞뒤가 안 맞잖아요. 그녀는 정신이 나갔어요. 사실상 알코올중독이고, 어쩌면 꼬시고 싶었는지도 몰라요. 그 남자는 멀쩡한 운동선수고, 두 사람 모두 술에 취했고, 뭐라도 했겠죠. 그녀가 기억하는 병원 관련 일들은 사실과는 관련 없는 일이고, 그걸 왜 고려해야 합니까. 브록에겐 많은 게 걸려 있고, 그래서 그는 지금 아주 힘든 시간을 보내고 있습니다, 하고 던지는 질문들에 말입니다.

그러다가 그가 증언할 시간이 되었고, 나는 재차 피해자가 된다는 게 뭔지 알게 됐습니다. 나는, 그 일이 일어난 다음 날 밤 그가 나를 그의 기숙사로 데려갈 계획이 전혀 없었다고 말했음을 당신에게 상기시키고 싶습니다. 그는 우리가 어째서 쓰레기통 뒤에 있었는지 모르겠다고 말했습니다. 그는 갑작스럽게 추격과 공격을 당했을 때 기분이 좋지 않아서 자리를 뜨려고 일어섰습니다. 그러고 난 뒤 그는 내가 기억이 없다는 사실을 알게 되었습니다.

그리고 1년 뒤 예상대로 새로운 대화가 등장했습니다. 브록은 키스하고 춤을 추고 손을 잡고 땅바닥에서 사랑스럽게 뒹구는 형편없는 하이틴 로맨스처럼 들리는 이상한 새 소설을 들고 왔고, 이 새 이야기에서 가장 중요한 건, 갑자기 동의가 등장했다는 점이었습니다. 그 사건이 지난 지 1년 뒤 그는 기억이 났습니다. 아, 네. 그런데 사실 그녀가 '그래'라고, 모든 것에 대해, 그렇게 말했어요.

그는 자기가 내게 춤을 추고 싶은지 물었고, 내가 분명하게 그렇다고 말했다고 했습니다. 그는 내가 자기 기숙사에 가고 싶은지 물었고, 나는 그렇다고 말했다고 했습니다. 그다음으로 자기가 나를 손가락으로 만져도 되는지 물었고 나는 괜찮다고 말했다고 했습니다. 대부분의 남자들은 '내가 당신을 손가락으로 만져도 될까요' 하고 묻지 않습니다. 일반적인 상황은 질의응답 형식이 아니라, 동의에 의해 물 흐르듯이 자연스럽게 이어집니다. 하지만 나는 명백하게 모든 걸 허락했답니다. 그는 깨끗했습니다. 심지어 그의 이야기에서 나는 '그래, 그래, 그래' 단 세 마디만 했고, 그 뒤 그는 나를 땅바닥에서 반라의 상태로 만들어놓았습니다. 나중을 위해 참고 삼아 하는 말이지만, 여자가 동의하는 건지 아닌지 혼란스럽다면 먼저 그녀가 온전한 문장을 말할 수 있는지를 확인하세요. 당신은 그마저 하지 못했습니다. 단어로 이루어진 조리 있는 단 한 문장. 그녀가 그렇게 하지 못한다면, 그건 '아니오'입니다. 어쩌면이 아니고, 그냥 '아니오'입니다. 혼란이 웬 말입니까. 이건 상식이고, 인간의 예절입니다.

그의 말에 따르면, 우리가 땅 위에 있었던 유일한 이유는 내가 넘어졌기 때문이라고 합니다. 주의: 여자가 넘어지면 일어날 수 있도록 도와주세요. 그녀가 너무 취해서 제대로 걷지도 못하고 넘어지면 그녀 위에 올라타서, 성관계를 맺고, 속옷을 벗기고, 손을 그녀의 질 안으로 삽입하지 마세요. 여자가 넘어지면 일어날 수 있게 도우세요. 그녀가 원피스 위에 카디건을 입고 있으면 카디건을 벗기고 가슴을 만지지 마세요. 그녀가 추울 수도 있고, 어쩌면 그래서 카디건을 입었던 건지도 모르니까요.

당신 이야기의 다음 부분에서 자전거를 타고 있던 두 스웨덴인이 당신에게 다가왔고, 당신은 달렸습니다. 그들이 당신을 제압했을 때 당신은 어째서 "그만해요! 다 괜찮단 말이에요. 가서 그녀에게 물어보세요. 그녀는 저쪽에 있는데 괜찮아요. 당신들에게 말해줄 거예요"라고 하지 않았나요. 그러니까 당신은 내 동의를 구했다고 했잖아요, 그렇죠? 내가 의식이 있었다고요, 그렇죠? 경찰이 도착해서 당신을 제압한 그 사악한 스웨덴인에게 상황을 물었을 때, 그는 자기가 본 장면 때문에 충격을 받아서 너무 심하게 우느라 말을 제대로 할 수 없을 지경이었습니다.

당신의 변호사는 재차 지적했습니다. 아, 우린 그녀가 정확히 언제 의식이 없어졌는지 모른다고요. 그리고 당신이 맞습니다. 어쩌면 난 아직도 눈을 씰룩이고 있었고, 아직 완전히 늘어진 상태가 아니었을 거예요. 그렇지만 그건 전혀 핵심이 아닙니다. 나는 너무 취해서 영어를 하지 못했고, 너무 취해서 땅바닥에 놓이기 전에 동의고 뭐고 할 수가 없었습니다. 애당초 나에게 손을 대서는 안 되는 일이었던 겁니다. 브록은 이렇게 진술했습니다. "그녀가 반응하지 않았던 적은 한 번도 없었습니다. 만일 어떤 순간이라도 그녀가 반응이 없다고 생각했더라면, 즉각 중단했을 겁니다." 그러니까 이런 말인 거죠. 당신의 계획이 내가 반응이 없을 때만 중단하는 거라면, 당신은 아직도 제대로 이해하지 못한 겁니다. 당신은 내가 의식이 없었는데도 어쨌든 중단하지 않았습니다! 당신을 중단시킨 건 다른 사람들이었어요. 자전거를 탄 두 남자가 내가 어둠 속에서 움직이지 않는다는 걸 알아차렸고, 당신을 제압해야 했어요. 당신은 어떻게 내 위에 있었으면서도 그걸 알아차리지 못한 건가요?

당신은 말했어요, 멈추고 도움을 주었을 거라고요. 당신이 그렇게 말하니, 나는 당신이 내게 어떻게 도움을 주었을지 하나하나 설명하고 나를 지금 이 상황에서 빠져나가게 해줬으면 해요. 그 사악한 스웨덴인들이 나를 발견하지 않았더라면, 그 밤이 어떻게 전개되었을지 알고 싶습니다. 당신에게 묻습니다. 당신은 내 속옷을 다시 부츠에 끼워서 입혀줬을까요? 내 목에 감겨 있던 목걸이를 풀어냈을까요? 다리를 오므리고, 나를 덮어줬을까요? 내 머리칼에서 솔잎을 떼어냈을까요? 내 목과 엉덩이의 찰과상이 아픈지 물어봤을까요? 그러고 나서 친구에게 연락해서, 내가 그녀를 어딘가 따뜻하고 부드러운 장소로 데려갈 수 있게 도와줄래, 하고 말했을까요? 그 두 남자가 나타나지 않았다면 어떻게 되었을지 일단 생각에 사로잡히면 나는 잠들지 못합니다. 나에게 무슨 일이 일어났을까? 당신은 이 질문에 절대 훌륭한 답을 내놓지 못할 것입니다, 1년이 지난 뒤에도 당신은 제대로 된 설명을 못하고 있잖아요.

무엇보다 그는 내가 손으로 삽입하고 나서 1분 있다가 오르가즘을 느꼈다고 주장했습니다. 간호사는 내 외음부에 찰과상, 열상, 이물질이 있었다고 말했습니다. 그건 내가 오르가즘을 느끼기 전의 일입니까, 후의 일입니까?

선서를 하고 자리에 앉아서 우리 모두에게, '네, 내가 그걸 원했습니다. 네, 내가 그걸 허락했습니다. 당신은 당신으로서는 알 수 없는 이유로 스웨덴인들에게 공격을 당한 진정한 피해자입니다'라고 말한다는 건 소름끼치는 일이고, 미친 짓이고, 이기적이고, 상처를 주는 행위입니다. 고통은 충분합니다. 그리고 누군가가 이 고통의 타당함의 무게를 축소하기 위해 잔인하게 행동하도록 만드는 건 또 다른 문제입니다.

우리 가족은 솔잎으로 가득한 의료용 침상에 끈으로 묶인 내 머리 사진을, 눈은 감겨 있고, 머리칼은 엉망이고, 사지가 꺾이고, 원피스가 위로 끌어올려진 채 흙이 묻은 내 육체의 사진을 봐야 했습니다. 그리고 그다음에도 우리 가족은 당신 변호사가 그 사진들은 사실과 관계없다고, 그걸 무시할 수도 있다고 말하는 걸 들어야 했습니다. '네, 간호사는 그녀의 몸 안에 빨간 찰과상이 있었다고, 그녀의 외음부에 상당한 외상이 있었다고 확인해주었지만, 그건 누군가를 손가락으로 만질 때 일어나는 일이고, 그는 이미 그 사실을 인정했다'고 말하는 것을요. 당신의 변호사가 마치 내가 이런 일을 당해도 싸다는 듯이, 내 사진에 마구잡이로 날뛰는 여자아이의 얼굴을 칠하려고 시도하는 말들을 들어야 했습니다. 내가 통화 중에 취한 것처럼 말을 한 건 내가 얼간이라서, 그게 내 얼빠진 말투라서 그렇다고 말하는 걸 들어야 했습니다. 음성메시지에서 내가 내 남자친구에게 보상을 해주겠다고 말한 것을, 우리 모두는 내가 뭘 생각한 건지 알고 있다고 지적하는 것을 들어야 했습니다. 나는 나의 보상 프로그램이, 특히나 나에게 접근하는 이름 없는 남자에겐 양도 불가능하다는 점을 분명히 하겠습니다.

그는 재판이 진행되는 동안 나와 내 가족에게 돌이킬 수 없는 피해를 입혔고, 우리는 그가 그날 저녁을 자기 마음대로 주무르는 소리를 들으면서 말없이 앉아 있었습니다. 하지만 결국 그의 근거 없는 진술들과 변호사의 삐뚤어진 논리는 아무도 속이지 못했습니다. 진실이 승리했고, 진실이 명백했습니다.

당신은 유죄입니다. 12명의 배심원들이 의심의 여지없이 당신에 대한 세 가지 중범죄 항목의 유죄를 확신했고, 하나의 항목당 12개의 표가 던져져서 36번에 걸쳐 유죄를 확인하는 목소리가 울려 퍼졌습니다. 100퍼센트, 만장일치의 유죄입니다. 그리고 마침내 나는 끝이라고, 마침내 그가 자신이 저지른 일을 실토하고 진심으로 사과하리라고, 우리 모두 이제 각자의 삶을 살면서 더 나아지리라고 생각했습니다. 그러다가 나는 당신의 진술서를 읽게 되었습니다.

당신이 나의 장기 중 하나가 분노로 폭발해서 죽기를 바라고 있다면 난 거의 그런 상태입니다. 당신은 목표에 아주 근접합니다. 이건 판단이 미숙한 술 취한 대학생들의 즉흥적인 섹스 이야기가 아닙니다. 폭행은 사고가 아닙니다. 왠지 모르겠지만 당신은 아직도 그걸 이해하지 못하네요. 왠지 모르겠지만 당신은 아직도 혼란스러운 모양이고요. 이제 피고의 진술서 일부를 읽고 거기에 대해 짚어보려고 합니다.

당신은 말했습니다. 나는 술이 취해서 최상의 판단을 할 수 없었고, 그녀 역시 마찬가지였습니다, 라고.

술은 변명이 안 됩니다. 그게 영향을 미쳤을까요? 맞습니다. 하지만 술은 내 옷을 벗기고, 나를 손가락으로 더듬고, 내 머리를 땅바닥에 질질 끌고 다니고, 나를 거의 알몸으로 만들어놓은 장본인이 아니었습니다. 술을 지나치게 많이 마신 것은 아마추어적인 실수이고 그건 나도 인정하는 바이지만, 범죄는 아닙니다. 이 방에 계신 모든 분들이 과음했던 어느 저녁을 후회해본 적이 있거나, 과음했던 어느 저녁을 후회해본 사람과 가까운 누군가를 알고 계실 겁니다. 음주를 후회하는 것은 성폭행을 후회하는 것과 같지 않습니다. 우리 두 사람 모두 술에 취해 있었지만 차이는 나는 당신의 바지와 속옷을 벗기거나, 당신을 부적절하게 만지거나, 도망치지 않았다는 점입니다. 그게 차이입니다.

당신은 말했습니다. 제가 그녀에 대해서 알고 싶었더라면 그녀에게 내 방으로 가자고 하는 대신에 그녀의 번호를 물어봤을 것입니다, 라고.

당신이 내 번호를 요구하지 않아서 내가 화가 난 것이 아닙니다. 당신이 나에 대해 알고 싶었다 해도 나는 이런 상황에는 놓이고 싶어 하지 않았을 것입니다. 내 남자친구도 나를 알지만 그가 쓰레기통 뒤에서 나를 손가락으로 더듬고 싶다고 한다면 나는 따귀를 날릴 것입니다. 이런 상황에 놓이고 싶어 하는 여자는 전혀 없습니다. 아무도요. 당신이 그들의 전화번호를 알고 있냐 아니냐는 신경 쓸 일이 아닙니다.

당신은 말했습니다. 저는 어리석게도 제 주위의 모든 사람들이 하고 있는 일, 그러니까 음주를 저 역시 해도 괜찮다고 생각했습니다. 제가 틀렸습니다, 라고.

다시 말하지만 당신이 잘못한 일은 음주가 아닙니다. 당신 주위의 모든 사람은 저를 성폭행하지 않았습니다. 당신이 잘못한 일은 다른 사람은 아무도 하지 않는 일을, 그러니까 당신의 팬티 속에 있는 발기한 성기를, 어둠 속에서 눈에 잘 띄지 않는 내 무방비한 맨몸에 대고 문질러대는 일을 했다는 것입니다. 파티 손님들이 더 이상 나를 볼 수도 지켜줄 수도 없는, 내 동생이 나를 찾을 수도 없는 장소에서 말입니다. 폭탄주를 홀짝인 건 당신의 범죄가 아닙니다. 당신의 손가락을 집어넣기 위해 사탕 껍질처럼 내 속옷을 벗겨내 던져버린 행동이 당신의 잘못입니다. 내가 왜 아직도 이걸 설명하고 있는 건지 모르겠습니다.

당신은 말했습니다. 재판을 진행하는 동안 저는 그녀를 절대 괴롭히고 싶지 않았습니다. 그건 그저 저의 변호사였고, 그가 사건에 접근하는 방식일 뿐이었습니다, 라고.

변호사는 당신의 희생양이 아닙니다. 그는 당신을 대변합니다. 당신의 변호사가 의심을 품고 짜증나게 하는, 모멸적인 말을 했나요? 전혀 그렇지 않습니다. 그는 당신이 발기했던 건, 추웠기 때문이라고 말했습니다.

당신은 말했습니다. 고등학교와 대학교 학생들을 위해 당신의 경험에 대해 이야기하면서 "대학 캠퍼스의 음주 문화와, 거기에 따르는 성적 문란함에 반대하는" 프로그램을 만드는 중입니다, 라고.

캠퍼스의 음주 문화라. 우리가 거기에 반대한다고요? 당신은 내가 지난 한 해 동안 무엇에 맞서 싸웠다고 생각합니까? 캠퍼스 성폭력이나 강간에 대한 의식이 아니라, 동의를 확인하는 법에 대한 교육이 아니라, 캠퍼스 음주 문화라니요. 잭 다니엘 타도. 스카이 보드카 반대. 사람들에게 음주에 대해 이야기하고 싶으면 금주 모임에 가세요. 음주상의 문제와 음주를 하고 난 뒤 누군가와 강제로 성관계를 하려는 게 다르다는 건 이해하시나요? 남자들에게 술을 적게 마시는 법이 아니라, 여성을 존중하는 법을 보여주세요.

음주 문화와 거기에 따르는 성적 문란함이라. 무슨 부작용처럼, 당신의 음식 주문에 딸려 오는 감자튀김처럼, 거기에 따르다니요. 문란함이 대체 어디서 끼어든 건가요? '브록 터너, 과음과, 거기에 따르는 성적 문란함이 유죄임'이라는 헤드라인은 보지 못했습니다. 캠퍼스 성폭력. 당신의 첫 번째 파워포인트 슬라이드는 이것입니다. 믿어도 좋습니다. 당신이 발표 주제를 수정하지 않으면 내가 당신이 가는 모든 학교를 따라다니면서 보충 발표를 할 것입니다.

마지막으로 당신은 말했습니다. 저는 사람들에게 하룻밤의 음주가 한 인생을 망칠 수 있음을 보여주고 싶습니다, 라고.

한 인생, 하나의 인생, 당신의 인생, 당신은 내 인생은 잊었군요. 내가 당신을 위해 문장을 손봐드리겠습니다. 사람들에게 하룻밤의 음주가 두 사람의 인생을 망칠 수 있음을 보여주고 싶습니다. 당신과 나. 당신이 원인이고 나는 결과입니다. 당신은 당신과 함께 나를 이 지옥으로 끌고 들어왔고, 나를 그날 밤 속으로 다시 떨어뜨리고 또 떨어뜨렸습니다. 당신은 우리의 탑 두 개를 모두 쓰러뜨렸고, 나는 당신과 동시에 무너졌습니다. 내가 피해를 면했다고, 다치지 않고 살아남았고, 그래서 당신이 가장 힘든 타격으로 힘들어하는 동안 내가 햇볕이 쏟아지는 거리를 활보한다고 생각한다면 오산입니다. 승자는 없습니다. 우리 모두 큰 타격을 입었고, 우리 모두 이 모든 고통 속에서 일말의 의미를 찾으려고 애쓰고 있습니다. 당신의 피해는 구체적이었습니다. 선수권과, 학위와, 입학이 모두 물거품이 되었죠. 나의 피해는 내적이고,

눈에 보이지 않습니다. 나는 그것을 내 안에 품고 있습니다. 당신은 나의 가치를, 나의 프라이버시를, 나의 에너지를, 나의 시간을, 나의 안전을, 나의 친밀함을, 나의 자신감을, 나의 목소리를 앗아 갔습니다. 오늘 이 순간까지.

우리 두 사람 모두 아침에 몸을 일으키지 못했다는 점이 우리의 한 가지 공통점이죠. 나는 고통에는 전혀 익숙하지 않은 사람입니다. 당신은 나를 피해자로 만들었습니다. 신문에서는 내 이름이 "의식불명의 술 취한 여성"이라는 열 개의 음절이고, 그뿐이었습니다. 한동안 나는 그게 나라는 사람의 전부라고 믿었습니다. 나는 나의 진짜 이름을, 나의 정체성을 다시 익히기 위해 부단히 애써야 했습니다. 그게 나라는 사람의 전부가 아니라는 사실을 다시 익히기 위해. 당신은 일류 대학을 다니는 미국 대표 수영선수이고, 유죄가 증명되기 전에는 무죄이고, 걸려 있는 게 아주 많은 사람인 반면 나는 쓰레기통 뒤에서 발견된 남학생 사교클럽 파티의 술 취한 피해자이기만 한 게 아니라는 사실을. 나는 회복할 수 없는 상처를 입은 인간이었고, 내 인생은 내가 쓸모가 있기는 한지 생각해내느라 1년 넘게 유예되었습니다.

나의 독립성, 자연스러운 기쁨, 온화함, 내가 즐기던 꾸준한 생활 스타일이 알아볼 수 없을 정도로 비틀어졌습니다. 나는 고립되고, 화를 내고, 자기비하를 일삼고, 피곤하고, 짜증을 내고, 텅 빈 사람이 되었습니다. 때로 고립감은 참을 수 없을 지경이었습니다. 당신은 그날 밤 이전의 내 삶을 다시 돌려주지 못합니다. 당신이 자신의 박살 난 명성을 걱정하는 동안 나는 매일 밤 냉장고에 숟가락을 넣어두었습니다. 아침에 일어나면 울어 퉁퉁 부은 눈에 숟가락을 대고 붓기를 가라앉혀야 앞을 볼 수 있었기 때문입니다. 나는 매일 아침 직장에 한 시간씩 지각했고, 양해를 구하고 계단참에 나가서 울었습니다. 그 건물에서 아무도 소리를 들을 수 없어 가장 울기 좋은 장소를 당신에게 몽땅 알려줄 수 있습니다. 고통이 너무 심해져서 상사에게 내가 늦는 이유를 이해시키느라 그 사적인 내용들을 설명해야 했습니다. 하루하루를 이어가는 게 불가능했기 때문에 시간이 필요했습니다. 가능한 멀리 떠나기 위해 은행 예금을 헐었습니다. 꾸준히 일정이 바뀌는 심리와 재판을 위해 앞으로 몇 시간씩 자리를 비워야 한다는 사실을 알았기 때문에 전일제 직장으로 돌아가지 못했습니다. 나의 인생은 1년 넘게 유예되었고, 내가 쌓아 올린 틀은 붕괴했습니다.

나는 다섯 살짜리처럼, 불을 켜놓지 않고서는 밤에 혼자 잠을 자지 못합니다. 깨어날 수 없는 장소에서 다른 사람이 내 몸을 더듬는 악몽을 꾸기 때문입니다. 해가 뜨기를 기다렸다가 잠을 자도 안전하다고 느꼈을 때 자기도 했습니다. 3개월 동안 나는 아침 6시에 잠자리에 들었습니다.

나는 한때 내 독립성을 자랑스러워했지만 이제는 저녁에 길을 걷는 게, 친구와 술을 마시면서 편안해야 마땅한 사회적인 행사에 참여하는 게 두렵습니다. 나는 이제 항상 누군가가 옆에 있어 줘야 하는, 남자친구가 내 옆에 서 있고, 옆에서 잠을 자고, 나를 지켜줘야 하는 껍딱지가 되었습니다. 나약한 기분에 시달리고, 늘 촉각을 곤두세우고, 자신을 방어할 태세를 갖추고, 화를 낼 태세를 갖추고 인생을 소심하게 살아가는 것은 난감한 일입니다.

당신은 내가 아직도 약한 나의 일부를 다시 쌓아 올리려고 얼마나 애를 썼는지 전혀 모릅니다. 나에게 일어난 일에 대해 이야기하는 데만 8개월이 걸렸습니다. 더 이상 친구들과, 나를 둘러싼 모든 사람과 관계를 유지할 수 없었습니다. 이 사건 이야기를 꺼내기만 하면 남자친구에게, 내 가족에게 소리를 질러대곤 합니다. 당신은 내가 나에게 일어난 일을 절대 잊을 수 없도록 만듭니다. 심리가, 재판이 끝났을 때 나는 너무 지쳐서 입도 뻥긋할 수 없었습니다. 나는 진이 빠진 채 말없이 떠나곤 했습니다. 핸드폰을 끄고 집에 가서 며칠 동안 아무 말 하지 않았습니다. 당신은 나를 외딴섬에 유배시켰습니다. 새로운 기사가 뜰 때마다 나는 내 고향 마을 전체가 내가 폭행을 당한 그 여자임을 알아낼지 모른다는 강박적인 두려움에 시달렸습니다. 나는 그 누구의 동정도 원치 않았고, 지금도 피해자를 내 정체성의 일부로 받아들이는 법을 배우는 중입니다. 당신은 내 고향 마을을 불편한 장소로 만들어버렸습니다.

당신은 내게 잠들지 못하는 밤을 갚아주지 못합니다. 나는 영화를 보다 어떤 여자가, 가볍게 표현해서 피해를 당했을 경우, 걷잡을 수 없을 정도로 흐느끼면서 무너져내립니다. 이번 경험은 이런 식으로 다른 피해자에 대한 나의 공감을 확장시켰습니다. 나는 스트레스 때문에 체중이 줄었고, 사람들이 이 점을 지적하면 요즘 달리기를 많이 하고 있다고 둘러댑니다. 접촉이 싫었던 적도 있습니다. 나는 내가 깨지지 않는다고, 그냥 화가 나 있고 약하기만 한 게 아니라 유능하고 건강하다는 사실을 다시 배워야 했습니다.

동생이 상처받는 모습을 볼 때, 동생이 학업을 따라가지 못할 때, 동생이 즐거움을 빼앗길 때, 동생이 잠들지 못할 때, 동생이 나에게 그날 밤 나를 혼자 남겨둬서 미안하다고, 미안해 미안해 미안해 말하면서 숨을 쉴 수 없을 정도로 전화기에 대고 너무 많이 울 때, 동생이 당신보다 더 죄책감을 느낄 때, 그럴 때 나는 당신을 용서하지 못합니다. 그날 밤 나는 동생을 찾으려고 전화를 했지만, 당신이 나를 먼저 발견했습니다. 당신 변호사는 이렇게 마무리 진술을 시작했습니다. "(그녀의 동생은) 그녀가 괜찮다고 말했습니다. 동생보다 그녀를 더 잘 아는 사람이 누구입니까?" 당신은 내 동생을 내게 불리한 방식으로 이용하려 했던 겁니까? 당신의 공격은 너무 취약했고, 너무 저열했고, 그래서 당황스러웠습니다. 동생을 건드리지 마십시오.

당신은 내게 이런 일을 저지르지 말았어야 했습니다. 그리고 내가 당신에게 이런 일을 저지르지 말았어야 했다고 말하기 위해 이렇게 오랫동안 싸우도록 만들지 말았어야 했습니다. 하지만 우리는 여기에 있습니다. 피해는 발생했고, 누구도 되돌리지 못합니다. 그리고 이제 우리 두 사람 모두 선택의 기로에 있습니다. 우리는 이 사건이 우리를 파멸시키도록 만들 수 있습니다. 나는 계속 화와 상처를 끌어안고, 당신은 계속 부인하면서 말입니다. 아니면 그것을 정면으로 직시하고, 나는 고통을, 당신은 처벌을 받아들이고, 그다음 단계로 넘어갈 수도 있습니다.

당신의 인생은 끝이 아닙니다. 당신 앞에 놓인 수십 년 동안 당신은 당신의 이야기를 새로 쓸 수 있습니다. 이 세상은 넓고, 팰로앨토보다, 스탠퍼드보다 훨씬 큽니다. 그러니 당신은 당신이 유용하고 행복할 수 있는 곳에서 당신을 위한 공간을 만들 수 있을 것입니다. 하지만 지금 당장 당신은 어깨를 으쓱하고 말아서는 안 됩니다. 더 이상 혼동해서는 안 됩니다. 위험 신호 같은 건 없다는 듯이 행동해서는 안 됩니다. 당신은 나를 의도적으로, 강압적으로, 성적으로, 악의를 가지고 범했다는 이유로 유죄를 선고받았고, 당신이 인정하는 건 음주가 전부입니다. 술 때문에 당신이 나쁜 행동을 하게 된 거라면서 당신의 인생이 얼마나 비극적으로 뒤집혔는지 이야기하지 마십시오. 당신 자신의 행동을 어떻게 책임질지 생각하십시오.

이제 선고에 대해 이야기하겠습니다. 보호관찰관의 보고서를 읽었을 때, 믿을 수 없었고 화가 났으며, 결국 깊이를 알 수 없는 슬픔에 말을 잃었습니다. 나의 진술들은 알맹이가 모두 빠져나가고 맥락이 사라져 왜곡되었습니다. 나는 이 재판이 진행되는 동안 열심히 싸웠고, 15분간의 대화, 그것도 대부분은 사법 시스템에 대한 제 질문에 대한 대답으로 이루어진 그 짧은 대화에서 나의 현 상태와 나의 희망사항을 평가하려 했던 보호관찰관이 결과를 최소한으로 축소시키도록 놔두지 않을 것입니다. 맥락 역시 중요합니다. 브록은 아직 진술서를 제출하지 않은 상태였고, 나는 그의 말을 읽지 못했습니다.

내 인생은 1년 이상, 분노와, 고통과, 불확실성의 시간으로 유예되었습니다. 내 또래의 배심원들이 내가 감내했던 부정의를 인정하는 판결을 내리기 전까지는 말입니다. 브록이 죄를 인정하고 참회하며 빨리 합의를 제안했더라면 나는 그의 정직함을 존중하고, 우리의 삶을 앞으로 밀고 나갈 수 있게 된 데 고마운 마음을 가지고 더 가벼운 형량을 고려했을 것입니다. 하지만 그는 재판으로 가는 위험을 감수했고, 상처에 소금을 뿌렸고, 내가 사생활에 대한 시시콜콜한 내용들을 상처로 다시 경험하게 만들었고, 성폭행이 대중 앞에서 야만적으로 해부되었습니다. 그는 불가해하고 불필요한 1년여의 고통 속으로 나와 우리 가족을 밀어 넣고, 자신의 범죄에 이의를 제기하고, 나의 고통을 의심하고, 우리가 이렇게 오랫동안 정의를 기다리게 만든 결과를 똑똑히 지켜봐야 할 것입니다.

나는 보호관찰관에게 브록이 감옥에서 썩는 건 원치 않는다고 말했습니다. 그가 감옥에 갇힐 정도는 아니라고 말한 게 아니었습니다. 카운티 감옥에서 1년 미만의 복역을 추천한 보호관찰관의 의견은 말랑말랑한 휴식이고, 그가 저지른 폭행의 심각성에 대한 모독이며, 나와 모든 여성의 치욕입니다. 그것은 모르는 사람이 적절한 동의도 없이 당신 몸 안에 들어올 수 있고, 그러면 그는 최소 형량으로 규정된 것보다 더 적은 형량을 받게 될 거라는 메시지를 담고 있습니다. 보호관찰은 거부해야 합니다. 나는 보호관찰관에게 내가 진정으로 원하는 것은 브록이 이 상황을 받아들이는 거라고, 자신의 잘못을 이해하고 인정하는 거라는 말도 했습니다.

안타깝게도 피고의 보고서를 읽고 난 뒤 나는 대단히 실망했고, 그가 자신의 행동에 대한 진지한 후회나 책임감을 드러내지 못했다고 느낍니다. 나는 재판에 대한 그의 권리를 전적으로 존중했지만, 12명의 배심원이 만장일치로 그가 세 가지 중범죄에서 유죄라고 선고한 뒤에도 그가 인정한 것은 알코올 섭취뿐입니다. 자신의 행동을 전적으로 책임질 수 없는 사람은 감형받을 자격이 없습니다. "문란함"이라는 말로 강간을 물타기 하려는 시도는 대단히 모욕적입니다. 강간의 정의는 문란함의 부재가 아니라, 동의의 부재이며, 저는 그가 그 차이마저 이해하지 못한다는 생각에 대단히 심란합니다.

보호관찰관은 피고가 어리고 전과가 없다는 점을 감안했습니다. 내가 생각하기에 그는 자기가 한 짓이 잘못이라는 사실을 알 정도로 충분히 어른입니다. 이 나라에서는 18세면 전쟁터도 갈 수 있습니다. 19세면 누군가를 강간하려 했던 것에 대한 결과를 감당할 정도로 충분히 어른입니다. 그는 어리지만 그걸 분별하지 못할 정도로 어린 건 아닙니다.

초범에게 관대함이 작동할 수도 있습니다. 하지만 사회로서는, 우리가 모든 사람의 첫 성폭행이나 손가락 강간을 용서할 수는 없습니다. 그건 말이 안 됩니다. 강간의 심각성은 분명하게 전달되어야 하고, 우리가 시행착오를 통해 강간이 틀렸음을 배웠다는 암시를 줘서는 안 됩니다. 성폭력의 결과는 사람들이 공포를 느낀 나머지 아무리 술에 취했더라도 올바른 판단을 할 수 있을 정도로, 예방적인 태도를 취할 수 있을 정도로 엄중해야 합니다.

보호관찰관은 그가 힘들게 손에 넣은 수영 장학생 신분을 포기했다는 사실에 무게를 실었습니다. 브록이 얼마나 빨리 수영을 하는지가 나에게 일어난 일의 심각성을 낮춰주지 않습니다. 그 때문에 그가 받게 될 처벌의 강도를 낮춰서는 안 됩니다. 배경이 별 볼 일 없는 초범이 세 가지 중범죄로 기소되었고 음주 이외의 행동에 대해서는 전혀 책임지지 않는 태도를 보인다면 그는 어떤 선고를 받게 될까요? 브록이 사립대학의 운동선수라는 사실을 관대함의 자격증처럼 여겨서는 안 됩니다. 사회 계급과 무관하게 성폭행은 법을 거역하는 행위라는 메시지를 전달하는 기회가 되어야 합니다.

보호관찰관은 이 사건은 피고의 음주 수준 때문에 본질이 유사한 다른 범죄에 비해 심각성이 떨어진다고 볼 수 있다고 진술했습니다. 이건 심각한 발언입니다. 이 이상으로는 더 말하지 않겠습니다.

그는 자신이 행운을 누릴 자격이 있음을 보여주기 위해 무슨 일을 했습니까? 사과는 음주에 대해서만 했을 뿐, 나에게 한 짓을 성폭행으로 정의하지도 않았고, 나를 꾸준히, 가차 없이, 계속 괴롭혔습니다. 그는 세 가지 심각한 중범죄에서 유죄 판결을 받았고, 이제는 그가 자기 행동의 결과를 받아들일 시간입니다. 그에게 말 없는 용서 같은 것은 없을 것입니다.

그에게는 일생 동안 섹스라는 꼬리표가 달리게 될 것입니다. 거기에는 만료일이 없습니다. 마치 그가 나에게 저지른 일에 만료일이 없고, 수년이 지나도 그냥 사라져버리지 않을 것처럼 말입니다. 그것은 나와 함께 남아서, 내 정체성의 일부를 이루고, 내가 나 자신을 대하는 방식, 내가 남은 생을 살아가는 방식을 영영 바꿔놓았습니다.

결론적으로 나는 여러분에게 고맙다고 말하고 싶습니다. 내가 그날 아침 병원에서 깨어났을 때 내게 오트밀을 만들어준 인턴 여러분에게, 내 옆에서 기다려준 경찰관에게, 나를 진정시켜준 간호사들에게, 내 말에 귀를 기울이고 절대 나를 재단하지 않았던 수사관에게, 내 옆에 흔들림 없이 서 있어준 나의 대변인들에게, 힘든 상황 속에서 용기를 찾는 법을 가르쳐준 내 심리치료사에게, 친절함과 이해심을 베풀어준 나의 상사에게, 고통을 강인함으로 바꾸는 법을 가르쳐주는 나의 믿을 수 없는 부모님에게, 이 모든 상황 속에서 나에게 줄 초콜릿을 법정으로 몰래 들여오신 할머니에게, 행복하게 지내는 법을 일깨워준 친구들에게, 인내심과 사랑을 보여준 남자친구에게, 내 심장의 다른 반쪽인 불굴의 동생에게, 피곤한 기색 없이 싸움을 이끌고 나를 한 번도 의심하지 않았던 나의 우상 아라레에게 감사의 마음을 전합니다. 이 재판에 관련된 모든 분들에게 시간과 관심을 쏟아주신 데 대해 감사의 마음을 전합니다. 내게 전달해달라며 나의 담당 검사에게 카드를 보내준 전국 방방곡곡의 소녀들에게, 나를 걱정해준 그 많은 낯선 분들에게 감사의 마음을 전합니다.

무엇보다 나를 구해준, 내가 아직 만나보지 못한 두 남자에게 감사의 마음을 전합니다. 나는 이 이야기에는 영웅이 있음을 나 자신에게 일깨우려고 두 개의 자전거 그림을 그려서 침대 위에 붙여두고 잠을 잡니다. 우리가 서로를 지켜주고 있음을 일깨우려고. 이 모든 사람들을 알게 되고, 그들의 보호와 사랑을 느꼈던 경험은 절대 잊지 못할 것입니다.

그리고 마지막으로, 모든 곳에 있는 소녀 여러분, 내가 여러분과 함께 있습니다. 당신이 외롭다고 느끼는 밤, 내가 당신과 함께 있습니다. 사람들이 당신을 의심하거나 묵살할 때 내가 당신과 함께 있습니다. 나는 당신을 위해 매일 싸웠습니다. 그러니까 절대 싸움을 멈추지 마세요. 내가 당신을 믿습니다. 작가 앤 라모트의 말처럼 "등대는 구해줄 배를 찾으려고 섬 전체를 달리지 않습니다. 그저 그곳에 서서 빛날 뿐입니다." 내가 모든 배를 구하지는 못하더라도, 오늘의 발언을 통해 당신이 약간의 빛을, 당신을 침묵시킬 수 없다는 작은 깨달음을, 정의가 이루어졌다는 작은 만족을, 우리가 어딘가에 도달하고 있다는 작은 확신을, 당신은 중요하고, 물어볼 필요도 없이, 함부로 만져서는 안 되는 존재이고, 당신은 아름답고, 매일 매 순간, 이론의 여지없이 가치를 인정받고 존중받아야 하고, 당신은 강력하고, 누구도 당신으로부터 그것을 빼앗을 수 없다는 크나큰 앎을 흡수했기를 바랍니다. 모든 곳에 있는 소녀 여러분, 내가 여러분과 함께 있습니다. 감사합니다.